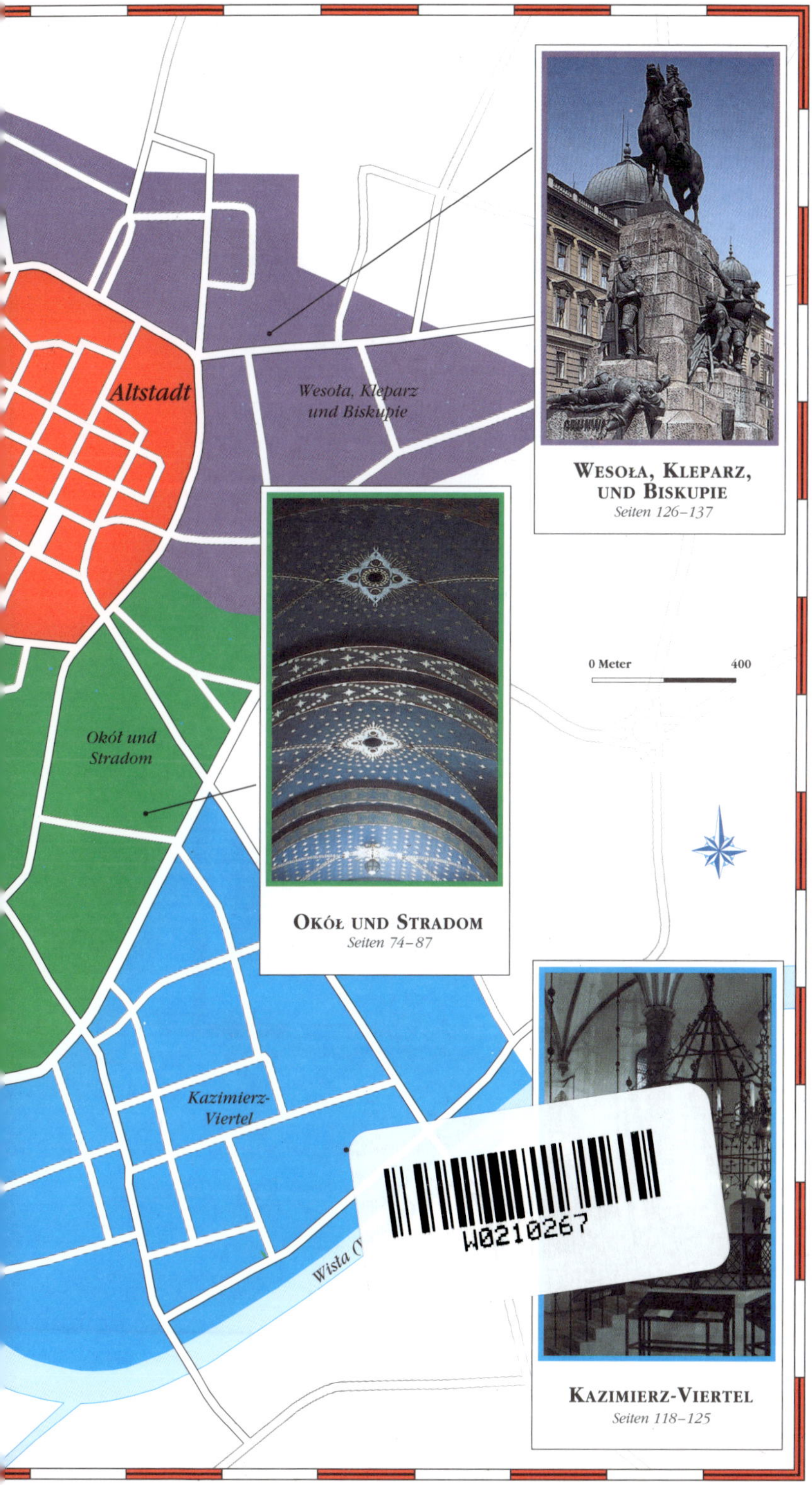
Altstadt
Wesoła, Kleparz und Biskupie
Okół und Stradom
Kazimierz-Viertel
Wisła (V
WESOŁA, KLEPARZ, UND BISKUPIE
Seiten 126–137
OKÓŁ UND STRADOM
Seiten 74–87
KAZIMIERZ-VIERTEL
Seiten 118–125
0 Meter
400

ANTYKI

VIS à VIS

KRAKAU

Hauptautor: TERESA CZERNIEWICZ-UMER

DK

DORLING KINDERSLEY

www.dk.com

EIN DORLING KINDERSLEY BUCH

www.dk.com

PRODUKTION Hachette Livre Polska, Wydawnictwo Wiedza i Życie, Warschau, LEITUNG Ewa Szwagrzyk

TEXTE Teresa Czerniewicz-Umer, Andrzej Betlej, Piotr Krasny, Robert Makłowicz

FOTOGRAFIEN Andrzej Chęć, Wojciech Czerniewicz, Piotr Jamski, Dorota and Mariusz Jarymowicz

ILLUSTRATIONEN Andrzej Wielgosz, Piotr Zybrzycki, Paweł Mistewicz

KARTOGRAFIE Maria Wojciechowska, Dariusz Osuch

•

Titel der englischen Originalausgabe:
Eyewitness Travel Guide *Cracow*
Zuerst erschienen 2000 in Großbritannien
bei Dorling Kindersley Ltd., London
A Penguin Company

•

Aktualisierte Neuauflage 2006/2007

•

ÜBERSETZUNG Brigitte Maier, Konzept & Text, München
Barbara Sobeck, Lindau
REDAKTIONSLEITUNG Dr. Jörg Theilacker, Dorling Kindersley Verlag
REDAKTION Dr. Ulrike Kretschmer, München
REDAKTIONSASSISTENZ Birgit Walter, Dorling Kindersley Verlag
SATZ UND PRODUKTION Dorling Kindersley Verlag
LITHOGRAFIE Colourscan, Singapur
DRUCK South China Printing Co Ltd., Hongkong, China

ISBN 3-8310-0151-0
4 5 6 7 08 07 06

Dieser Reiseführer wird regelmäßig aktualisiert. Angaben wie Telefonnummern, Öffnungszeiten, Adressen, Preise und Fahrpläne können sich jedoch ändern. Der Verlag kann für fehlerhafte oder veraltete Angaben nicht haftbar gemacht werden.
Für Hinweise, Verbesserungsvorschläge und Korrekturen ist der Verlag dankbar. Bitte richten Sie Ihr Schreiben an:

Dorling Kindersley Verlag GmbH
Redaktion Reiseführer
Gautinger Str. 6
D-82319 Starnberg

◁ **Häuser am Marktplatz von Krakau**

INHALT

Arkaden der Tuchhallen

Ikone der Rosenkranzmadonna in der Dominikanerkirche

Die Tuchhallen (Sukiennice) bei Nacht

Die Stadtteile Krakaus

Musiker in alten Krakauer Trachten

Zu Gast in Krakau

Kathedrale auf dem Wawel

(siehe S. 64f)

Grund-Informationen

Ein Zimmer im Obergeschoss des Königsschlosses

Benutzerhinweise

Dieser Reiseführer hilft Ihnen, Ihren Krakau-Besuch zu einem besonderen Erlebnis zu machen. Das Buch enthält detaillierte praktische Informationen und Tipps von Experten und einheimischen Autoren. Das Kapitel *Krakau stellt sich vor* geht auf die geografische Lage ein, beschreibt Geschichte und Kultur der Stadt und vermittelt einen Überblick über die kulturellen Veranstaltungen im ganzen Jahr. Das Hauptkapitel *Die Stadtteile Krakaus* enthält genaue Informationen zu allen wichtigen Sehenswürdigkeiten mit Fotos, Illustrationen und Karten. Es empfiehlt kurze Ausflüge von Krakau aus und schlägt drei Spaziergänge durch die Stadt vor. Informationen über Hotels, Restaurants und Cafés sowie Unterhaltungs-, Einkaufs- und Sportmöglichkeiten finden Sie im Kapitel *Zu Gast in Krakau.* Schließlich liefern die *Grundinformationen* praktische Hinweise für alle Lebenslagen – von Verkehrsmitteln bis hin zur medizinischen Versorgung.

Orientierung in Krakau

Jeder der sechs Stadtteile hat eine eigene Farbkodierung, damit Sie sich leichter zurechtfinden können. Geschichte und Besonderheiten des Stadtteils werden jeweils kurz vorgestellt. Eine *Detailkarte* zeigt Ihnen die interessantesten Gegenden der Viertel. Zur besseren Orientierung sind die Sehenswürdigkeiten durchgehend nummeriert und werden im nachfolgenden Teil in derselben Reihenfolge ausführlich beschrieben.

Jeder Stadtteil hat eine eigene Farbkodierung.

1 Stadtteilkarte
Zur leichteren Orientierung sind die Sehenswürdigkeiten nummeriert auf einer Karte zu finden. Sie sind nach folgenden Kategorien gegliedert: Kirchen, Museen und Sammlungen, Straßen und Plätze, historische Gebäude sowie Monumente und Denkmäler.

Orientierungskarte

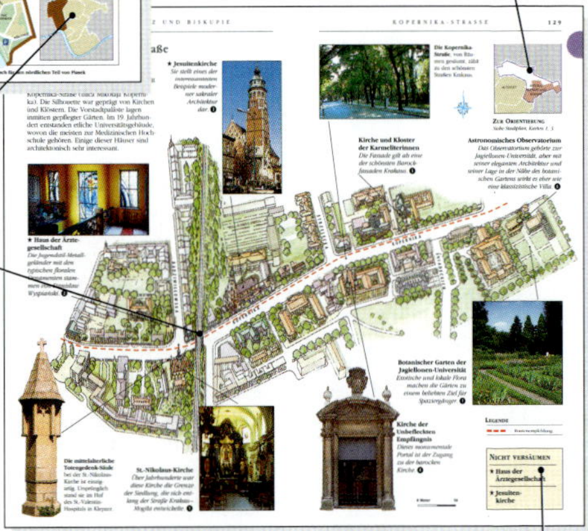

Die Orientierungskarte zeigt auf einen Blick, wo in der Stadt Sie sich befinden.

Die Routenempfehlung führt Sie durch die interessantesten Straßen des Viertels.

2 Detailkarte
Aus der Vogelperspektive werden die interessantesten Teile des Viertels mit allen wichtigen Sehenswürdigkeiten gezeigt. Eine ausführliche Beschreibung finden Sie dann auf den folgenden Seiten.

Sterne markieren Sehenswürdigkeiten, die Sie nicht versäumen sollten.

KRAKAU IM ÜBERBLICK

Die farbkodierte Übersichtskarte *(siehe S. 14f)* zeigt die sechs Stadtviertel, in denen die wichtigsten Sehenswürdigkeiten liegen. Jeder dieser Stadtteile wird im Kapitel *Die Stadtteile Krakaus (S. 56ff)* ausführlich beschrieben. *Krakau im Überblick* weist dieselbe Farbkodierung auf wie die Detailkarten und die vorgeschlagenen Spaziergänge *(S. 158ff)*, damit Sie die wichtigen Sehenswürdigkeiten immer leicht lokalisieren können.

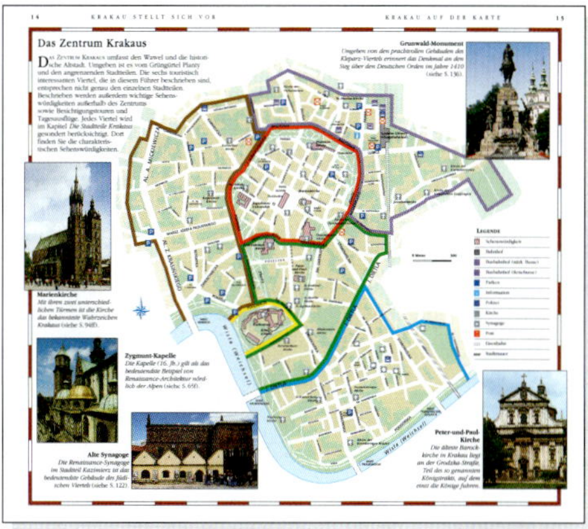

Zahlen bezeichnen die Sehenswürdigkeiten in den Stadtteilkarten und den detaillierten Beschreibungen.

Praktische Informationen sind jeder Sehenswürdigkeit vorangestellt. Kartenverweise beziehen sich auf den *Stadtplan (S. 226ff)*. Die Legende der Symbole finden Sie auf der hinteren Umschlagklappe.

3 Detaillierte Informationen

Jede wichtige Sehenswürdigkeit wird im Detail beschrieben. Die Reihenfolge bezieht sich auf die Nummerierung in der Stadtteilkarte am Anfang des Kapitels. Am Anfang jedes Abschnitts finden Sie genaue Adresse, Öffnungszeiten, Telefonnummer und vieles Praktische mehr.

Die Infobox versorgt Sie mit allen praktischen Informationen.

Kästen liefern Ihnen Wissenswertes zu einzelnen Aspekten und Zusammenhängen.

Sterne kennzeichnen die Hauptsehenswürdigkeiten architektonischer oder künstlerischer Art.

4 Krakaus Hauptattraktionen

Historische Gebäude sind in Schnittzeichnungen dargestellt, die das Innere zeigen. Farbige Grundrisse von Museen und Sammlungen helfen Ihnen, wichtige Exponate leicht zu finden.

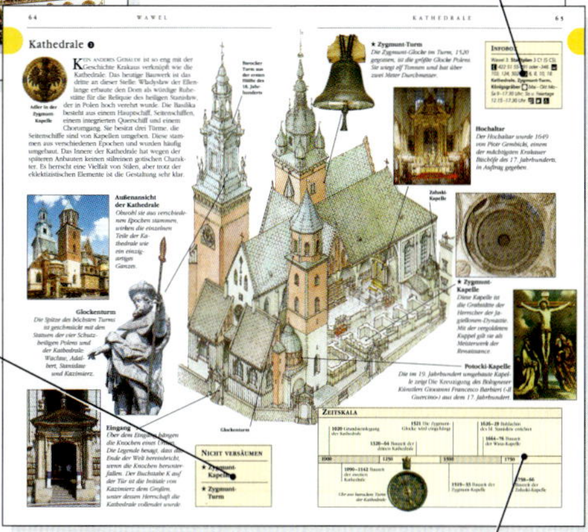

Eine Zeitskala vermittelt relevante Daten und Fakten aus der Geschichte.

KRAKAU STELLT SICH VOR

Krakau auf der Karte

Das alte Krakau ist mit seinem Königsschloss auf dem Wawel, seinen geschichtsträchtigen Bauwerken und seiner Kulturtradition eine faszinierende Stadt. Aber die historischen Viertel machen nur einen kleinen Teil des heutigen Krakau aus, das sich zur Metropole in Kleinpolen (Małopolska) entwickelt hat. Seine geografische Lage macht Krakau zum idealen Ausgangspunkt für Ausflüge in die Berge oder ins malerische Krakau-Tschenstochau-Tal. Genauso ideal gelegen ist Krakau auch als Ausgangspunkt für Reisen nach Prag (Praha), Brünn (Brno), Pressburg (Bratislava), Wien, Košice und Lemberg (L'viv).

Europa

»Kleinpolen« (Małopolska) hat – nicht nur historisch – viele Verbindungen zu anderen mitteleuropäischen Ländern. Krakau besitzt einen Flughafen und ist Eisenbahnknotenpunkt. Eine der wichtigsten Verbindungsstraßen von Süddeutschland in die Ukraine, nach Rumänien und in die Balkanstaaten führt an Krakau vorbei.

Legende

- Flughafen
- Fährhafen
- Autobahn oder Schnellstraße
- Hauptstraße
- Eisenbahn
- Staatsgrenze

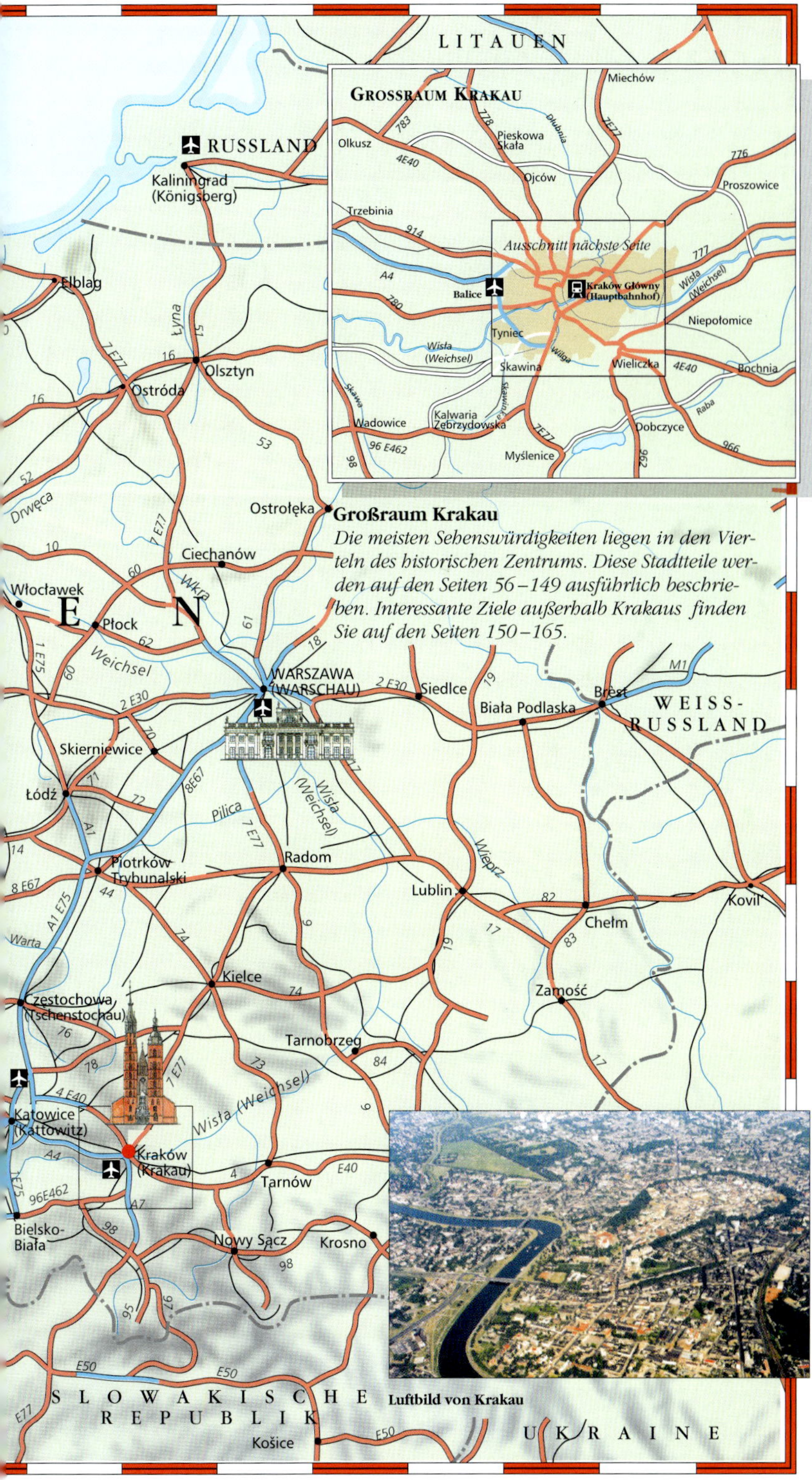

Großraum Krakau

Die meisten Sehenswürdigkeiten liegen in den Vierteln des historischen Zentrums. Diese Stadtteile werden auf den Seiten 56–149 ausführlich beschrieben. Interessante Ziele außerhalb Krakaus finden Sie auf den Seiten 150–165.

Luftbild von Krakau

Krakau und Umgebung

Bis ins frühe 20. Jahrhundert beschränkte sich der Ballungsraum Krakau auf eine relativ kleine Fläche an den Ufern der Weichsel (Wisła). Krakau bestand damals aus mehreren kleinen Ortschaften (Kleparz, Kazimierz, Garbary und Podgórze). Das heutige, viel größere Krakau existiert seit 1910, nachdem die Gebiete von Rakowice, Prądnik, Czarna Wieś, Krowodrza, Bielany, Dębnik, Płaszów und Prokocim eingemeindet wurden. Nach dem Zweiten Weltkrieg entstand östlich von Krakau das neue Industriegebiet Nowa Huta. Bis heute hat jedes historische Stadtviertel seinen eigenen Charakter bewahrt.

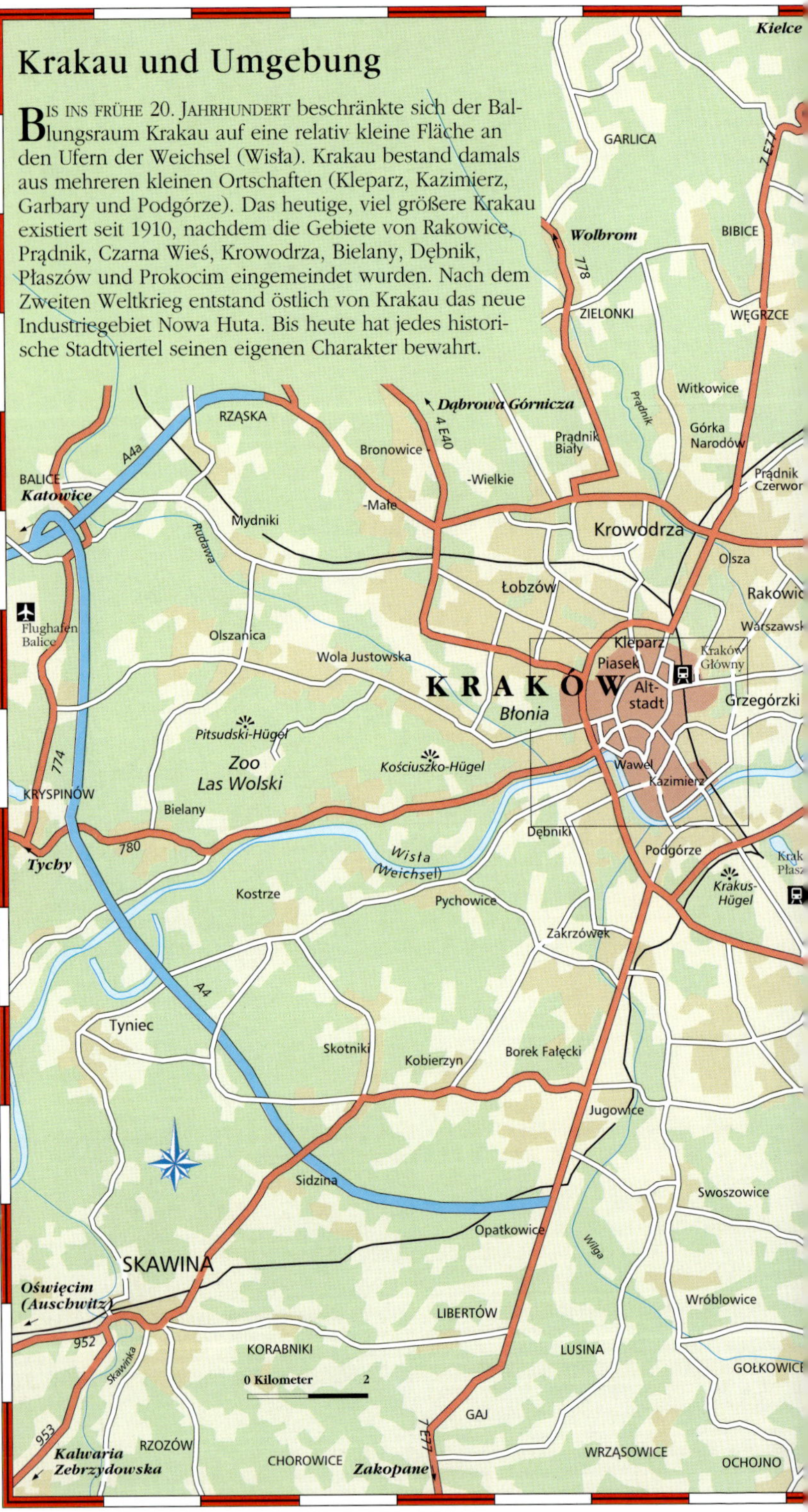

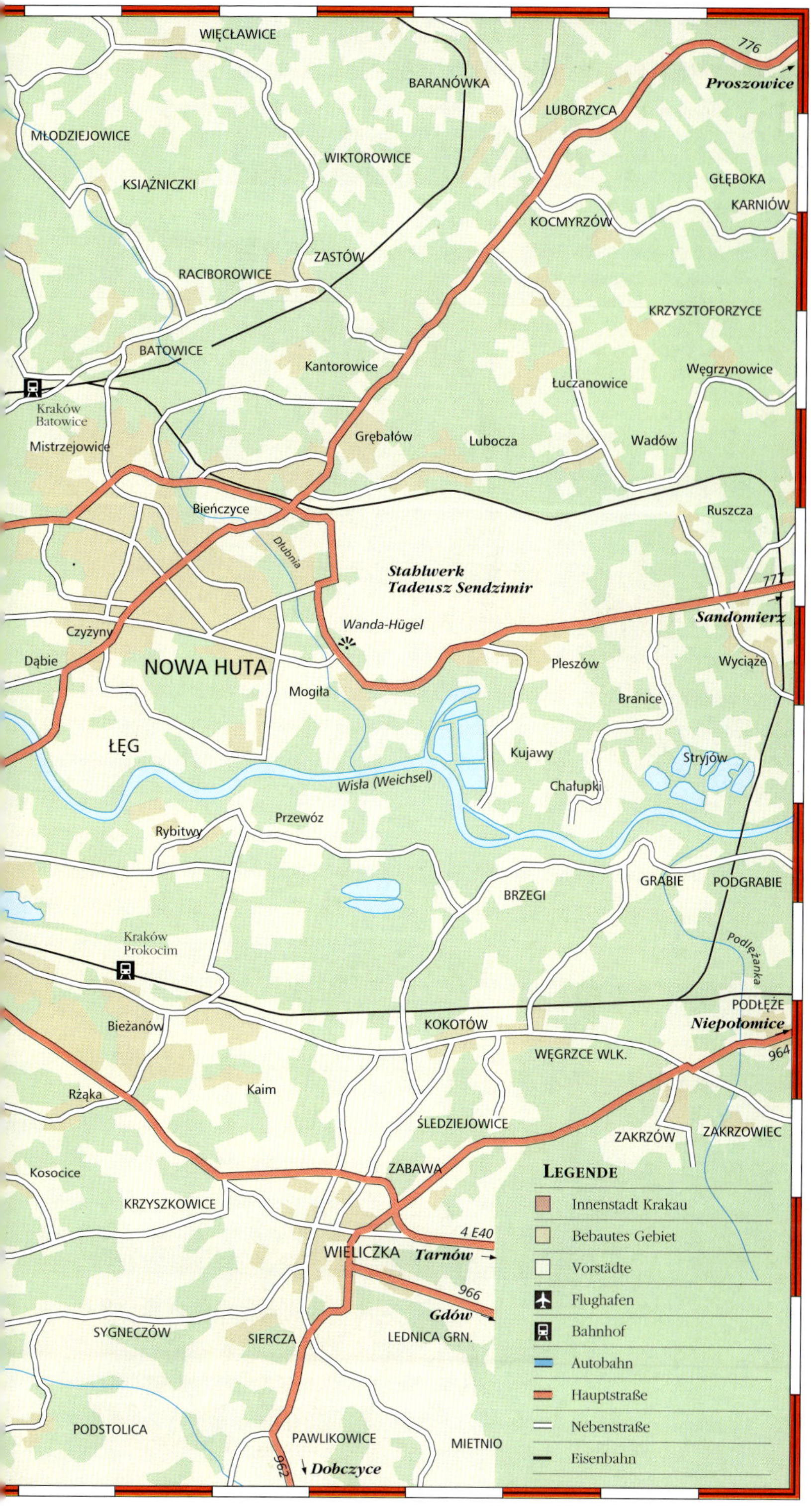
WIĘCŁAWICE
BARANÓWKA
LUBORZYCA
776
Proszowice
MŁODZIEJOWICE
WIKTOROWICE
KSIĄŻNICZKI
GŁĘBOKA
KARNIÓW
KOCMYRZÓW
ZASTÓW
RACIBOROWICE
KRZYSZTOFORZYCE
BATOWICE
Kantorowice
Węgrzynowice
Łuczanowice
Kraków Batowice
Mistrzejowice
Grębałów
Lubocza
Wadów
Bieńczyce
Ruszcza
Dłubnia
Stahlwerk Tadeusz Sendzimir
777
Sandomierz
Wanda-Hügel
Czyżyny
Dąbie
NOWA HUTA
Pleszów
Wyciąże
Mogiła
Branice
ŁĘG
Kujawy
Stryjów
Wisła (Weichsel)
Chałupki
Przewóz
Rybitwy
GRABIE
PODGRABIE
BRZEGI
Kraków Prokocim
Podłężanka
PODŁĘŻE
Niepołomice
Bieżanów
KOKOTÓW
964
WĘGRZCE WLK.
Rżąka
Kaim
ŚLEDZIEJOWICE
ZAKRZÓW
ZAKRZOWIEC
Kosocice
ZABAWA
KRZYSZKOWICE
4 E40
WIELICZKA
Tarnów
966
Gdów
SYGNECZÓW
SIERCZA
LEDNICA GRN.
PODSTOLICA
PAWLIKOWICE
MIETNIO
962
Dobczyce
LEGENDE
Innenstadt Krakau
Bebautes Gebiet
Vorstädte
Flughafen
Bahnhof
Autobahn
Hauptstraße
Nebenstraße
Eisenbahn

Das Zentrum Krakaus

Das Zentrum Krakaus umfasst den Wawel und die historische Altstadt. Umgeben ist es vom Grüngürtel Planty und den angrenzenden Stadtteilen. Die sechs touristisch interessanten Viertel, die in diesem Führer beschrieben sind, entsprechen nicht genau den einzelnen Stadtteilen. Beschrieben werden außerdem wichtige Sehenswürdigkeiten außerhalb des Zentrums sowie Besichtigungstouren und Tagesausflüge. Jedes Viertel wird im Kapitel *Die Stadtteile Krakaus* gesondert berücksichtigt. Dort finden Sie die charakteristischen Sehenswürdigkeiten.

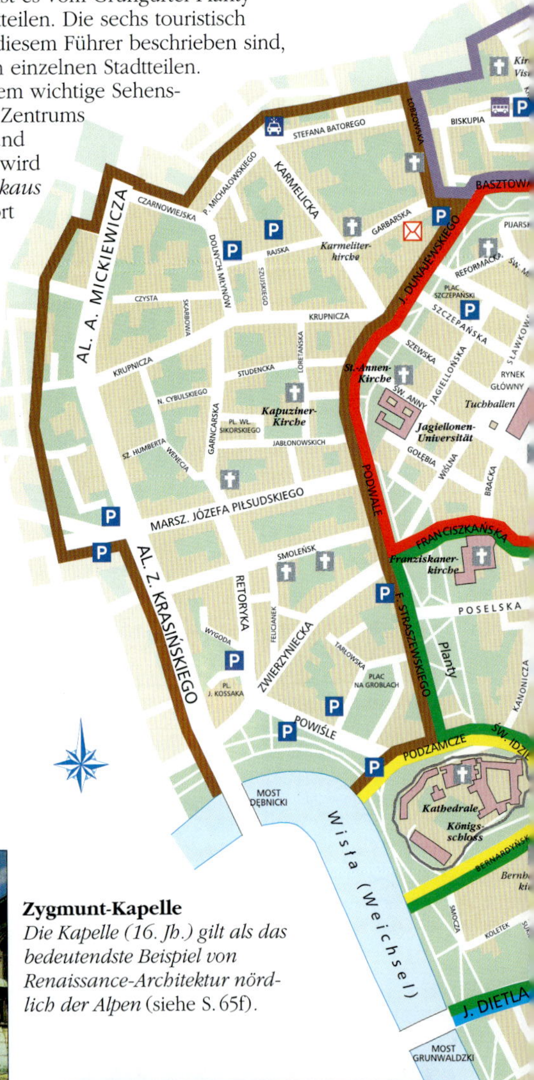

Marienkirche
Mit ihren zwei unterschiedlichen Türmen ist die Kirche das bekannteste Wahrzeichen Krakaus (siehe S. 94ff).

Zygmunt-Kapelle
Die Kapelle (16. Jh.) gilt als das bedeutendste Beispiel von Renaissance-Architektur nördlich der Alpen (siehe S. 65f).

Alte Synagoge
Die Renaissance-Synagoge im Stadtteil Kazimierz ist das bedeutendste Gebäude des Jüdischen Viertels (siehe S. 122).

Grunwald-Monument

Umgeben von den prachtvollen Gebäuden des Kleparz-Viertels erinnert das Denkmal an den Sieg über den Deutschen Orden im Jahre 1410 (siehe S. 136).

LEGENDE

- Sehenswürdigkeit
- Bahnhof
- Busbahnhof (städt. Busse)
- Busbahnhof (Reisebusse)
- Parken
- Information
- Polizei
- Kirche
- Synagoge
- Post
- Eisenbahn
- Stadtmauer

Peter-und-Paul-Kirche

Die älteste Barockkirche in Krakau liegt an der Grodzka-Straße, Teil des so genannten Königstrakts, auf dem einst die Könige fuhren.

DIE GESCHICHTE DER STADT

VIELE JAHRHUNDERTE lang war Krakau Hauptstadt und zugleich größte Stadt Polens. Die polnischen Herrscher residierten auf dem Wawel-Schloss. Der königliche Hof übersiedelte im Jahr 1609 nach Warschau, nachdem die Parlamentssitzungen und die Königswahl bereits dort stattfanden. Danach, im 18. und 19. Jahrhundert, stürzte die entthronte Hauptstadt in eine tiefe Krise.

Aber trotz aller Umwälzungen, die sich in dieser Zeit vollzogen, hat Krakau seine Großartigkeit nie verloren. Mehr als 400 Jahre sind vergangen, seit Krakau Regierungssitz war. Trotzdem ist es die Stadt geblieben, mit der sich die Polen am meisten identifizieren. Das Wawel-Schloss als Stammsitz der polnischen Könige, die Kathedrale als Zeugin der Krönungen und Hüterin der königlichen Gräber sowie die Paulinerkirche »Auf dem Felsen«, in deren Krypta berühmte polnische Persönlichkeiten ihre letzte Ruhestätte fanden, sind geliebte Kulturgüter. Die 600 Jahre alte Jagiellonen-Universität, die frühere Krakauer Akademie, ist die älteste und gleichzeitig eine der bedeutendsten Universitäten des ganzen Landes.

Wappen von Krakau

In Anbetracht der relativ geringen Einwohnerzahl Krakaus (rund 715 000 Einwohner) ist der Besucher überrascht von der Vielzahl der Theater, Kabaretts, Konzertsäle und Kunstgalerien, die von zahlreichen Menschen regelmäßig besucht werden.

Im Gegensatz zu vielen anderen alten polnischen Städten, die im Zweiten Weltkrieg zerstört wurden, erlitt Krakau nur geringfügige Schäden. Daher ist die Stadt mit ihrem reichen kulturellen Erbe nach wie vor das Reiseziel Nummer eins für alle, die sich für polnische Kultur interessieren. 1978 wurde Krakau von der UNESCO in die Liste des Weltkulturerbes aufgenommen.

Lange Jahre wurden Krakaus architektonische Schätze sträflich vernachlässigt. Sie waren verborgen unter bröckelndem Putz, Bemalung oder Schmutzablagerungen. In den letzten Jahren sind viele Gebäude restauriert worden. Krakau unterscheidet sich von anderen europäischen Großstädten, deren historische Innenstadt zu einem Freiluftmuseum gemacht wurde. Der mittelalterliche Marktplatz ist nach wie vor Treffpunkt und pulsierendes Herz der Stadt.

Ansicht von Krakau mit dem Kościuszko-Hügel (im Vordergrund), Lithografie, Museum der Stadt Krakau

◁ ***Vereidigung von Tadeusz Kościuszko am Marktplatz*** **von Michał Stachowicz, Museum der Stadt Krakau**

Die Ursprünge Krakaus

KRAKAU IST EINE der ältesten Städte Polens. Archäologische Funde belegen Siedlungen im Paläolithikum, später im Neolithikum und in der Bronze- und Eisenzeit. Kelten und Eindringlinge aus dem Osten, speziell Skythen und Hunnen, hinterließen bedeutende Kunstwerke. In den ersten vier Jahrhunderten nach Christi Geburt betrieben Krakau und Kleinpolen regen Handel mit dem angrenzenden Römischen Reich. Geschriebene Rechnungen datieren aus dem 9. Jahrhundert und gehen auf die Weichsel-Siedler zurück, die damals unter die Herrschaft des großen Mährischen Reiches gezwungen wurden. Polnische Herrscher aus dem Haus der Piasten kamen erst wieder mit Mieszko I. (um 960) an die Macht.

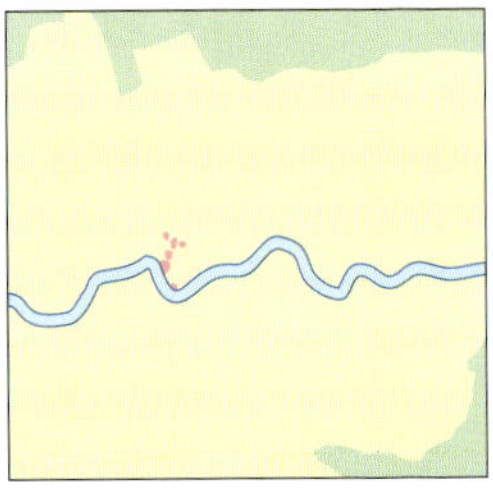

AUSDEHNUNG DER STADT

1000 *Heute*

König Krakus
Der legendäre Gründer von Krakau soll im frühen 8. Jahrhundert gelebt haben.

DER DRACHEN VOM WAWEL
Dieser Holzschnitt stammt aus Sebastian Münsters *Cosmographia universalis* von 1544 und zeigt den legendären Drachen und seinen Bezwinger, den Schuster Skuba, unterhalb des Wawel-Schlosses.

Steingut mit Schnurornamenten
Diese Behälter aus Steingut aus dem 1. Jahrhundert wurden bei den Bauarbeiten zum neuen Stadtteil Nowa Huta ausgegraben.

ZEITSKALA

um 200 000 v. Chr. Früheste Siedlungen in der Gegend von Krakau

um 1300 v. Chr. Lausitzer Kultur in Kleinpolen

Paläolithisches Steinwerkzeug

200 000 v. Chr. | 2000 v. Chr. | 0 | 200 n. Chr.

um 50 000 v. Chr. Erste Siedlungen auf dem Wawel

1.–4. Jh. n. Chr. Krakauer Siedler treiben Handel mit dem Römischen Reich

Die Heiligen Kyrill und Methodius
Methodius und sein Bruder Kyrill sind zwei der drei Schutzheiligen Europas. Der eine scheiterte mit dem Versuch, den heidnischen Weichsel-Prinzen zum Christentum zu bekehren.

Prähistorische Relikte in Krakau

Aus prähistorischen Zeiten ist in Krakau nur sehr wenig erhalten. Es gibt zwei Erdwälle, die einen Besuch lohnen: der Krakus-Hügel, der die südlichen Viertel überragt, und der Wanda-Hügel nahe dem Dorf Mogiła. Das Archäologische Museum *(siehe S. 83)* beherbergt viele bemerkenswerte Funde aus Südpolen, speziell auch aus der Region Krakau. Besonders interessant ist hier die viergesichtige Götterstatue Światowid.

***Der Krakus-Hügel** birgt laut Legende das Grab des alten Krakauer Königs Krakus. Tatsächlich ist es wahrscheinlicher, dass der Hügel den Kelten als Kultstätte diente.*

Wawel wurde ein Hügel genannt, der von Sümpfen umgeben war

Światowid
Die Statue zeigt eine viergesichtige Gottheit mit einem Füllhorn. Beispiele alter heidnischer Kulte wurden auf dem Wawel und an anderen Stellen gefunden.

Eisengeld
Auf dem Wawel gefundene Eisenstücke in Form von länglichen Beilen, die im 11. Jahrhundert wahrscheinlich als Zahlungsmittel verwendet wurden.

600–1000 Siedler an der Weichsel gründen ihren eigenen Staat mit Krakau als Hauptstadt

965 Ibrahim Ibn Yaqub, ein arabischer Reisender, erwähnt Krakau als tschechische Stadt

400 | 600 | 800 | 1000

Steingutvase aus dem frühen Mittelalter

vor 885 Der Staat der Weichsel-Siedler verliert seine Unabhängigkeit. Krakau wird Teil des großen Mährischen Reichs

vor 992 Mieszko I. integriert den früheren Weichsel-Staat in sein Reich

Krakau im frühen Mittelalter

Romanisches Kapitell

DURCH DIE GRÜNDUNG des Bistums im Jahr 1000 und den Bau der Kathedrale wurde Krakau eines der bedeutendsten Zentren Polens. Nachdem andere Städte in Großpolen (Wielkopolska) durch die Tschechen in der ersten Hälfte des 11. Jahrhunderts zerstört wurden, machten Kazimierz der Erneuerer und seine Nachfolger Krakau zu ihrem Hauptsitz. Nach dem Tod von Bolesław dem Schiefmündigen unterteilte man Polen in Herzogtümer, der Herzog von Krakau wurde oberster Lehnsherr. Von 1138 bis 1320 gelang es den Herzögen, die verbleibenden Provinzen zu vereinigen. Trotz des Tatareneinfalls im Jahr 1241 erlebte Krakau eine Blütezeit.

AUSDEHNUNG DER STADT

1253 *Heute*

Bischof Stanisław beim Gebet

Szczerbiec
Laut Legende ist dies das Schwert von Bolesław dem Tapferen. Er soll damit auf der Goldenen Brücke von Kiew, das er 1018 einnahm, gekämpft haben. Tatsächlich stammt das Schwert aus dem 13. Jahrhundert. Heute liegt es mit dem Kronschatz in der Schatzkammer.

Münze von Bolesław dem Kühnen
Nach der Gründung des Bistums im Jahre 1000 machte Bolesław Krakau zu einem seiner Stammsitze.

ZEITSKALA

1000 Gründung des Bistums Krakau

1020 Baubeginn der ersten Kathedrale in Krakau

um 1038 Kazimierz der Erneuerer macht Krakau zur Hauptstadt Polens

um 1044 Die Benediktinerabtei in Tyniec wird geweiht

1079 Märtyrertod des hl. Stanisław

1079–1098 Bau der St.-Andreas-Kirche

1090–1142 Bau der zweiten Kathedrale auf dem Wawel

1000 | 1025 | 1050 | 1075 | 1100

Wappen des Domkapitels Krakau

Die Mitra des hl. Stanisław
Die mit Perlen, Saphiren und Rubinen reich verzierte Mitra (13. Jh.) zeugt vom Reichtun der Metropole Krakau, einem der bedeutendsten Bistümer im mittelalterlichen Polen.

König Bolesław der Kühne

Kazimierz der Erneuerer nach Jan Matejko
Krakau verdankt seinen Status als Hauptstadt diesem Herrscher, der sich hier um 1038 niederließ und eine zentrale Verwaltung ins Leben rief.

Der Tod des Bischofs Stanisław

Die Auseinandersetzung zwischen dem später heilig gesprochenen Bischof Stanisław von Szczepanów und Bolesław dem Kühnen endete 1079 mit der Ermordung des Bischofs und dem Exil des Königs. Beide Vorfälle trugen zur Schwächung Polens bei. Der Kult um den hl. Stanisław begann im 15. Jahrhundert. Diese Szene zeigt ein Messgewand aus dem 16. Jahrhundert.

Das romanische Krakau

Krakau ist überaus reich an Zeugnissen romanischer Architektur. Die meisten Gebäude sind in ihrer originalen Struktur erhalten, auch wenn sie oft vergrößert, umgebaut oder neu ausgestattet wurden.

Aus romanischer Zeit stammen die Kirchen St. Andreas *(siehe S. 78f)* und St. Adalbert *(siehe S. 93)* sowie die Überreste der frühesten Gebäude auf dem Wawel, die Rotunde der Jungfrau Maria *(siehe S. 63)* und die kleine Erlöserkirche in Zwierzyniec *(siehe S. 162)*.

Die St.-Adalbert-Kirche *wurde der Legende nach von Adalbert geweiht, bevor er 997 zu seiner Missionsreise nach Norden aufbrach.*

Die Krypta des hl. Leonhard *ist von Krakaus zweiter Kathedrale übrig geblieben. Sie wurde von Władysław Herman zwischen 1090 und 1142 erbaut.*

1138 Bolesław der Schiefmündige garantiert Krakau den Status als Hauptstadt aller Lehensprovinzen

1173 Bolesław der Lockige wird als erster Piast am Wawel beerdigt

Kreuzgang der Dominikanerkirche

1241 Die Tataren unter Batuhan zerstören Krakau

1150 | 1175 | 1200 | 1225 | 1250

1141–1320 Polnische Herzöge kämpfen um Krakau

Die Benediktinerabtei in Tyniec

1250 Weihe der Dominikanerkirche

Krakau in der Gotik

Detail des Hochaltars der Marienkirche

Im Jahr 1257 bekam Krakau volle Stadtrechte, was die städtische Entwicklung förderte und zu einer neuen, strukturierten Stadtplanung führte. Gotische Wehrmauern umgaben die Stadt, sie erlebte nach der Krönung von Władysław dem Ellenlangen im Jahr 1320 eine neue Blüte. Auch die neuen Siedlungen Kazimierz und Kleparz bekamen Stadtrechte. Das Stadtbild Krakaus veränderte sich rasant durch den Bau neuer Kirchen und der Kathedrale im 14. und 15. Jahrhundert. Die Gründung der Krakauer Akademie trug zur Entwicklung kultureller und intellektueller Aktivitäten bei. Die Ideen des italienischen Humanismus waren in Krakau schon sehr früh verbreitet.

Ausdehnung der Stadt

1370 — Heute

Der zweiflügelige gotische Reliquienschrein *enthält die Reliquien von Heiligen und ist geschmückt mit den Bildnissen der Jungfrau Maria und Christi.*

Wappen der Piasten

Die Heiligen Stanisław und Wacław, die auf der Wehrmauer stehen, sind die Schutzheiligen des Krakauer Doms und des Königreichs Polen.

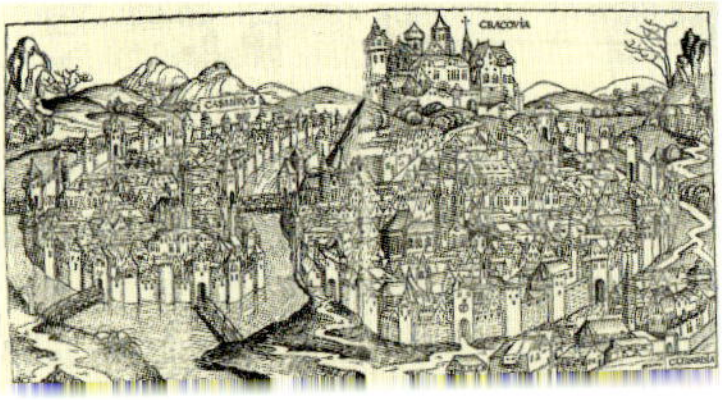

Ansicht des spätgotischen Krakau, 1493
Der Stich stammt aus der Weltchronik *von Hartmann Schedel und ist die älteste Ansicht Krakaus.*

Zeitskala

Wappen von Kazimierz

1257 Herzog Bolesław der Keusche gibt Krakau das volle Stadtrecht

1285 Stadtmauern Krakaus werden errichtet

1312 Aufstand der deutschen Bürger unter Albert

1335 Kazimierz der Große gibt Kazimierz Stadtrechte

1340 Baubeginn der Fronleichnamskirche

1364 Krakauer Akademie von Kazimierz dem Großen gegründet

1366 Kleparz (Florencja) bekommt Stadtrechte

1250 | 1275 | 1300 | 1325 | 1350

Krone von Kazimierz dem Großen (Nachbildung)

Krakaus Gründungsurkunde
Krakaus Stadtstatus orientierte sich am Magdeburger Stadtrecht und diente dazu, die städtische Entwicklung zu vereinheitlichen.

Die beiden Wappen rechts und links am Tor sind von Bolesław dem Keuschen, der Krakau die Stadtrechte verlieh.

Krużlowa-Madonna
Die Madonna mit Kind ist ein interessantes Beispiel für den Einfluss des gotischen Stils auf die Holzschnitzerei im Kleinpolen des 15. Jahrhunderts.

Siegel der königlichen Stadt Krakau

Das große Siegel Krakaus aus dem 14. Jahrhundert (hier die Ansicht der Rückseite) zeigt das Wahrzeichen von Polen, was die Rolle Krakaus als Hauptstadt betont.

Gotisches Krakau

Die gotischen Bauwerke zählen zu den größten Attraktionen Krakaus: die Barbakane *(siehe S. 114)*, das Florianstor *(siehe S. 111)*, das Collegium Maius *(siehe S. 106f)* und große Kirchen wie die Marienkirche *(siehe S. 94f)*, die Dominikanerkirche *(siehe S. 116f)*, die St.-Katharinen-Kirche *(siehe S. 124)* und die Fronleichnamskirche *(siehe S. 123)*. Auch kleinere Kirchen wie die Heiligkreuzkirche *(siehe S. 115)* sind interessant. Die Werke von Veit Stoß sind Höhepunkte gotischer Kunst.

Die Kathedrale (siehe S. 64ff) *ist Grabstätte von Königen und Sitz des Erzbischofs.*

Heiligkreuzkirche: *Die Decke des Schiffs ist einem Palmbaum nachempfunden.*

1386 Großfürst Jogaila von Litauen wird König Władysław II. Jagiełło von Polen

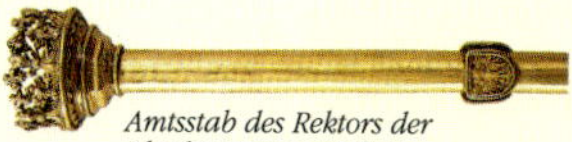

Amtsstab des Rektors der Akademie von Krakau

1473 Die erste polnische Druckerei von Łukasz Straube gibt einen Kalender heraus

1400	1425	1450	1475	1500

400 Das ollegium ius wird egründet

1400 Władysław Jagiełło erneuert die Krakauer Akademie

Wappen der Jagiellonen

1477–89 Veit Stoß arbeitet am Hochaltar der Jungfrau Maria

1492 Kazimierz Jagiellończyk stirbt

Krakau in der Renaissance

Adler auf dem Gebetbuch von Anna Jagiellonka

KRAKAU NAHM als Hauptstadt schnellen wirtschaftlichen Aufschwung und veränderte sein Erscheinungsbild. Die Tuchhallen, ein Wahrzeichen der Stadt, wurden im Stil der Renaissance umgestaltet, die reichen Kaufleute der Stadt begannen, ihre Häuser nach diesem Vorbild umzubauen. Kunst und Kultur der italienischen Renaissance hielten Einzug an den Höfen von König Aleksander und König Zygmunt dem Alten und seiner zweiten Gemahlin Bona Sforza. Bartolomeo Berecci, Giovanni Maria Padovano und andere berühmte italienische Meister ließen sich während dieser Zeit in Krakau nieder.

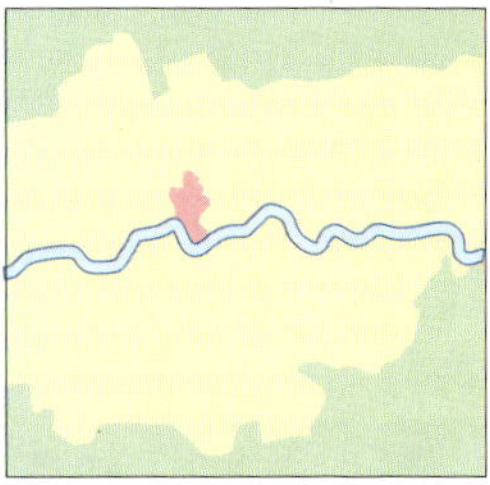

Ausdehnung der Stadt

1572 — Heute

»Die Schwertschmiede« aus dem Baltazar-Behem-Codex
Dieser Codex aus dem Jahr 1505 beinhaltet Rechte und Pflichten der städtischen Zünfte. In 27 Abbildungen werden Handwerker bei der Arbeit gezeigt.

Wandteppich mit Satyrn
Dies ist einer der 160 Bildteppiche, die Zygmunt August im 16. Jahrhundert für die Wawel-Sammlung in Auftrag gab.

Zeitskala

Kopf im Gesandtensaal

- **1502–05** Das Denkmal von König Jan Olbracht wird errichtet und ist die erste Renaissance-Arbeit in Polen
- **1504** Beginn der Umbauarbeiten im Wawel-Schloss
- **1505** Baltazar-Behem-Codex
- **1513** Das erste polnische Buch wird im Ungler-Haus gedruckt
- **1519** Bartolomeo Berecci beginnt die Arbeiten an der Zygmunt-Kapelle in der Kathedrale
- **1521** Die Zygmunt-Glocke wird gehängt
- **1525** Preußische Reverenz an den polnischen König auf dem Markplatz am 10. April
- **1543** Die Abhandlung *De revolutionibus* von Kopernikus wird veröffentlicht

1500 | 1510 | 1520 | 1530 | 1540

Ausschnitt aus dem Titelblatt der Kopernikus-Schrift

Renaissance-Portal
Die erste Poststelle im Polen des 16. Jahrhunderts, zuständig für die Verbindung Krakau–Venedig, war im Hause des Prospero Provana untergebracht. Heute ist das Hotel Pod Różą in dem Gebäude.

Der silberne Hahn der Schützengilde
Dieses Meisterstück von 1565 gehörte der Schützengilde, deren Aufgabe es war, die Soldaten bei der Verteidigung der Stadt zu unterstützen.

Das Zygmunt-August-Denkmal

König Zygmunt August war Kunstliebhaber. Sein Verdienst war es, dass das königliche Schloss auf dem Wawel mit einer außerordentlichen Sammlung von Bildteppichen ausgestattet wurde. Das Denkmal wurde von Santi Gucci in den Jahren 1574/75 in rotem ungarischem Marmor geschaffen.

Das Krakau der Renaissance

Renaissance-Architektur wurde während des Umbaus des Königsschlosses im frühen 16. Jahrhundert von italienischen Meistern nach Krakau gebracht. Die Zygmunt-Kapelle *(siehe S. 64ff)*, das Montelupis-Grabmal in der Marienkirche *(siehe S. 94f)* sowie mehrere Häuser in der Kanonicza-Straße *(siehe S. 79)* sind Paradebeispiele für städtische Renaissance-Kunst und -Architektur.

Der Innenhof mit Arkaden *im Wawel-Schloss gehört zu den schönsten in ganz Europa* (siehe S. 70f).

Die Renaissance-Tuchhallen (siehe S. 102f) *mit ihrer charakteristischen Brüstung zeigen den Reichtum des jagiellonischen Krakau.*

nach 1550 Santi Gucci lässt sich in Polen nieder

Grab von Stefan Batory

1595 Santi Gucci vollendet das Grab von König Stefan Batory

1550 **1560** **1570** **1580** **1590**

1556–59 Giovanni Maria Padovano baut die Tuchhallen um

1569 Polnisch-litauische Allianz

1574 Krönung des ersten gewählten Königs, Henri de Valois

1586 Die erste höhere Schule wird eröffnet

1596 Der königliche Hof zieht von Krakau nach Warschau um

Krakau in der Barockzeit

Wappen des Hauses Wasa

Im 17. und 18. Jahrhundert erlebte Krakau eine Phase des Abstiegs: Nachdem der König nach Warschau übergesiedelt war, folgten ihm die Minister. Raubzüge und Besetzungen durch ausländische Truppen, Kriege und die erste Teilung Polens von 1772 führten zum Niedergang der Stadt. Obwohl Stanisław August Poniatowski gegen Ende seiner Herrschaft versuchte, die Situation zu verbessern, obwohl die königlichen Krönungen und Begräbnisse nach wie vor hier stattfanden, verkam Krakau zur provinziellen Frontstadt. Der fehlgeschlagene Kościuszko-Aufstand von 1794 und die nachfolgende dritte Teilung Polens von 1795 ließen Krakau in die Bedeutungslosigkeit absinken.

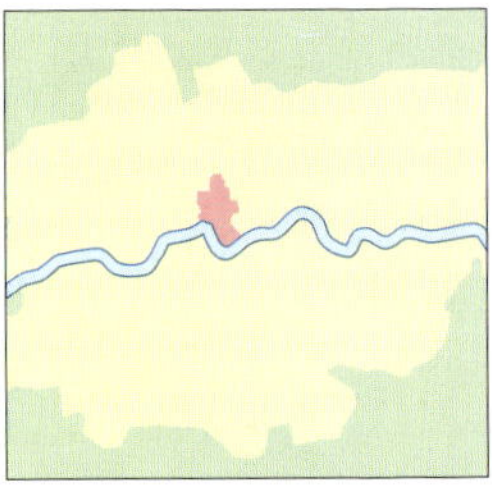

Ausdehnung der Stadt

1700 | Heute

Die Evangelisten mit ihren Symbolen: Adler, Engel, Löwe und Ochse.

Figuren der heiligen Doktoren der Kirche

Kapuze des Krönungsmantels (1669) *Der Adler (das Emblem des Staates) auf der* cappa magna *des Bischofs Tomicki, die für die Krönung Michał Wiśniowieckis angefertigt wurde, war mit Perlen und Saphiren besetzt.*

Epitaph von König Władysław IV. *Der monumentale, düstere Innenraum der Wasa-Kapelle im Dom schimmert in schwarzem Marmor, von dem sich die glänzenden Gedenktafeln der Wasa-Dynastie abheben.*

König David *Die spätbarocke Tanzfigur (zweite Hälfte 18. Jh.) in der Fronleichnamskirche stammt von Anton Gegenbaur.*

Zeitskala

1626–29 Baldachin des hl. Stanisław in der Kathedrale errichtet

1619 Peter-und-Paul-Kirche vollendet

Zygmunt III. Vaza

1661 Die erste polnische Zeitung »Merkuriusz Polski« wird von Jan Alexander Gorczyn herausgegeben

Titelseite des Merkuriusz Polski

1600 | 1620 | 1640 | 1660 | 1680

1609 Zygmunt III. Wasa verlegt seine Residenz am 25. Mai von Krakau nach Warschau

1655–57 Schwedische und transsylvanische Truppen besetzen Krakau

1676 Die Akademie übernimmt die Piotrowczyks-Druckerei und gründet die Universitätsdruckerei

1664–76 Wasa-Kapelle in der Kathedrale vollendet

Gedenktafel für Bischof Denhoff
Die Gedenktafeln für die Bischöfe im Kreuzgang neben der Franziskanerkirche stammen aus verschiedenen Epochen. Diese Tafel wurde im frühen 18. Jahrhundert hergestellt.

Der silberne Sarkophag mit Bischofsmütze und -stab ist der Reliquienschrein des hl. Stanisław.

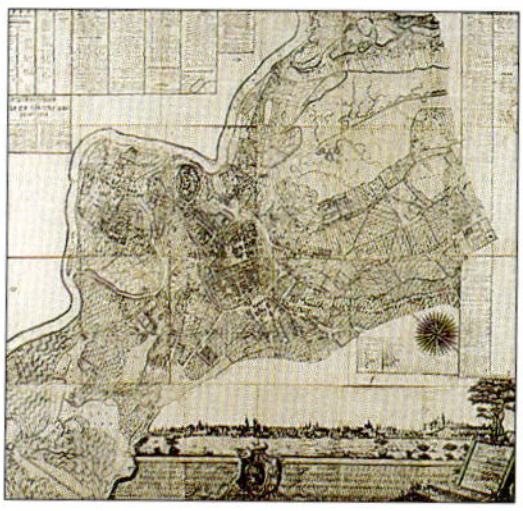

Kołłątajs Krakauer Panoramakarte
Hugo Kołłątaj reformierte die Universität. Außerdem entwarf er im Jahr 1785 einen präzisen Stadtplan Krakaus mit allen dazugehörigen Stadtgebieten.

Baldachin des hl. Stanisław

Dieser Baldachin im Wawel-Dom basiert auf mehreren nicht ausgeführten Entwürfen für den großen Baldachin im römischen Petersdom.

Barockes Krakau

Die früheste Barockkirche, die den Heiligen Peter und Paul geweiht ist *(siehe S. 80f)*, die später erbaute St.-Annen-Kirche *(siehe S. 108f)* sowie die Kirche der Barmherzigen Brüder *(siehe S. 124)* gelten als die schönsten Beispiele der Barock-Architektur von den großen Baumeistern wie Tylman van Gameren und Kacper Bażanka.

***Die Peter-und-Paul-Kirche** ist eine der schönsten Bauwerke des Frühbarocks in ganz Mitteleuropa.*

***Die Fassade der Missionarenkirche** wurde nach dem Vorbild römischer Barock-Architektur gestaltet* (siehe S. 85).

Orden Virtuti Militari

1734 Krönung von August III. Wettin, die letzte in Krakau

1791 Kazimierz und Kleparz werden eingemeindet

1794 Tadeusz Kościuszko wird am 24. März am Marktplatz vereidigt

1768–72 Adelskonföderation kämpft für Krakau

1720 | 1740 | 1760 | 1780 | 1800

1705 Die St.-Annen-Kirche wird geweiht

2–05 Krakau wird
derholt von den
weden besetzt

Hugo Kołłątaj

1777–78 Hugo Kołłątaj reformiert die Krakauer Akademie

1788 Astronomisches Observatorium eröffnet

1798 Erstes festes Theatergebäude in Krakau

Das galizische Krakau

IM JAHR 1772 besetzte Österreich den südlichen Teil Polens, das so genannte Galizien. Nach Ende der österreichischen Besatzungszeit wurde Krakau dem Herzogtum Warschau eingegliedert. Dann folgte eine russische Besatzungszeit. Im Jahr 1815 hatte sich zwar die Republik Krakau etabliert, aber bereits 1846 befand sich Krakau wieder unter österreichischer Herrschaft. Erst nach 1860 erreichte Galizien umfassende Autonomie. Im 19. Jahrhundert war Krakau das einzige polnische Gebiet, das relative Freiheit genoss. Es besann sich seiner Traditionen und seiner Geschichte und wurde erneut zur geistigen Hauptstadt Polens.

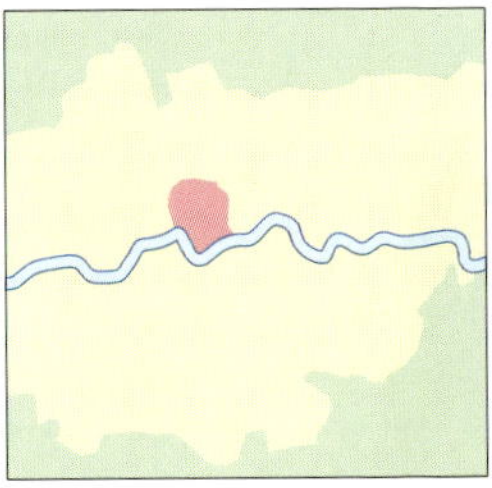

AUSDEHNUNG DER STADT

1818   Heute

Sarkophag von Prinz Józef Poniatowski
Von allen berühmten Polen, die in der Fremde starben, war Józef Poniatowski der Erste, dessen Leichnam nach Hause zurückgebracht und feierlich beigesetzt wurde. Die Beisetzung wuchs sich zu einer patriotischen Demonstration aus.

DER EINZUG DES KAISERS FRANZ JOSEPH IM JAHR 1880
Franz Joseph war bei der Krakauer Bevölkerung beliebt. Man schätzte ihn, da er die Entwicklung der Stadt und ihre Unabhängigkeit förderte. Eine Serie von Aquarellen von Juliusz Kossak (1824–99) zeigt seinen Aufenthalt in Krakau.

***Die Öffnung des Sarkophags Kazimierz' des Großen* von Jan Matejko**
Die zufällige Entdeckung der Gebeine des Königs führte zu einer zweiten Beerdigung im Jahr 1869, die eingedenk der ruhmreichen Vergangenheit als nationales Ereignis begangen wurde.

ZEITSKALA

1800 Das Wawel-Schloss wird zu Militärbaracken umfunktioniert

1813–15 Krakau von Österreich besetzt

Ruinen der abgebrannten Dominikanerkirche

1846 Krakauer Aufsta
Krakau wird
Österreic

1800 | 1810 | 1820 | 1830 | 1840

1809 Krakau wird dem Herzogtum Warschau zugeteilt

1810–14 Zerstörung der Stadtmauern

1815 Die »Freie, unabhängige und neutrale Stadt Krakau« und ihr Umland werden zur Republik Krakau

1820–23 Der Kościuszko-Hügel entsteht

Wappen von Galizien

Das Wohnhaus Jan Matejkos
Jan Matejko, dessen Historienmalerei in der Bevölkerung ein Bewusstsein für die eigene Vergangenheit schuf, lebte in diesem Haus.

Einwohner von Krakau grüßen den Kaiser

Entwurf für das Mickiewicz-Denkmal
Dieses Modell von Antoni Kurzawa wurde nie ausgeführt und steht im Nationalmuseum.

Der Krakauer Aufstand
Der Aufstand von 1846 sollte in allen Teilen Polens eine Revolte auslösen, wurde aber von den Österreichern niedergeschlagen.

Das Krakau des 19. Jahrhunderts

Die Architekten im Krakau des 19. Jahrhunderts bedienten sich vieler verschiedener Stilrichtungen. Es dominierte der Klassizismus (z. B. die Akademie der Schönen Künste, *siehe S. 136*), oft spürte man den Einfluss der Monumentalarchitektur Wiens, wo viele Krakauer Architekten studierten. Die Krakauer Universitätsgebäude wiederum sind ein gutes Beispiel für die Neogotik, die den historischen Stil mit heimischen Besonderheiten mischt.

Die Kirche der Felizianerinnen *ist eines der wenigen neoromanischen Bauwerke* (siehe S. 142).

Das Collegium Novum *ist ein imposantes neugotisches Backsteingebäude, das Feliks Księżarski entwarf* (siehe S. 104).

1850 Großer Brand von Krakau

1854 Gesellschaft der Kunstfreunde gegründet

1866 Eigene Regierung in Krakau mit Józef Dietl als Bürgermeister

1872 Akademie der Wissenschaften gegründet

1876 Die Sammlung Czartoryski wird öffentlich zugänglich

1883 Die Krakauer Z. Wróblewski und K. Olszewski kondensieren Sauerstoff

1883–87 Collegium Novum erbaut

1893 Słowacki-Theater eröffnet

1850 | 1860 | 1870 | 1880 | 1890

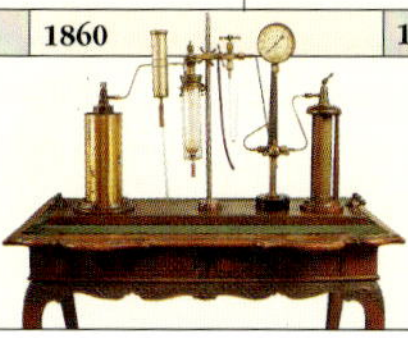

Apparat zur Kondensierung von Sauerstoff

Krakau um 1900

Stanisław Wyspiańskis Büste am Kunstpalast

GEGEN ENDE des 19. und zu Beginn des 20. Jahrhunderts hatte Krakau wieder den Rang einer Metropole erworben, in die Menschen aus allen Teilen des besetzten Polens strömten. Sie wollten die neue Universität und den Wawel sehen, der damals restauriert wurde. Es war die Zeit des »L'Art pour l'Art«, Krakau wurde für die polnischen Künstler zur Oase. Das Leben konzentrierte sich in Künstlercafés wie dem Paon und dem Jama Michalika, in denen sich die Szene traf und z.B. das Kabarett Zielony Balonik auftrat. Es herrschte melancholische Untergangsstimmung, gepaart mit romantischem Patriotismus, was sich in der Kunst als neoromantischer Symbolismus niederschlug. Der Ausbruch des Ersten Weltkriegs setzte dieser Bohemienzeit ein Ende.

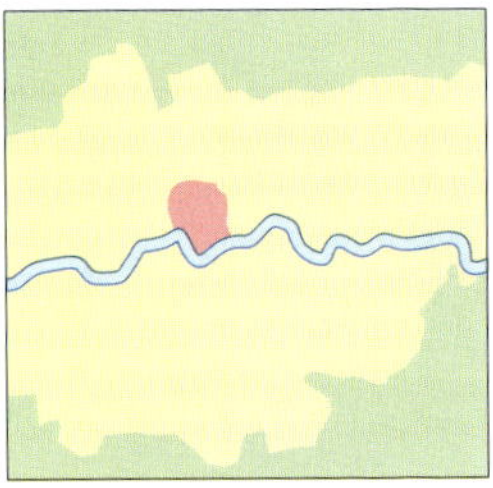

AUSDEHNUNG DER STADT

1900 Heute

Stańczyk
Das Gemälde von Leon Wyczółkowski zeigt den Hofnarren Stańczyk in nachdenklicher Pose. Er spielt mit Marionetten, die historische Figuren darstellen.

Modell eines Amphitheaters an der Barbakane in Krakau

»Życie«
Das ist die Vignette der Zeitschrift des »Jungen Polens«, an der die führenden Autoren dieser Zeit mitarbeiteten.

ZEITSKALA

1897 Die Zeitschrift *Życie* erscheint wöchentlich

1898 Stanisław Przybyszewski kommt in Krakau an

1901 Der Kunstpalast, Sitz der Gesellschaft der Freunde der Schönen Künste, wird erbaut

1903–05 Das Teatr Stary (Altes Theater) wird im Jugendstil umgestaltet

1895 | 1897 | 1899 | 1901 | 1903

1895 Die Adam-Mickiewicz-Statue wird enthüllt

1898–1900 Stanisław Wyspiański gestaltet die Franziskanerkirche mit Wandmalereien und Buntglas

1901 Premiere der *Hochzeit* von Stanisław Wyspiański

Wyspiańskis Jugendstil-Wandgemälde in der Franziskanerkirche

Plakat von Stanisław Wyspiański
Dieses Plakat kündigt eine Lesung von S. Przybyszewski und ein Stück von M. Maeterlinck an.

Das Puppentheater des Kabaretts Zielony Balonik
Die kabarettistisch-satirische Neujahrsschau von Karol Frycz nahm die Engstirnigkeit der Gesellschaft auf die Schippe.

Die Polnische Akropolis von Stanisław Wyspiański

Hinter dem Entwurf für die Neugestaltung des gesamten Wawel stand die Idee, das königliche Schloss zum politischen, sozialen, wissenschaftlichen und kulturellen Zentrum Polens zu machen. Die Architektur sollte die gesamte polnische Geschichte widerspiegeln.

Das modernistische Krakau

Die Zeit um 1900 war eine Hochzeit der Literatur und Malerei. Architektonische Belege dieser Zeit sind spärlich. Trotzdem gibt es signifikante Gebäude, z. B. das Haus »Pod Pająkiem« *(siehe S. 149)* und den Kunstpalast *(siehe S. 105)*. Herausragende Jugendstil-Interieurs haben die Franziskanerkirche mit Wandbildern und Bleiglasfenstern von Wyspiański *(siehe S. 86f)*, das Haus der Ärztegesellschaft *(siehe S. 130)* sowie die prächtige Industrie- und Handelskammer *(siehe S. 137)*.

Bei der Neugestaltung des Teatr Stary (Altes Theater) *im Jugendstil bekam die Fassade die typischen Stuckverzierungen* (siehe S. 105).

Die Fassade der Kirche der Karmeliterinnen *mit ihren verspielten Verzierungen steht in strengem Kontrast zum strengen Innenraum.*

1906 Krakaus Sportvereine, Wisła und Cracovia, werden gegründet

1907 Stanisław Wyspiański stirbt

1910 Józef Piłsudski stellt bewaffnete Verbände auf

1912 Das erste Kino eröffnet in Krakau

Sessel (spätes 19. Jh.)

1907	1909	1911	1913	1915

1906 Gebäude der Industrie- und Handelskammer vollendet

1910 Das Grunwald-Denkmal wird enthüllt

Die Erdkugel auf dem Gebäude der Industrie- und Handelskammer

1914 Die ersten polnischen Truppenverbände marschieren am 6. August aus Krakau an die Front

Krakau zwischen 1918 und 1945

NACH DEM ERSTEN WELTKRIEG wurde Polen nach 146 Jahren Besatzung wieder unabhängig. In der Zeit zwischen den beiden Weltkriegen entwickelte sich Krakau zum wichtigen Verwaltungszentrum. Darüber hinaus war es kultureller und wissenschaftlicher Mittelpunkt. Anfangs herrschte in der Kunst die modernistische Tradition, aber bald wurde sie durch eine neue Künstlergeneration abgelöst, zu der die Formisten, Kapisten (polnische Variante des Postimpressionismus), die avantgardistische »Grupa Krakowska« und das Cricot-Theater zählten. Im Zweiten Weltkrieg hatte das deutsche Generalgouvernement seinen Sitz in Krakau, daher entging die Stadt der Zerstörung.

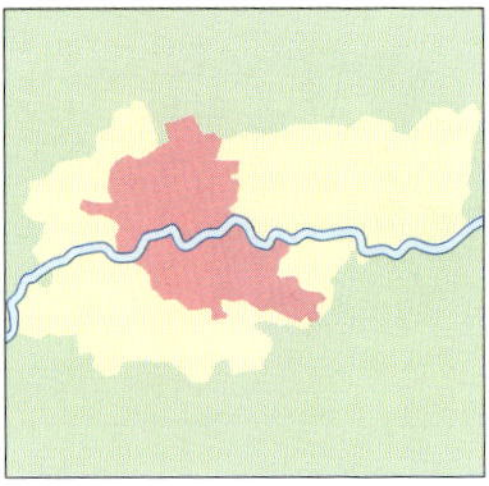

AUSDEHNUNG DER STADT

1938 *Heute*

Józef Piłsudski
Der Kommandant *von Konrad Krzyżanowski zeigt die Persönlichkeit dieses kompromisslosen polnischen Militärs und Politikers.*

Porträt Nena Stachurska
Das Porträt stammt von S. I. Witkiewicz, einem der unkonventionellsten Künstler des 20. Jahrhunderts. Er forderte das utopische Ideal einer »reinen Kunst«.

Figuren an der Akademie für Bergbau- und Hüttenwesen
Die erste Schule dieser Art wurde im befreiten Polen für die Ausbildung von Spezialkräften für die Industrie in Schlesien eingerichtet.

ZEITSKALA

1918 Die österreichischen Truppen werden in Krakau entwaffnet. Am 11. November wird die Republik Polen ausgerufen

1925 Grab des unbekannten Soldaten

1923 Arbeiteraufstand in Krakau

Jagiellonen-Bibliothek

1918 | 1921 | 1924 | 1927 | 1930

1919 Akademie für Bergbau und Hüttenwesen gegründet

1921 Jesuitenkirche in Wesoła geweiht

Flagge des befreiten Krakau

1927 Juliusz Słowackis Leichnam wird nach Krakau gebracht und am Wawel beigesetzt

1930–39 Jagiellonen-Bibliothek fertiggestellt

Begräbnis von Marschall Piłsudski
Das Begräbnis des Kommandanten, der 1935 auf dem Wawel beigesetzt wurde, war die größte Staatsfeierlichkeit zwischen den Kriegen.

Die Zerstörung der Mickiewicz-Statue
Während der deutschen Besetzung wurden alle wichtigen Denkmäler zerstört, u.a. die von Mickiewicz, Kościuszko und Grunwald.

Die Militärkapelle galoppiert am Kopf der Truppen.

Die Kavallerie-Parade

Die Parade der Kavallerie der neuen Republik fand am 6. Oktober 1933 auf der Błonia statt. Wojciech Kossak, Mitglied einer berühmten Krakauer Künstlerfamilie, malte dieses Großereignis.

Auschwitz (Oświęcim)

Unter dem Namen »Oświęcim« können sich nur wenige etwas vorstellen. Aber der deutsche Name »Auschwitz« beschwört Tod und Vernichtung herauf. Während des Zweiten Weltkriegs richteten die Nationalsozialisten in Auschwitz und im nahe gelegenen Birkenau (Brzezinka) Konzentrationslager ein. Etwa 1,5 Millionen Menschen fanden in diesen Lagern den Tod.

Das Lager von Auschwitz wurde 1940 auf Befehl von Heinrich Himmler angelegt und diente zunächst als Arbeitslager. Schon vorher hatten die Nationalsozialisten Menschen, vor allem Juden, aus ganz Europa deportiert, und ab 1942 waren Auschwitz und Birkenau Massenvernichtungslager. Die zynische Torinschrift des Lagers Auschwitz lautet: »Arbeit macht frei«.

Im Todesblock von Auschwitz gab der später heilig gesprochene Franziskanerpriester Maximilian Kolbe 1941 sein Leben für einen Mithäftling hin. Kolbe wurde zum Tod in der Gaskammer verurteilt. In den alten Lagerblocks von Auschwitz lassen sich die Zeugnisse der nazistischen Verbrechen besichtigen *(siehe S. 156)*. In dem drei Kilometer entfernten Birkenau existieren nur noch wenige der ursprünglich 300 Baracken. Die Laderampe ist ein Ort des Grauens. Hier wurden die Gefangenen ausgesondert.

1933 Das Künstlertheater Cricot wird gegründet

1935 Piłsudski bekommt ein Staatsbegräbnis am Wawel

1938 Dietl-Statue errichtet

1939 Ausbruch des Zweiten Weltkriegs am 1. September

1943 Jüdisches Getto ausgelöscht

1945 Sowjetische Truppen marschieren am 18. Januar in Krakau ein

1933 | 1936 | 1939 | 1942 | 1945

1937 Die Akademie für Bergbau und Hüttenwesen nimmt die Lehre auf

1941 Jüdisches Getto eingerichtet

1939 Krakau wird am 6. September vom nationalsozialistischen Deutschland besetzt

Józef-Dietl-Statue

Krakau nach 1945

Statue des Kardinal Adam Sapieha

NACH DEM ZWEITEN WELTKRIEG akzeptierte Krakau nur gezwungenermaßen die von der Sowjetunion eingesetzte neue Regierung. 1946 führten die Feierlichkeiten anlässlich der Verfassung vom 3. Mai zu Konflikten. Kurz darauf wurde das berühmte Referendum abgelehnt. Als »Strafe« für Krakau wurde die neue Industrievorstadt Nowa Huta mit ihren riesigen Stahlwerken aufgebaut. Man wollte den »reaktionären Klassen« des alten Krakau eine Arbeiterstadt gegenüberstellen. Der Baustil entsprach dem Sozialistischen Realismus. Während die Krakauer Behörden um die Erhaltung der historischen Bauten kämpften, wurden viele Gebäude durch Luftverschmutzung zerstört.

Stahlwerk Tadeusz Sendzimir
Das frühere Lenin-Stahlwerk sollte zu einer Hochburg des kommunistischen Proletariats werden. Paradoxerweise wurde es stattdessen zu einer Hochburg der Opposition.

Mistrzejowice-Kirche
Die Kirche wurde zwischen 1976 und 1983 erbaut und enthält viele Skulpturen von Gustaw Zemła.

Fahne des Vatikan

Päpstlicher Hochaltar

HEILIGE MESSE WÄHREND DES PAPSTBESUCHS

Die politische Umgestaltung Polens nach 1989 war Krakau sehr willkommen. Die Messe, die Papst Johannes Paul II. auf dem Marktplatz zelebrierte, zog eine unglaublich große Menge von Gläubigen an.

ZEITSKALA

1946 Blutige Unterdrückung der Feiern zum 3. Mai

1949 Baubeginn von Nowa Huta

1950 Nowa Huta wird Teil von Krakau

1956 Das Kabarett »Piwnica pod Baranami« wird gegründet

1956 Theater Cricot 2 gegründet

Bauarbeiterbrigade *von H. Krajewska*

1957 Feierlichkeiten zum 700. Geburtstag der Stadt Krakau

1964 600. Geburtstag der Krakauer Akademie

1967 Baubeginn der Kirche »Arche Gottes« in Nowa Huta

1945 | 1950 | 1955 | 1960 | 1965 | 1970

Demonstrationen in Nowa Huta
In der Zeit des Kriegsrechts endeten Demonstrationen in der Arbeitervorstadt Nowa Huta oft mit Krawallen.

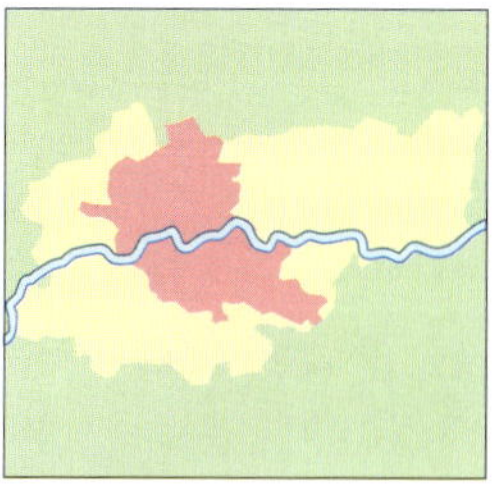

AUSDEHNUNG DER STADT

1945 *Heute*

Nobelpreis für Wisława Szymborska
Die Krakauer Schriftstellerin bekam 1996 den Nobelpreis für Literatur.

Skulptur am Grab von Tadeusz Kantor
Die Theaterarbeit von Tadeusz Kantor (1915–1990) fand in Polen und in Europa viel Beachtung. Die Skulptur auf seinem Grab wurde ursprünglich für sein Stück Wiepole, Wiepole *entworfen.*

KRAKAU HEUTE

Nur wenige Gebäude der Nachkriegszeit verdienen in Krakau Beachtung. Aber in der sakralen Architektur gibt es bemerkenswerte Bauten, z. B. die Abtei der »Väter der Auferstehung«, entworfen von Dariusz Kozłowski, und zwei Kirchen in Nowa Huta: die Arche Gottes und die Mistrzejowice-Kirche. In den letzten Jahren startete man in Krakau ein umfassendes Programm zur Gebäuderenovierung, auch viele neue Projekte wurden gebaut, darunter das Japanische Zentrum für Kunst und Technologie.

Die »Arche Gottes« in Nowa Huta (siehe S. 152) *ist mit ihrer eindrucksvollen Form und symbolischen Aussage ein Beispiel moderner Kirchenarchitektur.*

1978 Komitee zur Renovierung der Denkmäler Krakaus gegründet

1978 Krakau wird in die UNESCO-Liste der Weltkulturerbe-Städte aufgenommen

1980 Solidarność gegründet

1981 Kriegsrecht in Polen ab 13. Dezember (bis 21. Juli 1983)

1991 Internationales Kulturzentrum gegründet

1992 Feierlichkeiten zum Europäischen Kulturmonat in Krakau

1996 Wisława Szymborska bekommt den Nobelpreis für Literatur

1975 | 1980 | 1985 | 1990 | 1995 | 2000

Johannes Paul II.

1981 Bürgerkomitee zur Rettung Krakaus gegründet

1978 Karol Wojtyła wird Papst Johannes Paul II.

1990 Tadeusz Kantor stirbt

1993 Czesław Miłosz, der Nobelpreisträger für Literatur, wird Ehrenbürger von Krakau

Buch von Czesław Miłosz

Krakau im Überblick

Krakau gehört zu den wenigen polnischen Städten, die während der Kriege vor größeren Zerstörungen verschont blieben. Aber nicht nur die Denkmäler, sondern auch die spezifische »altertümliche« Atmosphäre ist der Stadt erhalten geblieben. Schon im 19. Jahrhundert war Krakau Reiseziel für ausländische wie polnische Besucher. Krakau und Wieliczka wurden von der UNESCO in die erste Liste des Weltkulturerbes aufgenommen. Das Kapitel *Die Stadtteile Krakaus* beschreibt die Sehenswürdigkeiten detailliert, zum besseren Überblick sind auf den folgenden 14 Seiten die Highlights Krakaus aufgeführt. Dabei wird jeweils auf den Haupteintrag verwiesen. Auf dieser Seite finden Sie die zehn wichtigsten Attraktionen Krakaus im Überblick.

Die zehn Hauptattraktionen Krakaus

Königsschloss auf dem Wawel
Siehe S. 70ff

Kathedrale
Siehe S. 64ff

Kościuszko-Hügel
Siehe S. 162f

Marienkirche
Siehe S. 94ff

Marktplatz
Siehe S. 98ff

St.-Annen-Kirche
Siehe S. 108f

Grünanlage Planty
Siehe S. 160f

Collegium Maius
Siehe S. 106f

Friedhof Remuh
Siehe S. 122f

Tuchhallen
Siehe S. 102f

◁ **Zygmunt-Kapelle auf dem Wawel**

Highlights: Museen und Sammlungen

Krakau besitzt viele und vielfältige Museen. Am bekanntesten ist das Königsschloss auf dem Wawel. Hier sieht man die Sammlungen in den königlichen Gemächern aus der Zeit, in der die polnischen Könige hier residierten.

Im Czartoryski-Museum findet man vor allem westliche Kunst, das Nationalmuseum mit den verschiedenen Niederlassungen im Stadtzentrum stellt hauptsächlich polnische Kunst aus.

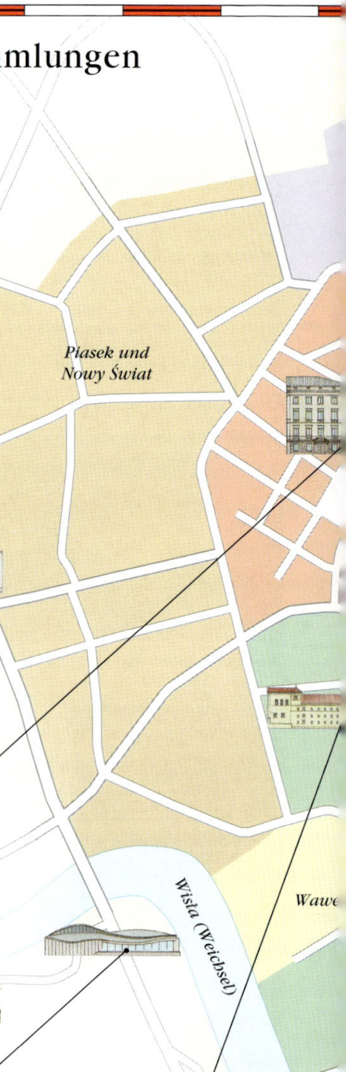

Hauptgebäude des Nationalmuseums

Hier ist eine der besten Sammlungen moderner polnischer Kunst zu finden. Besonders sehenswert ist die Sammlung modernistischer Kunst, zu der auch die Skulpturen von Konstanty Laszczka gehören.

Museum der Stadt Krakau

Das Museum ist der Stadtgeschichte gewidmet. Krakau ist berühmt für seine Weihnachtskrippen, von denen besonders schöne hier ausgestellt sind.

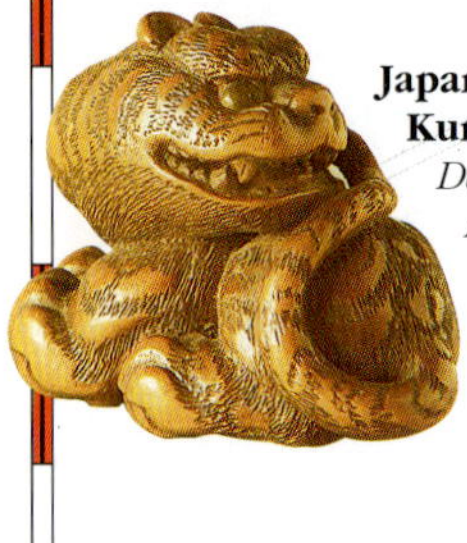

Japanisches Zentrum für Kunst und Technologie

Das moderne Gebäude beherbergt Arbeiten aus dem Fernen Osten. Viele davon wurden von Feliks Manggha Jasieński gestiftet. Abgebildet ist eine netsuke, *eine Art Knopf in Tigerform.*

Archäologisches Museum

Viele archäologische Funde aus Kleinpolen sind hier ausgestellt, aber auch ägyptische Mumien.

Czartoryski-Museum
Diesen Harnisch trug Stanisław Jabłonowski, ein Anführer in der Schlacht von Wien (1683). Sie ist eines der Ausstellungsstücke, die an Polens glorreiche Vergangenheit erinnern.

Matejko-Haus
Im Wohnhaus von Jan Matejko sind einige seiner Werke ausgestellt, so diese Studie zu Johanna von Orléans. *Auch Matejkos außerordentliche Sammlung von Antiquitäten und Kuriosa hat hier ihren Platz.*

Tuchhallen-Sammlung: Kunst des 19. Jahrhunderts
Im Jahr 1879 vermachte Henryk Siemiradzki dem künftigen Nationalmuseum das erste Geschenk: Neros Fackeln.

Jüdisches Museum
In der Renaissance-Synagoge findet man eine der besten mitteleuropäischen Judaika-Sammlungen.

Königsschloss auf dem Wawel
Die königliche Residenz beherbergt eine hervorragende Kunstsammlung: Gemälde, Skulpturen, Goldschmiedearbeiten, Waffen, orientalische Kunst und Bildteppiche.

Überblick: Museen und Sammlungen

Adler auf Flagge (1918), Museum der Stadt Krakau

Krakaus vielfältige Museenlandschaft vermittelt viele Einblicke in die Geschichte der Stadt und die polnische Kultur. Zwar würde der Besuch aller Museen einige Wochen in Anspruch nehmen, aber auch wenn man sich nur auf die bedeutendsten Sammlungen konzentriert, lernt man die Stadt sehr gut kennen. Viele Galerien, darunter auch die Starmach- und die Mleczko-Galerie, stellen auch zeitgenössische polnische Kunst aus.

Reliquienschrein des hl. Stanisław, Kathedralmuseum ***(siehe S. 62)***

Die Geschichte Polens und Krakaus

Die ehemalige Residenz der polnischen Herrscher, das **Königsschloss**, ist das bekannteste Krakauer Museum. Unter den Ausstellungsstücken befinden sich Bildteppiche und Gemälde. Auch Waffenkammer und Schatzkammer, in der das Krönungsschwert *Szczerbiec* aufbewahrt wird, sind für Besucher geöffnet. Interessant ist die archäologische Ausstellung »Der verschollene Wawel«, in der z. B. eine frühromanische, der Jungfrau Maria geweihte Rotunde gezeigt wird. Angeboten wird ein virtueller Rundgang durch die tausend Jahre alten Gebäude auf dem Wawel, der stilecht von gregorianischen Chorälen begleitet wird – gesungen von Dominikanermönchen.

Im **Museum der Stadt Krakau,** einem Teil des dreigegliederten Historischen Museums, geht es um die Geschichte der ehemaligen polnischen Hauptstadt. Die Sammlungen zeigen Insignien der städtischen Herrscher und Zünfte, u.a. Siegelringe mit den Wappen Krakaus. Die alten Stadtansichten vermitteln ein Bild von der Vergangenheit der Stadt.

Das Museum der Jagiellonen-Universität ist im **Collegium Maius**, dem ältesten Universitätsgebäude untergebracht. Das Museum zeigt teilweise einzigartige wissenschaftliche Gerätschaften sowie Erinnerungsstücke ehemaliger Professoren. Viele Räume sind mit Originalmöblierung erhalten.

Der Stadtteil Kazimierz, früher v. a. von Juden bewohnt, war Zentrum jüdischer Kultur. Das **Jüdische Museum** beherbergt eine reichhaltige Sammlung von Judaika.

Die Wahl des Krakauer Erzbischofs Karol Wojtyła zum Papst Johannes Paul II. war ein wichtiges Ereignis. Ein Raum im **Erzdiözesan-Museum** erinnert an Karol Wojtyłas Jahre in Krakau.

Gesandtensaal im Königsschloss auf dem Wawel

Der Altar von Jerzy Nowosielski in der Stiftung St. Władimir ist der Orthodoxen Kirche geweiht

Polnische Kunst

Im Jahr 1879 übereignete Henryk Siemiradzki der Stadt Krakau sein Gemälde *Neros Fackeln*. Damit initiierte er die Gründung des **Nationalmuseums**. Polen war zu der Zeit noch ein besetztes Land, Ziel war es, das Nationalbewusstsein der Bevölkerung zu wecken. Gesammelt wurden nur polnische Kunst oder Arbeiten, die einen Bezug zur Geschichte Polens hatten. Gerade weil westliche Stücke fehlen, entwickelt der Betrachter ein Gespür für die polnischen Künstler und für diejenigen, die in Polen gearbeitet haben. Das Museum hat in der Stadt mehrere Niederlassungen. Einen Ehren-

***Italienische Landschaft* von Adam Chmielowski, Nationalmuseum**

platz im Museum hat die Gemälde- und Skulpturensammlung aus dem Mittelalter und der Renaissance. Diese Sammlung zieht demnächst in die Kanonicza-Straße Nr. 16 um, wo gerade ein neues Museum für polnische Kunst bis 1794 eingerichtet wird.

Ebenso interessant ist auch die polnische Kunst aus dem 19. Jahrhundert, die in der **Tuchhallen-Sammlung** untergebracht ist. Malerei und Skupturen aus dem 20. Jahrhundert sind im Hauptgebäude ausgestellt. Das Museum veranstaltet regelmäßig Ausstellungen über Leben und Werk berühmter Krakauer Künstler wie Jan Matejko, Stanisław Wyspiański and Józef Mehoffer. Gerade solche Ausstellungen sind immer einen Besuch wert.

Cricoteka ist das Museum des Theaters Cricot 2. Hier werden Arbeiten des Theatergründers Tadeusz Kantor ausgestellt.

Die Sammlung der **Stiftung St. Władimir** ist der Kultur der orthodoxen Kirche gewidmet. Deren Anhänger waren vor allem Ruthenier, die in den östlichen Grenzländern Polens lebten. Die Sammlung zeigt u.a. Ikonen aus der Zeit vom 16. bis ins 20. Jahrhundert.

Zeitgenössische Kunst ist nicht nur im Nationalmuseum, sondern auch in zahlreichen Galerien zu finden, so beispielsweise im **Kunstpalast**. Der **»Kunstbunker«** veranstaltet ebenfalls interessante Ausstellungen mit polnischen und ausländischen Künstlern.

Das **Erzdiözesan-Museum** besitzt eine großartige Sammlung polnischer sakraler Kunst. Das Museum organisiert auch zahlreiche Ausstellungen mit Leihgaben berühmter Museen aus dem In- und Ausland.

Ausländische Kunst

Wer an westlicher Kunst interessiert ist, sollte das **Czartoryski-Museum** besuchen. *Die Dame mit dem Hermelin* von Leonardo da Vinci und Rembrandts *Landschaft mit dem barmherzigen Samariter* sind zwei gefeierte Meisterwerke, aber es gibt auch andere große Kunstwerke. Romanische Goldschmiedearbeiten aus der Maasregion, Majolika (zinnglasierte Keramik) aus der Zeit der italienischen Renaissance und Meißner Porzellan sind ebenfalls in der Sammlung.

Das **Japanische Zentrum für Kunst und Technologie, »Manggha«**, zeigt japanische Kunst. Objekte aus dem Fernen Osten, die Hinterlassenschaft von Feliks Manggha Jasieński, bilden das Herzstück der Ausstellung. Es werden auch Arbeiten zeitgenössischer Künstler gezeigt.

Majolika-Teller (um 1545) aus der Sammlung des Czartoryski-Museums

Kultur- und Naturgeschichte

Das **Archäologische Museum** zeigt Objekte aus Galizien, das im 19. Jahrhundert zu Österreich gehörte *(siehe S. 28)*. Eines davon ist die Statue des Gottes Światowid, die man aus dem Fluss Zbrucz gefischt hat. Dazu kommen Objekte, die während der Erbauung von Nowa Huta und bei Bauarbeiten in der Kanonicza-Straße gefunden wurden, sowie einige ägyptische Mumien.

Das **Ethnografische Museum** zeigt Volkskunst aus Kleinpolen. Die interessanten Wechselausstellungen werden in der Filiale Krakowska-Straße gezeigt.

Ein hervorragend erhaltenes Rhinozeros *(Coelodonta antiquitatis)* aus der Eiszeit ist eines der viel beachteten Renommierstücke des **Naturhistorischen Museums**.

Schädel (*Coelodonta antiquitatis*) im Naturhistorischen Museum

Museen

Archäologisches Museum *S. 83*
Ausstellung »Der verschollene Wawel« *S. 63*
Collegium Maius *S. 106f*
Cricoteka *S. 83*
Czartoryski-Museum *S. 112f*
Erzdiözesan-Museum *S. 82*
Ethnografisches Museum *S. 123*
Japanisches Zentrum für Kunst u. Technologie **Stadtplan** 3 B1
Jüdisches Museum *S. 122*
Kathedralmuseum *S. 62*
Königsschloss *S. 70ff*
»Kunstbunker« *S. 105*
Kunstpalast *S. 105*
Matejko-Haus *S. 114*
Mehoffer-Museum S. *145*
Museum der Stadt Krakau *S. 92*
Nationalmuseum *S. 146f*
Naturhistorisches Museum *S. 85*
Stiftung St. Władimir *S. 82*
Tuchhallen-Sammlung *S. 102f*
Wyspiański-Museum *S. 83*

Highlights: Kirchen

Das Stadtbild Krakaus wird von Kirchen geprägt: Allein in der historischen Altstadt gibt es heute noch an die 40 Kirchen, wobei man bedenken muss, dass im 19. Jahrhundert viele von ihnen zerstört oder abgerissen wurden. Die verbleibenden Gotteshäuser zeugen vom alten Glanz Krakaus. Ihre Innenräume sind reich ausgestattet und beherbergen Kunstwerke aus vielen Epochen.

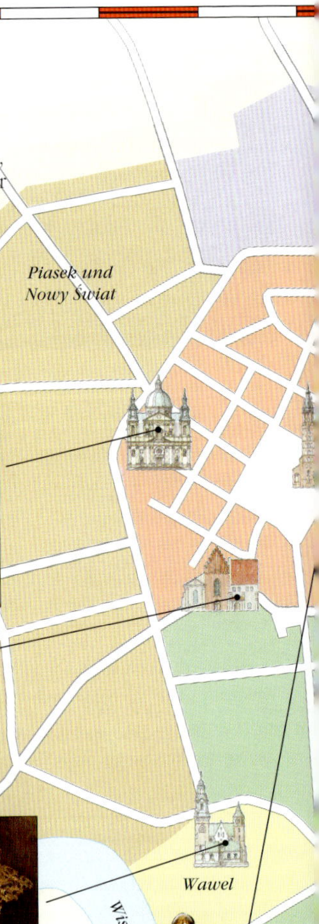

St.-Annen-Kirche
Die Kirche wurde Anfang des 18. Jahrhunderts von zwei berühmten Künstlern geschaffen: dem königlichen Baumeister Tylman van Gameren und dem Bildhauer Baldassare Fontana.

Franziskanerkirche
Mit Wandbemalungen und Glasfenstern im Jugendstil stattete der Künstler Stanisław Wyspiański die gotische Kirche aus.

Kathedrale
Eine Besichtigung der Kathedrale ist gleichzeitig ein Gang durch die Geschichte des polnischen Staates: Hier finden sich viele nationale Erinnerungsstücke.

Marienkirche
Die Marienkirche ist die wohl berühmteste Kirche Krakaus. Besonders der Marienaltar, den Veit Stoß 1477–1489 schuf, ist ein Anziehungspunkt für jeden Kunstinteressierten.

Piaristenkirche
Die Fassade dieser Kirche weist die typischen Verzierungen des Rokoko auf.

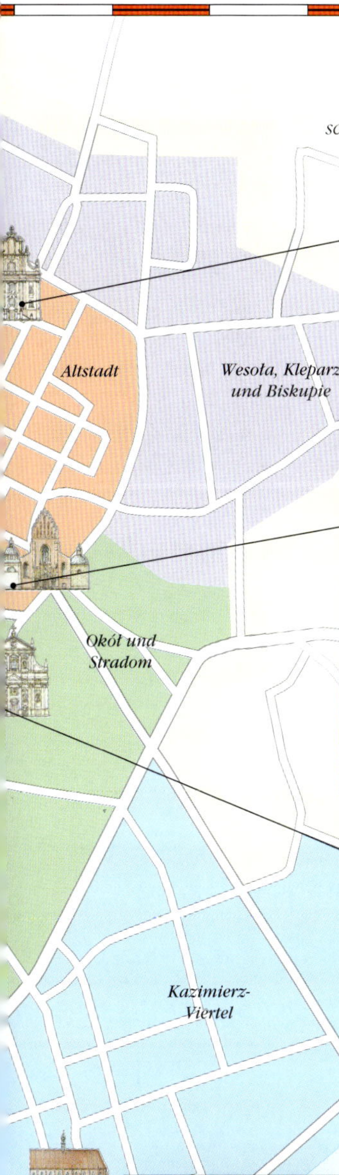

Dominikanerkirche
In der neogotischen Kirche findet sich diese Gedenktafel des Callimachus (italienischer Humanist, Sekretär am königlichen Hof), die 1496 nach einem Entwurf von Veit Stoß gearbeitet wurde.

Peter-und-Paul-Kirche
Die Kirche ist der erste barocke Sakralbau in Krakau. Sie wurde nach dem Vorbild einer römischen Kirche von Giovanni Trevano 1605–19 für die Jesuiten erbaut.

St.-Katharinen-Kirche
Besonders interessant sind die Steinmetzarbeiten am Südportal und in der Vorhalle dieser Kirche sowie der frühbarocke Hochaltar.

Überblick: Kirchen

Statue des hl. Peter

KRAKAU HAT Kirchen aus allen Architekturepochen aufzuweisen: Romanische, gotische und barocke Kirchen stehen neben eklektizistischen und modernen Kirchen. Glücklicherweise ist ein Großteil dieser Bauten im Krieg und auch später vor Zerstörungen bewahrt geblieben. Heute faszinieren sie den Besucher mit ihren großartigen Innenräumen. Allerdings sind Krakaus Kirchen nicht bloße Attraktionen, sondern auch Wallfahrtsorte. Sie beherbergen die Reliquien vieler Heiliger sowie Heiligenfiguren mit besonderer lokaler Bedeutung.

St.-Andreas-Kirche

Vorromanik und Romanik

DIE FRÜHESTEN Steinkirchen in Krakau stammen aus der zweiten Hälfte des 10. Jahrhunderts. Sie standen an der Stelle, wo heute die **St.-Adalbert-Kirche** ist, und auf dem Wawel, wo man die Überreste einiger Rotunden (Rundkirchen) gefunden hat. Besucher können die rekonstruierte Marien-Rotunde *(siehe S. 63)* besichtigen, die aus dem späten 10. Jahrhundert stammt. **St. Andreas**, um 1079 erbaut, ist die älteste noch erhaltene romanische Kirche Krakaus. Die **Erlöserkirche** stammt aus derselben Zeit. Unterhalb der Kathedrale befinden sich die Krypta St. Leonhard, ein Überbleibsel der zweiten Kathedrale, die zwischen 1090 und 1142 erbaut wurde, sowie die Reste anderer Kirchen.

Gotik

DIE SCHLANKEN Silhouetten der gotischen Kirchtürme überragen die Stadt. Zwar wurden einzelne Bauten im 19. Jahrhundert »kaputtrenoviert«, viele sind jedoch exzellent erhalten. Die **Franziskanerkirche** ist die älteste Kirche im originalen Zustand. Ungewöhnlich sind der einem griechischen Kreuz nachempfundene Grundriss und das asymmetrische Hauptschiff.

Gotisches Deckengewölbe in der Fronleichnamskirche

Die **Heiligkreuzkirche**, mit deren Erbauung um 1300 begonnen wurde, besitzt ein Gewölbe, das sich, von einem einzigen Pfeiler gestützt, wie ein Blätterdach ausbreitet. Hauptattraktion ist sicherlich die Krakauer **Kathedrale**. Die dreischiffige Basilika mit Querschiff und Wandelgang, die von 19 Kapellen umrahmt wird, wurde 1320 bis 1364 erbaut. Die **St.-Katharinen-Kirche** samt Kloster sowie die **Fronleichnamskirche** wurden von Kazimierz dem Großen gegründet, der auch die **Dominikanerkirche** neu aufbauen ließ. Alle drei Kirchen weisen in Struktur und Ausgestaltung Ähnlichkeiten auf und wurden vielleicht vom selben Steinmetz erbaut. Die bekannteste Kirche der Stadt, die **Marienkirche**, ist ebenfalls der Gotik zuzurechnen. Die Bauarbeiten dauerten vom späten 13. bis ins 15. Jahrhundert.

Türme und Kuppeln

Das alte Krakau wird von einer Vielzahl von Kuppeln und Kirchtürmen überragt. Sie zeigen die historischen und künstlerischen Veränderungen, denen die Stadt unterworfen war. Die gotischen Spitztürme der Marien- und der Fronleichnamskirche überragen die anderen deutlich. Niedriger sind die barocken Kuppeln der Peter-und-Paul-Kirche, der St.-Annen-Kirche und der spätbarocke Glockenturm der Kathedrale.

Türme der St.-Andreas-Kirche

Gotischer Turm der Marienkirche

Barocke Kuppel der St.-Annen-Kirche

Renaissance und Manierismus

Es gibt keine Kirche in Krakau, die der Renaissance oder dem Manierismus in reiner Form zugerechnet werden kann. Aber die **Zygmunt-Kapelle** (Sigismund-Kapelle), die zwischen 1519 und 1533 erbaut wurde, gilt als schönster Renaissance-Bau nördlich der Alpen. Die Kapelle diente Baumeistern in ganz Polen viele Jahre als Vorbild.

Renaissance-Grabmale von Jan Michałowicz aus Urzędów und Giovanni Maria Mosca (»Paduaner«) finden sich in mehreren Kirchen. Gegen Ende des 16. Jahrhunderts gelangte der italienische Manierist Santi Gucci zu großer Berühmtheit in Krakau und ganz Polen.

Barock

Obwohl die polnischen Könige im 17. Jahrhundert nicht mehr in Krakau residierten, wurden dennoch viele neue Sakralbauten errichtet. Der großartigste Bau dieser Zeit ist die Jesuitenkirche **Peter und Paul**. Sie wurde 1609–19 vom königlichen Architekten Giovanni Battista Trevano fertig gestellt. Die zwischen 1629 und 1631 erbaute Zbaraski-Kapelle in der **Dominikanerkirche** ist ein gutes Beispiel für den Frühbarock. In der **Kathedrale** veranschaulichen der Stanisław-Baldachin und die Wasa-Kapelle den Stil des Hochbarock. In der ersten Hälfte des 17. Jahrhunderts wurden die Innenräume vieler gotischer Kirchen, u. a. auch der von St. Markus *(siehe S. 110)*, nach barockem Vorbild umgestaltet. Auch das folgende Jahrhundert glänzte mit architektonischen Meisterleistungen, z. B. mit der **St.-Annen-Kirche**. Erwähnenswert sind: die **Missionarenkirche**, die sich in ihrem Erscheinungsbild an römischen Vorbildern orientiert, die **Piaristenkirche** mit ihrer luftigen sowie die **Kirche der Barmherzigen Brüder** mit der geschwungenen Fassade.

Detail an der Barockfassade der Missionarenkirche

Klassizismus und Eklektizismus

Chor und Hochaltar aus der Kirche der Norbertinerinnen, beide aus dem späten 18. Jahrhundert, sind die einzigen Beispiele des sakralen Klassizismus in Krakau. Solange Galizien nicht autonom war, gab es keine Bautätigkeit, daher wurden erst ab der zweiten Hälfte des 19. Jahrhunderts wieder Kirchen gebaut. Die **Kirche der Felizianerinnen** entstand 1882–84 nach Plänen von Feliks Księżarski, die **St.-Josef-Kirche** (1905–09) wurde von Jan Sas Zubrzycki entworfen. Die **Jesuitenkirche** von Franciszek Mączyński ist mit Skulpturen von Xawery Dunikowski und Karol Hukan geschmückt und gilt als Muster der Architektur des 20. Jahrhunderts.

Figuren am Portal der Jesuitenkirche

Moderne

Auch aus der zweiten Hälfte des 20. Jahrhunderts gibt es spannende Kirchen. Interessant sind die **Arche Gottes** in Nowa Huta (Architekt Wojciech Pietrzyk, 1967–77), die Maximilian-Kolbe-Kirche in Mistrzejowice (Architekt Józef Dutkiewicz, 1976–83) und die Jan-Kanty-Kirche in Bronowice Nowe.

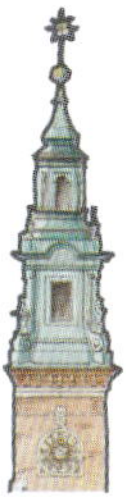

Spätbarocker Glockenturm der Kathedrale

Neogotischer Turm der St.-Joseph-Kirche in Podgórze

Moderner Turm der Arche Gottes in Nowa Huta

Krakaus Kirchen

Highlights: Friedhöfe und Grabmale

Die Verehrung nationaler Helden ist ein wichtiges Element der polnischen Kultur. Im 19. Jahrhundert war Krakau das Ziel der Wallfahrer aus dem ganzen Land. Vor allem kamen sie, um die Wawel-Krypta zu besuchen. Eine andere Gedenkstätte berühmter Polen befindet sich in der Krypta der Paulinerkirche »Auf dem Felsen«. Die mit Skulpturen geschmückten städtischen Friedhöfe aus dem 19. Jahrhundert sind parkähnlich angelegt, Oasen der Ruhe und des Friedens.

Zwierzyniecki-Friedhof
Auf diesem Friedhof aus dem 19. Jahrhundert sind viele berühmte Künstler beigesetzt.

Katakomben der Kamaldulenser
Die Nischen in der Krypta unter der Kamaldulenser-Kirche in Bielany sind letzte Ruhestätte der Mönche und Wohltäter dieses Ordens.

Kathedrale
Seit Władysław dem Ellenlangen bis zum Zerfall der polnisch-litauischen Einheit wurden die polnischen Könige im Wawel-Dom beigesetzt. Seit Beginn des 19. Jahrhunderts sind hier die Gräber von Nationalhelden und berühmten literarischen Persönlichkeiten.

Rakowicki-Friedhof
Die letzte Ruhestätte vieler bekannter Krakauer Bürger kann als eine Art Krakauer Stadtgeschichte und als Museum für Grabskulpturen bezeichnet werden.

Marienkirche
Der Friedhof der Marienkirche (siehe S. 48) *war bis ins späte 18. Jahrhundert der größte der Stadt. Hier existieren noch viele Gräber aus dem 16., 17. und 18. Jahrhundert.*

Friedhof Remuh
Der 1533 angelegte, zur Synagoge Remuh gehörende Friedhof im Kazimierz-Viertel ist einer der ältesten jüdischen Friedhöfe Europas.

Krypta in der Paulinerkirche »Auf dem Felsen«
1480 wurde der berühmte Chronist Jan Długosz in dieser Krypta beigesetzt. Seit Beginn des 19. Jahrhunderts war die Krypta letzte Ruhestätte vieler bedeutender polnischer Künstler.

Überblick: Friedhöfe und Grabmale

Grabstein in der St.-Barbara-Kirche

Überall in Europa führte der Kult, an die Toten zu erinnern, zu großen Friedhöfen mit oft wunderschönen Skulpturen und Denkmälern. Auch in Krakau wurden in allen Epochen Friedhöfe angelegt und Mausoleen unter Kirchen gebaut. Schon im 19. Jahrhundert wurden sie wie Sehenswürdigkeiten bestaunt. Heute sind sie in ihrer Pracht oder auch Bescheidenheit ein beliebtes Ziel der Besucher.

Das Jerzmanowski-Mausoleum auf dem Rakowicki-Friedhof

Christliche Friedhöfe

Gegen Ende des 18. Jahrhunderts notierte ein Krakauer: »Wo immer man im Zentrum Krakaus aus dem Fenster blickt, sieht man nur Gräber und Kreuze.« In dieser Zeit war es üblich, die Friedhöfe neben den Kirchen anzulegen. Der Friedhof bei der Marienkirche war der größte. Zu Beginn des 19. Jahrhunderts wurde er verlegt, auf dem vormaligen Friedhof entstand der Mariacki-Platz. Viele mittelalterliche Grabsteine und -inschriften, die an die längst Verstorbenen erinnern, können an den Außenmauern der Marien- und der St.-Barbara-Kirche betrachtet werden. Einige Mausoleen in Kapellenform, die von Krakauer Patrizierfamilien erbaut wurden, sind bis heute auf dem vormaligen Marienfriedhof noch erhalten.

Der **Rakowicki-Friedhof** wurde 1803 außerhalb der Stadt angelegt und ist der älteste, noch heute genutzte Friedhof. Trotz seiner riesigen Ausmaße ist er sehr klar gegliedert. Die vielen alten Bäume schaffen eine parkähnliche Atmosphäre. Einige Grabsteine, die um 1900 von berühmten polnischen Bildhauern geschaffen wurden, können als wahre Kunstwerke bezeichnet werden.

1920 wurde neben dem Rakowicki-Friedhof ein **Militärfriedhof** angelegt (inzwischen gehören beide Friedhöfe zusammen). Hier ruhen die polnischen Soldaten, die 1914–18 und im September 1939 gefallen sind, sowie britische Flieger aus dem Zweiten Weltkrieg.

Der **Zwierzyniecki-Friedhof** ist ein viel bescheidenerer Ort: Statt großer Grabstätten gibt es hier nur kleinere Grabsteine, deren Reliefs trotzdem sehr interessant sind. Der Friedhof ist ein liebenswerter Ort, malerisch auf einem Hügel gelegen und schön bewachsen.

Die beste Zeit für einen Besuch der Krakauer Friedhöfe sind die Tage um den 1. November – dann schimmern sie nachts im Kerzenschein.

Die Gräber britischer Flieger auf dem Militärfriedhof

Jüdische Friedhöfe

Viele Jahrhunderte lang war Kazimierz, die so genannte jüdische Stadt, vor allem von Juden bewohnt. Diese

Monumente und Grabmale

Die Monumente auf den Krakauer Friedhöfen zeugen von den vielfältigen Versuchen der Menschen, ihrer Toten zu gedenken. Die mittelalterlichen Grabmale zeigen eine starre, auf ihrem Totenbett liegende Figur unter einem Baldachin. Der Baldachin symbolisiert den Himmel, zu dem die Seele aufsteigen soll. Die barocken Monumente zeigen den Versuch, die Dahingeschiedenen zu glorifizieren. Weibliche Figuren personifizieren die Tugenden. Die klassizistischen Grabmale knüpfen an die antike Bildhauerkunst an, und für die Denkmäler des Jugendstil sind Ornamente und symbolische Figuren charakteristisch.

Grabmal von Kazimierz dem Großen (gest. 1370) in der Kathedrale

Sarkophag von Kościuszko in der Dom-Krypta (1818)

Sarkophag von Jan III. Sobieski in der Kathedrale (1760)

ließen sich auf dem Friedhof Remuh beerdigen, der 1533 angelegt worden war. Auf dem kleinen, von umstehenden Gebäuden beengten Platz stehen und liegen Grabsteine aus vielen Jahrhunderten dicht neben- und übereinander. Hebräische Inschriften und symbolische Bilder zeugen von der Religionszugehörigkeit und dem sozialen Stand der Verstorbenen. Die Enge und Gedrängtheit verleiht dem jüdischen Friedhof seinen einmaligen Charakter.

Der **Neue Jüdische Friedhof** ist ganz anders: Er existiert seit dem 19. Jahrhundert und ähnelt, wie andere Friedhöfe auch, eher einer Parklandschaft. Die Anordnung der Grabsteine, die von vielen schönen Pflanzen, Hecken und Bäumen umgeben sind, wirkt zufällig. Der Neue Jüdische Friedhof ist einer der wenigen jüdischen Friedhöfe in Polen, die noch genutzt werden.

Friedhof Remuh

Die Wasa-Krypta im Dom

Krypten mit Gräbern berühmter Polen

Während der polnischen Teilungen (1772–1918) erhielten viele berühmte Polen ein Staatsbegräbnis. Auf diese Weise wollte man die nationalen Gefühle der Bevölkerung wieder entfachen.

Die Krypten der Kirchen wurden der Öffentlichkeit zugänglich gemacht und entwickelten sich zu Heldentempeln. Die **Krypta der Kathedrale** beherbergt die königlichen Gräber. Sie ist in Hallen unterteilt, in denen polnische Herrscher, Dichter und Nationalhelden ruhen. Tadeusz Kościuszko und Prinz Józef Poniatowski wurden hier während der Besetzung Polens begraben, Józef Piłsudski und Władysław Sikorski im 20. Jahrhundert.

In der **Krypta der Paulinerkirche »Auf dem Felsen«** ruhen viele berühmte polnische Künstler und Wissenschaftler, z. B. der Historiker Jan Długosz (15. Jh.).

Racheengel am Denkmal der Opfer der Krakauer Beschießung von 1848 (1913)

Klosterfriedhöfe

Die Krypten der Klosterkirchen in Krakau sind wirklich einzigartig. Sie geben Zeugnis von den besonderen Bestattungspraktiken der einzelnen Orden.

Die Leichname in der **Krypta des Reformatenklosters** wurden auf natürliche Weise, ohne fremdes Zutun mumifiziert – allein durch die speziellen Lüftungsverhältnisse in der Krypta. Die Körper der Bettelmönche liegen im Sand, ihr Kopf ruht auf einem Stein. Trotz dieser Schlichtheit wirken sie wie prunkvoll auf Kissen aufgebahrte Tote.

Die **Katakomben der Kamaldulenser-Kirche** in Bielany sind anders: Hier wurden die Leichname erst einmal in Nischen eingemauert. Nach einigen Jahren brach man die Nische dann wieder auf, die Knochen wurden im Beinhaus aufgeschichtet. Die Schädel dienten den Mönchen als Kontemplationsobjekte. In der Kamaldulenser-Krypta erfährt der Besucher eindringlich, wie angesichts des Todes alle Menschen gleich werden.

Mumifizierte Mönche in der Krypta des Reformatenklosters

Krakaus Friedhöfe

Friedhof Remuh *S. 122*
Katakomben der Kamaldulenserkirche *S. 164*
Krypta der Kathedrale *S. 66ff*
Krypta der Paulinerkirche »Auf dem Felsen« *S. 125*
Krypta des Reformatenklosters *S. 110*
Neuer Jüdischer Friedhof *S. 123*
Rakowicki-Friedhof **Stadtplan** 2 E1, 2
Zwierzyniecki-Friedhof *S. 163*

Highlights: Berühmte Persönlichkeiten

VIELE FÜHRENDE Köpfe aus Polens akademischem, kulturellem und öffentlichem Leben stammen aus Krakau. Bedeutende Wissenschaftler haben an der Jagiellonen-Universität studiert oder gelehrt – daher wird sie als »Perle des Wissens« apostrophiert. Künstler und Schriftsteller ließen sich in Krakau nieder, angezogen von der Atmosphäre und den Traditionen in dieser Stadt. Der Kult um große Persönlichkeiten wie Adam Mickiewicz, Juliusz Słowacki, Tadeusz Kościuszko und Józef Piłsudski, die alle in Krakau begraben sind, ist bis heute überaus lebendig.

Andrzej Wajda (geb. 1926)
Der berühmte Film- und Theaterregisseur Andrzej Wajda studierte in Krakau. Auf sein Betreiben kam das Japanische Zentrum der Kunst und Technologie zustande. Wajda bekam im Jahr 2000 den Oscar für sein Lebenswerk.

Helena Modrzejewska (1840–1909)
Die berühmte Schauspielerin begann ihre Karriere am Teatr Stary (Altes Theater). Sie ist in Krakau begraben.

Krzysztof Penderecki (geb. 1933)
Der weltberühmte Komponist und Dirigent Penderecki studierte in Krakau. Er war Professor und Leiter der Musikakademie.

Stanisław Lem (geb. 1921)
Lem ist einer der meistgelesenen Science-fiction-Autoren, gleichzeitig aber auch Philosoph, Essayist und Kritiker.

Wisława Szymborska (geb. 1923)
Die prominente Dichterin erhielt 1996 den Literatur-Nobelpreis. Ihre Verbundenheit mit Krakau währt über 50 Jahre.

Jan Matejko (1838–1893)
Als bekanntester polnischer Maler des 19. Jahrhunderts hat Matejko mit seinem Geschichtsbild viele Generationen beeinflusst.

Sławomir Mrożek (geb. 1930)
Der berühmte Bühnenschriftsteller und Satiriker Mrożek begann seine Karriere als Journalist in Krakau. Nach vielen Jahren kehrte er 1996 wieder zurück.

Czesław Miłosz (geb. 1911)
Miłosz, Dichter, Übersetzer, Nobelpreisträger und Ehrendoktor der Jagiellonen-Universität, wurde 1993 zum Ehrenbürger Krakaus ernannt.

Tadeusz Kantor (1915–1990)
Tadeusz Kantor, einer der führenden europäischen Künstler, Regisseure und Theaterdirektoren, gründete das weltberühmte Theater Cricot 2.

Stanisław Wyspiański (1869–1907)
Wyspiański, berühmt für sein Bühnenstück Die Hochzeit, *war Dramatiker, Maler und Gestalter. Seine großen künstlerischen Visionen entspringen dem polnischen Nationalgefühl.*

Johannes Paul II. (1920–2005)
Vor seiner Ernennung zum Papst war Karol Wojtyła zwischen 1963 und 1978 zuerst Weihbischof, dann Erzbischof von Krakau.

Das Jahr in Krakau

Krakau bewahrt auf wundervoll magische Weise alte Traditionen: Das Trompetensignal, das zu jeder vollen Stunde vom Turm der Marienkirche ertönt, bestimmt den Lebensrhythmus. Das Leben verläuft hier gemächlich, zwischen tausendjährigen Mauern geht alles eine Spur langsamer. Umgeben von den Grünanlagen Planty, die an Stelle der mittelalterlichen Stadtmauern angelegt wurden, ist die Altstadt das pulsierende Herz der Stadt geblieben. Krakau ist ein kulturelles Zentrum und eine der ältesten Universitätsstädte Europas. Jeder kann hier finden, was ihn interessiert. Verschiedene Zeitungen und Broschüren sowie die Fremdenverkehrsämter können die Suche erleichtern.

Lebkuchenherz vom Jahrmarkt

Das Emmaus-Fest am Ostermontag in Zwierzyniec

Frühling

In Podhale, einem Landstrich am Fuße der Tatra, künden Krokuswiesen vom Beginn des Frühlings. In Krakau sind es die wieder eröffneten Straßencafés und die flanierenden Fußgänger, die die neue Jahreszeit anzeigen.

März

Das **Internationale Festival des Alternativen Theaters** im Rotunda Club ist das älteste dieser Art. Hier treffen sich Anhänger des alternativen Theaters.

Jazz Juniors, ebenfalls im Rotunda, ist ein internationales Festival für junge Musiker.

Festival der Orgelmusik *(März–Apr).*

Ostern

Am **Palmsonntag** *(So vor Ostern)* werden in den Kirchen »Palmzweige« (Weidenzweige) geweiht. Ein Wettbewerb um die am schönsten dekorierte Palme findet in Lipnica Murawana, 41 km östlich von Krakau, statt.

Ostersamstag ist der Tag, an dem Körbe mit Nahrung zur Weihe in die Kirche gebracht und symbolische Grabstätten Christi verehrt werden.

Ostersonntag ist der wichtigste katholische Feiertag.

Ostermontag. In Zwierzyniec findet der Emmaus-Jahrmarkt statt; dabei werden die Leute mit Wasser *(Śmigus-dyngus)* bespritzt.

April

Paka-Kabarett-Festival Internationale Amateur- und Profikabarettisten.

Mai

Am 3. Mai, dem **Jahrestag der Verfassung,** wird zur Feier der ersten polnischen Verfassung von 1791 in der Kathedrale eine Messe abgehalten und ein Kranz am Grab des Unbekannten Soldaten niedergelegt. Anschließend geht man aufs Volksfest oder zum Picknicken.

Prozession vom Wawel zur Paulinerkirche »Auf dem Felsen« *(erster So nach dem 8. Mai, Fest des hl. Stanisław).* Primas und Bischöfe führen die Prozession an und tragen Reliquien der Schutzheiligen Polens mit sich. Ihnen folgen die Gläubigen in Trachten.

Juvenalia. Einige Tage wird Krakau von Studenten regiert.

Internationales Kurzfilmfestival *(Mai–Juni).* Das älteste Filmfestival des Landes.

Krakauer Frühlingsballettfestival im Słowacki-Theater, *(Mai–Juni).* Führende Ballettgruppen der Welt nehmen daran teil.

Erzbruderschaft von der Passion

Seit 1595 findet die Karfreitagsprozession der Erzbruderschaft von der Passion in der Franziskanerkirche statt. Die Brüder tragen schwarze Gewänder mit Kapuzen, die das Gesicht bedecken. Das Ritual ist seit Jahrhunderten gleich geblieben. Die Erzbruderschaft hatte das Recht, zum Tode Verurteilte zu begnadigen.

Passionsprozession

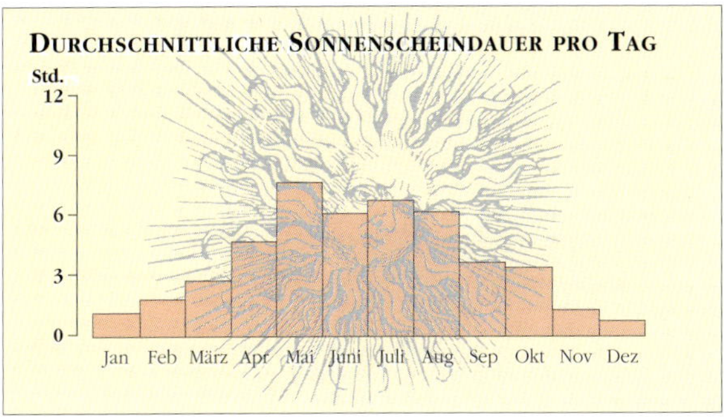

Sonnenstunden
Der Mai hat am meisten sonnige Tage aufzuweisen, aber auch im Juni, Juli und August scheint oft die Sonne. Dezember ist der düsterste Monat im ganzen Jahr.

SOMMER

DIE SOMMERHITZE ist in Krakau manchmal schwer auszuhalten, denn die Stadt liegt in einem Tal mit feuchtem Mikroklima. Viele Bars, Cafés und Restaurants in der Altstadt sind erst nachts gut besucht und haben auch bis in die Morgenstunden geöffnet. Das Nachtleben der Stadt ist deshalb genauso anziehend wie ihr Kulturprogramm. Zu den berühmtesten kulturellen Ereignissen zählen die Orgelkonzerte im Benediktinerkloster in Tyniec.

JUNI

Fronleichnam (Boże Ciało) *(Do im Mai oder Juni).* Eine große Prozession zieht vom Wawel zum Marktplatz. Eine Woche nach Fronleichnam reitet *Lajkonik* (der Khan) um die Stadt *(siehe S. 92).*
Inthronisierung des Schützenkönigs auf dem Marktplatz. Die Schützengilde besteht seit dem Mittelalter. Ihre Mitglieder rekrutieren sich aus den Handwerkszünften. Zum »König« wird ernannt, wer das jährliche Wettschießen gewinnt. In einer prachtvollen Zeremonie überreicht der scheidende König seinem Nachfolger den silbernen Hahn.
Mittsommernacht (Wianki) am Samstag vor der Johannisnacht *(24. Juni).* Blumenkränze mit brennenden Kerzen treiben auf der Weichsel, auf dem Wawel gibt es ein imposantes Feuerwerk.
Das **Internationale Musikfestival der Militärkapellen** bietet Exerzierparaden in historischen Uniformen und viele Konzerte.

JULI

Sommerfestival der alten Musik. Konzerte finden in historischen Gebäuden statt.
Sommer-Opern- und Operettenfestival. Krakauer Jazz-Festival (Stary Jazz w Krakowie) *(Juli–Aug).* Ein Hochgenuss für Freunde des traditionellen Jazz.
Jüdisches Kultur-Festival *(Anfang Juli),* Kazimierz.

Inthronisierung des Schützenkönigs am Marktplatz

Plakat für Veranstaltungen des Jüdischen Kulturfestivals

Berühmte jüdische Schauspieler/-innen und Gruppen aus aller Welt nehmen an diesem Festival teil.

AUGUST

Mariä Himmelfahrt (Święto Wniebowzięcia Matki Boskiej) *(15. Aug).* In der Kathedrale wird eine feierliche Messe zelebriert. Es ist der Tag des polnischen Soldaten, an dem des Sieges über die Bolschewiken im Jahre 1920 gedacht wird. Eine militärische Ehrengarde paradiert am Grab des Unbekannten Soldaten.
Internationales Krakauer Altstadt-Musikfestival *(15. bis 31. Aug).* Eines der angesehensten Musikevents in Krakau. In den historischen Gebäuden der Altstadt finden Liederabende, Orchesterkonzerte und Kammermusik statt.
Hochländer Folk-Festival (Folklor Górali Świata), Marktplatz. Konzerte berühmter Gruppen, die meist zuvor beim Zakopane-Festival aufgetreten sind.

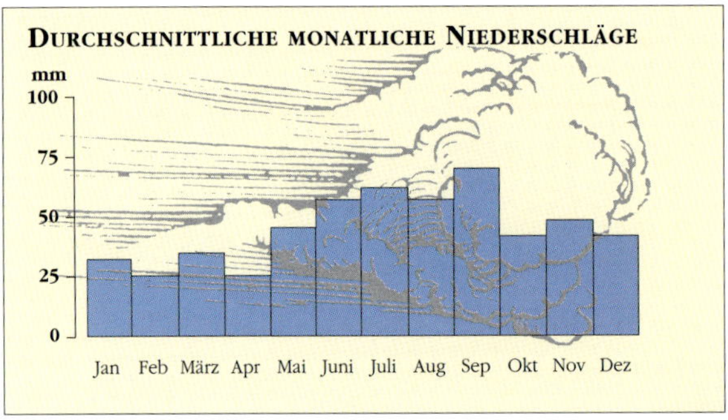

Niederschläge
Im September regnet es in Krakau am meisten. Aber Gewitter und Schauer gibt es natürlich auch von Mai bis August von Zeit zu Zeit. Februar und April sind die trockensten Monate.

HERBST

AN TROCKENEN, sonnigen Herbsttagen präsentiert sich Krakau in wundervollen Farben. Die Walnussbäume in den Planty-Grünanlagen schimmern golden, auf dem Markt werden wilde Pilze aus den nahe gelegenen Bergwäldern angeboten.

Die Studenten kommen Ende September wieder nach Krakau, um an den Eröffnungsfeierlichkeiten für das neue akademische Jahr teilzunehmen. Die Hymne *Gaudeamus igitur* ertönt aus vielen Kollegs, am lautesten aber aus der 1364 gegründeten Jagiellonen-Universität, der ältesten Universität Polens.

SEPTEMBER

Volkskunstmesse (Targi Sztuki Ludowej), Marktplatz. Ausstellung und Verkauf von Kunsthandwerk.

OKTOBER

Internationales Filmfestival »Etudia« (Międzynarodowy Festiwal Filmowy Etiuda). Kurzfilme von Studenten der Kunst- und Filmhochschulen. Das **Internationale Festival der »vergessenen« Musik** (Międzynarodowy Festiwal Muzyka Utracona) ist den archaischen Liedern der Slawen und der Menschen aus den baltischen Regionen gewidmet. Vorgetragen werden sie von Volksmusikgruppen.

Feierliche Semestereröffnung der Jagiellonen-Universität

Eindrucksvolles Allerheiligen

Es werden auch Workshops angeboten.
Das **Festival der alten Musik** (Festiwal Muzyki Dawnej) *(Okt–Nov)* findet in mehreren Städten gleichzeitig statt und präsentiert vor allem Renaissance- und Barockmusik auf alten Instrumenten.
Internationale Architektur-Biennale (Międzynarodowe Biennale Architektury).

NOVEMBER

Allerheiligen (Dzień Wszystkich Świętych), *(1. Nov)*. Viele Krakauer besuchen Gräber, legen Blumen nieder und entzünden Kerzen. Der Anblick des alten Rakowicki-Friedhofs oder des Friedhofs bei der Erlöserkirche (św. Salwator) bleibt ein unvergessliches Erlebnis. In Krakau ist es alter Brauch, an diesem Tag am Friedhofseingang so genannten türkischen Honig zu kaufen (karamellisierter Zucker mit Walnüssen oder Pistazien), der vor allem Kinder erfreut.
Unabhängigkeitstag (Święto Niepodległości), *(11. Nov)*. Nach einer Messe in der Wawel-Kathedrale werden Kränze am Grab des Unbekannten Soldaten beim Grunwald Monument auf dem Matejko-Platz niedergelegt.

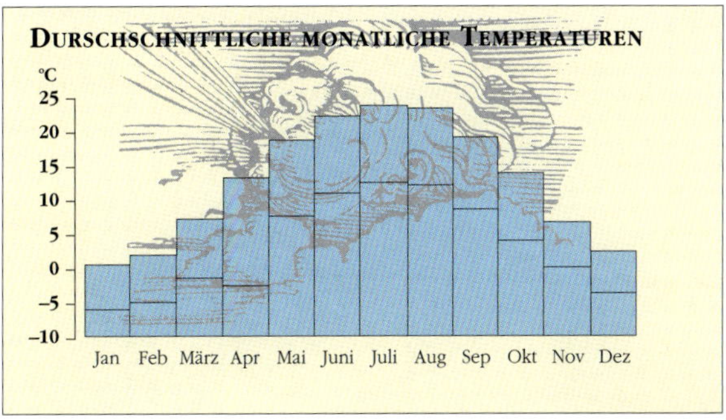

Temperaturen
Juli und August sind die wärmsten Monate. Die Temperaturen übersteigen oft 20 °C, manchmal wird es bis zu 30 °C heiß. Der Winter ist kalt und feucht. Die Durchschnittstemperatur im Januar beträgt -5 °C.

Allerseelen-Jazz-Festival (Krakowskie Zaduszki Jazzowe). Das älteste Jazz-Festival im nachkommunistischen Europa mit Konzerten in der Philharmonie und in Klubs.

WINTER

DAS VERSCHNEITE Krakau kann wunderschön sein. Aber der Winter bringt leider auch viele neblige und bitterkalte Tage.

Jedes Jahr findet am ersten Donnerstag im Dezember beim Mickiewicz-Denkmal auf dem Marktplatz ein Wettbewerb um die schönste Weihnachtskrippe *(szopka)* statt. Die in Krakau bestehende Tradition des Krippenbaus geht auf die mittelalterlichen Krippenspiele zurück.

Sehenswert sind auch die Krippenspiele in den Kirchen: Das vor der Franziskanerkirche stattfindende Krippenspiel mit echten Tieren ist das bekannteste. Es findet nur am Heiligen Abend und an den Weihnachtsfeiertagen statt.

Während der Weihnachtsmesse kann man in den Marktbuden Christbaumschmuck und traditionelles Weihnachtsgebäck kaufen.

Sternsinger in traditionellen Kostümen in der Floriańska-Straße

Krippenspiel in der Franziskanerkirche

DEZEMBER

Heiligabend (Wigilia), *(24 . Dez)*. Der Abend beginnt mit einem fleischlosen Mahl. Zur Mitternachtsmesse läutet die Zygmunt-Glocke auf dem Wawel.
Weihnachten (Święto Bożego Narodzenia) *(25. und 26. Dez)* und der Tag danach sind Feiertage. In allen Kirchen werden Messen gefeiert.
Silvester (Sylwester), *(31. Dez)*. Tausende von Menschen kommen auf dem Marktplatz zusammen, um auf das neue Jahr anzustoßen. Im Wielopolski-Palast, dem Sitz der lokalen Regierung, findet einer der größten Bälle Polens statt. Es kommen Gäste aus aller Welt, der Erlös wird für wohltätige Zwecke gespendet.

JANUAR

Neujahr (Nowy Rok) *(1. Jan)* ist Feiertag. An diesem Tag beginnt der Monat der Bälle und zahlreichen Partys.

FEBRUAR

»Fetter Donnerstag« (Tłusty czwartek), *(letzter Do vor Ende des Faschings)*. Jeder isst Schmalzgebäck. Die *Gazeta w Krakowie*, der Lokalteil der *Gazeta Wyborcza*, hat Tipps, in welcher Bäckerei es das beste gibt.
Fasching/Karneval (Ostatki), *(letzter Sa und Di der Faschingssaison, vor Aschermittwoch)*. Die letzte Chance, vor der Fastenzeit noch einmal über die Stränge zu schlagen.

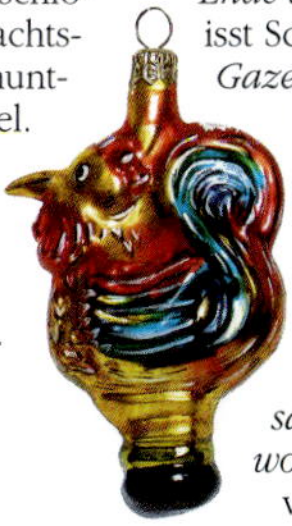

Christbaumschmuck

FEIERTAGE

Neujahr (1. Jan)
Ostermontag (März/Apr)
Tag der Arbeit (1. Mai)
Jahrestag der Verfassung (3. Mai)
Fronleichnam (Donnerstag acht Wochen nach Ostern)
Mariä Himmelfahrt (15. Aug)
Allerheiligen (1. Nov)
Unabhängigkeitstag (11. Nov)
Weihnachten (25. u. 26. Dez)

Die Stadtteile Krakaus

WAWEL

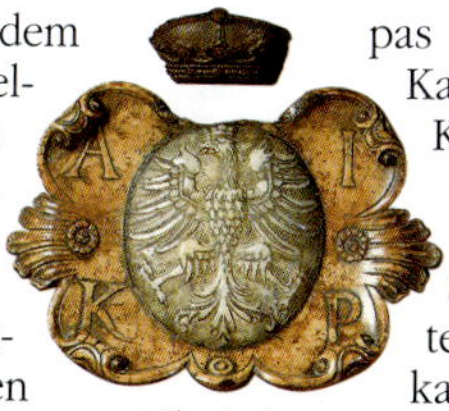

Adler in der Zygmunt-Kapelle

SEHR FRÜH LEBTEN auf dem Wawel die Weichsel-Siedler (Wiślanie). Ihre Siedlung wurde bekannt unter der Regierung von Bolesław dem Tapferen und Kazimierz dem Erneuerer. Kazimierz machte den Wawel zu seinem Regierungssitz. Im späten Mittelalter, ab dem 14. Jahrhundert, wurden das königliche Schloss und eine neue Kathedrale erbaut. Die Kathedrale beherbergt die Reliquien des heiligen Stanisław, des Schutzheiligen von Polen. Die letzten Herrscher der Jagiellonen-Dynastie bauten das gotische Schloss zu einem der schönsten Renaissance-Schlösser Mitteleuropas um und statteten die Kathedrale mit bedeutenden Kunstwerken aus. Obwohl Krakau im 16. Jahrhundert seinen Hauptstadt-Status an Warschau abtreten musste, fanden in Krakau nach wie vor die Krönungsfeierlichkeiten und die Begräbnisse der Könige statt. Mit dem Niedergang des Staates zerfiel auch das Königsschloss, von 1795 bis ins frühe 20. Jahrhundert wurde es zur österreichischen Garnison degradiert. Dank der Restaurierungen haben Schloss und Kathedrale ihre alte Pracht wiedergewonnen. In beiden Weltkriegen wurde der Wawel vor Zerstörungen verschont.

SEHENSWÜRDIGKEITEN AUF EINEN BLICK

Kirche

Kathedrale S. 64ff 3

Historische Orte, Gebäude und Monumente

Ausgrabungsstätte 7

Befestigung und Türme 1

Drachenhöhle 8

Tadeusz-Kościuszko-Statue 2

Museen

Ausstellung »Der verschollene Wawel« 6

Kathedralmuseum 4

Königsschloss S. 70ff 5

LEGENDE

Detailkarte *siehe S. 60f*

Befestigungsmauer

ANFAHRT

Busse der Linien 103, 124 und 502 fahren entlang der Planty-Anlagen und der Straszewski-Straße. Von dort kann man zu Fuß gehen. Die dem Schloss nächstgelegene Straßenbahnhaltestelle der Linien 6, 8, 10 und 18 ist das Royal Hotel in der St.-Gertrude-Straße.

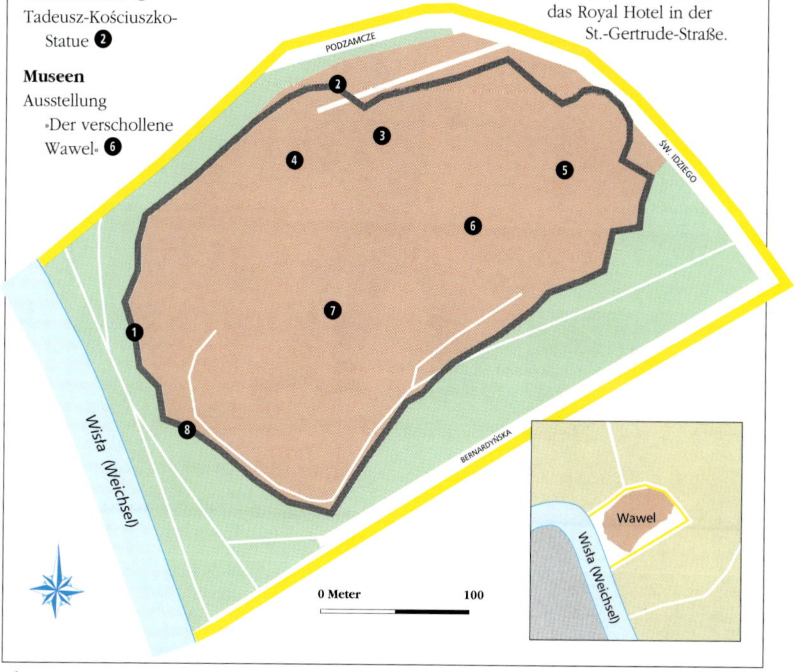

◁ **Arkadenhof des Königsschlosses auf dem Wawel**

Im Detail: Wawel

Der Wawel begeistert mit seinen großartigen Sammlungen und seiner einzigartigen Atmosphäre. Um alles wirklich genießen zu können, sollte man am frühen Morgen hierher kommen, solange Kathedrale und Schlosshof noch nicht voller Menschen sind. Vormittags strömen Touristen aus aller Herren Länder hierher, und dann ist es mit der Ruhe vorbei. Der Besuch der Kathedrale und des Königsschlosses ist ein Muss für jeden Krakau-Besucher.

Tadeusz-Kościuszko-Statue
Das Reiterstandbild steht am Eingang zum Wawelschloss. Kościuszko führte 1794 als General den Aufstand gegen die russische Armee an. Seine Asche ist in der Krypta der Kathedrale beigesetzt. ❷

Kathedralmuseum
Das Museum beherbergt sakrale Kunst sowie eine Sammlung von Insignien und Erinnerungsstücken der polnischen Könige, u. a. das Krönungsgewand von Stanisław August Poniatowski. ❹

Drachenhöhle
Diese Höhle mit ihren untereinander verbundenen Räumen und der Skulptur eines Feuer speienden Drachen ist eine Attraktion, die vor allem bei Kindern sehr beliebt ist. ❽

Legende

- - - Routenempfehlung

Befestigungsanlagen und Türme
An der massiven Befestigungsanlage des Wawel wurde vom 15. bis zum 19. Jahrhundert gebaut. ❶

★ Königsschloss
Das Schloss bietet dem Besucher Bildteppiche aus dem 16. Jahrhundert, königliche Insignien, Goldschätze und luxuriöse orientalische Kunstobjekte. ❺

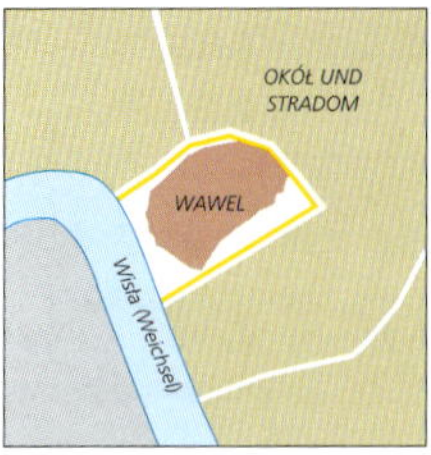

Zur Orientierung
Siehe Stadtplan, Karten 3, 5, 6

»Hennenfüßchen« (Kurza Stopka) ist das berühmteste Überbleibsel des mittelalterlichen Schlosses. Der Flügel entstand in der Zeit von Jadwiga and Władysław II. Jagiełło.

★ Kathedrale
Der Sarkophag der Königin Jadwiga erinnert, wie auch die anderen Monumente, an die Geschichte der Kirche und der Nation. ❸

Ausstellung »Der verschollene Wawel«
Das interessanteste Exponat dieser Ausstellung im Keller unter der früheren königlichen Küche ist die Nachbildung einer Rotunde, die der Jungfrau Maria geweiht ist. ❻

0 Meter 50

Ausgrabungsstätte
Hier sind die Fundamente mittelalterlicher Gebäude zu besichtigen. ❼

Nicht versäumen

★ Kathedrale

★ Königsschloss

Befestigung und Türme ❶

Wawel. **Stadtplan** 3 C1 (5 C5).
103, 124, 502. *6, 8, 10, 18.*

DIE BEFESTIGUNGSANLAGEN des Wawel stammen aus sehr verschiedenen Perioden. Drei massive Wehrtürme – der Diebsturm (Złodziejska), der Sandomierz Turm und der Senatorenturm (auch Lubranka genannt) – dominieren die Silhouette des Wawel. Sie stammen aus der zweiten Hälfte des 15. Jahrhunderts sowie aus dem frühen 16. Jahrhundert, als das Schloss von den Jagiellonen umgebaut wurde.

Neue Befestigungswälle, vor allem Erdaufschüttungen, wurden unter der Leitung von Jan Pleitner unter Władysław IV. zwischen 1644 und 1646 auf der Nordseite des Schlosses errichtet. Die südöstliche Bastion (Befestigung zweier Wälle) wurde im frühen 18. Jahrhundert für König August II. errichtet. Später in diesem Jahrhundert errichteten Bakałowicz und Mehler an der der Weichsel zugewandten Seite sternförmige Befestigungsanlagen.

Die Österreicher vervollkommneten die Wehranlage zwischen 1849 und 1852. Zeugnisse davon sind zwei runde Türme. Über viele Jahrhunderte war aus dem Schloss auf dem Wawel eine hochgradig gesicherte Festung geworden.

Sandomierz-Turm, einer der drei Verteidigungstürme des Wawel

Wappentor und Teil der Befestigungsanlagen auf dem Wawel

Tadeusz-Kościuszko-Statue ❷

Wawel. **Stadtplan** 3 C1 (5 C5).
103, 124, 502. *6, 8, 10, 18.*

GENERAL TADEUSZ KOŚCIUSZKO führte den polnischen Aufstand von 1794 *(siehe S. 27)* an; früher hatte er am amerikanischen Unabhängigkeitskrieg teilgenommen. Das Reiterstandbild wurde 1921 errichtet. Es ist von Leonard Marconi entworfen und von Antoni Popiel ausgeführt. 1940 wurde es von den Deutschen zerstört, die heutige Rekonstruktion stammt von 1960. Wenn man sich der Władysław-Bastion nähert, vor der das Standbild steht, sieht man in die Ziegelwand eingemauerte Gedenktafeln. Sie erinnern an die Spender, die die Restauration am Schloss zwischen den Weltkriegen ermöglicht haben. Interessant ist das Wappentor von Adolf Szyszko-Bohusz.

Kathedrale ❸

Siehe S. 64ff.

Kathedralmuseum ❹

Wawel 3. **Stadtplan** 3 C1 (5 C5).
422 51 55 Nebenstelle 396.
103, 124, 502. *6, 8, 10, 18.*
Di–So 10–15 Uhr.

DAS KATHEDRALMUSEUM wurde im September 1978 unter Krakaus damaligem Erzbischof Karol Wojtyła eingerichtet. Die Ausstellung zeigt den Kathedralschatz.

Unter den Ausstellungsstücken befindet sich ein Schwert, das bei der Beerdigung des letzten Jagiellonen-Königs Zygmunt August in zwei Teile gebrochen wurde. Außerdem sind folgende Kunstwerke zu sehen: das Krönungsgewand von Stanisław August Poniatowski, eine Replik der königlichen Insignien sowie der Steigbügel des Großwesirs Kara Mustafa, den König Jan III. Sobieski nach seinem Sieg in der Schlacht von Wien (1683) der Kathedrale übereignete.

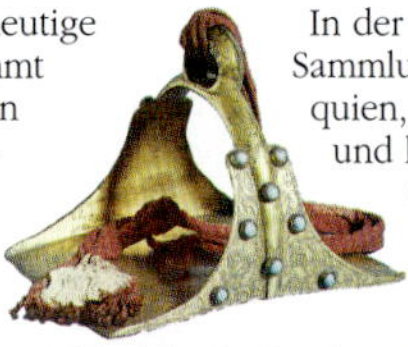

Steigbügel des Großwesirs Kara Mustafa im Kathedralmuseum

In der umfangreichen Sammlung von Reliquien, Messgefäßen und liturgischen Gewändern befinden sich Gegenstände aus den Gräbern von Bischof Maur und anderen Bischöfen sowie einige Erinnerungsstücke an Papst Johannes Paul II.

Königsschloss ❺

Siehe S. 70ff.

»Der verschollene Wawel« ❻

Wawel 5. **Stadtplan** 3 C1 (5 D5). *422 16 97.* *103, 124, 502.* *6, 8, 10, 18.* *Mo, Mi, Do, Sa 9.30–15 Uhr; Fr 9.30–16 Uhr; So 10–15 Uhr.* *16.–30. März.* *So freier Eintritt.* www.wawel.krakow.pl

DIE AUSSTELLUNG, die im Keller unterhalb der früheren königlichen Küche (heute Sitz der Verwaltung) untergebracht ist, lohnt sich für alle, die sich für den mittelalterlichen Wawel interessieren. Im Mittelalter gab es ungefähr zehn Kirchen auf dem Wawel. Bemerkenswert ist die unterirdische, der Jungfrau Maria geweihte Rotunde (Hll. Felix und Adauctus), die 1917 bei den von Adolf Szyszko-Bohusz durchgeführten Grabungsarbeiten entdeckt wurde.

Ganz in der Nähe fand man ein männliches Skelett mit Juwelen. Man vermutet, dass die Rotunde zum ersten Palast, dem Sitz der ersten Wawelherrscher, gehörte und aus dem späten 10. oder dem frühen 11. Jahrhundert stammt. Ihr Grundriss ähnelt einem vierblättrigen Kleeblatt, die Architektur lässt auf tschechische Einflüsse schließen. Die Rotunde war bei ihrer Entdeckung fast vollkommen zerstört.

Seit neuestem ist die Ausstellung um ein virtuelles Wawel-Modell bereichert, das dem Besucher eine »Zeitreise« ins frühe 10. Jahrhundert ermöglicht. Die Computer-Rekonstruktion der mittelalterlichen Gebäude zeigt den gegenwärtigen Forschungsstand bezüglich der Frühgeschichte des Wawel. Zu den Gebäuden, die man auf diese Weise erkunden kann, gehören unter anderem die so genannte Rotunde B, die Marien-Rotunde, der Palast, die St.-Gereon-Kirche und die Kathedrale.

Ausgrabungsstätte auf dem Wawel

Ausgrabungsstätte ❼

Wawel. **Stadtplan** 3 C1 (5 C5).
103, 124, 502. *6, 8, 10, 18.*

Die archäologische Anlage ist ein Freigelände mit Fundamenten mittelalterlicher Gebäude, die damals eine kleine Stadt bildeten. In der Mitte stand ein Pfarrhaus im Stil der Renaissance. Die Häuser waren von den Österreichern 1803/04 niedergerissen worden, um Platz für einen Exerzierplatz zu gewinnen. Beachtenswert ist das Fundament von St. Nikolaus, einer romanischen Kirche, die während der Regentschaft von Kazimierz dem Großen im gotischen Stil umgebaut wurde. Es handelt sich um eine einschiffige Kirche, die von einer zentralen Säule gestützt wird. Gut zu erkennen ist auch der Grundriss der kleinen St.-Georg-Kirche.

Rotunde der Jungfrau Maria (Ausstellung »Der verschollene Wawel«)

Drachenhöhle ❽

Wawel. **Stadtplan** 3 C1 (5 C5).
103, 124, 502. *6, 8, 10, 18.*
Mai–Okt tägl. 10–17 Uhr.

Im Wawel gibt es mehrere Felshöhlen. Im 16. Jahrhundert wurden diese Höhlen im Zusammenhang mit Verbrechen erstmals schriftlich erwähnt, im 18. Jahrhundert sollen sie als Kneipen und Bordelle gedient haben. Im 19. Jahrhundert schütteten die Österreicher den Höhlenzugang im Zuge der Schlossbefestigung zu.

Die Drachenhöhle ist nur während der Sommermonate geöffnet. 135 Stufen führen hinunter in das verzweigte unterirdische Terrain, das 145 Meter Tunnel vorweisen kann. Allerdings ist den Besuchern nur ein Teil der Höhle zugänglich.

Die Bronzestatue des Drachens, die am Eingang steht, wurde 1972 von Bronisław Chromy geschaffen. Das Metallmonster speit Feuer. Es ist für die Kinder aus Krakau und Umgebung eine ganz besondere Attraktion, aber auch die kleinen Besucher aus dem Ausland freuen sich darüber.

Laut Legende wurden die Einwohner des alten Krakau ständig von einem Drachen terrorisiert, bis der tapfere Schuster Skuba das Untier mit einem Schaf köderte, das er zuvor mit Schwefel gefüllt hatte. Der Drache schlang die Beute hinunter; als es in seinen Eingeweiden zu brodeln begann, trank er so viel Wasser aus der Weichsel, dass er platzte. Zur Belohnung gab König Krakus dem Schuster seine Tochter zur Frau.

Kathedrale ❸

Adler in der Zygmunt-Kapelle

KEIN ANDERES GEBÄUDE ist so eng mit der Geschichte Krakaus verknüpft wie die Kathedrale. Das heutige Bauwerk ist das dritte an dieser Stelle: Władysław der Ellenlange erbaute den Dom als würdige Ruhestätte für die Reliquie des heiligen Stanisław, der in Polen hoch verehrt wurde. Die Basilika besteht aus einem Hauptschiff, Seitenschiffen, einem integrierten Querschiff und einem Chorumgang. Sie besitzt drei Türme, die Seitenschiffe sind von Kapellen umgeben. Diese stammen aus verschiedenen Epochen und wurden häufig umgebaut. Das Innere der Kathedrale hat wegen der späteren Anbauten keinen stilreinen gotischen Charakter. Es herrscht eine Vielfalt von Stilen, aber trotz der eklektizistischen Elemente ist die Gestaltung sehr klar.

Außenansicht der Kathedrale
Obwohl sie aus verschiedenen Epochen stammen, wirken die einzelnen Teile der Kathedrale wie ein einzigartiges Ganzes.

Glockenturm
Die Spitze des höchsten Turms ist geschmückt mit den Statuen der vier Schutzheiligen Polens und der Kathedrale: Wacław, Adalbert, Stanisław und Kazimierz.

Eingang
Über dem Eingang hängen die Knochen eines Urtiers. Die Legende besagt, dass das Ende der Welt hereinbricht, wenn die Knochen herunterfallen. Der Buchstabe K auf der Türe ist die Initiale von Kazimierz dem Großen, unter dessen Herrschaft die Kathedrale vollendet wurde.

NICHT VERSÄUMEN

★ **Zygmunt-Kapelle**

★ **Zygmunt-Turm**

★ Zygmunt-Turm
Die Zygmunt-Glocke im Turm, 1520 gegossen, ist die größte Glocke Polens. Sie wiegt elf Tonnen und hat über zwei Meter Durchmesser.

INFOBOX

Wawel 3. **Stadtplan** 3 C1 (5 C5). *422 51 55-291 oder -346. 103, 124, 502. 6, 8, 10, 18.* **Kathedrale, Zygmunt-Turm, Königsgräber** *Mai–Okt Mo–Sa 9–17.30 Uhr; So u. Feiertage 12.15–17.30 Uhr.*

Hochaltar
Der Hochaltar wurde 1649 von Piotr Gembicki, einem der mächtigsten Krakauer Bischöfe des 17. Jahrhunderts, in Auftrag gegeben.

★ Zygmunt-Kapelle
Diese Kapelle ist die Grabstätte der Herrscher der Jagiellonen-Dynastie. Mit der vergoldeten Kuppel gilt sie als Meisterwerk der Renaissance.

Potocki-Kapelle
Die im 19. Jahrhundert umgebaute Kapelle zeigt Die Kreuzigung *des Bologneser Künstlers Giovanni Francesco Barbieri (»Il Guercino«) aus dem 17. Jahrhundert.*

ZEITSKALA

1020 Grundsteinlegung der Kathedrale

1320–64 Bauzeit der dritten Kathedrale

1521 Die Zygmunt-Glocke wird eingehängt

1626–29 Baldachin des hl. Stanisław errichtet

1664–76 Bauzeit der Wasa-Kapelle

1000 | **1250** | **1500** | **1750**

1090–1142 Bauzeit der zweiten Kathedrale

Uhr am barocken Turm der Kathedrale

1519–33 Bauzeit der Zygmunt-Kapelle

1758–66 Bauzeit der Załuski-Kapelle

Das Innere der Kathedrale

Büste des Bischofs Piotr Gembicki

Krakaus Kathedrale ist nicht nur wegen ihrer Kunstschätze berühmt, sondern auch als Ort großer historischer Ereignisse. Dazu gehören die Krönungsfeierlichkeiten, königliche Hochzeiten und Begräbnisse sowie die Erntedankfeste. Damit ist der Dom weitaus mehr als nur Gotteshaus: In den Zeiten, als Polen besetzt war, wurde er zur Schatzkammer für alle Gegenstände, die an die vormalige nationale Größe erinnerten. Der polnische Schriftsteller Stanisław Wyspiański wählte die Kathedrale als dramatische Kulisse für sein Stück *Befreiung*. Die Kathedrale spiegelt die Vergangenheit und ist nach wie vor von Bedeutung.

Dichtergrab
Hier ist die letzte Ruhestätte der zwei berühmten polnischen Dichter Adam Mickiewicz und Juliusz Słowacki. Mickiewicz wurde 1890 zu Grabe getragen, Słowacki 1929. ❷

Zygmunt-Kapelle
Das Doppelgrabmal der Könige Zygmunt des Alten (oben) und seines Sohnes Zygmunt August (unten; Santi Gucci, 1574/75) ist das auffälligste Monument der Kathedrale. ❼

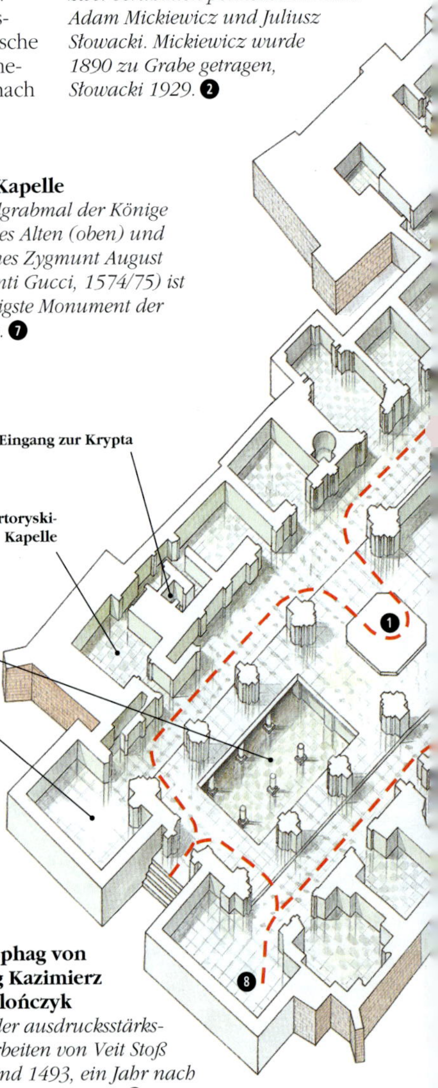

Sarkophag von König Kazimierz Jagiellończyk
Eine der ausdrucksstärksten Arbeiten von Veit Stoß entstand 1493, ein Jahr nach dem Tod des Königs. ❽

Baldachinaltar des heiligen Stanisław
Der größte Altar der Kathedrale ist Polen gewidmet. Wahrscheinlich wurde er von Giovanni Battista Trevano entworfen. Den silbernen Reliquienschrein des heiligen Stanisław entwarf Peter von der Rennen 1669–1671. ❶

Grab von König Stefan Batory
Dieses Grab von 1595 ist ein Werk des berühmten Bildhauers Santi Gucci. Die Arbeit ist beispielhaft für den manieristischen Stil. ❹

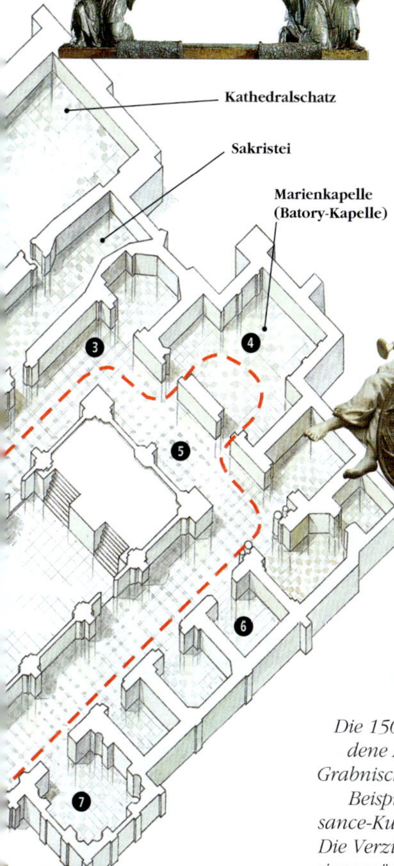

Grab von König Jan III. Sobieski
Das barock überladene Grab des Königs Jan III. Sobieski (gest. 1696) und seiner Gemahlin wurde 1760 nach Entwürfen von Francesco Placidi geschaffen. ❺

Grab von König Jan Olbracht
Die 1502–1505 entstandene Ausgestaltung der Grabnische ist das früheste Beispiel für ein Renaissance-Kunstwerk in Polen. Die Verzierungen sind auf einem römischen Triumphbogen angebracht. Der Sarkophag weist spätgotische Elemente auf. ❻

Kreuz der Königin Jadwiga
Nach der Legende predigte die Königin vor diesem ausdrucksstarken Kreuz (um 1380), dem Ziel vieler Pilger. Die Reliquien der heilig gesprochenen Königin ruhen im Altar. ❸

LEGENDE

– – – Routenempfehlung

Rundgang durch die Kathedrale

Renaissance-Bild von Giovanni Maria Mosca

Man muss die Krakauer Kathedrale mehrmals besuchen, um diesem großartigen Gebäude gerecht zu werden. Der Innenraum, in dem sich vom Mittelalter bis zur Moderne jede künstlerische Stilrichtung finden lässt, ist einfach überwältigend. Sehen Sie sich die vielen Kapellen, Denkmäler und Gräber in Ruhe an, eventuell auch in chronologischer Reihenfolge. Die künstlerische Gestaltung verdichtet die spirituelle Atmosphäre der Kathedrale, die trotz allem in erster Linie ein Gotteshaus ist. Die beste Zeit für einen Besuch ist der frühe Morgen oder kurz vor Schließung.

Kapellen

Die Heiligkreuzkapelle, auf Veranlassung von König Kazimierz Jagiellończyk und seiner Gemahlin Elisabeth von Habsburg errichtet, hat ihren mittelalterlichen Charakter weitgehend erhalten. Die russisch-byzantinischen Malereien an den Wänden und im Gewölbe wurden von Meistern der Pskow-Schule (um 1470) geschaffen. Das Dreifaltigkeitstriptychon und das Triptychon der Schmerzensmutter stammen aus der zweiten Hälfte des 15. Jahrhunderts. Das wertvollste Stück ist der Kazimierz-Sarkophag von Veit Stoß. Der König wird in majestätischer Pracht gezeigt, der Tod wirkt würdevoll und ohne Schrecken. Die bemalten Jugendstilfenster stammen von Józef Mehoffer.

Die Zygmunt–Kapelle (1519–1533), nach Plänen von Bartolomeo Berecci erbaut, gilt als Meisterwerk italienischer Renaissance nördlich der Alpen. Bei ihrer Erbauung hat man sich am Besten orientiert, was die italienische Architektur zu bieten hatte. Der silberne Altar wurde zwischen 1531 und 1538 in Nürnberg von Melchior Baier nach einem Entwurf von Peter Flötner geschaffen. Interessant sind auch die Königsgräber. Sie beeindrucken durch Ihre Majestät und atmen den Geist des Humanismus des 16. Jahrhunderts. Die Kapelle des Bischofs Tomicki ist ebenfalls ein Renaissance-Bau. Nachdem sie von Bartolomeo Berecci zwischen 1526 und 1535 umgebaut worden war, diente sie als Vorbild für adelige Grabstätten. In der Mariacka-Kapelle (Stefan-Batory-Kapelle) befindet sich ein barockes Tabernakel aus dem 17. Jahrhundert mit dem Altarsakrament.

Das Grabmal Batorys sowie das königliche Kirchengestühl wurden von Santi Gucci gefertigt. Die Wasa-Kapelle, die wahrscheinlich vom selben Architekten stammt, ist in ihrer Ausgestaltung typisch für das 17. Jahrhundert. Sie wirkt monumental und düster, vorherrschend sind schwarzer Marmor und große Grabinschriften. Es hat den Anschein, als ob sie an die Zerbrechlichkeit und Vergänglichkeit irdischen Lebens gemahnen wollte.

Die Lipski-Kapelle (1743 bis 1747) von Francesco Placidi zeigt wirkungsvolle Licht- und Schatteneffekte. Die Bemalung der Załuski-Kapelle (1758–1766) erweckt beim Betrachter den Eindruck, als trete er durch das Bild hindurch (man beachte besonders den vergrößerten Eingang).

Die *Kreuzigung* von Guercino sowie die Statue des Auferstandenen von Bertel Thorwaldsen sind in der Kapelle des Bischofs Filip Padniewski zu sehen. Die Renaissance-Kapelle wurde im 19. Jahrhundert für die Familie Potocki umgebaut. Die Statue von Włodzimierz Potocki in der Dreifaltigkeitskapelle stammt ebenfalls von Bertel Thorwaldsen.

Altar in der Zygmunt-Kapelle

Chorgestühl in der Krakauer Kathedrale

AUSSTATTUNG

NEBEN DEM BALDACHIN des heiligen Stanisław sind besonders die Säulen interessant, die mit Inschriften und dazugehörigen Büsten von den verstorbenen Bischöfen Krakaus erzählen. Marcin Szyszkowski, Piotr Gembicki, Jan Małachowski und Kazimierz Łubieński – sie alle ruhen hier neben dem heiligen Stanisław. Die barocke Bestuhlung des Chors entstand um 1620, ergänzt wurde sie im 19. Jahrhundert. Relief und Inschrift für den Kardinal Fryderyk Jagiellończyk sind eine hervorragende Handwerksarbeit. Sie entstanden 1503 in der Werkstatt von Peter Vischer in Nürnberg. Der Thron des Bischofs Piotr Gembicki ist barock. Nicht vergessen werden darf die um 1758 nach einem Entwurf von Francesco Placidi entstandene Orgelempore.

SARKOPHAGE UND GRÄBER

DIE KATHEDRALE ist die letzte Ruhestätte der polnischen Herrscher. Alle ihre mittelalterlichen Grabstätten sind ähnlich gestaltet. Eine Figur liegt feierlich auf einem Sarg, um sie herum scharen sich allegorische Figuren, die den Tod des Herrschers beklagen. Meist liegt auch ein Hund als Symbol der Treue zu Füßen des Herrschers, der Kopf des Dahingeschiedenen ruht auf einem Löwen, dem Symbol der Stärke. Über dem Grab ist ein steinerner Baldachin. Die Grabstätte von Władysław dem Ellenlangen (Mitte des 14. Jahrhunderts) zeigt den frühesten so gestalteten Sarkophag, der für Kazimierz Jagiellończyk ist der letzte.

Zwei Gräber aus späterer Zeit weisen Ähnlichkeit mit diesem frühen Grabtyp auf: Eines davon ist das majestätische Grab der Königin Jadwiga. Es wurde 1902 von Antoni Madeyski in weißem Carrara-Marmor geschaffen und ist eines der meistbesuchten Wallfahrtsziele in der Kathedrale. Das andere Grab wurde 1906 ebenfalls von Madeyski errichtet. Es handelt sich um ein Kenotaph (Grabmal für einen andernorts bestatteten Toten) für König Władysław III. Warneńczyk, der 1444 bei Warna in der Schlacht gegen die Türken sein Leben verlor. Sein Leichnam wurde nie gefunden.

Das Grab von Władysław Jagiełło

KÖNIGSGRÄBER

DIE GRABMALE der Könige fanden nach Errichtung der Zygmunt-Kapelle in der Krypta ihren angemessenen Platz. Zygmunt der Alte und seine Söhne sind hier beigesetzt. Frühere Herrscher sind in der Kathedrale bestattet, mit Ausnahme von Bolesław I., dem Tapferen, Bolesław II., Przemysław II., Ludwig von Anjou, Władysław III. Warneńczyk und Aleksander Jagiellończyk. Für die Wasa-Dynastie wurde eine weitere Krypta gebaut, spätere Herrscher bestattete man unter der Heiligkreuzkapelle oder in der Krypta von St. Leonard. 1783 gab Stanisław August Poniatowski, der letzte polnische König, einen Sarkophag für Jan III. Sobieski in Auftrag. Die gewählten Könige sind nicht auf dem Wawel beigesetzt.

In den Zeiten der polnischen Teilungen wurden die Nationalhelden Kościuszko und Prinz Józef Poniatowski hier beerdigt. Im 20. Jahrhundert fanden die Staatsbegräbnisse von Piłsudski und General Sikorski in der Kathedrale statt.

Die Sarkophage der Wasa-Könige

Überblick: Das Königsschloss

Die königlichen Gemächer sind für den Besucher des Wawelschlosses am interessantesten. Die Einrichtung der Räume zeugt vor allem vom Kunstgeschmack der letzten Jagiellonen. Einige Räume sind aber auch im Wasa-Stil gehalten. Hier hängen die Porträts der gewählten Könige. In einer eigenen Ausstellung »Der Orient in den Wawelsammlungen« sind türkische Militärzelte und kostbare orientalische Waffen zu sehen. Auch Kronschatz und Rüstkammer sind mit ihren wertvollen Stücken einen Besuch wert.

Ein Raum im ersten Obergeschoss

Königliche Gemächer

Die Zimmerflucht im Erdgeschoss des Südflügels, auch Kanzlei genannt (der wichtigste offizielle Arbeitsraum am königlichen Hof), war im 16. Jahrhundert den Beamten vorbehalten. Bemerkenswert sind die reich geschmückten Tür-Architrave des Meisters Benedikt. Sie stammen aus der Zeit der Renaissance, aber der gotische Einschlag ist noch ersichtlich. Einzigartig sind auch die Lärchenholzdecken und die Gemälde, darunter *Die Anbetung der drei Könige*, im ersten Viertel des 16. Jahrhunderts von einem Schüler des Hans Sueß von Kulmbach gemalt, *Die Heilige Familie*, kurze Zeit später von Pieter Coecke van Aelst geschaffen, und das Bild *Jungfrau mit Kind* eines unbekannten Künstlers aus der zweiten Hälfte des 16. Jahrhunderts. Mit der Gesandtentreppe endet dieser Flügel.

Die für Besucher zugänglichen Räume im ersten Obergeschoss liegen hauptsächlich im Südflügel. Die Wände sind mit originalen Renaissance-Friesen bemalt, die Decken leuchten bunt. Ausgestattet sind die Räume mit Möbeln und prächtigen Bildteppichen. Dazu gehören die *Verdures* (Teppiche mit Landschaftsbildern und Tieren, bei denen die Farbe Grün dominiert) und die Wappenteppiche, die früher über den Fenstern hingen. Andere Teppiche zeigen groteske Ornamente, manche

Niederländisches Studierzimmer im Turm von Zygmunt III.

tragen die Initialen SA (Zygmunt August). Aus dem 16. Jahrhundert datieren das *Porträt eines Mannes* von Lucas Cranach d. J., die sinnbildliche Darstellung der *Nächstenliebe* von Jan Massys, die *Madonna mit Kind* von einem Schüler Sandro Botticellis und das Triptychon *Jüngstes Gericht*, das an die Bilder des Hieronymus Bosch erinnert. Im Ostflügel befinden sich einige Räume, die für Wechselausstellungen genutzt werden, sowie der Raum des Präsidenten Ignacy Moscicki. Weitere Räume gibt es im »Hennenfüßchen«-Flügel und im Zygmunt-Turm.

Die Staatsgemächer in der zweiten Etage wurden für offizielle Anlässe und königliche Audienzen genutzt. Die Namen der Gemächer beziehen sich oft auf die Friese, mit denen die Wände bemalt sind. Sie wurden zwischen 1534 und 1536 von den Künstlern Hans Dürer und Anton aus Breslau (dem heutigen Wrocław) geschaffen. Alle Gemälde und Möbel einschließlich der *cassoni* (Hochzeitstruhen) sind italienisch. Die Gemälde stammen von Alessandro Allori, Palma Vecchio und Paris Bordone, einem Tizianschüler.

Im Gesandtensaal endet der Rundgang. Hier fanden die Debatten des *Sejm* (polnisches Parlament) statt, und der König hielt Audienzen ab. Der Saal trägt wegen seiner besonderen Deckengestaltung auch den Namen »Saal unter den Köpfen«. Die Felder der Kassettendecke waren ursprünglich mit insgesamt 194 Kopfskulpturen geschmückt, die die Breslauer Künstler Sebastian Tauerbach und Meister Hans um 1530 geschnitzt hatten. Dargestellt wurden Könige, Ritter, Bürgerfrauen, Kaufleute und wahrscheinlich auch allegorische Figuren. Leider sind nur noch 30 dieser Kopfskulpturen erhalten.

Die Räume nördlich der Gesandtentreppe sind nach ihren Wandfriesen benannt, die zwischen 1929 und 1933 vor allem von Leonard Pękalski geschaffen wurden. Sie erzählen *Die Geschichte*

Kassettendecke mit Köpfen im Gesandtensaal

vom Turmbau zu Babel und die von *Noah*. Bemerkenswert sind auch die italienischen Malereien aus dem 15. bis zum 17. Jahrhundert.

Die nächsten Räume sind im Wasa-Stil gehalten und beeindrucken trotz oder vielleicht gerade wegen ihrer Düsterkeit. *Das Porträt des Prinzen Władysław* wurde 1624 von Peter Paul Rubens während einer Europareise des Prinzen gemalt. Bemerkenswert sind die Porträts von Władysław IV. zu Pferde und seinem Vater Zygmunt III. In dem kleinen Studierzimmer hängen dicht an dicht Gemälde niederländischer und flämischer Künstler.

In der Senatorenhalle fanden die Senatsdebatten und bedeutende höfische Zeremonien statt. Die königlichen Gemächer verlässt man über die Senatorentreppe, die im 17. Jahrhundert nach Entwürfen von Trevano erbaut wurde.

Besonders gern besucht wird der *tchakram,* ein magischer Stein in der nordwestlichen Ecke des Hofes. Es geht das Gerücht, dass sich in diesem Stein kosmische und irdische Kräfte bündeln; daher lehnen sich viele Besucher dicht an den Stein, um seine vitalisierende Kraft in sich aufzunehmen.

Eine Mauer trennt diesen Ort von der Gereonkirche, die sich an der Stelle der früheren Kapelle der hl. Maria von Ägypten befindet.

Tapisserien

Die ersten Bildteppiche wurden von Zygmunt dem Alten auf den Wawel gebracht. Sein Sohn Zygmunt August erweiterte die Sammlung durch Ankäufe in den Brüsseler Webereien. Die führenden Webbetriebe waren damals die von Nicholas Leyniers Willem und Jan de Kaempeneer, wo die Teppiche nach Zeichnungen von Michiel van Coxcie und Jan van Thieghem gearbeitet wurden. Die Sammlung besteht aus ungefähr 360 Bildteppichen. Auffallend sind die biblischen Serien wie *Adam und Eva im Paradies, Die Geschichte von Noah* und *Der Turmbau zu Babel.* Daneben gibt es 140 Verduren *(siehe S. 72)* mit fantastischen Geschöpfen sowie Teppiche mit königlichen Monogrammen und Wappen.

Bildteppich mit der *Geschichte von Noah*

Kronschatz und Rüstkammer

Kronschatz und Rüstkammer liegen im Erdgeschoss des Nordostteils. Ausgestellt sind das Krönungsschwert der polnischen Könige (Szczerbiec), die königlichen Insignien, zu denen auch Zygmunt Augusts Banner gehört, die Ehrengaben für Jan III. Sobieski sowie Objekte und Schmuck, die von führenden europäischen Goldschmieden gearbeitet wurden. Zur Sammlung der Ritterrüstungen gehören auch Husarenwaffen, außerdem gibt es eine Sammlung Sättel und Zaumzeuge sowie die Repliken der 1410 in der Schlacht bei Grunwald (Tannenberg) erbeuteten Fahnen der Kreuzritter.

»Der Orient in den Wawelsammlungen«

Die türkischen Zelte und Banner sind die interessantesten Beutestücke, die nach der Schlacht von Wien im Jahr 1683 nach Krakau gebracht wurden. Sehenswert sind vor allem die Bildteppiche und Brücken aus Persien, türkische Waffen sowie erlesenes Porzellan aus Japan und China.

Türkisches Zelt der Ausstellung »Der Orient in den Wawelsammlungen«

Okół und Stradom

Okół war vermutlich die früheste Siedlung am Fuße des Wawel. Die mit einem Palisadenzaun umfriedeten Holzhäuser standen hier bereits im 10. Jahrhundert. Die Siedlung hatte sich entlang der so genannten Salzstraße entwickelt, die von Ungarn nach Großpolen führte. Das Stadtviertel galt als etwas »Besonderes«, schon durch seine Nähe zum königlichen Schloss und zur Kathedrale. Der Klerus siedelte sich hier an, viele Kirchen wurden gebaut.

Wappentier am Haus in der Grodzka-Straße 32

Für die Entwicklung des zwischen Okół und Krakau gelegenen Stradom war die Lage auf dem Torfmoor und die Nähe zur Wawelfestung von Vorteil. Seit Mitte des 17. Jahrhunderts wurden hier große Kirchen und Paläste erbaut; im 19. Jahrhundert blühte Stradom auf.

Sehenswürdigkeiten auf einen Blick

Kirchen und Klöster

Bernhardinerkirche 19
Franziskanerkirche S. 86f 15
Kirche der Bernhardinerinnen 18
Missionarenkirche 21
Peter-und-Paul-Kirche S. 80f 3
St.-Ägidius-Kirche 7
St.-Andreas-Kirche 4
St.-Martin-Kirche 5

Museen und Sammlungen

Archäologisches Museum 14
Cricoteka 13
Erzdiözesanmuseum 10
Naturhistorisches Museum 22
Stiftung St. Władimir 11
Wyspiański-Museum 12

Historischer Park

Dietl-Anlage 23

Historische Gebäude und Denkmäler

Collegium Iuridicum 2
Częstochowa-Seminar 20
Dekanat 9
Józef-Dietl-Statue 17
Königliches Zeughaus 6
Wielopolski-Palast 16

Historische Straßen

Grodzka-Straße 1
Kanonicza-Straße 8

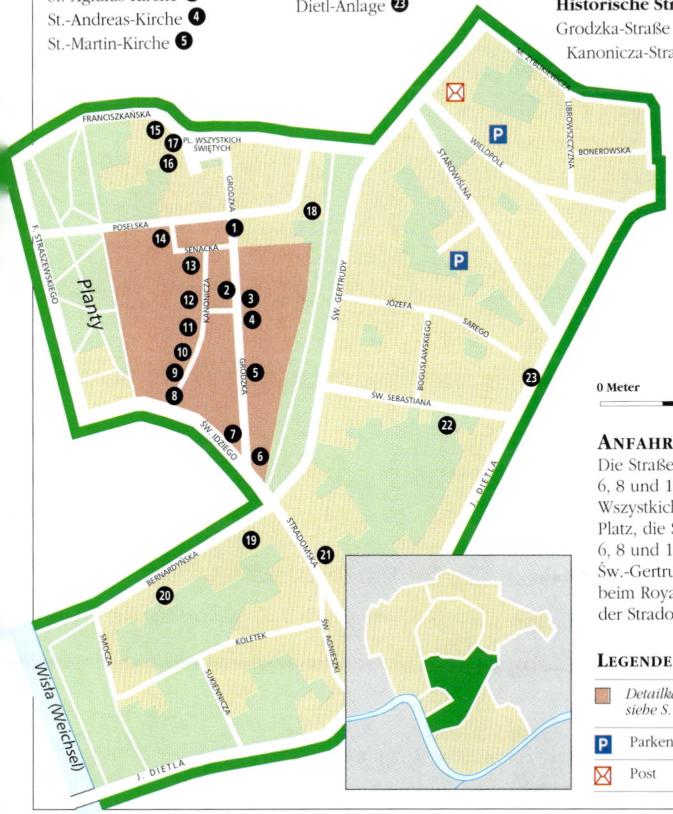

Anfahrt

Die Straßenbahnen 1, 2, 6, 8 und 18 halten am Wszystkich-Świętych-Platz, die Straßenbahnen 6, 8 und 10 in der Św.-Gertrudy-Straße beim Royal Hotel oder in der Stradomska-Straße.

Legende

Detailkarte siehe S. 76f
Parken
Post

◁ **Deckengewölbe in der Franziskanerkirche**

Im Detail: Okół

Das historische Okół ist mehr oder weniger identisch mit dem südlichen Ausläufer der mittelalterlichen Krakauer Altstadt. Okół ist malerisch. Wer es verwinkelt mag, der sollte die geradlinigen Straßen der Altstadt verlassen und sich hier umsehen. Die gewundenen Sträßchen und Gassen sowie die originellen Gebäude werden ihm bestimmt gefallen. Glücklicherweise verschonte das große Feuer, das im Jahre 1850 Krakau heimsuchte, den Stadtteil Okół.

Collegium Iuridicum
Diese klassisch-schöne Skulptur steht im Hof des Collegiums. Sie stammt von Igor Mitoraj, der sie der Jagiellonen-Universität zum Geschenk machte. ❷

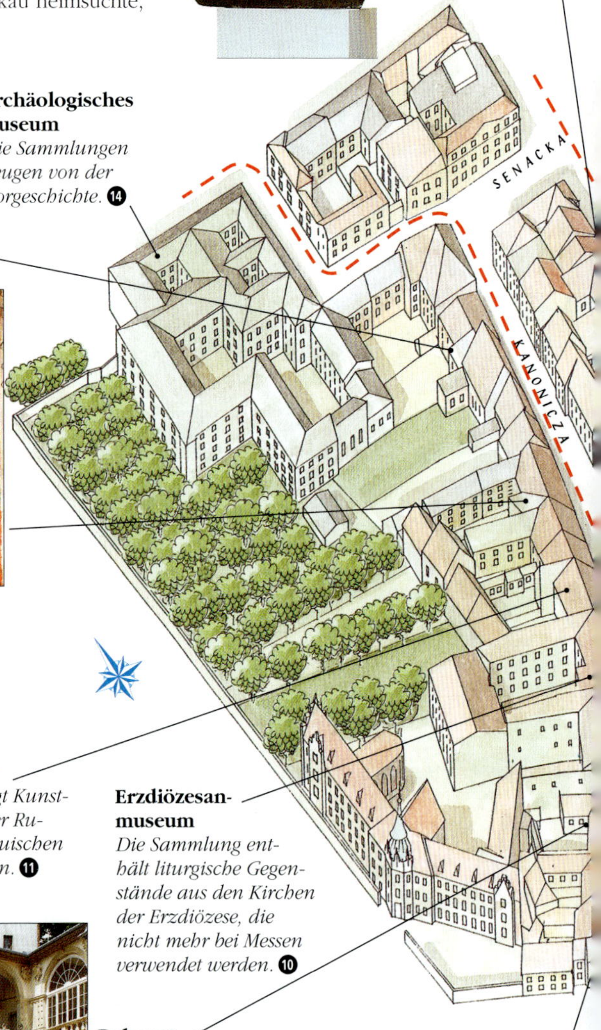

Archäologisches Museum
Die Sammlungen zeugen von der Vorgeschichte. ⓮

Cricoteka
Das Theater Cricot 2 und ein Dokumentationszentrum sind in diesem Haus. ⓭

Wyspiański-Museum
Viele Arbeiten des führenden polnischen Jugendstilmalers sind hier zu sehen. ⓬

Stiftung St. Władimir
Das Gebäude beherbergt Kunstwerke, die das Leben der Ruthenier im polnisch-litauischen Gebiet veranschaulichen. ⓫

Erzdiözesanmuseum
Die Sammlung enthält liturgische Gegenstände aus den Kirchen der Erzdiözese, die nicht mehr bei Messen verwendet werden. ❿

Dekanat
Hof und Arkadengänge dieses kleinen Hauses, des früheren Kanonikats, wirken wie eine großartige Renaissance-Residenz. ❾

Kanonicza-Straße
In dieser ruhigen Straße ist das alte königliche Krakau noch gut spürbar. ❽

★ Peter-und-Paul-Kirche
Die frühbarocke Jesuitenkirche ist ein Meisterwerk der polnischen Architektur des 17. Jahrhunderts. Bemerkenswert ist die Fassade mit ihrem reichen Skulpturenschmuck. ❸

ZUR ORIENTIERUNG
Siehe Stadtplan, Karten 1, 3, 6

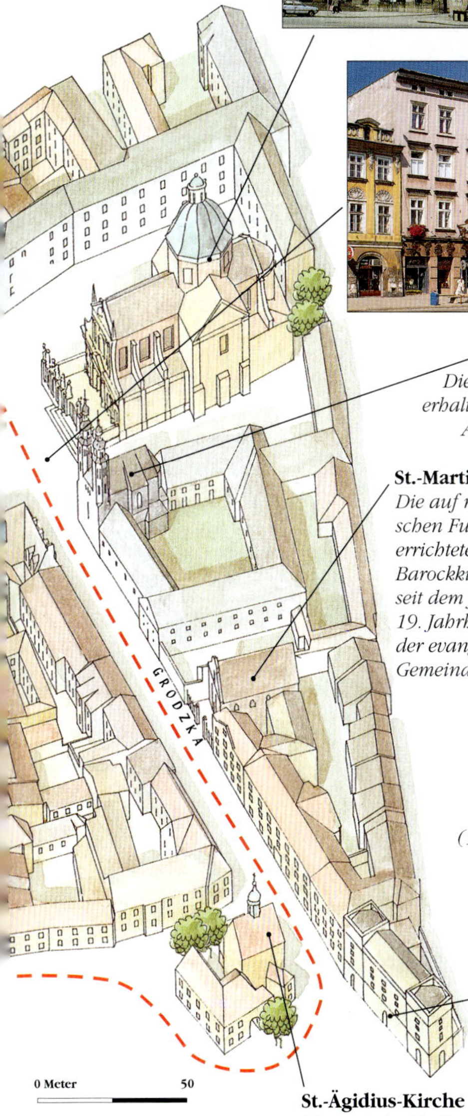

Grodzka-Straße
Die Stadthäuser entlang dieser ältesten Straße Krakaus waren früher Paläste. ❶

★ St.-Andreas-Kirche
Die Kirche ist das am besten erhaltene Beispiel romanischer Architektur in Krakau. ❹

St.-Martin-Kirche
Die auf romanischen Fundamenten errichtete kleine Barockkirche gehört seit dem frühen 19. Jahrhundert der evangelischen Gemeinde. ❺

Königliches Zeughaus
Das Tor zum Zeughaus (17. Jh.) ist einer der schönsten Eingänge Krakaus. ❻

LEGENDE

- - - Routenempfehlung

St.-Ägidius-Kirche
Die gotische Kirche aus dem frühen 14. Jahrhundert besitzt ein interessantes Chorgestühl. ❼

NICHT VERSÄUMEN

★ Peter-und-Paul-Kirche

★ St.-Andreas-Kirche

Kinder mit traditionellen Trachten in der Grodzka-Straße

Grodzka-Straße ❶

Ulica Grodzka

Stadtplan 1 C5 (6 D4). *1, 2, 6, 8, 18.*

DIE GRODZKA, früher Teil der bedeutenden Salzstraße von Ungarn nach Großpolen, ist eine der ältesten Straßen Krakaus. Als Teil des so genannten Königstraktes wurde die Straße Zeugin vieler bedeutender Ereignisse, denn Prozessionen anlässlich von Krönungen oder Beerdigungen führten immer über die Grodzka. Damals war sie gesäumt von Kirchen und Palästen, die heute als Wohnhäuser genutzt werden. Architektonisch gibt es in der hübschen Straße viel zu sehen.

Collegium Iuridicum ❷

Grodzka 53. **Stadtplan** 1 C5 (6 D4). *422 77 11.* *1, 2, 6, 8, 18.* **Innenhof** *tägl. 7.45–8 Uhr.* **Naturhistorisches Museum (Muzeum Przyrodnicze UJ)** *Mo–Fr 10–18 Uhr, Sa 10–15 Uhr, So 11–15 Uhr.*

DAS JURISTISCHE Kolleg der Krakauer Akademie wurde im frühen 15. Jahrhundert mit der testamentarischen Schenkung der Königin Jadwiga gegründet. Ausgrabungen haben bestätigt, dass das Collegium an der Stelle einer früheren Markthalle errichtet wurde, die vermutlich von Władysław dem Ellenlangen stammt. Die Fundamente sind erhalten.

Das Collegium Iuridicum wurde mehrmals umgebaut, u. a. nach Plänen des Bischofs Jan Rzeszowski. Der wunderschöne Eingang, der mit dem Wahrzeichen der Universität geschmückt ist, entstand um 1680. Nach dem großen Brand von 1719 wurde das Kolleg völlig umgestaltet und der zweireihige Arkadengang angebaut. Das Institut für Kunstgeschichte und das Naturhistorische Museum, beide zur Jagiellonen-Universität gehörend, fanden hier ihren Platz. Letzteres ist im Keller und bietet eine schönen Muschel- und Schmetterlingssammlung.

Im Sommer finden im Innenhof Konzerte und Theateraufführungen statt.

Innenhof mit doppelgeschössigen Arkaden im Collegium Iuridicum

Peter-und-Paul-Kirche ❸

Kościół św. św. Piotra i Pawła

Siehe S. 80f.

St.-Andreas-Kirche ❹

Kościół św. Andrzeja

Grodzka 56. **Stadtplan** 1 C5 (6 D4). *422 16 12.* *1, 2, 6, 8, 18.* *tägl. 7.30–17 Uhr und während Messen.*

DIE KIRCHE ST. ANDREAS in Okół wird von vielen als Paradebeispiel romanischer Architektur in Polen bezeichnet. Erbaut wurde sie zwischen 1079 und 1098 als Stiftung des mächtigen Pfalzgrafen Sieciech für Fürst Władysław Herman. Im Jahr 1200 wurden dann Türme und Seitenschiffe vergrößert, ein Querschiff kam dazu. Nach dem Chronisten Jan Długosz war St. Andreas die einzige Kirche Krakaus, die den Tataren von 1241 standhielt.

Um 1702 gestaltete Baldassare Fontana sie im barocken Stil um, Wände und Gewölbe bekamen in der Folge Stuck. Wandbilder von Karl Dankwart vervollständigen den Schmuck. Erwähnt werden sollten auch die Kanzel in Form eines Schiffes und der Hochaltar mit seinem imposanten Tabernakel aus silbergeschmücktem Ebenholz.

Die Schatzkammer im angrenzenden Kloster beherbergt unschätzbar wertvolle Objekte, so ein kleines Mosaik vom Ende des 12. Jahrhunderts mit dem Bild der Jungfrau Maria, Marionetten

Die St.-Andreas-Kirche mit ihren zwei charakteristischen Türmen

aus dem 14. Jahrhundert, die bei Krippenspielen benutzt wurden, und Reliquien aus dem frühen Mittelalter.

St.-Martin-Kirche ❺

Kościół św. Marcina

Grodzka 58a. **Stadtplan** 6 D4.
422 26 65. 6, 8, 10, 18. Mo–Sa 10–13 Uhr und zu Messen.

Die erste Kirche an diesem Platz wurde wahrscheinlich im 12. Jahrhundert erbaut. 1612 wurde sie Kirche der Karmeliterinnen und in den Jahren 1637–40 zerstört. Die Nonnen gaben ein neues Gotteshaus im Stil des Frühbarock in Auftrag. Nach der Schließung des Klosters wurde die Kirche von der protestantischen Gemeinde übernommen und das Innere im Sinne des lutherischen Protestantismus umgestaltet. Der Hochaltar zeigt ein Kruzifix aus dem 14. Jahrhundert und ein Bild von Henryk Siemiradzki aus dem Jahr 1882: *Christus besänftigt den Sturm.*

Königliches Zeughaus ❻

Arsenał Królewski

Grodzka 64. **Stadtplan** 6 D5.
422 47 03. 6, 8, 10, 18.

Zygmunt der Alte ließ in der ersten Hälfte des 16. Jahrhunderts in der Nähe der Stadtmauer das Zeughaus und eine Kanonengießerei als Teil der Krakauer Befestigung erbauen. Das heutige Gebäude ist Resultat des Umbaus von 1927. Der Architekt Stanisław Filipkiewicz setzte der barocken Struktur des Zeughauses einen strengen, modernen Anbau entgegen.

St.-Ägidius-Kirche ❼

Kościół św. Idziego

Św. Idziego 1. **Stadtplan** 6 D5. *6, 8, 10, 18. nur während Messen.*

Es scheint historisch überliefert – und Ewa Dmarczyk vom Kabarett Piwnica Pod Baranami machte die Geschichte in einem Song populär – dass diese Kirche 1082 von Władysław Herman und seiner Gemahlin Judith erbaut worden ist, nachdem sie mit Hilfe des heiligen Ägidius einen Sohn bekommen hatten. Die gegenwärtige Kirche ist aus dem frühen 14. Jahrhundert. 1595 wurde sie von den Dominikanern übernommen, die sie bald umbauten. In der Kirche ist das steinerne Chorgestühl interessant. Es wurde 1692 hergestellt, dabei verwendete man Fragmente aus dem Renaissance-Grab des heiligen Jacek, eines Dominikanermönchs.

Kanonicza-Straße ❽

Ulica Kanonicza

Stadtplan 1 C5 (6 D4). *6, 8, 10, 18.*

Die Kanonicza-Strasse war das letzte Stück des Königstrakts, der Straße, die auf den Wawel führte. Seit Beginn des 14. Jahrhunderts bauten die Krakauer Kanoniker in dieser Gasse ihre Häuser. Sie durften in diesen Häusern leben, wenn sie sich verpflichteten, im Domkapitel zu arbeiten.

Jeder Bewohner tendierte dazu, sein Haus ständig zu modernisieren. Die Kanoniker konnten es sich auf Grund ihres Elitestatus in der Kirche leisten, viel Geld für Baumaßnahmen auszugeben. Demzufolge erhielten die ursprünglich gotischen Häuser nach und nach Renaissance-Höfe, Barocktüren und klassizistische Fassaden. Dieser bunte Stilmix der Häuser gibt der engen Kanonicza-Straße ihren malerischen Charakter.

Schönes Flachrelief von 1480 am Długosz-Haus in der Kanonicza-Straße

Peter-und-Paul-Kirche ❸

Emblem der Jesuiten

VORBILD FÜR DIE KIRCHE St. Peter und Paul war die Jesuitenkirche Il Gesù in Rom. Sie gilt als großartigste frühbarocke Kirche in Mitteleuropa, die Geschichte ihrer Entstehung und die Namen der Erbauer sind bis heute Thema der Architekturhistorie. Der Grundstein wurde 1596 gelegt. Der führende Architekt Giovanni de Rosis, ein Jesuit, entwarf den Plan, die Ausführung übernahmen Giuseppe Brizio und Giovanni Maria Bernardoni. Gegen 1605 näherten sich die Arbeiten ihrem Ende, aber wegen Konstruktionsproblemen mussten etliche Mauern wieder eingerissen und neu gebaut werden. Daraufhin wurde dem Hofarchitekten Giovanni Battista Trevano die Verantwortung übertragen.

Kartusche mit Adler
Das gemeißelte Wappen ist das des ursprünglichen Kirchengründers König Zygmunt III. Waza.

Orgelempore
Die spätbarocke, von Kacper Bażanka entworfene Orgelempore mit ihrer geschwungenen Balustrade steht in starkem Kontrast zur nüchternen, monumentalen Architektur der Kirche.

Apostelstatuen
Die Einfriedung wurde von Kacper Bażanka entworfen. Die großen Apostelfiguren sind Kopien der Skulpturen von David Heel, die 1715–1722 geschaffen wurden.

Statue des hl. Ignatius von Loyola
Die spätbarocke Skulptur von David Heel zeigt den Gründer des Jesuitenordens. Die Skulpturen daneben stellen Stanisław Kostka, Francis Xavier und Aloysius Gonzaga dar.

Haupteingang

INFOBOX

Grodzka 38. **Stadtplan** 1 C5 (6 D4). *422 65 73.* *1, 2, 6, 8, 10, 18.* *Mo–Sa 9–17 Uhr, So 13–17 Uhr und während Messen.*

Stuckarbeiten (1622–39)
Die Stuckarbeiten über dem Hochaltar sind von Giovanni Battista Falconi. Sie zeigen Szenen aus dem Leben der Schutzheiligen der Kirche, Peter und Paul.

★ Hochaltar
Der Hochaltar, entstanden 1726–28 nach einem Entwurf von Kacper Bażanka, war als Annäherung zwischen römisch-katholischer und orthodoxer Kirche gedacht.

★ Grabmal des Bischofs Andrzej Trzebicki
Die Grabstätte, 1695/96 zum Andenken an den Bischof geschaffen, zeigt mit ihrem monumentalen Pomp barockes Weltgefühl.

Eingang zur Skarga-Krypta

Statue des Piotr Skarga
Der Autor der Parlamentarischen Gespräche *starb 1612 und wurde in der Krypta unter dem Hochaltar beigesetzt. Die Statue wurde 1869 von Oskar Sosnowski geschaffen und im frühen 20. Jahrhundert in der Kirche aufgestellt.*

NICHT VERSÄUMEN

- **★ Hochaltar**
- **★ Grabmal des Bischofs Andrzej Trzebicki**

Portal des mittelalterlichen Dekanats

Dekanat ❾

Dom Dziekański

Kanonicza 21. **Stadtplan** 1 C5 (6 D4). *1, 2, 6, 8, 10, 18.*

Das Dekanshaus gilt als das schönste der Krakauer Kanoniker-Häuser. Das mittelalterliche Gebäude wurde um 1580 vollkommen umgebaut, wahrscheinlich vom Architekten und Bildhauer Santi Gucci. Der arkadengesäumte Innenhof, die Steinmetzarbeiten, das wunderbare Portal und die bemalte Fassade stammen aus dieser Zeit.

Die Statue des heiligen Stanisław wurde im 18. Jahrhundert im Hof aufgestellt. In den 1960er Jahren residierte hier Karol Wojtyła, späterer Papst Johannes Paul II. und damaliger Erzbischof von Krakau.

Erzdiözesanmuseum ❿

Muzeum Archidiecezjalne

Kanonicza 19. **Stadtplan** 1 C5 (6 D4). *421 89 63. 1, 2, 6, 8, 18. Di–Fr 10–16 Uhr, Sa, So 10–15 Uhr.*

Der heilige Stanisław wohnte während seiner Zeit als Krakauer Kanoniker in diesem Haus, deshalb hat es den Namen St.-Stanisław-Haus. Erbaut wurde es im 14. Jahrhundert, umgebaut im späten 18. Jahrhundert. Heute ist hier das Erzdiözesanmuseum untergebracht. Auf dem Programm stehen Wechselausstellungen sakraler Kunst. Es handelt sich meist um Leihgaben aus den Kirchenschätzen der Krakauer Erzdiözese. In letzter Zeit gab es mehrmals Ausstellungen mit interessanten Goldarbeiten.

Viele Gegenstände aus dem Diözesanmuseum wurden in den Raum Karol Wojtyłas gebracht. Das Zimmer, das sich eigentlich im benachbarten Dekanshaus befand, wurde hier rekonstruiert.

Stiftung St. Władimir ⓫

Fundacja św. Włodzimierza

Kanonicza 15. **Stadtplan** 1 C5 (6 D4). *421 99 96. 1, 2, 6, 8, 10, 18. Apr–Sep tägl. 12–16 Uhr; Okt–März Mi–Fr 12–16 Uhr.*

Die Stiftung hat ihren Sitz in einem Bau aus dem 14. Jahrhundert mit prächtigem Renaissance-Schmuck. Ikonen (17. und 18. Jh.) von nicht mehr genutzten orthodoxen Kirchen aus den Regionen Beskidy, Bieszczady und Tomaszów Lubelski werden hier aufbewahrt.

Die griechisch-katholische Kapelle ist den Märtyrern Boris und Gleb geweiht. Darin befinden sich Bilder von Jerzy Nowosielski. Der zeitgenössische Krakauer Künstler ist von byzantinischer Kunst beeinflusst, arbeitet aber mit modernen Ausdrucksmitteln. Die Kapelle birgt ferner die Wunder wirkende Ikone der Korczmin-Madonna.

Wyspiański-Museum ⓬

Muzeum Stanisława Wyspiańskiego

Szczepanska 11. **Stadtplan** 1 C5 (6 D4). *422 83 37. 1, 2, 6, 8, 10, 18. Di, Do 10–18 Uhr, Mi, Fr–So 10–15.30 Uhr. So kein Eintritt.*

Das Museum, das in den 1980er Jahren als Niederlassung des Nationalmuseums eingerichtet wurde, widmet sich ausschließlich dem Leben

Karol Wojtyłas Raum im Erzdiözesanmuseum

und Werk von Stanisław Wyspiański, Krakaus berühmtestem Künstler des Jugendstils (1869–1907).

Die Fassade des Hauses stammt aus dem frühen 19. Jahrhundert, der mit Arkaden gesäumte Innenhof ist beeindruckend. Die Ausstellung befindet sich im ersten Obergeschoss. Besonders interessant sind Wyspiańskis Entwürfe für Buntglasfenster und Bühnenbilder sowie sein Modell, das den Wawel zur polnischen Akropolis transformiert *(siehe S. 30 f)*.

***Helenka* von Stanisław Wyspiański**

Cricoteka ⓭

Kanonicza 5. **Stadtplan** 1 C5 (6 D4). *422 83 32.* *1, 2, 6, 8, 18.* *Mo–Fr 10–16 Uhr (Juli und Aug auch Sa und So).*

DAS GOTISCHE Erscheinungsbild des ehemaligen Domherren-Hauses in der Kanonicza-Straße Nr. 5 ist noch erhalten. 1980 wurde das Gebäude zum Sitz des Avantgarde-Theaters Cricot 2. Das Theater, das schon seit den 1920er Jahren existiert, nahm 1956 auf Initiative des Dramatikers, Regisseurs und Zeichners Tadeusz Kantor die Arbeit wieder auf und wurde durch seine »Performances« berühmt. In einer Zeit kultureller Umwälzungen machte Kantor Theater mit erschütternder Urwirkungskraft. *Die tote Klasse, Wielopole, Wielopole* und *Die Künstler sollen krepieren* gehören zu den größten Erfolgen des Cricot 2. Nach Kantors Tod 1990 führten die Schauspieler sein Werk weiter. Das Haus in der Kanonicza-Straße ist zu klein, deshalb finden die Aufführungen immer anderswo statt. Cricoteka ist ein kleines Museum, in dem die Arbeit des Theaters dokumentiert wird. Gezeigt werden Kostüme, Bühnenbildentwürfe, Requisiten und Fotos der Aufführungen sowie Zeichnungen von Kantor.

Archäologisches Museum ⓮

Muzeum Archeologiczne

Senacka 3. **Stadtplan** 1 C5 (6 D4). *422 71 00.* *103, 124, 502.* *6, 8, 10, 18.* *Mo–Mi 9–14 Uhr, Do 14–17 Uhr, So 10–14 Uhr.* *Do kein Eintritt.*

DAS MUSEUM ist in dem vormaligen, 1606 gegründeten Barfüßerkloster des Karmeliterordens untergebracht. Ende des 18. Jahrhunderts vertrieben die österreichischen Besatzer den Orden und machten aus dem Kloster ein Gefängnis für politisch Inhaftierte. 1945 wurde von hier eine Gruppe gefangener Soldaten in einer Aktion der heimischen Armee (AK) befreit. Nach der Schließung des Gefängnisses im Jahr 1956 gliederte man den Bau dem archäologischen Museum an.

Die Sammlung des archäologischen Museums existiert seit 1850 und enthält Gegenstände aus der Frühgeschichte Kleinpolens, aber auch ägyptische Mumien. Besondere Attraktionen sind die Statue des Gottes Światowid aus dem Fluss Zbrucz, der Schmuck, der im Grab der skythischen Prinzessin Ryżanówka gefunden wurde, Goldgegenstände aus einem Hunnengrab in Jakuszowice sowie prähistorisches »Eisengeld« *(siehe S. 19)*.

Franziskanerkirche ⓯

Kościół Franciszkanów

Siehe S. 86f.

Eingang zum Wielopolski-Palast

Wielopolski-Palast ⓰

Pałac Wielopolskich

Plac Wszystkich Świętych. **Stadtplan** 1 C5 (6 D3). *616 12 07.* *1, 2, 6, 8, 18.* *nur nach telefonischer Vereinbarung.*

DER WIELOPOLSKI-Palast (»Neues Rathaus«) wurde um 1875 verkauft und dann Sitz der städtischen Verwaltung. Nach Entwürfen des Architekten Jan Rzymkowski erfolgten 1907–12 Umbauten, das Gebäude erhielt ein schlichtes, modernes Aussehen. Angebaut wurde ein holzüberdachtes Portal, das auf die Poselska-Straße hinausführt und von neoromanischen Säulen flankiert wird. Bemerkenswert ist ein schönes Jugendstil-Fries mit vielen Städtewappen. Interessant im Inneren sind der Sitzungssaal und die Porträthalle.

Archäologisches Museum und Garten

Józef-Dietl-Statue ⓱
Pomnik Józefa Dietla

Pl. Wszystkich Świętych. **Stadtplan** 1 C5 (6 D3). 🚋 *1, 2, 6, 8, 18.*

Józef Dietl (1804–1878), Professor der Medizin und Direktor der Jagiellonen-Universität, wurde 1866 der erste gewählte Krakauer Bürgermeister im autonomen Galizien. Er reformierte das Krakauer Schulsystem, rief ein Programm zum Schutz des städtischen kulturellen Erbes ins Leben und initiierte die Restaurierung der Tuchhallen.

Die Dietl-Statue wurde zwischen 1936 und 1938 von Xawery Dunikowski geschaffen. Der Künstler begnügte sich nicht mit der Schaffung der Skulptur, sondern setzte alle Hebel in Bewegung, um auch den richtigen Standort für seine Arbeit zu finden.

Mit einem Modell der Statue wanderte Dunikowski in ganz Krakau umher und stellte es überall probehalber auf, bis er sich für den jetzigen Standort auf dem Allerheiligenplatz entschied. Das Ergebnis spricht für sich: Die Dietl-Statue gilt als eines der am schönsten platzierten Monumente in ganz Polen.

Kirche der Bernhardinerinnen ⓲
Kościół Bernardynek

Poselska 21. **Stadtplan** 1 C5 (6 D4). ☎ *422 22 46.* 🚋 *1, 2, 6, 8, 18.* 🕒 *tägl. 9–18.30 Uhr und während Messen.*

Im Jahr 1646 etablierte sich ein kleines Bernhardinerinnenkloster in der Poselska-Straße. Die St.-Josef-Kirche wurde zwischen 1694 und 1703 für die Nonnen erbaut.

So bescheiden die Kirche von außen auch wirkt, so birgt sie doch sehenswerte Kostbarkeiten wie den Altar und die Kanzel aus der Werkstatt von Jerzy Hankis. Das Hochaltarbild *Der hl. Josef mit Kind* war ein Geschenk des Krakauer Bischofs Jakub Zadzik, der es wahrscheinlich von Papst Urban III. erhielt.

Eine kleine Statue des Jesuskindes (17. Jh.) auf dem Seitenaltar wird sehr verehrt. Sie stammt ursprünglich aus der Klosterkirche St. Colette in Stradom und wird deshalb bis heute Koletański-Christus genannt.

Innenraum der Kirche der Bernhardinerinnen

Bernhardinerkirche ⓳
Kościół Bernardynów

Bernardyńska 2. **Stadtplan** 3 C1 (6 D5). ☎ *422 16 50.* 🚋 *6, 8, 10.* 🕒 *nur während Messen.*

Giovanni da Capistrano, der später heilig gesprochene Reformator des Franziskanerordens, kam 1453 nach Krakau. Dort predigte er Demut, Verzicht und Enthaltsamkeit, hetzte aber gleichzeitig auch gegen die Juden. Beeinflusst von seinen Predigten traten einige Krakauer dieser reformierten Franziskanerbewegung bei. Sie wurden zunächst Observanten genannt, später als polnische Bernhardiner bekannt. Im Jahr 1453 baute Kardinal Zbigniew Oleśnicki in Stradom eine kleine Holzkirche für die neue klösterliche Gemeinschaft, kurz danach begann man mit dem Bau einer Steinkirche. Diese wurde von Jan Długosz nach dem Tod Oleśnickis fertiggestellt.

Um Krakau gegen die Schweden zu verteidigen, gab Stefan Czarniecki im Jahr 1655 den Befehl, die am Fuß des Wawel gelegene Bernhardinerkirche anzuzünden. Damit wollte er verhindern, dass die Kirche den Angreifern Schutz bot. Erhalten blieben nur die Statue der heiligen Anna aus der Werkstatt von Veit Stoß sowie Reste manieristischer Grabmäler, die jetzt in der Vorhalle sind.

Die jetzige Barockkirche der Bernhardiner wurde 1659 bis 1680 erbaut, wahrscheinlich von Krzysztof Mieroszewski. Der Marmorschrein des heiligen Simon von Lipnica wurde 1662 vollendet, der Hochaltar entstand 1758–66.

Die barocke Bernhardinerkirche aus dem 17. Jahrhundert

Tschenstochau-Seminar ⓴

Seminarium Częstochowskie

Bernardyńska 3. **Stadtplan** 3 C1 (6 D5). *422 47 03.* *6, 8, 10, 18.* **Kapelle** *nur nach telefonischer Anmeldung.*

IM JAHR 1925 gründete Teodor Kubina, Bischof von Tschenstochau (Częstochowa), ein der Theologischen Fakultät der Jagiellonen-Universität angeschlossenes Seminar für seine Diözese. Das monumentale modernistische Gebäude wurde 1928–30 nach Entwürfen von Zygmunt Gawlik und Franciszek Mączyński erbaut.

Die Fassade ist mit Skulpturen gestaltet, die unter Anleitung von Xawery Dunikowski, einem der wichtigsten polnischen Bildhauer des 20. Jahrhunderts, entstanden. Interessant ist vor allem das Relief im Giebel. Es zeigt Christus, wie er Polen und die Repräsentanten der gesellschaftlichen Schichten segnet, sowie Maria, die vom Klerus begleitet wird. Eine weitere Szene auf der Fassade stellt dar, wie ein Seminarist vom Teufel versucht wird.

Relief des Seminaristen, der vom Teufel versucht wird, Tschenstochau-Seminar

Missionarenkirche ㉑

Kościół Misjonarzy

Stradomska 4. **Stadtplan** 3 C1 (6 E5). *422 88 77.* *103, 124.* *6, 8, 10, 18.* *tägl. 14–19 Uhr und während Messen.*

DIE MISSIONARE kamen 1682 nach Stradom, aber erst 1719–28 erbauten sie die Kirche der Bekehrung des heiligen Paulus. Der Architekt Kacper Bażanka ließ sich bei seinem Entwurf von den Bauwerken des römischen Barock inspirieren. Der Innenraum der Krakauer Kirche ähnelt Francesco Borrominis Dreikönigskirche im Collegio di Propaganda Fide, äußerlich erinnert die Kirche an Sant' Andrea al Quirinale von Gianlorenzo Bernini.

Barockfassade der Missionarenkirche

Manche Feinheiten, mit denen Bażanka die Kirche ausgestattet hat, beispielsweise die Spiegel im Mittelschiff, die das Licht in die Kapellen reflektieren, sind typisch für das Hochbarock. Die Kirche gilt als eines der schönsten Bauwerke der polnischen Architektur im 18. Jahrhundert.

Dasselbe gilt für ihren Innenraum. Die meisten Altargemälde stammen von Tadeusz Kuntze, die Skulpturen von Antoni Fraczkiewicz.

Naturhistorisches Museum ㉒

Muzeum Przyrodnicze

Św. Sebastiana 9/11. **Stadtplan** 3 D1 (6 E5). *422 59 59.* *6, 8, 10.* *Di–Fr 10–14 Uhr, Sa und So 9–13 Uhr.*

DAS HERZ des Naturhistorischen Museums war die Sammlung der Physiographischen Kommission, einer Unterabteilung der seit 1865 bestehenden gelehrten Gesellschaft Krakaus. Die Sammlung bestand aus ausgestopften Vögeln und wirbellosen Tieren. Heute besitzt das Museum zahlreiche Exemplare von Insekten und Pflanzen, die in Polen vorkommen. Ein Rhinozeros aus dem Pleistozän, 1920 in Starunia gefunden, ist die Hauptattraktion.

Dietl-Anlage ㉓

Planty Dietlowskie

Stadtplan 3 D1 (6 E5, F4). *128.* *19, 22.*

DAS ALTE FLUSSBETT der Weichsel zwischen Stradom und Kazimierz wurde 1878–80 aufgeschüttet. Bolesław Malecki legte hier eine zweispurige Autostraße von einem Kilometer Länge und 100 Meter Breite an, mit einem parkähnlichen Grünbereich in der Mitte. Diese Anlage wurde Józef Dietl zu Ehren Planty Dietlowskie getauft. Denn der Krakauer Bürgermeister war der erste, der die Weichselaufschüttung befürwortete, weil er sich davon ein Zusammenwachsen von Krakau und Kazimierz versprach. Zu beiden Seiten der Straße stehen große Wohnblöcke und elegante öffentliche Gebäude. Eines davon ist die PKO-Bank, die 1922–24 erbaut wurde.

Bäume der Dietl-Anlage trennen die beiden Fahrspuren

ALTSTADT

Von Fürst Boleslaw dem Keuschen erhielt Krakau im Jahr 1257 seine am Magdeburger Stadtrecht angelehnte Verfassung. Dieser Status war von hoher Bedeutung für die künftige Entwicklung der Stadt, denn das Stadtrecht beschränkte die lehnsherrliche Gewalt, bestimmte eine lokale Regierung und förderte den Handel. Aber es galt auch, Regeln zu befolgen: Ein großer Platz sollte zum Zentrum werden, von dem die Straßen abgehen. Ein schachbrettartiger Grundriss wurde gezeichnet, zugleich die Größe der Häuser festgelegt. Auch wenn die Architektur mit der Zeit pompöser wurde, blieb die Grundanlage erhalten. Bis heute ist die Altstadt das pulsierende Herz des modernen Krakau geblieben. Hier konzentrieren sich Geschichte, Kunst und Vergnügen.

Krakaus Wappen in der Marienkirche

SEHENSWÜRDIGKEITEN AUF EINEN BLICK

Kirchen
Dominikanerkirche S. 116f 34
Heiligkreuzkirche 32
Kirche der Dominikanerinnen 33
Marienkirche S. 94ff 1
Piaristenkirche 25
Reformaten-Kirche 19
St.-Adalbert-Kirche 9
St.-Anna-Kirche S. 108f 15
St.-Barbara-Kirche 3
St.-Johannes-Kirche 23
St.-Markus-Kirche 20

Historische Straßen und Plätze
Floriańska-Straße 30
Marienplatz 2
Marktplatz S. 98ff 4
St.-Johannes-Straße 22

Historische Gebäude und Monumente
Adam-Mickiewicz-Statue 8
Altes Theater (Stary Teatr) 16
Barbakane 27
Bischofspalast 10
Café Jama Michalika 28
Collegium Novum 11
Collegium Nowodvorianum 14
Florianstor und Stadtmauer 26
Kopernikus-Statue 12
Krzysztofory-Palast 5
Polnische Akademie der Wissenschaften 21
Rathausturm 6
Słowacki-Theater 31

Museen und Sammlungen
Collegium Maius S. 106f 13
Czartoryski-Museum S. 112f 24
»Kunstbunker« 18
Kunstpalast 17
Matejko-Haus 29
Tuchhallen S. 102f 7

LEGENDE

Detailkarte *siehe S. 90f*

P Parken

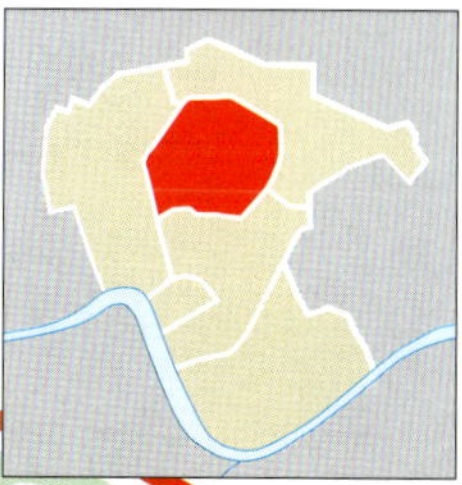

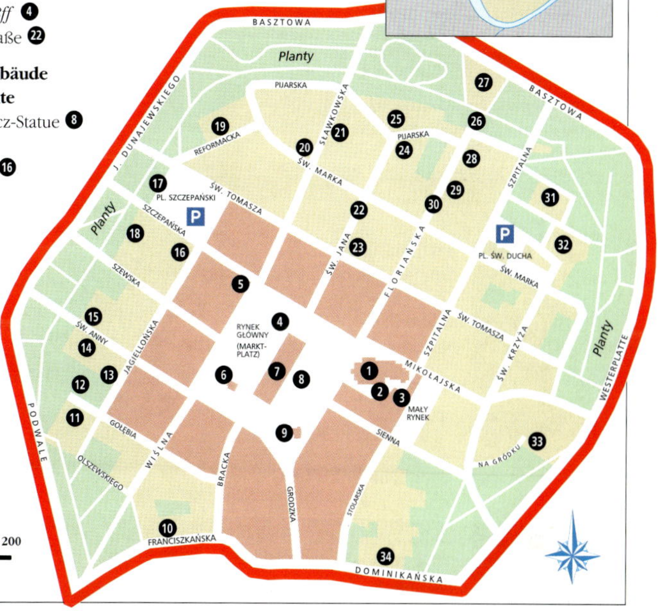

ANFAHRT

Straßenbahnen und Busse halten an folgenden Straßen am Grüngürtel Planty: Podwale, Franciszkańska, Dominikańska, Westerplatte, Basztowa und Dunajewskiego.

0 Meter 200

◁ **Allegorie der Poesie, eine Figur am Sockel der Mickiewicz-Statue**

Im Detail: Marktplatz

DER MARKTPLATZ oder Hauptmarkt (Rynek Główny) liegt genau in der Mitte der Altstadt, daher ist er auch das Zentrum aller Aktivitäten. Rund um den Platz gibt es eine Vielzahl von Museen und Galerien, dazu Antiquitätengeschäfte und Buchläden sowie die besten Restaurants, Cafés und Bars der Stadt. Im Sommer haben an die 30 Straßencafés bis in die frühen Morgenstunden geöffnet. Blumenstände, Straßenmusikanten, Künstler, die ihre Werke bei den Tuchhallen verkaufen, Souvenirläden und nicht zuletzt die vielen Besucher, die sich treiben lassen – all das trägt zur lebendigen Atmosphäre des Platzes bei.

Marktplatz
Der Krakauer Hauptmarkt ist der größte Marktplatz Europas. Schon seit dem Mittelalter konzentriert sich das Leben der Stadt hier. 4

★ Krzysztofory-Palast
In diesem Palais ist das Museum von Krakau untergebracht. 5

★ Tuchhallen (Sukiennice)
In den ehemaligen Markthallen befinden sich Cafés, Läden und eine renommierte Kunstsammlung. 7

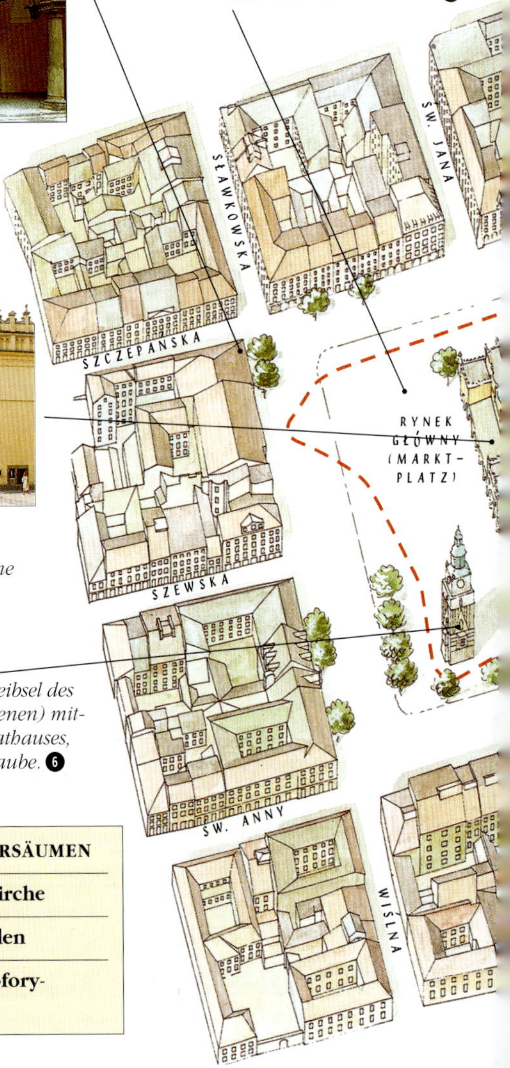

Rathausturm
Einziges Überbleibsel des (1820 abgetragenen) mittelalterlichen Rathauses, mit barocker Haube. 6

NICHT VERSÄUMEN

- ★ Marienkirche
- ★ Tuchhallen
- ★ Krzysztofory-Palast

★ Marienkirche
Die Krakauer Pfarrkirche ist bekannt für ihren gotischen Hochaltar, eine weltberühmte Schnitzarbeit des Nürnberger Meisters Veit Stoß. ❶

Zur Orientierung
Siehe Stadtplan, Karten 1, 6

Marienplatz
Ursprünglich befand sich an diesem Platz der Pfarrfriedhof. ❷

St.-Barbara-Kirche
Die Kirche ist ein mittelalterlicher Bau, aber ihre Ausstattung stammt aus dem Rokoko. Sie besitzt eine Pietà aus dem 15. Jahrhundert. ❸

»Die magische Droschke«
Ein Gedicht von K.I. Gałczyński handelt von einer Pferdekutsche, wie man sie hier für eine Rundfahrt mieten kann.

0 Meter 50

Adam-Mickiewicz-Statue
Hier ist ein beliebter Treffpunkt der Krakauer. ❽

St.-Adalbert-Kirche
Sie ist eine der ältesten Kirchen Krakaus. Fährt man von der Grodzka-Straße auf die Kirche zu, wirkt sie sehr malerisch. ❾

Legende

- - - Routenempfehlung

Marienkirche ❶

Kościół Mariacki

Siehe S. 94f.

Marienplatz ❷

Plac Mariacki

Stadtplan 1 C4 (6 D2).

DER MARIENPLATZ war vormals ein Pfarrfriedhof, der zwischen 1796 und 1804 verlegt wurde. Die Statue der Jungfrau Maria, die ursprünglich hier stand, befindet sich jetzt in den Planty-Anlagen bei der Jagiellońska-Straße. Das Flachrelief von Veit Stoß, das einst die Kalvarienpforte schmückte, ist heute im Nationalmuseum, eine Kopie des Frieses am Haus Nr. 8. Das Prälatenhaus und das Vikariat gehören zu den Häusern, in denen originale Decken und Stuckarbeiten erhalten sind. Neben der St.-Barbara-Kirche, auf der Ostseite des Platzes, befindet sich eine Wasserpumpe mit einer Skulptur, die einen mittelalterlichen Krakauer Studenten zeigt. Es handelt sich um die Kopie einer Figur vom Hochaltar der Marienkirche *(siehe S. 96f)*.

St.-Barbara-Kirche ❸

Kościół św. Barbary

Mały Rynek 8. **Stadtplan** 1 C4 (6 D2). ☎ *428 15 00.* ◯ *nur während Messen.*

EINE LEGENDE besagt, dass die St.-Barbara-Kirche aus den Backsteinen erbaut wurde, die beim Bau der Marienkirche übrig geblieben waren.

Ein Vorbau der St.-Barbara-Kirche zeigt Christus in Gethsemane

Tatsächlich wurde St. Barbara zwischen 1394 und 1399 erbaut, was mit einem der Bauabschnitte der Marienkirche übereinstimmen könnte.

Zwischen 1415 und 1536 wurden die Predigten in der St.-Barbara-Kirche auf Polnisch, die in der Marienkirche auf Deutsch abgehalten. In dieser Zeit war die Krakauer Oberschicht deutschstämmig; erst viel später wurden die Deutschen zu einer Minderheit. Im Jahr 1586 übernahmen die Jesuiten die Kirche. Hier predigte Piotr Skarga, Jakub Wujek, der Bibelübersetzer, liegt hier begraben. Von 1488 bis 1518 wurde an die Kirche noch eine kleine spätgotische Kapelle angebaut. Ihre Pforte der Kapelle ist mit Skulpturen geschmückt, die aus der Werkstatt von Veit Stoß stammen.

Student im mittelalterlichen Krakau, Marienplatz

Die Innenausstattung der Kirche wurde zum großen Teil im 18. Jahrhundert geschaffen, aber auf dem Hochaltar befinden sich noch eine interessante steinerne Pietà aus dem frühen 15. Jahrhundert und ein schönes Kruzifix aus dem 15. Jahrhundert.

Marktplatz ❹

Rynek Główny

Siehe S. 98ff.

Krzysztofory-Palast ❺

Pałac Krzysztofory

Rynek Główny 35. **Stadtplan** 1 C4 (6 D2). **Historisches Museum von Krakau** ☎ *422 99 22.* ◯ *Mi–So 9–15.30 Uhr, Do 11–18 Uhr.* ● *jeden 2. Sa und So im Monat.* W www.krakow.pl

HIER HANDELT es sich um einen der ältesten Paläste in Krakau mit einem arkadengesäumten Innenhof. Er wurde 1682 bis 1685 von Jacopo Solari für Kazimierz Wodzicki, einen der reichsten Edelmänner Kleinpolens, umgebaut.

Das Haus ist nach dem heiligen Christophorus benannt, dessen Skulptur aus dem 14. Jahrhundert das Gebäude schmückt. Es beherbergt heute das Museum der Stadt Krakau, das sich mit Geschichte und Kultur der Stadt befasst. In den Räumen mit den Stuckdecken von Baldassare Fontana werden Dokumente, Bilder, Kupferstiche, Goldarbeiten und mehr gezeigt. Im Keller befinden sich ein Café und die Kunstgalerie der Krakauer Gruppe (Grupa Krakowska), die erstmals 1930 und erneut 1957 zusammenfand.

DER KHAN VON KRAKAU

Alljährlich am Donnerstag nach Fronleichnam zieht eine vom Khan angeführte Prozession durch Krakau, vom Konvent der Prämonstratenserinnen in Zwierzyniec zum Marktplatz. Der Zug soll an den Sieg über die Tataren im Jahr 1287 erinnern. Auf seinem Weg berührt der Khan einzelne Zuschauer mit seinem Stab. Ein solcher »Schlag« soll Glück bringen, auf dem Marktplatz erhält der Khan einen symbolischen Tribut. Das ursprüngliche Kostüm des Khan, 1904 von Stanisław Wyspiański entworfen, ist im Museum der Stadt Krakau zu sehen.

Der Khan von Krakau

Rathausturm ❻
Wieża Ratuszowa

Rynek Główny 1. **Stadtplan** 1 C4 (6 D2). **Museum** ☎ *422 99 22 Nebenstelle 218.* ◯ *Mai–Okt Mi 9–18 Uhr, Sa und So 9–16 Uhr.*

Bis ins frühe 19. Jahrhundert gab es auf dem Marktplatz mehrere öffentliche Einrichtungen: Rathaus, kleine und große Waage sowie Pranger. Der 70 Meter hohe Rathausturm ist das Einzige, was davon übrig geblieben ist. Das gotische Rathaus wurde häufig umgebaut, bis es 1820 endgültig zerstört wurde. Der Turm – seine Haube stammt aus dem Barock – beherbergt eine Niederlassung des Museums der Stadt Krakau, die sich der Lokalgeschichte widmet, sowie das Ludowy-Theater und ein Café.

St.-Adalbert-Kirche am Marktplatz

Tuchhallen ❼
Sukiennice

Siehe S. 102f.

Adam-Mickiewicz-Statue ❽
Pomnik Adama Mickiewicza

Rynek Główny. **Stadtplan** 1 C4 (6 D2).

Die Statue des Dichters Adam Mickiewicz hat, wie das öfters in Krakau passiert, einen Skandal verursacht. Obwohl der berühmte Künstler Jan Matejko einen Entwurf vorgelegt hatte, gewann Teodor Rygier den Wettbewerb. Als die Statue aber 1895 enthüllt wurde, erntete sie so viel Kritik, dass der Künstler gezwungen war, einige Figuren zu ersetzen.

Die allegorischen Figuren, die den Dichter »begleiten«, stellen das Mutterland dar (Mädchen, das zur Sienna-Straße blickt), die Erziehung (alter Mann, der einem Jungen eine Vorlesung hält), die Poesie (Frau mit Harfe), Patriotismus und Tapferkeit (Soldat mit Blick auf die Tuchhallen).

St.-Adalbert-Kirche ❾
Kościół św. Wojciecha

Rynek Główny 3. **Stadtplan** 1 C4 (6 D2). **Museum** (Muzeum Dziejów Rynku). ◯ *Mai–Sep Mo, Di, Do Fr 9–16 Uhr, Mi 9–13 Uhr, So 13–17 Uhr.*

Die kleine Kirche ist eine der ältesten Krakaus. Die Legende besagt, dass der heilige Adalbert hier predigte, bevor er sich im Jahr 977 als Missionar auf den Weg in den Norden machte.

Die Kirche mit ihrer Kupferkuppel aus dem 17. Jahrhundert bietet von allen Stilrichtungen etwas. Der Epochenmix lässt Rückschlüsse bezüglich der Entwicklung des Marktplatzes zu. Ein archäologisches Museum im Kellergeschoss veranschaulicht die Geschichte des Marktplatzes. Hier sieht man z. B. einen Bodenquerschnitt, mittelalterliche Wasserleitungen und Objekte, die bei Ausgrabungsarbeiten nach dem Zweiten Weltkrieg zu Tage kamen. Die ursprünglichen, präromanischen Fundamente der Kirche beweisen, dass sie tatsächlich aus der Zeit Adalberts stammt.

Adam-Mickiewicz-Statue am Marktplatz

Marienkirche ❶
Kościół Mariacki

Die Marienkirche oder Kirche Mariä Himmelfahrt, wie sie auch genannt wird, war das Gotteshaus des Patriziats und der Bürgerschaft. Die gotische Basilika besteht aus einem Hauptschiff, Seitenschiffen und Seitenkapellen. Der Nordturm wurde im frühen 15. Jahrhundert ausgebaut, erhielt im Jahr 1478 von Matthias Heringk eine Turmspitze und diente als Wachtturm der Stadt. Unter den bedeutenden Kunstschätzen der Kirche sind zu nennen: der Hochaltar von Veit Stoß *(siehe S. 96f)*, die barocke Kanzel, die Marmoraltäre mit Gemälden von Giovanni Battista Pittoni sowie die sehenswerten Renaissance-Gräber in den Kapellen.

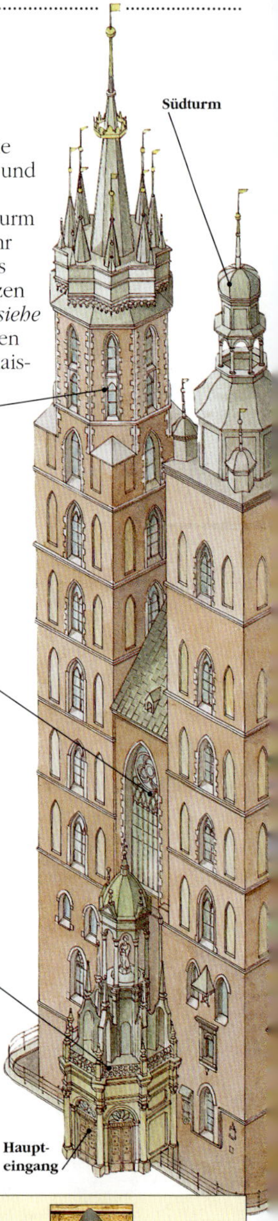

Signalturm
Die Turmspitze ist umgeben von kleinen Türmchen und gekrönt von einem goldenen Kranz. Das berühmte Hornsignal (hejnał) ertönt stündlich, mittags wird es im Radio übertragen.

Das Maßwerk des großen Westfensters stammt von Jan Matejko, die bunten Glasfenster von Józef Mehoffer und Stanisław Wyspiański.

Das Portal (1750–52)
Die Pläne des spätbarocken Portals stammen von Francesco Placidi. Die Apostel- und Heiligenbüsten von Karol Hukan wurden 1929 am Eingang angebracht.

Zeitskala

1221–22 Bau der romanischen Kirche

Ende 13. Jh. Baubeginn der gotischen Kirche

1355–65 Neuer Chor errichtet

1392–97 Bau des Hauptschiffs und der Seitenschiffe

1477–89 Vollendung des Hochaltars

1478 Spitze des Nordturms

1585 Chorgestühl vollendet

1200 | 1300 | 1400 | 1500 | 1600

Ausschnitt des Hauptportals

Chorgestühl
Das Chorgestühl stammt von 1585, die biblischen Szenen, Reliefarbeiten an der Rückseite des Gestühls, datieren von 1635.

INFOBOX

Mariacki-Platz 5. **Stadtplan** 1 C4 (6 D2). 422 05 21. *Mo–Fr 11.30–18 Uhr, So 14–18 Uhr und während Messen.*

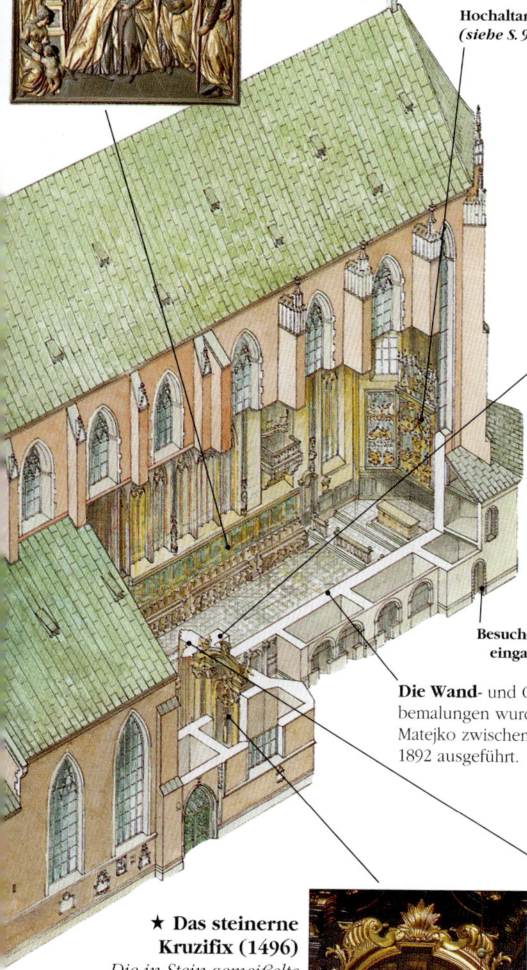

Das Montelupi-Grab
Die Grabstätte einer der reichsten Krakauer Patrizierfamilien entstand um 1600 in der Werkstatt des Santi Gucci.

Die Wand- und Gewölbebemalungen wurden von Jan Matejko zwischen 1890 und 1892 ausgeführt.

★ Das steinerne Kruzifix (1496)
Die in Stein gemeißelte Christusfigur ist die ausdrucksstärkste Figur des Künstlers Veit Stoß.

★ Das Ziborium
Das Renaissance-Ziborium (Aufbewahrungsgefäß für Hostien) am Aufgang zum Chor wurde 1552 nach einem Entwurf von Giovanni Maria Mosca geschaffen.

NICHT VERSÄUMEN

- **★ Ziborium**
- **★ Steinernes Kruzifix**

Marienkirche: Der Hochaltar

DER HOCHALTAR von Veit Stoß entstand zwischen 1477 und 1489. Er ist – wie auch die Kirche – der Marienverehrung gewidmet. Der Altar hat die Abmessungen 11 mal 13 Meter, die geschnitzten Figuren erreichen eine Größe von 2,70 Meter. Während des liturgischen Jahres sind die Altarflügel geschlossen und zeigen zwölf Szenen des Leidenswegs Christi. An hohen kirchlichen Festen werden die Flügel geöffnet. Dann offenbaren sich die aus Lindenholz geschnitzten, sehr naturalistischen Figuren in ihrer ganzen Dynamik und Dramatik. Seit Jahrhunderten erwecken die spätgotischen Figuren die Bewunderung der Betrachter.

Kreuzabnahme
Die Gestaltung dieser Tafel ist von den niederländischen Meistern beeinflusst.

Darstellung Jesu im Tempel
In dieser Szene stellt der Künstler das Tempelinnere dar.

Der zwölfjährige Christus im Tempel
Die Szene zeigt Stoß' meisterhafte Menschendarstellung.

Veit Stoss (Wit Stwosz)

Veit Stoß (1447–1533), einer der größten Holzschnitzer in der Zeit der Spätgotik, wurde in Deutschland, in Horb am Neckar, geboren. In Krakau lebte er von 1477 bis 1496, der Stadtrat erließ ihm dort sämtliche Steuern. Dafür schuf er hier unvergessliche Werke.

Mariä Himmelfahrt
Maria und Jesus werden von acht Engeln in den Himmel begleitet.

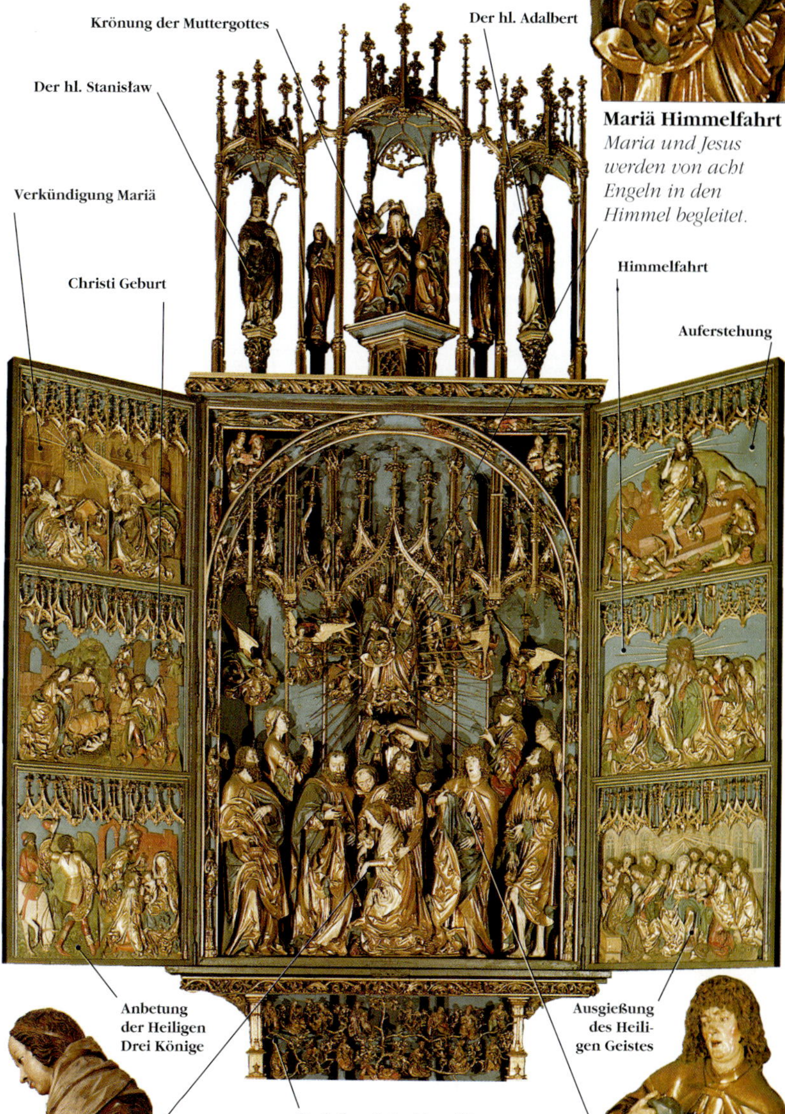

Das Entschlafen Mariä
Die Figur der Muttergottes ist eine der großartigsten Menschendarstellungen, die je in Polen gefertigt wurden.

Der hl. Johannes
Vorsichtig, fast scheu breitet der Apostel ein Tuch über Maria

Marktplatz: Nord- und Westseite ❹

Mit dem Stadtrecht Krakaus von 1257 war gleichzeitig auch die Auflage verbunden, die Stadt nach einem vorgegebenen Grundriss aufzubauen. Der Platz, der damals inmitten der mittelalterlichen Stadt geschaffen wurde, ist bis heute Zentrum geblieben. Vom Hauptmarkt (genau 200 Meter auf 200 Meter) gehen in regelmäßigen Abständen Straßen ab, drei auf jeder Seite. Nur die Marienkirche, die bereits vor dieser Planung bestand, und die Grodzka-Straße mit ihrem trichterähnlichen Verlauf, beide nicht ganz plangerecht, lockern die strenge städtische Planung auf. Im Mittelalter standen auf dem Marktplatz viele Gebäude, leider sind davon nur Tuchhallen und Rathausturm übrig geblieben.

Haus zum Hirschen
In diesem ehemaligen Gasthof übernachteten Johann Wolfgang von Goethe und Zar Nikolaus I.

Nordseite

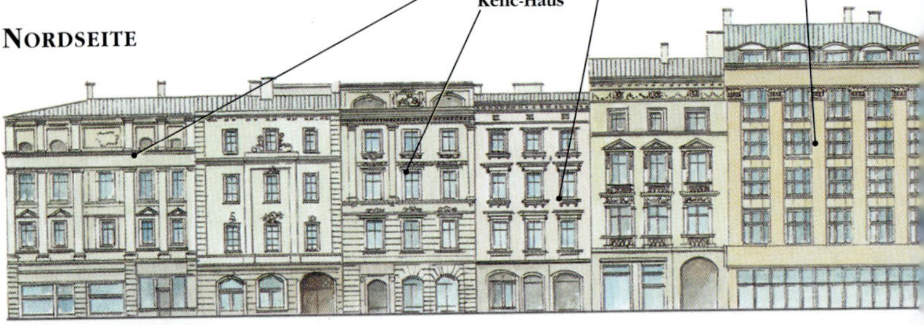

Palais zu den Widdern (Pałac Pod Baranami)
Das Haus der Familie Potocki ist eines der glanzvollsten Palais und beherbergt heute ein Kabarett.

Das Kabarett »Piwnica pod Baranami«

Das Kabarett im Palais zu den Widdern wurde 1956 gegründet. Obwohl geplant war, »höchstens fünf Jahre, vielleicht aber auch weniger« zu spielen, existiert das Kabarett jetzt bereits seit über 40 Jahren und ist aus Krakaus Kulturszene nicht mehr wegzudenken. Piotr Skrzynecki (1930–1997) war der Gründer und die Seele des Kabaretts. Wiesław Dymny, Ewa Demarczyk, Marek Grechuta, Krystyna Zachwatowicz, Zygmunt Konieczny, Leszek Wójtowicz, Anna Szałapak, Grzegorz Turnau und Zbigniew Preisner waren die berühmtesten Mitwirkenden und Schauspieler. Das Kabarett ist ein Ort der Poesie, der Musik, der Freude und des Lachens.

Piotr Skrzynecki

Westseite

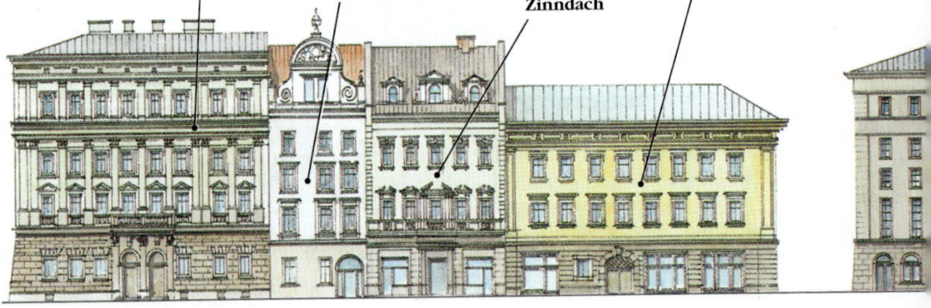

Betman-Haus
Der zweite Name des Hauses, »Zum Geköpften«, bezieht sich auf ein Relief, das das Martyrium des hl. Johannes zeigt.

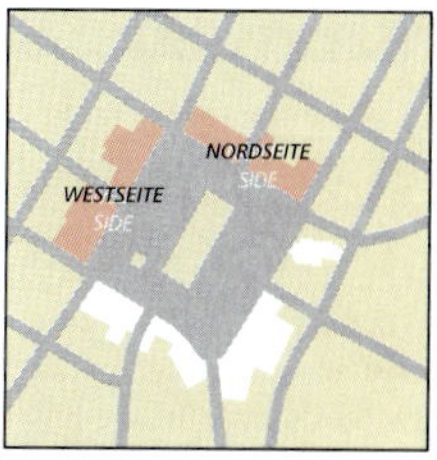

ZUR ORIENTIERUNG

Marktplatz: Nord- und Westseite

Haus Nr. 42
gehörte ursprünglich der Familie Boner, im 19. Jahrhundert dann dem berühmten Sammler Feliks Manggha Jasieński.

Markgräfliches Haus
Das Haus, in dem gegenwärtig eine Bank ihren Sitz hat, besitzt ein sehr schönes Rokoko-Portal.

Rotes Haus

Haus zum Adler (Dom Pod Orłem)
Im Erdgeschoss des schönen Renaissance-Hauses war früher die Starmach-Galerie untergebracht.

Haus unter drei Sternen

Krzysztofory-Palast (Pałac Krzysztofory)
In diesem Palais ist das Historische Museum von Krakau. Zu den Prunkstücken gehört eine vergoldete Plakette (1609), die den hl. Eligius zeigt.

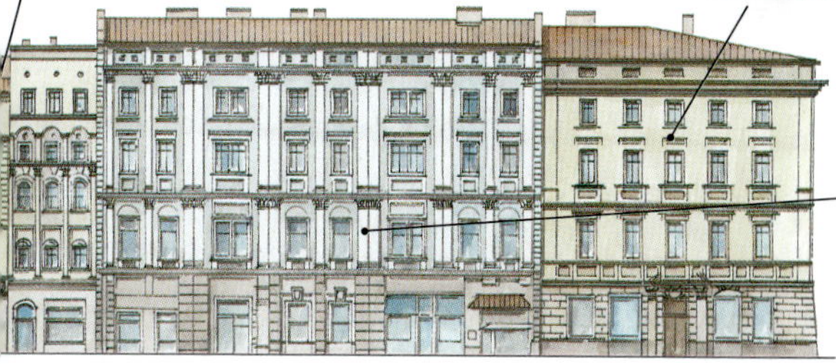

Im Spiski-Palast (Pałac Spiski)
befindet sich das exklusive Restaurant Hawełka.

Marktplatz: Süd- und Ostseite ❹

Über den Marktplatz erzählt man sich viele Geschichten: Eine Legende berichtet, die Tauben seien verzauberte Ritter des Herzogs Henryk Probus. Der Herzog habe dieser Verwandlung zugestimmt, weil ihm Gold geboten wurde, mit dem er die päpstliche Zustimmung zu seiner Krönung erkaufen wollte. Die Ritter hofften, nach der Krönung ihre ursprüngliche Gestalt zurückzuerhalten. Aber der Herzog verlor das Geld – und so warten sie noch heute. Bekannter ist die Geschichte zweier Brüder, die die Türme der Marienkirche erbaut haben sollen. Als der ältere Bruder seinen Turm fertig hatte, erstach er seinen Bruder, um zu verhindern, dass dieser einen höheren Turm baute. Anschließend tötete er sich selbst.

Haus zum Bild (Dom Pod Obrazem)
Die Fassade des ehemaligen Palasts der reichen italienischen Familie Cellari wurde 1718 mit einem Bildnis der Muttergottes bemalt.

Südseite

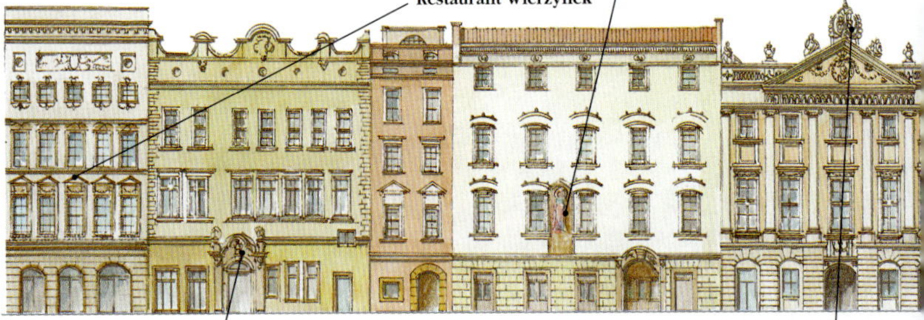

Hetmanshaus (Kamienica Hetmańska)
Das barocke Portal führt zu Geschäften im Erdgeschoss. Erhalten sind die gotischen Gewölbe mit den geschnitzten Pfeilern.

Potocki-Palast (Pałac Potockich)
Hinter der klassizistischen Fassade gibt es noch einen hübschen, von Arkaden gesäumten Innenhof.

Marktplatz Nr. 4
Dies ist eines der wenigen Jugendstilhäuser. Es wurde während einer Umbauphase 1907/1908 von Ludwik Wojtyczka angebaut.

Ostseite

Herzogliches Haus (Kamienica Książęca)
Eine Legende besagt, dass hier im 16. Jahrhundert der Hexenmeister Twardowski gelebt habe. Das Haus ist mit einer Statue des hl. Giovanni da Capistrano geschmückt.

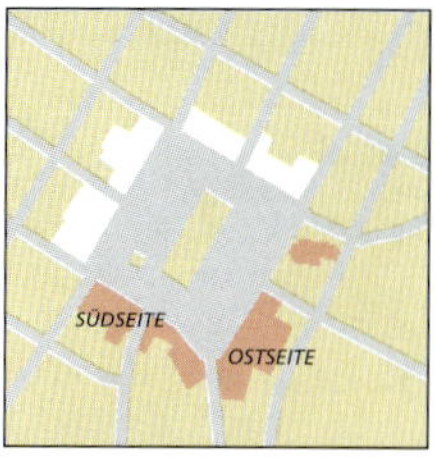

ZUR ORIENTIERUNG

Marktplatz: Süd- und Ostseite

Im Lanckoroński-Haus, auch bekannt unter dem Namen »Unter den Evangelisten«, sind im ersten Stock Reste einer Kapelle aus dem 18. Jahrhundert.

Die Apotheke »Unter der Goldkrone« besitzt immer noch ihr Wahrzeichen über dem Eingang.

Kromer-Haus (Kamienica Kromerowska)

Haus zum Kanarienvogel (Kamienica Pod Kanarkiem)

Das Haus »Zu den Raben« (Kamienica Pod Krukiem) ist Sitz des internationalen Zentrums für Kultur und des Krakauer Kulturklubs.

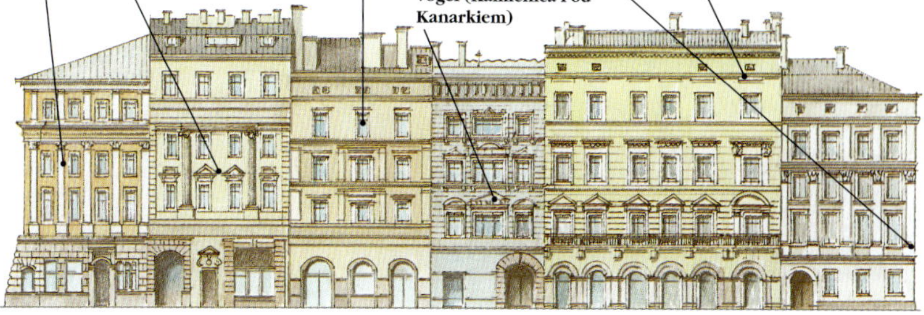

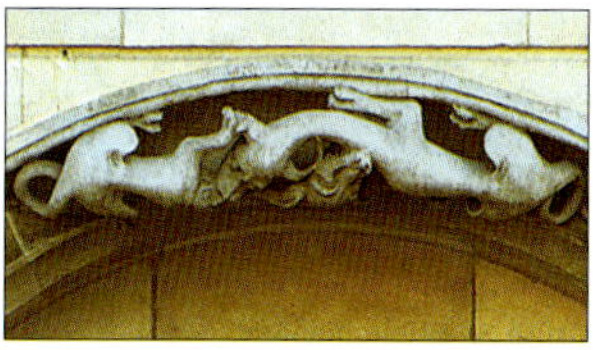

Haus zu den Eidechsen (Kamienica Pod Jaszczurami)
Im Haus mit den gotischen Gewölben ist ein Studentenklub.

Italienisches Haus (Dom Włoski)
Hier befand sich das erste polnische Postamt, die Postkutschen fuhren durch dieses Tor.

Boner-Haus (Kamienica Bonerowska)
Die schönste Attika eines polnischen Bürgerhauses. Der Fries ist mit drei Hermen geschmückt.

Tuchhallen (Sukiennice) ❼

Eine Maske an der Brüstung

EINE REIHE offener Marktbuden war der Ursprung der Tuchhallen. Kazimierz der Große ließ die Anlage zu einem großen, dreischiffigen Gebäude umbauen. Als es 1555 fast völlig abbrannte, baute Giovanni Maria Mosca die Halle aufs Neue, 1875 wurde sie von Tomasz Pryliński erneut umgebaut. Hier befindet sich die Sammlung polnischer Malerei des 19. Jahrhunderts. Unter den Arkaden kann man Souvenirs kaufen, das Café Noworolski ist der richtige Ort, um sich nach dem Kunstgenuss zu verwöhnen.

***Rausch* (1894) von Władysław Podkowiński**
Dieses modernistische Gemälde wurde sehr kontrovers aufgenommen. Für Podkowiński begann damit eine symbolistische Phase.

***Vierergespann* (1881) von Józef Chełmoński**
Das Bild hängt mitten zwischen symbolistischen und realistischen Bildern.

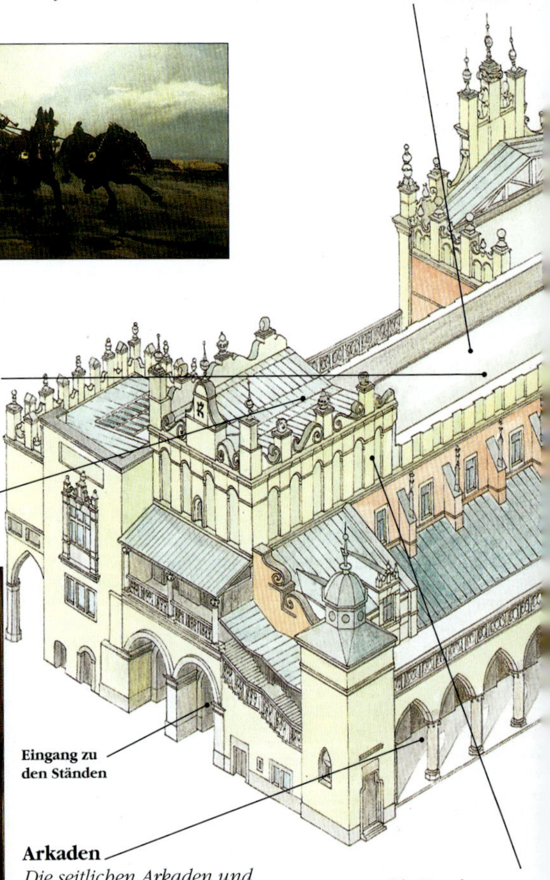
Dach mit eingesunkenen Sparren

Eingang zu den Ständen

Arkaden
Die seitlichen Arkaden und Erker entstanden während des Umbaus von 1875 und erinnern an das mittelalterliche Venedig.

Die Renaissance-Attika ist nicht nur Schmuck, sondern dient auch als Feuerschutz.

★ **_Blaue Husaren_ von Piotr Michałowski**
Ein eigener Saal ist dem Werk des berühmten polnischen Romantikers Michałowski (1800–1855) gewidmet.

INFOBOX

Marktplatz 1/3. **Stadtplan** 1 C4 (6 D2). *422 11 66.*
Di, Do 11–18 Uhr, Mi, Fr–So 10–15.30 Uhr.

★ **_Wernyhora_ von Jan Matejko**
Jan Matejko und Henryk Siemiradzki waren Vertreter der Historienmalerei im 19. Jahrhundert. Der Ausstellungsraum wird dominiert von Matejkos Bild Preußische Huldigung.

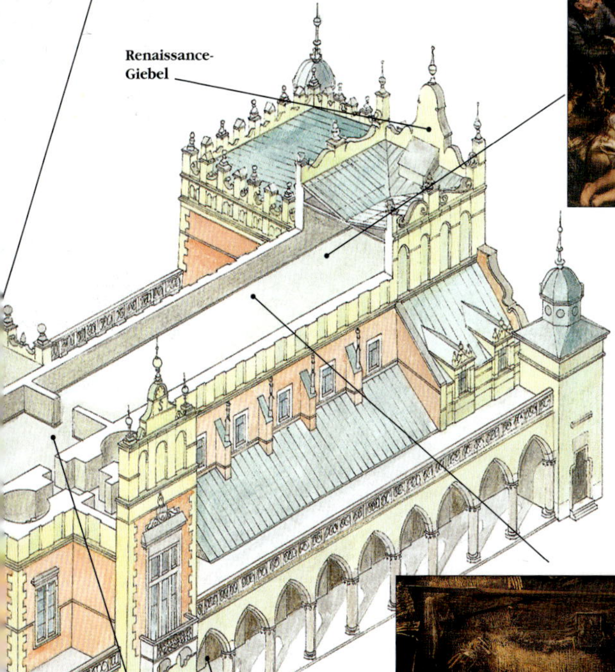

Der Tod der Ellenai von Jacek Malczewski
In seinem frühen Werk gedachte der Künstler der Menschen, die in Sibirien interniert waren. Dieses Gemälde wurde angeregt durch ein Gedicht von Juliusz Słowacki.

Vertrag von Chotin von Marcello Bacciarelli
In diesem Saal sind klassizistische Bilder (spätes 18. und frühes 19. Jh.) ausgestellt.

NICHT VERSÄUMEN

- ★ **_Blaue Husaren_ von Piotr Michałowski**
- ★ **_Wernyhora_ von Jan Matejko**

Johannes Paul II.

Statue von Johannes Paul II. im Innenhof des Bischofspalasts

Karol Wojtyła wurde 1920 in Wadowice *(siehe S. 156)* geboren und kam 1938 nach Krakau, um an der Jagiellonen-Universität polnische Philologie zu studieren. Der Ausbruch des Zweiten Weltkriegs setzte seinem Studium bald ein Ende. Während des Krieges arbeitete Karol Wojtyła im Chemiewerk Solvay und engagierte sich im Untergrundtheater Rhapsodie. Im Jahre 1942 begann er mit dem damals verbotenen Theologiestudium. Er wurde Studentenseelsorger, Weihbischof (1958), Erzbischof (1964) und Kardinal (1967). Auch nach seiner Wahl zum Papst (1978) blieben seine Verbindungen zu Krakau eng, er feierte mit Millionen von Gläubigen auf den Krakauer Błonia-Feldern Gottesdienste. Johannes Paul II. starb am 2. April 2005.

Bischofspalast ⑩

Pałac Biskupi

Franciszkańska 3. **Stadtplan** 1 C5 (5 C3). *429 74 14.* *1, 2, 6, 8, 14, 18.* *für die Öffentlichkeit.*

Der im 13. Jahrhundert erstmals urkundlich erwähnte Bischofspalast ist eines der ältesten Gebäude Krakaus. Es brannte mehrmals nieder. Der gegenwärtige Palast stammt aus der Zeit der Bischöfe Piotr Tomicki (16. Jh.) und Piotr Gembicki (17. Jh.), Giovanni Maria Mosca trug zur Gestaltung bei. Im Jahr 1850 wütete erneut ein großes Feuer, aber die prachtvolle Innenausstattung konnte teilweise gerettet werden.

Johannes Paul II. lebte hier zwischen 1964 und 1978. Damals war er Erzbischof von Krakau. Im Hof steht eine Statue des Papstes, 1980 von Ione Sensi Croci geschaffen.

Collegium Novum ⑪

Gołębia 24. **Stadtplan** 1 B4 (5 C3). *422 10 33.* *1, 2, 6, 8, 14, 15, 18.*

Das Collegium Novum steht an der Stelle des Studentenheims Burza Jerusalem, das im 19. Jahrhundert den Flammen zum Opfer fiel. Auf seinen Ruinen wurde zwischen 1883 und 1887 das neue Gebäude errichtet. Die offiziellen Eröffnungsfeierlichkeiten wuchsen sich zu einer patriotischen Demonstration aus, an der Delegationen aus allen drei Teilen des geteilten Polen teilnahmen.

Eigentlich wollte sich der Architekt Feliks Księżarski angesichts des herrschenden Zeitgeistes an der heimischen Architektur und speziell an der des Collegium Maius orientieren, aber tatsächlich ahmte er deutsche und österreichische Bauwerke nach. So ist beispielsweise der großartige Treppenaufgang dem des Wiener Rathauses sehr ähnlich. Das Collegium ist der Sitz des Rektors der Jagiellonen-Universität. Hier befinden sich auch Büros, die Quästur und die große Aula, in der die universitären Feierlichkeiten stattfinden. Die Aula besitzt eine interessante Kassettendecke und ist bemalt, u.a. mit Porträts von Jan Matejko.

Kopernikus-Statue ⑫

Pomnik Mikołaja Kopernika

Gołębia. **Stadtplan** 1 B4 (5 C3). *1, 2, 6, 8, 14, 15, 18.*

Die Statue des Nikolaus Kopernikus wurde im Jahre 1900 von Cyprian Godebski geschaffen. Der große Astronom wird hier als junger Schüler gezeigt, der ein Astrolabium in Händen hält. Die Statue stand ursprünglich im Innenhof des Collegium Maius, aber seit 1953 hat sie ihren Standort vor dem Wittkowski-Kolleg. Ursprünglich war sie als Brunnenfigur gedacht.

Collegium Maius ⑬

Siehe S. 106f.

Collegium Nowodvorianum ⑭

Św. Anny 12. **Stadtplan** 1 B4 (5 C2). *422 04 11.* *4, 8, 14, 15.* *103, 124, 502.*

Das Nowodworski-Collegium wurde gestiftet von Bartłomiej Nowodworski, Ritter des Johanniterordens, Sekretär des Königs und Mitkämpfer in der Seeschlacht von Lepanto. Die Stiftung gründete auf seiner Hinterlassenschaft aus dem Jahr 1617; so entstand das erste polnische Lyzeum, d.h. die erste weltliche Oberschule Polens.

Das Collegium wurde zwischen 1636 und 1643 von Jan Leitner erbaut. Der schöne

Der neogotische Bau des Collegium Novum

Innenhof mit Arkaden im Collegium Nowodvorianum

Arkadenhof und der große Treppenaufgang zählen zu den besterhaltenen Barockarbeiten Krakaus. Heute ist in dem Gebäude die Verwaltung der medizinischen Fakultät untergebracht.

St.-Annen-Kirche ⓯

Kościół św. Anny

Siehe S. 108.

Altes Theater ⓰

Teatr Stary

Jagiellońska 1. **Stadtplan** 1 C4 (5 C2). *422 40 40.* *4, 13, 15.* *124, 502.* **Museum** *Di–Sa 11–13 Uhr und eine Stunde vor Vorstellungen.*

Das Teatr Stary trägt auch den Namen Modrzejewska-Theater – nach der berühmten Schauspielerin Helena Modrzejewska. Der älteste Theaterbau Polens wurde seit 1798 ununterbrochen bespielt und zwischen 1830 und 1843 von Tomasz Majewski und Karol Kremer im Stil der Neorenaissance umgebaut. Den nächsten größeren Umbau unternahmen Franciszek Mączyński und Tadeusz Stryjeński zwischen 1903 und 1905. Aus dieser Zeit stammen die Jugendstilelemente, die das Theater innen und außen vorzuweisen hat. Der Stuckfries wurde 1906 von Józef Gardecki geschaffen. Die Tafeln an der Seite der Jagiellońska-Straße erinnern an den Komponisten Władysław Żeleński, den Direktor Konrad Swinarski und den Schauspieler Wiktor Sadecki.

Das Alte Theater gilt als eines der besten in Polen, es wurde von vielen Theaterstars geleitet, z. B. Zygmunt Hübner, Konrad Swinarski, Andrzej Wajda und Jerzy Jarocki.

Im Erdgeschoss gibt ein kleines Museum Einblick in die Geschichte des Theaters, im Keller befindet sich das Café Maska, das die Schauspieler selber betreiben.

Kunstpalast ⓱

Pałac Sztuki

Plac Szczepański 4. **Stadtplan** 1 C4 (5 C2). *422 66 16.* *4, 13, 15.* *124, 502.* *Mai–Okt tägl. 8–20 Uhr; Nov–Apr tägl. 8–18 Uhr*

Zur Förderung der polnischen Kunst wurde im Jahr 1854 in Krakau die Gesellschaft der Kunstfreunde gegründet. Sie organisierte Ausstellungen zeitgenössischer Künstler sowie den Ankauf von Gemälden und Skulpturen. Darüber hinaus befasste sich die Gesellschaft mit Kunstvermittlung. Sie sammelte kunstgeschichtliche Dokumente zur polnischen Kunst des 19. und frühen 20. Jahrhunderts.

Das Jugendstilgebäude wurde von Franciszek Mączyński nach dem Vorbild des Wiener-Sezessions-Pavillons entworfen. Die besten Krakauer Künstler arbeiteten mit: Jacek Malczewski entwarf den Fries, mit dem er die Launen des Glücks und die Kämpfe des künstlerischen Genius thematisierte. Die Bildhauer Antoni Madeyski, Konstanty Laszczka und Teodor Rygier steuerten Büsten großer polnischer Künstler bei. Ein Säulengang ist gekrönt von der Statue Apollos, dessen Strahlenkranz die Sonne ist. Ausstellungen präsentieren Kunst aus dem 19. und 20. Jahrhundert.

»Kunstbunker« ⓲

»Bunkier Sztuki«

Plac Szczepański 3a. **Stadtplan** 1 C4 (5 C2). *423 12 43.* *4, 13, 15.* *124, 502.* *Di–So 11–18 Uhr.*

Das düstere Gebäude im Stil des Sozialistischen Realismus der 1960er Jahre gilt als eines der hässlichsten Gebäude der Krakauer Innenstadt. Trotz dieses äußeren Rahmens fanden hier in den letzten Jahren die interessantesten Ausstellungen zeitgenössischer Kunst statt sowie eine Reihe Performances polnischer und internationaler Künstler.

Skulpturenschmuck am Kunstpalast

Collegium Maius ⓭

Das Collegium Maius ist der älteste Sitz der Krakauer Akademie, der heutigen Jagiellonen-Universität. Es wurde im 15. Jahrhundert durch Zusammenlegung mehrerer Stadthäuser errichtet. Ursprünglich befanden sich hier die Lesesäle und die Räume der Professoren. Im 19. Jahrhundert beherbergte das Gebäude die Jagiellonen-Bibliothek. Zwischen 1840 und 1870 bauten die Architekten Karol Kremer, Feliks Księżarski und Hermann Bergman das Kolleg in neugotischem Stil um. Nach dem Zweiten Weltkrieg zog das 1867 gegründete Universitätsmuseum ein.

★ Bibliothek (Libraria)
Die Bibliothek wurde im 16. Jahrhundert als Kollegsbibliothek erbaut. Heute dient sie als Treffpunkt für den Senat. Die vielen Porträts erinnern an die Rektoren und Professoren der Universität.

Erker
Der Erker des Gemeinschaftssaales (Stuba Communis) ziert die strenge Fassade.

★ Stuba Communis
Der Gemeinschaftssaal diente den Professoren als Refektorium. Der Saal weist eine Statue Kazimierz' des Großen (14. Jh.) sowie einen Treppenaufgang (17. Jh.) aus Danzig auf.

Universitätsschatz
Zu den mittelalterlichen Insignien der Rektoren gehören der Amtsstab des Bischofs Zbigniew Oleśnicki aus dem späten 15. Jahrhundert und der der Königin Jadwiga von 1405.

Kopernikus-Raum
Der Raum ist dem großen Astronomen gewidmet, der 1491–1495 hier studierte und die Akademie berühmt machte. Abgebildet ist ein zeitgenössisches Weltmodell.

Kreuzgang
Die gotischen Arkaden aus dem 15. Jahrhundert erinnern an die Kreuzgänge in den mittelalterlichen Universitäten Italiens.

INFOBOX

Jagiellońska 15. **Stadtplan** 1B, C4 (5 C2). *422 05 49.* *124, 502.* *2, 4, 8, 13, 14, 15, 18, 24.* *Mo–Fr 11–15, Sa 11–14.*

Die Pforte mit der prachtvollen Einlegearbeit befand sich ursprünglich im Rathaus.

Grüner Saal
Eine Sammlung nationaler Erinnerungsstücke, unter ihnen sogar der Flügel, auf dem Frédéric Chopin spielte, kann nach Absprache besichtigt werden.

Rektorentreppe

★ Große Aula
In diesem Saal befinden sich das Gestühl des Rektors und der Professoren sowie Porträts der Mäzene der Universität.

Kapelle
Der frühere Raum des Theologieprofessors Jan von Kęty (Kanty), der Schutzheilige der Jagiellonen-Universität, ist in eine Kapelle umgewandelt worden.

NICHT VERSÄUMEN

- ★ **Große Aula**
- ★ **Bibliothek**
- ★ **Stuba Communis**

St.-Annen-Kirche ⓯

St. Anna

Jan von Kęty (Kanty), Professor an der Krakauer Akademie, der 1473 starb und in der gotischen St.-Annen-Kirche beigesetzt wurde, galt schon zum Zeitpunkt seines Todes als Heiliger. Nach seiner Seligsprechung beauftragte der Senat der Akademie Tylman van Gameren, eine neue Kirche zu bauen. Unter der Aufsicht von Pater Sebastian Piskorski wurde 1689 mit dem Bau begonnen. Der italienische Architekt und Bildhauer Baldassare Fontana übernahm zwischen 1695 und 1703 die Innengestaltung der Kirche samt Altar. Unterstützt wurde er von den Malern Carlo und Innocente Monti sowie Karl Dankwart. Wegen der prachtvollen Innengestaltung gilt St. Anna als Musterbeispiel sakraler polnischer Barock-Architektur.

Mittelschiff
Architektur, Bildhauerei und Malerei tragen dazu bei, Mittelschiff und Gewölbe in der prachtvollen Üppigkeit des Barock erglänzen zu lassen.

Prozession zur Erinnerung an den hl. Jan von Kęty, 1767
Um die Seligsprechung des Jan von Kęty zu feiern, hielt man eine Prozession mit seinen Reliquien ab. Die Gebeine wurden nach einer pompösen Zeremonie in die St.-Annen-Kirche gebracht.

Westportal
Der perspektivische Effekt des Haupteingangs wurde dadurch erzielt, dass man drei Portale hintereinander anbrachte.

Haupteingang

Nicht versäumen

- ★ **Hochaltar**
- ★ **Schrein des Jan von Kęty**

INFOBOX

Św. Anny 11. **Stadtplan** 1 C4 (5 C2). 422 53 18. 124, 152, 192. 4, 12, 14, 15. nur während Messen.

Gloria Domini
Das Kuppelfresko der Künstler Carlo und Innocente Monti ist eine Allegorie des triumphierenden Katholizismus als des einzig wahren christlichen Glaubens.

★ Hochaltar
Der Hochaltar ist geschmückt mit Skulpturen von Baldassare Fontana, Das Altarbild, Anna Selbdritt, *stammt von Jerzy Eleuter Siemiginowski, dem Hofmaler von Jan III. Sobieski.*

Kanzel
Der Engel, der die Kanzel stützt, wurde 1772 von Antoni Frączkiewicz geschnitzt. Der Krakauer Künstler war von Baldassare Fontana beeinflusst.

★ Schrein des Jan von Kęty
Die Reliquien ruhen in einem Sarkophag, der von vier Figuren gestützt wird. Es sind die personifizierten Fakultäten der Krakauer Akademie: Theologie, Philosophie, Jurisprudenz und Medizin.

Chorgestühl
Das Gestühl ist geschmückt mit Bildern von Szymon Czechowicz, einem führenden polnischen Maler des 18. Jahrhunderts.

Reformatenkirche ⓳

Kościół Reformatów

Reformacka 4. **Stadtplan** 1 C4 (4 D1). *422 06 23.* *124, 152, 192.* *4, 13, 15.* *nur während Messen.*

Die Kirche der Reformierten Franziskaner, die auch St. Kazimierz heißt, wurde 1666–1672 erbaut. Architektur und Einrichtung der Kirche entsprechen den strengen Richtlinien des reformierten Franziskanerordens. Das linke Altarbild zeigt den heiligen Kazimierz und stammt aus dem 17. Jahrhundert.

Dank des speziellen Mikroklimas in der Krypta der Reformatenkirche konnten hier Leichname mumifiziert werden. Besucher erhalten nur auf Nachfrage Zutritt und sollten gute Nerven mitbringen.

Kruzifix am Altar der St.-Markus-Kirche

St.-Markus-Kirche ⓴

Kościół św. Marka

Św. Marka 10. **Stadtplan** 1 C4 (6 D1). *422 21 78.* *124, 152, 192.* *3, 4, 5, 7, 13, 15, 19.* *nur während Messen*

Die frühgotische Kirche der Mönche des hl. Markus wurde 1263 von Herzog Bolesław dem Keuschen gestiftet. Später wurde sie mehrfach umgebaut, in der ersten Hälfte des 17. Jahrhunderts erhielt die Kirche im Inneren ein frühbarockes Aussehen. Ein Prunkstück ist der Hochaltar aus der Spätrenaissance. Er stammt aus der Werkstatt des Baltazar Kuncz. Links befindet sich das Grab von Michał Giedroyć (gest. 1485).

Polnische Akademie der Wissenschaften ㉑

Gmach Polskiej Akademii Umiejętności

Sławkowska 17. **Stadtplan** 1 C4 (6 D1). *422 54 22.* *124, 152, 192.* *3, 4, 5, 7, 15, 19.* *Mo–Fr 9–16 Uhr.* www.pau.krakow.pl

Das Gebäude wurde zwischen 1857 und 1866 als Sitz der Krakauer wissenschaftlichen Gesellschaft erbaut, aus der 1872 die Akademie der Wissenschaften (seit 1919 Polnische Akademie der Wissenschaften) wurde. Es war die erste akademische Körperschaft, die Studenten aus den drei Teilen des geteilten Polen unter einem Dach vereinigte. Entworfen wurde der Bau von Filip Pokutyński im Stil der Neorenaissance. Außen sind Porträttafeln mit Förderern der Akademie, im Großen Saal Porträts berühmter Wissenschaftler. Ein kleiner Konferenzraum prunkt mit seiner Kassettendecke. Die Sammlung besitzt Drucke von Albrecht Dürer und Rembrandt.

Eingang zum klassizistischen Bau der Akademie der Wissenschaften

St.-Johannes-Straße ㉒

Ulica św. Jana

Stadtplan 1 C4 (6 D2). *124, 152, 192.* *3, 4, 5, 7, 13, 15, 19.*

Die ruhige Straße, die vom Marktplatz abgeht und im Norden mit der Piaristenkir-

Portal am Haus der Zisterzienseräbte von Jędrzejów, St.-Johannes-Straße

che abschließt, ist gesäumt von sehr schönen weltlichen und sakralen Gebäuden aus Barock und Klassizismus.

Das Haus Nr. 20 der Zisterzienseräbte von Jędrzejów ist von besonderem Interesse. Es wurde im Jahre 1744 von Francesco Placidi umgebaut und besitzt ein wundervolles spätbarockes Portal mit Bildtafeln.

Der Wodzicki-Palast im Haus Nr. 11 wurde 1781 nach einem Brand von Ferdinand Nax mit einer klassizistischen Fassade ausgestattet. Heute ist das Haus Sitz des polnischen Architektenverbands.

St.-Johannes-Kirche ㉓

Kościół św. Jana

Św. Jana 7. **Stadtplan** 1 C4 (6 D2).
422 65 00. *124, 152, 192.*
3, 4, 5, 7, 15, 19. *nur während Messen.*

Der Chronist Jan Długosz vermerkt, dass die Kirche bereits im 12. Jahrhundert gegründet wurde. Ihre romanischen Elemente gingen nach mehreren Umbauten verloren. Zwar ragen die gotischen Strebepfeiler noch aus der Außenwand, ansonsten sind Fassade und Innenraum barock. Der Hochaltar (1730) weist Skulpturen von Antoni Frączkiewicz auf und das Madonnenbild »Zuflucht der Gefangenen«.

Czartorysk-Museum ㉔

Muzeum Czartoryskich

Siehe S. 112f.

Piaristenkirche ㉕

Kościół Pijarów

Pijarska 2. **Stadtplan** 1 C4 (6 D1).
422 22 55. *124, 152, 192.*
3, 4, 5, 7, 13, 15, 19. *nur während Messen.*

Die Barockkirche wurde zwischen 1718 und 1728 erbaut. Vermutlich war Kacper Bażanka der Architekt. Die von Francesco Placidi entworfene Rokoko-Fassade

Das Florianstor am Ende der Floriańska-Straße

kam 1759–61 hinzu. Der Innenraum der Kirche ist mit Fresken des großen Illusionisten Franz Eckstein ausgemalt. Vom selben Künstler stammen der gemalte Hochaltar sowie die Fresken im Gewölbe des Mittelschiffs, die den Namen der Jungfrau Maria verherrlichen. Die Altäre in den Seitenschiffen zeigen Gemälde von Szymon Czwechowicz (18. Jahrhundert).

Die Krypta unter der Kirche ist berühmt für die Ausstellung des Grabes Christi, die jedes Jahr in der Karwoche erfolgt. Zu anderen Zeiten finden hier auch Theatervorstellungen und Kunstausstellungen statt.

Die Rokoko-Fassade der Piaristenkirche aus dem 18. Jahrhundert

Florianstor und Stadtmauer ㉖

Brama Floriańska i Resztki Murów Miejskich

Stadtplan 2 D4 (6 E1). *124, 152, 192.* *3, 4, 5, 7, 13, 15.*

Im Jahr 1285 gestand Herzog Leszek der Schwarze der Stadt Krakau das Recht zu, sich durch Stadtmauern zu schützen. Die Stadtbefestigung schritt fort, bis es schließlich einen inneren und einen äußeren Stadtgraben sowie 47 Türme gab. Acht Brücken gewährten Zugang zur Stadt. Mit dem Aufkommen der Artillerie wurde das Befestigungssystem hinfällig. Ungenutzt war die ganze Anlage bereits gegen Ende des 18. Jahrhunderts baufällig. Im 19. Jahrhundert wurde sie abgerissen und später durch die Planty-Grünanlagen *(siehe S. 160f)* ersetzt.

Das zu Beginn des 14. Jahrhunderts errichtete Florianstor, einziges noch existierendes Stadttor, sowie ein Rest der Stadtmauer konnten erhalten werden. Östlich vom Florianstor erhebt sich der Posamentiererturm, im Westen stehen der Zimmermannsturm sowie der Tischler- und Seilerturm.

Czartoryski-Museum ㉔

Das Herz des Czartoryski-Museums ist die Sammlung, mit der Prinzessin Izabella Czartoryska im späten 18. Jahrhundert begann. Ursprünglich befand sich die Sammlung in Puławy, aber nach dem Novemberaufstand (1830) wurden die Sammlungsreste nach Paris verbracht. Dank der Bemühungen von Prinz Władysław Czartoryski kamen die Kunstgegenstände 1876 nach Krakau zurück. Heute sind sie in drei Bürgerhäusern und im Alten Zeughaus in der St.-Johannes-Straße untergebracht. Die Kunstwerke korrespondieren besonders gut mit den Räumen.

Madonna mit Kind
Das Gemälde des Venezianers Vincenzo Catena gehört zu den Prunkstücken der italienischen Abteilung.

Jesuitische Heilige
Das Relief (17. Jh.) des römischen Bildhauers Alessandro Algardi zeigt den polnischen Jesuiten Stanisław Kostka, wie er in die Gemeinschaft der Heiligen aufgenommen wird.

Kurzführer
Im Erdgeschoss ist keine Ausstellungsfläche. Der erste Stock ist der polnischen Geschichte des 14. bis 18. Jahrhunderts gewidmet. Auch gibt es hier Kunsthandwerk aus Westeuropa zu sehen. Die Bildergalerie liegt im zweiten Stockwerk.

Porzellanfiguren
Diese zwei Figuren, ein polnischer Edelmann und seine Frau, wurden in Meißen gefertigt.

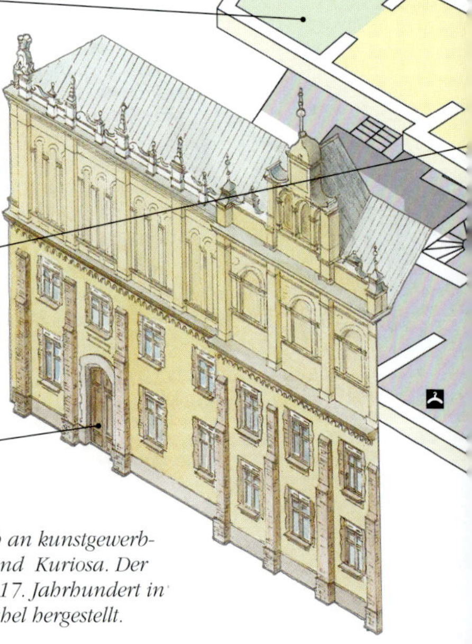

Nautilus-Becher
Die Sammlung ist reich an kunstgewerblichen Gegenständen und Kuriosa. Der Trinkbecher wurde im 17. Jahrhundert in Danzig aus einer Muschel hergestellt.

★ *Dame mit Hermelin* von Leonardo da Vinci
Das berühmte Porträt aus dem späten 15. Jahrhundert zeigt wahrscheinlich Cecilia Gallerani.

Infobox

Św. Jana 19. **Stadtplan** 1 C4 (6 D1). 422 55 66. 3, 4, 5, 7, 12, 15, 19. 124, 152, 192. Di, Do 10–15 Uhr, Mi, Fr, Sa 10–18 Uhr, So 10–14 Uhr. Mo. www. muzeum-czartoryskich.krakow.pl

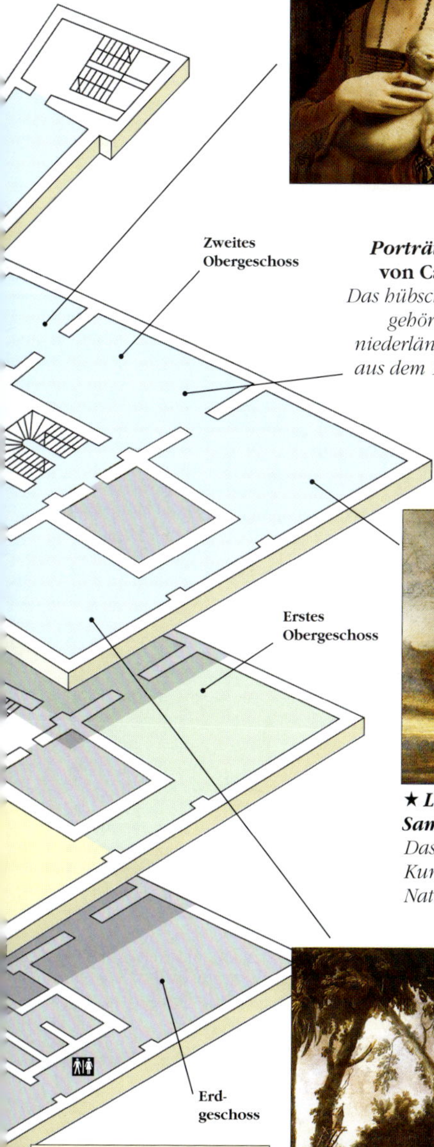

***Porträt eines Knaben* von Caspar Netscher**
Das hübsche kleine Porträt gehört zur Sammlung niederländischer Künstler aus dem 17. Jahrhundert.

★ *Landschaft mit barmherzigem Samariter* von Rembrandt
Das Bild ist eines der Meisterwerke westlicher Kunst in der Sammlung. Rembrandts Naturdarstellung ist atemberaubend.

***Landschaft* von Alessandro Magnasco**
Die dramatische Landschaft ist charakteristisch für die italienische Malerei des 18. Jahrhunderts.

Legende

- Keine Ausstellungsfläche
- Geschichte Polens 1300–1900
- Kunsthandwerk aus Westeuropa
- Bildergalerie

Nicht versäumen

- ★ *Dame mit Hermelin*
- ★ *Landschaft mit barmherzigem Samariter*

Der eindrucksvolle Wehrturm Barbakane

Barbakane 27

Barbakan

Basztowa. **Stadtplan** 2 D3 (6 E1). *3, 4, 5, 7, 13, 15.* *124.*

Die Barbakane, ein massiver runder Wehrturm, wurde 1498/99 erbaut, nachdem König Jan Olbracht in der Bukowina eine vernichtende Niederlage einstecken musste und man weitere türkische Angriffe befürchtete. Bei der Barbakane reagierte die Architektur auf die rasante Entwicklung der Artillerie. Das relativ niedrige Gebäude machte es den Verteidigern möglich, aus den Schießscharten, die in verschiedenen Höhen positioniert sind, auf Angreifer zu feuern. Die Barbakane war ursprünglich mit einem Wassergraben umgeben und durch einen Gang mit dem Florianstor verbunden. Das Bauwerk ist die besterhaltene Befestigungsanlage dieser Art in Europa.

Café Jama Michalika 28

Jama Michalika

Floriańska 45. **Stadtplan** 2 D4 (6 E1). *422 15 61.* *3, 4, 5, 7, 13, 15.* *124.* *tägl. 12–24 Uhr.*

Im Jahr 1895 eröffnete Jan Michalik nahe dem Marktplatz eine Konditorei. Diese erfreute sich bald großer Beliebtheit bei Studenten der Kunsthochschule. Wegen der fehlenden Fenster gaben sie ihr den Namen *jama* (Höhle). Bald wurde die Höhle zum Künstlertreffpunkt, im Jahr 1905 gründete sich hier das Kabarett Zielony Balonik (Der grüne Ballon). Die Aufführungen, zumeist mit Texten von Tadeusz Boy-Żeleński, erfreuten sich schon bald großer Beliebtheit. Besonders populär waren die satirischen Weihnachtsrevuen mit Marionetten von Ludwik Puget und Jan Szczepkowski. Im Jahr 1910 vergrößerte Michalik sein Lokal und gestaltete die Räume neu nach Entwürfen von Franciszek Maczynski. Der große Raum erhielt eine Glasdecke. Für die Innenausstattung im reinsten Jugendstil zeichnete Karol Frycz verantwortlich.

Das Café ist auch heute noch sehr beliebt. Hier fühlt man sich in der Zeit zurückversetzt, kann die Atmosphäre des *fin de siècle* genießen und das Puppenspiel ansehen.

Im Café Jama Michalika

Matejko-Haus 29

Dom Matejki

Floriańska 41. **Stadtplan** 2 D4 (6 E1). *422 59 26.* *3, 4, 5, 7, 13, 15.* *124.* *Di, Do 9–15.30 Uhr, Mi, Fr 11–18 Uhr, Sa, So 10–15.30 Uhr.*

Der Künstler Jan Matejko wurde 1838 hier geboren, 1873 kehrte er wieder in sein Geburtshaus zurück. Er ließ das Haus umbauen und ergänzte es mit einer neuen, von Tomasz Pryliński entworfenen Fassade im Neobarock. Nach Matejkos Tod im Jahr 1893 wurde das Haus in ein Museum umfunktioniert, das fünf Jahre später eröffnete.

Die Statue eines Husaren zu Pferd im Erdgeschoss gehörte ursprünglich zu dem von Leon Wyczółkowski entworfenen Matejko-Monument. Die Privaträume im ersten Stock ließ man unverändert, im zweiten Stock sind Arbeiten des Malers ausgestellt, u.a. Zeichnungen für die Marienkirche. Mateijkos Atelier im dritten Stock ist voll mit Dingen, die er gesammelt hat. Besonderes interessant sind Rüstungen und Folterinstrumente, die am ehemaligen Rathaus ausgegraben wurden.

Floriańska-Straße 30

Ulica Floriańska

Stadtplan 1 C4, 2 D4 (6 D2, 6 E1, 2). *3, 5, 7, 12, 15, 19.* *124.*

Die Strasse zwischen Florianstor und Marktplatz war Teil des so genannten Königstrakts, der erst endgültig fertig gestellt wurde, als der Hof von Krakau nach

Besucher vor dem Florianstor in der Floriańska-Straße

Warschau umzog. Dieser Königstrakt wurde vom Souverän auf dem Weg zur Krönung genutzt – und dann unter Umständen erst wieder, wenn er auf dem Wawel beigesetzt wurde. Im 19. Jahrhundert war die Floriańska-Straße die geschäftigste Straße Krakaus – nicht nur, weil hier seit 1881 die Straßenbahn fuhr. Das mittelalterliche Gemäuer der meisten Häuser existiert zwar noch, aber die ursprüngliche Architektur ist stark verfälscht. Im frühen 20. Jahrhundert wurden viele Gebäude aufgestockt und bekamen neue Fassaden.

Słowacki-Theater ㉛

Teatr im. Juliusza Słowackiego

Pl. Świętego Ducha 1. **Stadtplan** 2 D4 (6 E2). *422 45 47. 2, 4, 5, 7, 8, 13, 15. 124.*

DER GEDANKE, das kleine und baufällig gewordene alte Krakauer Theater durch ein neues zu ersetzen, tauchte schon im Jahr 1872 auf. Jan Zawiejski plante den Bau und beaufsichtigte auch die Arbeiten, die ausschließlich durch Spenden finanziert wurden. Im Jahr 1891 wurde der Grundstein gelegt, 1893 öffnete das Theater seine Pforten. Zawiejski entwarf ein prächtiges Gebäude, in dem sich heimische Elemente wie die an den Tuchhallen orientierte Brüstung und fremde Einflüsse zu einem Ganzen zusammenfügen. Allegorische Figuren schmücken die Fassade des Theaters.

Im Inneren präsentiert das Theater einen beeeindruckenden Treppenaufgang. Bemerkenswert sind hier die Stuckarbeiten von Alfred Putz. Der Zuschauerraum hat vier Ränge und bietet ungefähr 900 Sitzplätze. Eine der Hauptattraktionen ist der Bühnenvorhang von Henryk Siemiradzki. Er zeigt Apollo, zwischen Schönheit und Liebe hin- und hergerissen. Um die Gottheit herum sieht man Musen und allegorische Figuren.

Fassade des Słowacki-Theaters

Heilig-Kreuz-Kirche ㉜

Kościół św. Krzyża

Świętego Krzyża 23. **Stadtplan** 2 D4 (6 E3). *422 62 47. 2, 4, 5, 7, 8, 15. 124. nur während Messen.*

DIE GOTISCHE Kirche des Ordens der Ritter vom Heiligen Kreuz wurde in zwei Etappen erbaut: Baubeginn für den Chor war um 1300, während das Hauptschiff und der Turm in der ersten Hälfte des 14. Jahrhunderts errichtet wurden. Das Innere der Kirche ist überraschend gut erhalten. Besonders beeindruckend ist das Gewölbe, das nur von einem Pfeiler gestützt wird und seine Rippen wie ein Blätterdach über dem Betrachter ausbreitet. Interessant sind außerdem das gotische Taufbecken (1423) von Jan Freudenthal, das Spätrenaissance-Triptychon in der Węgrzyn-Kapelle sowie die Altäre und das Gestühl aus der Zeit des Barock. Bemerkenswert sind ebenfalls einige Erinnerungstafeln von berühmten Künstlern des 19. Jahrhunderts.

Heilig-Kreuz-Kirche

Kirche der Dominikanerinnen ㉝

Kościół Dominikanek

Mikołajska 21. **Stadtplan** 2 D4 (6 E3). *422 79 25. 2, 3, 7, 8, 10. nur während Messen.*

DIE KIRCHE der Heiligen Maria vom Schnee wurde 1632–34 von Anna Lubomirska gegründet. Im 14. Jahrhundert stand an der Stelle der späteren Kirche noch die Ritterfestung Alberts, des *wójt* (Befehlshaber) von Krakau. Die Folge von Alberts Revolte gegen König Władysław den Ellenlangen war, dass ein neues Gebäude für die lokale Regierung errichtet werden musste. So wurde das alte Gebäude nach 1620 in ein Kloster der Dominikanerinnen umgewandelt.

Dominikanerkirche ㉞

Kościół Dominikanów

Siehe S. 116f.

Dominikanerkirche ㉞

Engel in der Rosenkranzkapelle

UM DAS JAHR 1250 begannen die Dominikaner mit dem Bau einer neuen Kirche. Sie enthielt den Schrein des hl. Jacek, das Ziel vieler Pilgerfahrten. Im 17. Jahrhundert bauten Patrizierfamilien nach dem Muster der Zygmunt-Kapelle auf dem Wawel opulente Mausoleen an, im 18. Jahrhundert wurde die Kirche mit spätbarocken Altären ausgestattet. Das große Feuer im Jahr 1850 zerstörte die Kirche fast vollständig. 1872 wurde sie wieder aufgebaut. Heute dient sie als bedeutendes evangelisches Zentrum.

Kreuzgang
Der gotische Kreuzgang war eine Grabstätte für Bürger, deren Erinnerungstafeln und Gräber man noch vorfindet.

★ Zbaraski-Kapelle
Das zierliche Interieur der 1627–33 von den Castellis erbauten Kapelle kontrastiert mit dem monumentalen Altar aus schwarzem Marmor und den ebenso düsteren Gräbern.

Die Lubomirski-Kapelle
mit schönen Gemälden und Skulpturen.

Grab des Generals Jan Skrzynecki (gest. 1860)
Das prächtige Monument von Władysław Oleszczyński erinnert an den Helden des Novemberaufstands von 1830.

★ Schrein des hl. Jacek
Die Renaissance-Kapelle St. Jacek wurde um 1700 von Baldassare Fontana erbaut, und auch das großartige Denkmal stammt von ihm. Geschmückt ist die Kapelle mit Gemälden von Tommaso Dolabella.

Infobox

Stolarska 12. **Stadtplan** 1 C5 (6 D3). *423 16 13.* *124.* *1, 3, 6, 7, 8, 10, 13, 18, 19.* *tägl. 6–22 Uhr.*

Die Gedenktafel des Filippo Buonacorsi (Callimachus) (gest. 1496) ehrt den großen Humanisten des polnischen Hofs *(siehe S. 43).*

Rosenkranzkapelle
1621 wurde die Ikone der Rosenkranzmadonna bei einer Prozession mitgetragen. Sie und die Gebete sollten bewirken, dass Krakau bei Chotin über die Türken siegt.

Myszkowski-Kapelle
Sie wurde zwischen 1603 und 1614 von Architekten aus dem Kreis Santi Guccis erbaut. Man benutzte zum Bau Marmor aus den Świętokrzyskie-(Heiligkreuz-)Bergen. Porträtbüsten der Myszkowskis prägen das eindrucksvolle Innenleben der Kirche.

Chorgestühl, Kanzel und Beichtstühle sind neogotisch und datieren aus der zweiten Hälfte des 19. Jahrhunderts.

Grab des Prospero Provano
Das Monument des Salzmagnaten (gest. 1584) ist eine der schönsten Bildhauerarbeiten um 1600. Es liegt neben der Myszkowski-Kapelle.

Nicht versäumen

★ Zbaraski-Kapelle

★ Schrein des hl. Jacek

Kazimierz-Viertel

Jüdischer Grabstein

Die Stadt Kazimierz bei Krakau wurde 1335 von Kazimierz dem Großen gegründet. Mit eigenem Rathaus und Verteidigungsanlage lag Kazimierz in stetem Wettstreit mit Krakau. Der König ließ hier zwei große Kirchen erbauen, St. Katharina und die Fronleichnamskirche, auch eine Universität wollte er hier ansiedeln. Nachdem König Jan Olbracht im späten 15. Jahrhundert die Umsiedlung der Krakauer Juden nach Kazimierz befohlen hatte, entwickelte sich die Stadt jedoch zum führenden Zentrum jüdischer Kultur. Obwohl Kazimierz im Jahr 1791 verwaltungstechnisch der Stadt Krakau eingegliedert wurde, hat das »Viertel« seinen besonderen Charakter behalten. Mit seinen engen Gassen scheint Kazimierz einer anderen Welt anzugehören. Kazimierz bezeugt Jahrhunderte friedvollen Zusammenlebens von Juden und Christen, versinnbildlicht durch die Sakralbauten beider Religionen.

Sehenswürdigkeiten auf einen Blick

Kirchen
Fronleichnamskirche 8
Kirche der Barmherzigen Brüder 11
Paulinerkirche »Auf dem Felsen« 13
St.-Katharinen-Kirche 12

Synagogen
Alte Synagoge 4
Hohe Synagoge 3
Isaak-Synagoge 2
Synagoge Remuh 5
Tempel-Synagoge 1

Historische Gebäude
Hospital der Barmherzigen Brüder 10
Rathaus von Kazimierz 9

Historische Friedhöfe
Friedhof Remuh 6
Neuer Jüdischer Friedhof 7

Anfahrt

Die Straßenbahnen 3, 9, 11 und 13 halten an der Starowiślna-Straße im Jüdischen Viertel. Die beste Haltestelle für die großen Kirchen ist die Krakowska-Straße (Straßenbahnen 6, 8 und 10).

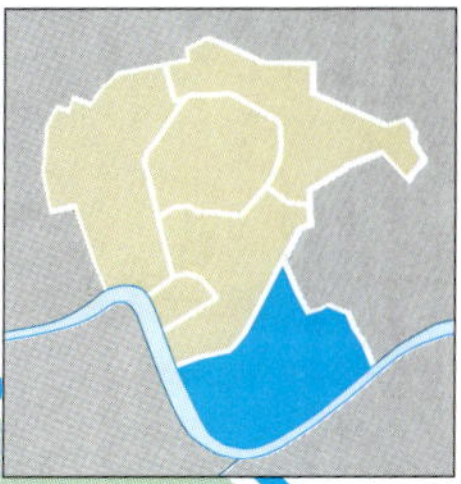

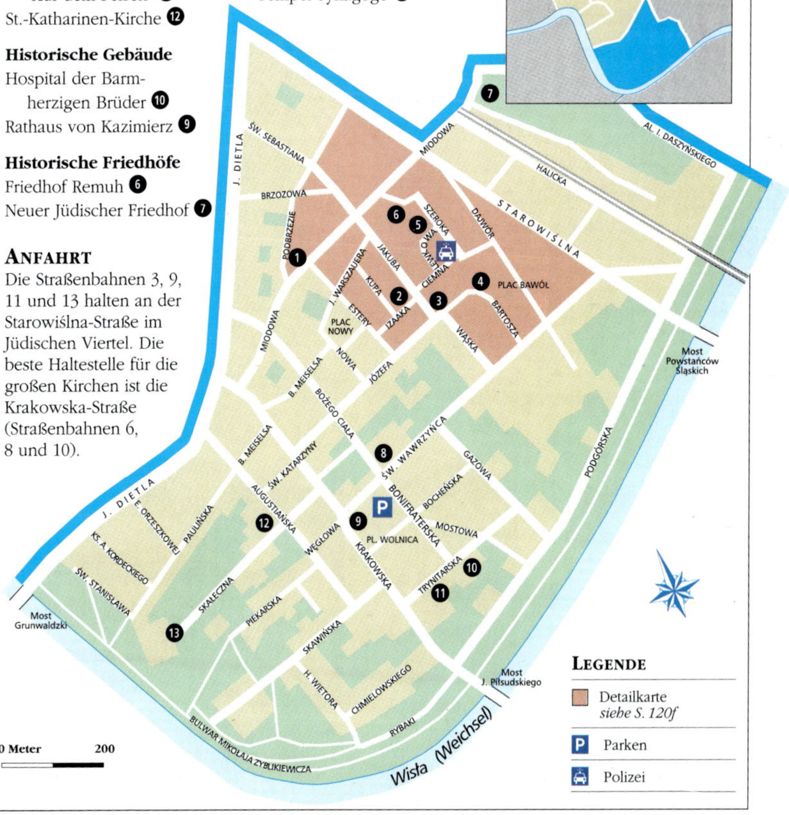

Legende
Detailkarte *siehe S. 120f*
Parken
Polizei

◁ **Bima in der Alten Synagoge**

Im Detail: Um die Szeroka-Straße

Das jüdische Viertel lag im östlichen Teil von Kazimierz und konzentrierte sich anfänglich um die Szeroka-Straße, dann um den Libusza-Platz, der später als Neuer Platz bekannt wurde. Ende des 15. Jahrhunderts wurden die Krakauer Juden nach Kazimierz umgesiedelt, ihnen folgten tschechische und deutsche Flüchtlinge. Die jüdische Gemeinde hatte ihre eigene Kultur und Rechtsprechung und ging nie ganz in Polen auf. Viele Synagogen, Bäder, Schulen und Friedhöfe wurden in Kazimierz eingerichtet. Die Nationalsozialisten zerstörten diese einmalige Welt, doch in jüngster Zeit haben hier wieder Galerien und Restaurants eröffnet, die an den Geist der Vergangenheit erinnern.

Tempel-Synagoge
An dieser Synagoge aus der Neorenaissance kann man maurische Einflüsse erkennen. 1

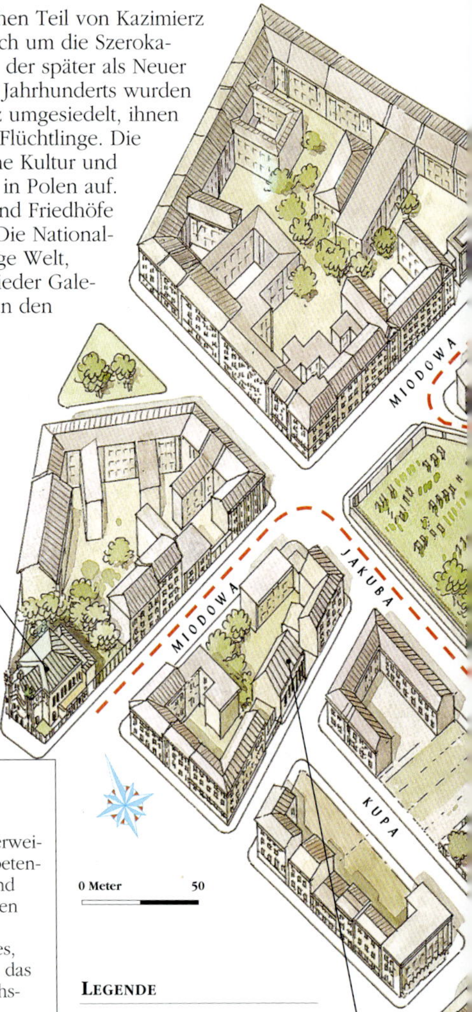

0 Meter 50

Legende

Routenempfehlung

Jüdische Gräber

Auf vielen Grabsteinen sind Symbole erhalten, die auf den Verstorbenen verweisen. Das Grab eines Rabbi ist durch betende Hände gekennzeichnet, Becken und Kannen für rituelle Waschungen deuten auf Leviten hin, drei verschlungene Schlangen hüten das Grab eines Arztes, und die Krone des Wissens schmückt das Grab eines Gelehrten. Löwe oder sechszackiger Davidstern stehen für die Abkömmlinge von Juda.

Die Synagoge Kupa wurde im 17. Jahrhundert aus Mitteln des Vorstands der Jüdischen Gemeinde Kazimierz erbaut. Oftmals umgebaut und auch für profane Zwecke genutzt, ist sie heute sehr vernachlässigt.

★ Friedhof Remuh
Die Klagemauer aus zerbrochenen Grabsteinen gemahnt an das Schicksal der Krakauer Juden im Zweiten Weltkrieg. ❻

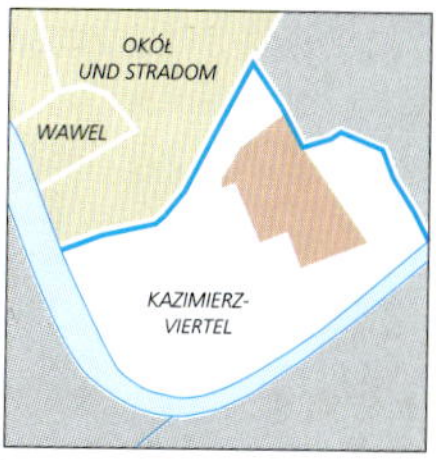

Zur Orientierung
Siehe Stadtplan, Karte 4

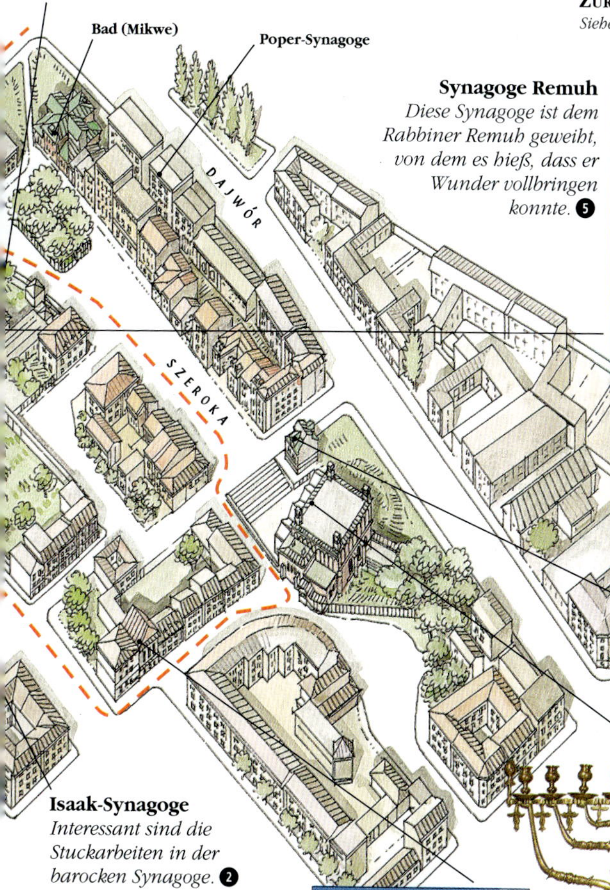

Synagoge Remuh
Diese Synagoge ist dem Rabbiner Remuh geweiht, von dem es hieß, dass er Wunder vollbringen konnte. ❺

Isaak-Synagoge
Interessant sind die Stuckarbeiten in der barocken Synagoge. ❷

Hohe Synagoge
Mit spätgotischer Architektur und Renaissance-Schmuck gehört sie zu den schönsten Synagogen Krakaus. ❸

★ Alte Synagoge
Diese Menora gehört zu den Schätzen in Polens ältester Synagoge. Der Bau wurde nach der Zerstörung sorgsam restauriert. ❹

Nicht versäumen

★ Alte Synagoge

★ Friedhof Remuh

Tempel-Synagoge ❶

Synagoga Tempel

Miodowa 24. **Stadtplan** 4 D1 (6 F5). *429 57 35.* *3, 9, 11, 13.* *103.* *nur nach telefonischer Vereinbarung.*

Die jüngste aller Synagogen in Kazimierz, die Tempel- oder »Progressive Synagoge«, wurde 1860–62 im Stil der Neorenaissance erbaut und wird von nichtorthodoxen Juden benutzt. Bemerkenswert sind die Buntglasfenster.

Fassade der Isaak-Synagoge

Isaak-Synagoge ❷

Bożnica Izaaka

Kupa 18. **Stadtplan** 4 D1. *430 55 77.* *3, 8, 9, 11, 13.* *Mo–Sa 9–19 Uhr.* *Feiertage.*

Die Synagoge wurde von 1638 bis 1644 als Stiftung des jüdischen Gemeindeältesten Isaak Jakubowicz erbaut. Im großen Schiff mit dem Tonnengewölbe sind die Stuckarbeiten von Giovanni Battista Falconi erhalten. Heute ist hier ein Jüdisches Schulzentrum untergebracht.

Hohe Synagoge ❸

Bożnica Wysoka

Józefa 38. **Stadtplan** 4 D1. *3, 6, 8, 9, 10, 11, 13.*

Mit ihren Streben und Pfeilern sowie dem Renaissance-Portal wirkt die Synagoge (1556–63) sehr malerisch. Von der Originalausstattung ist kaum mehr erhalten als eine Opferbüchse und die Überreste eines Altars. Heute ist hier eine Werkstatt für Denkmalrestaurierung.

Alte Synagoge ❹

Synagoga Stara

Szeroka 24. **Stadtplan** 4 D1. *3, 6, 9, 13.* **Jüdisches Museum (Zweigstelle des Museums von Krakau)** *422 09 62.* *Mi, Do 9–15.30 Uhr, Fr–So 11–18 Uhr.* *jeden 1. Sa und So im Monat.*

Die Alte Synagoge wurde in der Vergangenheit als Tempel genutzt, d.h., hier tagten auch der Kahal und andere Einrichtungen der jüdischen Gemeinde. Hier konzentrierten sich religiöses und soziales Leben. Heute befindet sich hier das jüdischen Museum, das sich der Kultur und Geschichte der Krakauer Juden widmet. Der Ziegelbau wurde Mitte des 15. oder Anfang des 16. Jahrhunderts erbaut. Das heutige Erscheinungsbild der Synagoge ist das Ergebnis eines großen Umbaus von Matteo Guccci zwischen 1557 und 1570. Die Brüstungen, der zweischiffige gotische Bau mit seinem Gewölbe, das von schmalen Pfeilern getragen wird – all diese Elemente stammen aus dieser Periode.

Der Gebetsraum ist fast leer, die zentrale Bima, in der die Thora verlesen wurde, ist der einzige Einrichtungsgegenstand. An der östlichen Wand befindet sich der Schrein für die Thorarollen.

Eingang zur Synagoge und zum Friedhof Remuh

Synagoge Remuh ❺

Bożnica Remuh

Szeroka 40. **Stadtplan** 4 D1. *422 12 74.* *3, 9, 11, 13.* *nur nach telefonischer Vereinbarung.*

Die Synagoge Remuh ist eines der beiden Gotteshäuser, die noch zum Gebet genutzt werden. Hier beten die orthodoxen Juden. Um 1553 wurde die Synagoge von Israel Isserles Auerbach gegründet, benannt ist sie nach seinem Sohn, dem großen Schriftsteller, Philosophen und Wunderheiler Rabbi Moses Remuh.

Friedhof Remuh ❻

Cmentarz Remuh

Szeroka 40. **Stadtplan** 4 D1. *422 12 74.* *3, 9, 11, 13.* *Mo–Fr 9–16 Uhr.*

Den Friedhof Remuh gibt es seit 1533, er ist einer der wenigen jüdischen Friedhöfe

Gebetsraum in der Alten Synagoge

Europas, die so viele Grabsteine (*matzeva*) und Sarkophage haben. Erwähnenswert sind die vielen Verzierungen, die aus der Tier- und Pflanzenwelt stammen.

Der Friedhof wurde im Zweiten Weltkrieg fast gänzlich zerstört. Einzig das Grab Remuhs, das nach wie vor viele Pilger anzieht, blieb von Zerstörungen verschont. Nach dem Zweiten Weltkrieg wurden über 700 Grabsteine zutage gefördert, die ganz dicht unter der Erdoberfläche lagen. Wahrscheinlich wollte man sie im 18. Jahrhundert auf diese Weise vor den Schweden retten. Die Klagemauer am Friedhofseingang ist aus den Resten der Grabsteine gefertigt, die im Krieg zerstört wurden.

Neuer Jüdischer Friedhof 7

Nowy Cmentarz Żydowski

Miodowa 55. **Stadtplan** 4 E1. *3, 9, 11, 13.*

AUF DIESEM FRIEDHOF, angelegt im frühen 19. Jahrhundert, sind die berühmten Krakauer Juden des 19. und 20. Jahrhunderts beigesetzt worden. Alle Rabbis von Kazimierz und viele Wohltäter Krakaus ruhen hier. Dazu gehören Józef Oettinger und Józef Rosenblatt, beide Professoren an der Jagiellonen-Universität, der Bürgermeister Józef Sare sowie Maurycy Gottlieb, eine der berühmtesten polnischen Künstlerinnen des 19. Jahrhunderts.

Fronleichnamskirche 8

Kościół Bożego Ciała

Bożego Ciała 25. **Stadtplan** 4 D2. *6, 8, 10.* *Mo–Sa 9–12, 13.30–19 Uhr und während Messen.*

DIE FRONLEICHNAMSKIRCHE wurde auf Sumpfland gebaut, genau dort, wo laut Legende die aus der Kollegiatskirche gestohlene Monstranz gefunden worden war. Ein mysteriöses Licht soll damals in der Dunkelheit den Weg zu der entweihten Hostie gewiesen haben. Mit dem Bau des von Kazimierz dem Großen gegründeten Gotteshauses wurde 1340 begonnen, fertig gestellt wurde es erst im frühen 15. Jahrhundert. Als Pfarrkirche wurde es von ortsansässigen Bürgern ausgestattet, der Großteil der Einrichtung ist erhalten geblieben.

1634–37 schuf Tommaso Dolabella, der Hofkünstler Zygmunts III. Wasa, das Altargemälde *Die Geburt Christi.* Das zum Altar passende Chorgestühl der Mönche wurde 1632 angefertigt, das aus dem 17. Jahrhundert stammende steinerne Altarblatt im nördlichen Seitenschiff beherbergt die Reliquien des seligen Stanisław Kazimierczyk.

Bemerkenswert ist auch der Heilandsaltar mit Skulpturen von Anton Gegenbaur. Eine Tafel im nördlichen Seitenschiff weist auf das Grab des Architekten Bartolomeo Berecci hin, der 1537 ermordet wurde.

Madonnenbild in der Fronleichnamskirche

Das Rathaus von Kazimierz, Sitz des Ethnografischen Museums

Rathaus von Kazimierz 9

Ratusz kazimierski

Pl. Wolnica 1. **Stadtplan** 4 D2. *430 60 23.* *502.* *3, 6, 8, 10.* **Ethnografisches Museum** *Mo 10–18 Uhr, Mi–So 10–15 Uhr.*

DAS RATHAUS war bis 1791 Sitz der lokalen Regierung. Die ältesten Teile des Gebäudes stammen von 1414, dem Jahr der Erbauung. Nach mehrmaligem Umbau wurde der Nordteil 1620 fertig gestellt, die Zinnen der Brüstung sind charakteristisch für das Bauwerk. Der südliche Flügel des Rathauses wurde 1875–77 von Filip Pokutyński angebaut.

Seit 1947 ist hier das Ethnografische Museum. In seiner Sammlung finden sich Kostüme aus Kleinpolen und Schlesien, traditionelle Krakauer Weihnachtskrippen, Volkskunst und Musikinstrumente.

Hospital der Barmherzigen Brüder 10

Szpital Bonifratrów

Trynitarska 11. **Stadtplan** 4 D6. *430 55 10.* *6, 8, 10.*

DAS MONUMENTALE Gebäude wurde zwischen 1897 und 1906 zur Erinnerung an den 50. Jahrestag der Regentschaft von Kaiser Franz Joseph erbaut. Der Bau wurde von Teodor Talowski im spätmodernistischen Stil entworfen.

Besonders interessant sind das Kruzifix und eine Büste des Johannes von Gott an der Fassade des Gebäudes.

Fassadendetail der Kirche der Barmherzigen Brüder

Kirche der Barmherzigen Brüder ⓫

Kościół Bonifratrów

Krakowska 48. **Stadtplan** 4 D2.
430 61 22. 502. 6, 8, 10.
nur während Messen.

Die interessante Barockkirche wurde zwischen 1741 und 1758 nach den Plänen Francesco Placidis erbaut. Hinter einer monumentalen Fassade, die vom führenden Barockarchitekten Francesco Borromini entworfen wurde, versteckt sich eine verhältnismäßig kleine Kirche. Die Fassade schließt den Blick zur Krakowska-Straße optisch ab.

Josef Piltz aus Mähren schuf 1757/58 die wunderschönen illusionistischen Innenfresken. Am *Trompe-l'œil*-Deckengewölbe ist abgebildet, wie der heilige Johannes von Matha von den Heiden Sklaven freikauft. Entsprechend der ganzen Konzeption sind die Seitenaltäre nur an den Wänden aufgemalt und wirken extrem ungewöhnlich. Sie sind geschmückt mit Rokoko-Bildern. Besonders das Bild des heiligen Cajetan verdient Beachtung.

St.-Katharinen-Kirche ⓬

Kościół św. Katarzyny

Augustiańska 7. **Stadtplan** 4 D2.
430 62 42. 124, 128.
6, 8, 10, 18, 19, 22. nur während Messen.

Laut der Chronik von Jan Długosz wurde die St.-Katharinen-Kirche im Jahre 1349 von Kazimierz dem Großen erbaut, um die Ermordung des Paters Marcin Baryczka zu sühnen. Baryczka hatte ein Dokument überbracht, das den König exkommunizierte. Der rächte sich dafür, indem er Baryczka in die Weichsel werfen ließ. Wie auch immer: 1343 wurde mit der Kirche begonnen, die Bauarbeiten dauerten bis ins frühe 16. Jahrhundert.

Die Kirche gilt als eine der schönsten Barockkirchen Krakaus. Leider ist von der Innenausstattung wenig erhalten, denn die Kirche diente im 19. Jahrhundert als Warenlager. Nur der Hochaltar mit der *Mystischen Verlobung der heiligen Katharina*, ein Bild von Andrea Venesta aus dem Jahr 1634, konnte erhalten werden. Der gotische Kreuzgang mit den großen Fresken stammt aus der Zeit von Kazimierz dem Großen. An den Kreuzgang schließen zwei Kapellen an: In der einen befindet sich eine *Trostreiche Madonna*, in der anderen ruhen die Reliquien des seligen Isaias Boner.

Fresko im Kreuzgang der St.-Katharinen-Kirche

Paulinerkirche »Auf dem Felsen« ⓭

Kościół Paulinów Na Skałce

Skałeczna 15. **Stadtplan** 3 C2.
421 74 18. 124, 128.
6, 8, 10, 18, 19, 22. Mo–Sa 9–16 Uhr und während Messen.
Krypta *Mo–Sa 9–12 Uhr und 13.30–15 Uhr.*

Schon im 11. Jahrhundert war »Auf dem Felsen« eine kleine, dem hl. Michael geweihte Kirche. Sie stand an der Stelle, an der der später heilig gesprochene Bischof Stanisław von Szczepanów ermordet wurde *(siehe S. 20f)*.

Im 14. Jahrhundert wurde die kleine romanische Kirche von Kazimierz dem Großen durch eine große gotische Basilika ersetzt. 400 Jahre später war sie einsturzgefährdet und wurde 1733–42 umgebaut, diesmal im Stil des Spätbarock. Das originale Konzept von Anton Gerhard Müntzer wurde dabei von Antonio Solari abgeändert. Die Innengestaltung stammt aus den 1740er Jahren. Ein kleines Wasserbecken von 1731 ist dem hl. Stanisław geweiht. Die Peiniger des Heiligen sollen ihr Opfer gevierteilt und seinen abgeschnittenen Finger in dieses Becken geworfen haben. Dem Wasser werden heilende Kräfte zugesprochen.

Kirche und Kloster der Pauliner »Auf dem Felsen«

Die Krypta in der Kirche »Auf dem Felsen«

Der grosse polnische Historiker des Mittelalters, Jan Długosz, wurde 1480 in der Krypta unter der Kirche »Auf dem Felsen« beigesetzt. Im Jahre 1876 beschloss man, die Krypta in ein nationales Mausoleum für bedeutende polnische Künstler und Wissenschaftler umzuwandeln. Der Architekt Teofil Żebrawski veränderte die Krypta in eine Art Ausstellungsraum mit separater Kapelle und Altar. An den Längsseiten entstanden je drei Nischen zur Aufstellung der Sarkophage. Das Glasfenster über dem Altar zeigt die Madonna von Tschenstochau (Częstochowa). Auf den Wänden sind die Wappen der Provinzen der polnisch-litauischen Allianz zu sehen.

Pantheon in der Kirche »Auf dem Felsen«

Sarkophag von Adam Asnyk (1838–1897)
Der berühmte polnische Dichter des 19. Jahrhunderts ruht in diesem Sarkophag, den Karol Knaus und Jan Tombiński schufen.

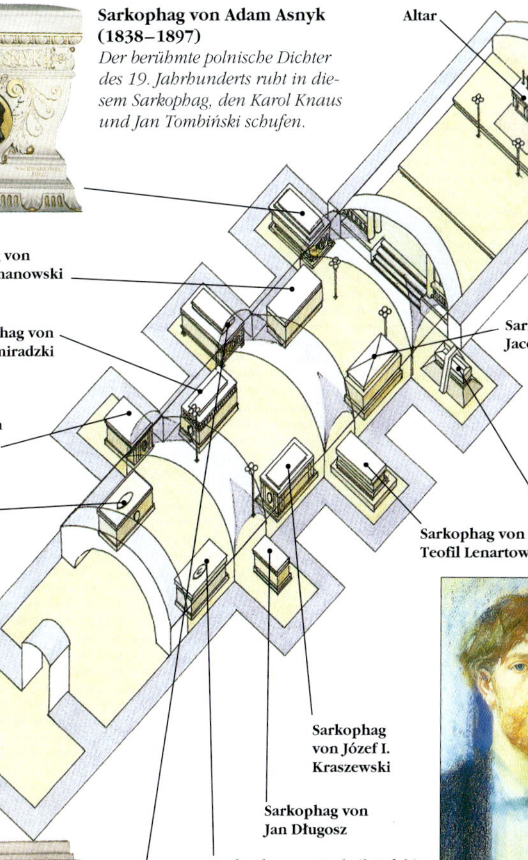

Sarkophag von Lucjan Siemieński (1807–1877)
Der Sarkophag des beliebten Autors und Kritikers wurde von Karol Knaus entworfen, das Porträtmedaillon von Jan Tombiński gestaltet.

Stanisław Wyspiański (1869–1907)
Jan Rzymkowski gestaltete den Sarkophag von Stanisław Wyspiański.

GRUNWA

Wesoła, Kleparz und Biskupie

Rund um Krakau entstanden im Laufe der Jahrhunderte mehrere Siedlungen, die unabhängig verwaltet wurden. Da es zwischen den Ansiedlungen keine festen Grenzen gab und die Besitzverhältnisse häufig wechselten, wuchsen die Siedlungen nördlich und östlich der Stadtmauer zu einem komplexen Ganzen zusammen. Folgende Gebiete gehörten dazu: Przedmieście Mikołajskie, die königliche Stadt Kleparz sowie die privaten Gebiete Wesoła, Lubicz und Biskupie. Sie alle wirkten wie kleine Städte. Imposante Kirchen und vereinzelte Paläste standen inmitten von bunt zusammengewürfelten hölzernen Wohnhäusern. Die Kaufleute und Handwerker, die hier ihre Geschäfte führten, umgingen es, ans Rathaus Steuern zu zahlen, und trugen so zum ökonomischen Niedergang Krakaus bei. Daher beschloss der Stadtrat 1791, die umliegenden Viertel einzugliedern. Im Rahmen der Entwicklung Krakaus erfolgte in diesen Stadtteilen in der zweiten Hälfte des 19. Jahrhunderts eine große Bauwelle.

Der hl. Florian, St.-Florian-Kirche

Sehenswürdigkeiten auf einen Blick

Historische Monumente und Gebäude
- Akademie der Schönen Künste 12
- Astronomisches Observatorium 6
- Globus-Gebäude 15
- Grunwald-Monument 10
- Hauptbahnhof 8
- Haus der Ärztegesellschaft 2
- Polnische Nationalbank 11
- Staatliche Polnische Eisenbahnverwaltung 13

Kirchen und Klöster
- *Jesuitenkirche S. 132f* 3
- Kirche und Kloster der Karmeliterinnen 5
- Kirche und Kloster der Visitantinnen 16
- Kirche St. Vinzenz von Paul 14
- Kirche der Unbefleckten Empfängnis 4
- St.-Florian-Kirche 9
- St.-Nikolaus-Kirche 1

Historischer Park
- Botanischer Garten der Jagiellonen-Universität 7

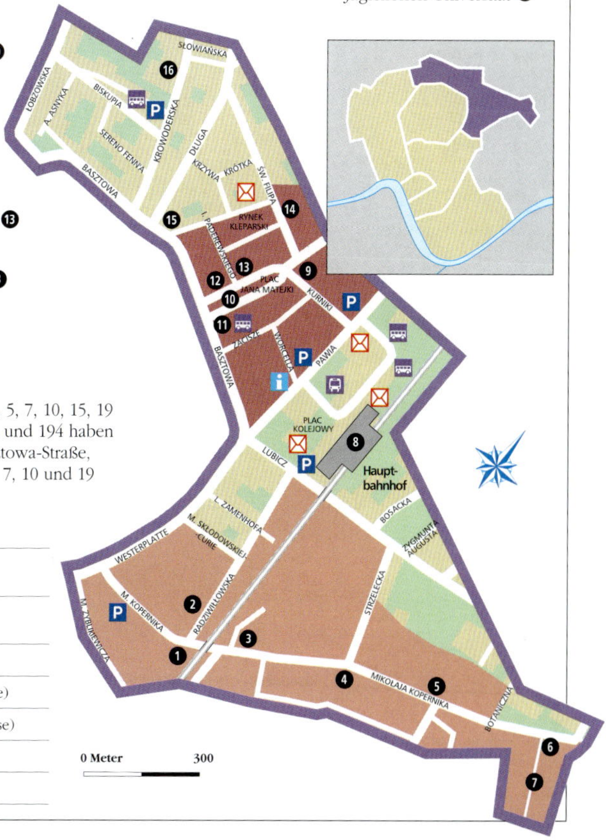

Anfahrt

Die Straßenbahnen 3, 4, 5, 7, 10, 15, 19 sowie die Buslinien 124 und 194 haben Haltestellen an der Basztowa-Straße, die Straßenbahnen 2, 3, 7, 10 und 19 an der Westerplatte.

Legende

- Detailkarte *siehe S. 128f*
- Detailkarte *siehe S. 134f*
- P Parken
- Busbahnhof (Reisebusse)
- Busbahnhof (städt. Busse)
- Post
- Information

Im Detail: Kopernika-Straße

DER STADTTEIL WESOŁA, ursprünglich eine kleine Ansiedlung bei der romanischen Kirche St. Nikolaus, entwickelte sich entlang der alten Straße nach Mogiła, der heutigen Kopernika-Straße (ulica Mikołaja Kopernika). Die Silhouette war geprägt von Kirchen und Klöstern. Die Vorstadtpaläste lagen inmitten gepflegter Gärten. Im 19. Jahrhundert entstanden etliche Universitätsgebäude, wovon die meisten zur Medizinischen Hochschule gehören. Einige dieser Häuser sind architektonisch sehr interessant.

★ Jesuitenkirche
Sie stellt eines der interessantesten Beispiele moderner sakraler Architektur dar. ❸

★ Haus der Ärztegesellschaft
Die Jugendstil-Metallgeländer mit den typischen floralen Ornamenten stammen von Stanisław Wyspiański. ❷

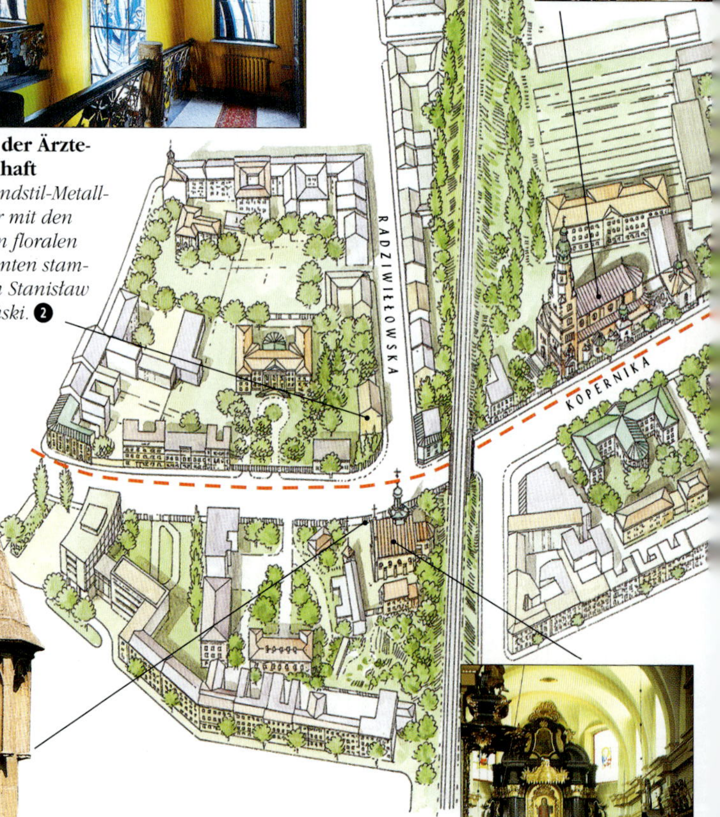

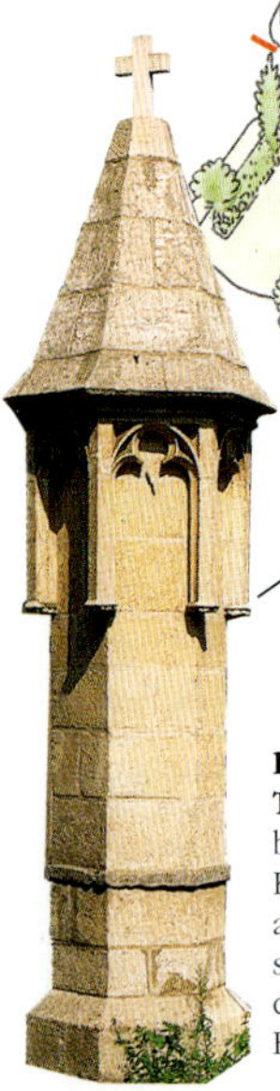

Die mittelalterliche Totengedenk-Säule
bei der St.-Nikolaus-Kirche ist einzigartig. Ursprünglich stand sie im Hof des St.-Valentin-Hospitals in Kleparz.

St.-Nikolaus-Kirche
Über Jahrhunderte war diese Kirche die Grenze der Siedlung, die sich entlang der Straße Krakau–Mogiła entwickelte. ❶

Die Kopernika-Straße, von Bäumen gesäumt, zählt zu den schönsten Straßen Krakaus.

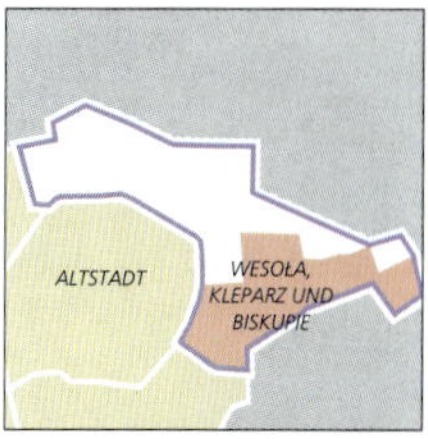

ZUR ORIENTIERUNG
Siehe Stadtplan, Karten 1, 3

Kirche und Kloster der Karmeliterinnen
Die Fassade gilt als eine der schönsten Barockfassaden Krakaus. ❺

Astronomisches Observatorium
Das Observatorium gehörte zur Jagiellonen-Universität, aber mit seiner eleganten Architektur und seiner Lage in der Nähe des botanischen Gartens wirkt es eher wie eine klassizistische Villa. ❻

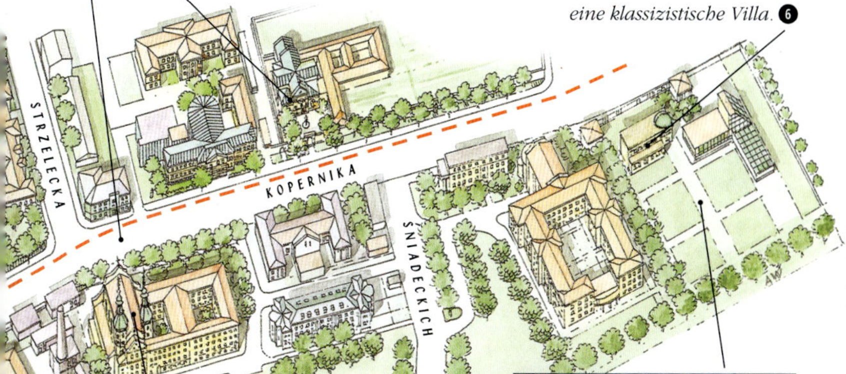

Botanischer Garten der Jagiellonen-Universität
Exotische und lokale Flora machen die Gärten zu einem beliebten Ziel für Spaziergänger. ❼

Kirche der Unbefleckten Empfängnis
Dieses monumentale Portal ist der Zugang zu der barocken Kirche. ❹

LEGENDE

– – –	Routenempfehlung

0 Meter 50

NICHT VERSÄUMEN

★ **Haus der Ärztegesellschaft**

★ **Jesuitenkirche**

Madonna mit Kind und den Heiligen Adalbert und Stanisław

St.-Nikolaus-Kirche ❶

Kościół św. Mikołaja

Kopernika 9. **Stadtplan** 2 D4 (6 F3). *431 22 77.* *2, 3, 6, 7, 10, 13, 19, 24.* *nur während Messen.*

SCHON IN DER ersten Hälfte des 13. Jahrhunderts wurde die Kirche erwähnt und ist damit eine der ältesten Kirchen Krakaus. Im Altarraum sind noch Reste der romanischen Kirche und ein gotisches Portal erhalten.

Die heute barocke Kirche ist das Ergebnis eines Umbaus in den Jahren 1677–82. Die Innenausstattung wurde bei der Akademie von Krakau in Auftrag gegeben, deren Patronat über diese Kollegiatsstiftung bis ins Jahr 1465 zurückreicht. Das Wappen der Akademie, ein Schild mit gekreuzten Stäben, ziert die Rückseite des Gestühls.

Der Hochaltar wurde wahrscheinlich von Francesco Placidi entworfen. Er zeigt den hl. Nikolaus. Die Kirche beherbergt aber auch ein spätgotisches Triptychon, auf dem die Krönung der Heiligen Jungfrau Maria dargestellt ist, sowie ein Renaissance-Bild der Madonna mit Kind, flankiert von St. Adalbert und St. Stanisław, den Schutzheiligen Polens. Besonders bemerkenswert ist außerdem ein bronzenes Taufbecken aus dem Jahr 1536.

Erwähnenswert ist noch, dass sich Feliks Dzierżyński, Leiter der *Cheka* (Tscheka, sowjetische Geheimpolizei), im Jahr 1910 in dieser Kirche trauen ließ.

Haus der Ärztegesellschaft ❷

Gmach Towarzystwa Lekarskiego

Radziwiłłowska 4. **Stadtplan** 2 D4 (6 F2). *2, 3, 6, 7, 10, 13, 19.* *tägl. 10–15 Uhr.*

DAS GEBÄUDE wurde 1904 nach Entwürfen von Władysław Kaczmarski und Józef Sowiński erbaut. Man darf sich durch die bescheidene klassizistische Außenansicht nicht täuschen lassen – die Innengestaltung von Stanisław Wyspiański ist überaus prunkvoll. Das Multitalent Wyspiański schuf hier ein Gesamtkunstwerk, in dem sich – typisch für den Jugendstil – Kunst und Handwerk die Balance halten. Er gestaltete die Wände farbig und entwarf ein wundervolles Fenster, das *Apollo – das Sonnensystem* zeigt. Möblierung und schmiedeeisernes Geländer sind von Elementen der Volkskunst beeinflusst.

***Apollo – das Sonnensystem*, Buntglasfenster von S. Wyspiański im Haus der Ärztegesellschaft**

Jesuitenkirche ❸

Kościół Jezuitów

Siehe S. 132f.

Die barocke Kirche der Unbefleckten Empfängnis

Kirche der Unbefleckten Empfängnis ❹

Kościół Niepokalanego Poczęcia NMP

Kopernika 19. **Stadtplan** 2 E4. *618 86 99.* *2, 3, 6, 7, 10, 13, 19, 24.* *tägl. 8–16 Uhr und während Messen.*

DIE KIRCHE, die auch den Namen St. Lazarus trägt, wurde früher von den Novizen des Ordens der barfüßigen Karmeliter genutzt. Die strenge Barockarchitektur der Kirche, die zwischen 1634 und 1680 erbaut wurde, zeugt von den strikten Bauregeln des Karmeliterordens.

Der große Hochaltar dominiert den kleinen Innenraum. Als Vorbild für den Altar diente der Hochaltar in der Karmeliterkirche Santa Maria della Scala in Rom. Er wurde 1681 aus schwarzem Marmor hergestellt, der aus dem Dębnik-Steinbruch stammte, der dem Orden gehörte.

Kirche und Kloster der Karmeliterinnen ❺

Kościół Karmelitanek Bosych

Kopernika 44. **Stadtplan** 2 E4. *421 41 18.* *124, 128.* *4, 5, 9, 10, 15.* *nur während der Messen.*

IN DEN JAHREN 1720–32 wurde ein großes Nonnenkloster ganz in die Nähe des Männerklosters erbaut. Die

Kirche ist klein und hat den Grundriss eines griechischen Kreuzes. Beeindruckend ist der Innenraum mit den vielen Säulen. Die elegante Fassade ist im Stil des Spätbarock gehalten.

Der Architekt der Kirche ist unbekannt. In Betracht kommen Karol Antoni Bay aus Warschau und Kacper Bażanka. Das Gemälde auf dem Hochaltar zeigt die hl. Theresa von Avila, der diese Kirche geweiht ist.

Gemäß den strengen Regeln des Karmeliterordens ist die Kirche nur während der Gottesdienste für die Öffentlichkeit zugänglich.

Portal von St. Theresa, der Kirche der Karmeliterinnen

Astronomisches Observatorium ❻

Obserwatorium Astronomiczne UJ

Kopernika 27. **Stadtplan** 2 F4. *421 02 77.* *124, 128, 184, 501, 502.* *4, 5, 9, 10, 15.* *für die Öffentlichkeit.*

Die Errichtung des Observatoriums in Wesoła stand in direktem Zusammenhang mit der Reform der Krakauer Akademie, die in den 1770er Jahren von Hugo Kołłątaj durchgeführt wurde. Den Auftrag hatte er von der Kommission für Nationale Bildung erhalten. Die Reform brachte mit sich, dass empirische Wissenschaften eine größere Rolle im Lehrplan spielten. Dadurch wurde das Jesuitenkloster, das die Kommission nach Aufhebung des Ordens übernahm, zum Observatorium. Stanisław Zawadzki, Architekt von König Stanisław Augustus, gestaltete das Gebäude im strengen klassizistischen Stil. Heute beherbergt der Bau das Botanische Institut der Jagiellonen-Universität. Ein modernes astronomisches Observatorium befindet sich in der früheren Festung Skała in Bielany.

Botanischer Garten der Jagiellonen-Universität ❼

Ogród botaniczny UJ

Kopernika 27a. **Stadtplan** 2 F4. *421 02 77.* *124, 128, 184, 501, 502.* *4, 5, 9, 10, 15.* *Mai–Okt tägl. 9–19 Uhr.* **Gewächshäuser** *Sa–Do 10–13 Uhr.* **Museum des Botanischen Gartens** *Mi, Fr 10–14 Uhr, Sa 12–16 Uhr.* *Mo–Fr 10–14 Uhr.*

Direkt neben dem Observatorium, auf einem ehemaligen Grundstück der Familie Czartoryski, befindet sich der Botanische Garten der Jagiellonen-Universität. Der Garten wurde 1780 von Jan Jaśkiewicz nach einem Entwurf des Wiener Gartenarchitekten Franz Kaiser angelegt. Zu den Sehenswürdigkeiten des Gartens zählen eine 500-jährige Eiche, seltene exotische Pflanzen sowie spätgotische Säulen, die ursprünglich aus dem Collegium Maius stammen und hier als Sockel für Pflanzen dienen.

Zwei der Palmenhäuser sind architektonisch als Beispiele aus dem 19. Jahrhundert interessant. Ergänzend gibt es ein drittes Palmenhaus, das 1964 nach einem Entwurf von Stanisław Juszczyk zur 600-Jahr-Feier der Jagiellonen-Universität erbaut wurde. Im Garten stehen die Büsten berühmter Botaniker.

Blüten im botanischen Garten

Krakauer Hauptbahnhof ❽

Dworzec Główny PKP

Pl. Kolejowy 1. **Stadtplan** 2 D3 (6 F1). *die meisten Busse und Straßenbahnen.*

Im Jahr 1847 wurde die Eisenbahnverbindung zwischen Krakau und Schlesien eröffnet, die so genannte Nördliche oder Franz-Joseph-Bahn. Zwischen 1844 und 1847 entstand im Norden der Stadt ein neuer Bahnhof. Er wurde von dem Breslauer Architekten Piotr Rosenbaum entworfen und galt als einer der elegantesten Bahnhöfe Europas. Der Bahnhof ist auf alle Fälle einen Besuch wert!

1898 errichtete Teodor Talowski neben dem Bahnhof einen Viadukt im neoromanischen Stil.

Krakaus Hauptbahnhof

Jesuitenkirche ❸

Die monumentale Kirche wurde zwischen 1909 und 1921 nach Entwürfen des Architekten Franciszek Mączyński erbaut. Er bediente sich dabei vieler historischer Stile, die er in einer ganz neuen Art miteinander kombinierte. Mit dem Bau gelang ihm einer der interessantesten polnischen Sakralbauten des frühen 20. Jahrhunderts. An der Gestaltung des Innenraums waren führende Künstler beteiligt: Karol Hucan schnitzte die Altarskulpturen, Jan Bukowski malte Wandbilder von strenger Schönheit und gestaltete sehr eigenwillige Beichtstühle. Das Mosaik über dem Hochaltar stammt von Piotr Stachiewicz, das Südportal, das auf die Kopernika-Straße hinausführt, von Xawery Dunikowski. Die kleine Mączyński-Statue außen vor der östlichen Mauer stammt ebenfalls von Dunikowski.

★ Südportal
Das monumentale Portal ist der Haupteingang der Kirche. Sowohl der ornamentale Schmuck wie auch die Figuren gelten als außerordentliche Beispiele polnischer Bildhauerei des frühen 20. Jahrhunderts.

Mosaik in der Vorhalle
Vor dem strahlenden Hintergrund wirkt die aus bunten Mosaiksteinchen gefertigte Madonna mit Kind fast unwirklich und mystisch.

Deckenfresken
Diese Fresken tragen zum kostbar-monumentalen Charakter des Innenraums bei. Sie stammen von Jan Bukowski, der auch in anderen Kirchen Fresken schuf, z. B. in der Marienkirche, der Kirche der Bernhardinerinnen und in der Loreto-Kapelle bei der Kapuzinerkirche.

INFOBOX

Kopernika 26. **Stadtplan** 2E4.
☎ *429 44 16.* 🚌 *2, 3, 6, 7, 10, 13, 19.* ◯ *tägl. 9.30–12 Uhr und während Messen.*

★ Altar des hl. Josef
Die Altäre in den Seitenschiffen stammen von dem Bildhauer Karol Hukan. Besonders interessant ist der Altar des hl. Josef, der 1922/23 entstand. Er zeigt eine sehr bewegte, dynamische Figurengruppe.

Beichtstuhl
Die Beichtstühle stammen von Jan Bukowski, Professor an der Kunsthochschule. Sie sind in barocker Manier gestaltet und auf eigenwillige Art mit Ornamenten verziert.

Hochaltar
Über dem Hochaltar wölbt sich eine Halbkuppel, die von frei stehenden Säulen nur scheinbar gestützt wird. Der Altar greift damit Elemente der italienischen Renaissance-Architektur auf.

Statue von Franciszek Mączyński
Die Jesuitenkirche war Mączyńskis bedeutendstes Bauwerk. Die Statue an der Ostmauer stammt von Xawery Dunikowski.

NICHT VERSÄUMEN

- ★ Südportal
- ★ Altar des hl. Josef

Im Detail: Matejko-Platz

KLEPARZ war ursprünglich eine unabhängige Siedlung nördlich von Krakau. Im Jahre 1366 bekam Kleparz Stadtstatus, 1791 wurde es eingemeindet. Als die Eisenbahn kam, entwickelte sich Kleparz sehr schnell rund um den Bahnhof. Der leere Platz mitten in der Stadt vor der Barbakane wurde elegant umgestaltet und empfängt Krakaubesucher freundlich, wenn sie per Bahn in die Stadt kommen oder von Norden über die Warszawska-Straße zum Zentrum fahren.

★ Grunwald-Monument
Das im späten 19. Jahrhundert errichtete Monument sollte das Nationalgefühl der Polen wieder entfachen. Die Inschrift lautet: »Den Ahnen zur Ehre, den Brüdern zur Hoffnung«. ⓾

Akademie der Schönen Künste
Die Akademie besitzt eine Sammlung von Werken ihrer Professoren und Studenten, darunter ein Selbstporträt *von Jacek Malczewski.* ⓬

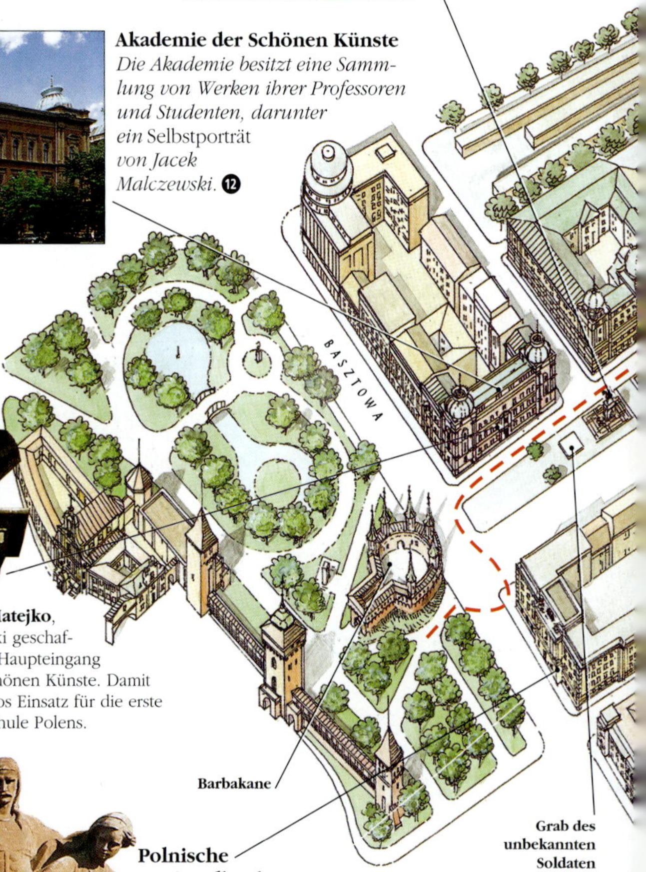

Barbakane

Grab des unbekannten Soldaten

Die Büste von Jan Matejko, die von Jan Tombiński geschaffen wurde, stand am Haupteingang der Akademie der Schönen Künste. Damit würdigte man Matejkos Einsatz für die erste unabhängige Kunstschule Polens.

Polnische Nationalbank
Karol Hukan schuf die Figuren an der Fassade der Bank. Sie sind Allegorien der Industrie und Landwirtschaft. ⓫

0 Meter 50

LEGENDE

Routenempfehlung

Kirche St. Vinzenz von Paul
Diese Kirche wurde 1875–87 nach Entwürfen von Filip Pokutyński erbaut. Die Fassade erinnert an die italienische Architektur des Mittelalters. ⓮

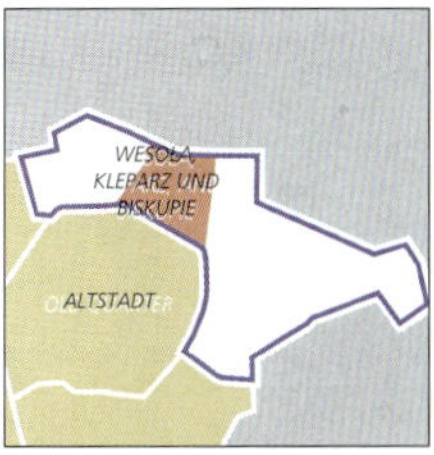

ZUR ORIENTIERUNG
Siehe Stadtplan, Karten 1, 3

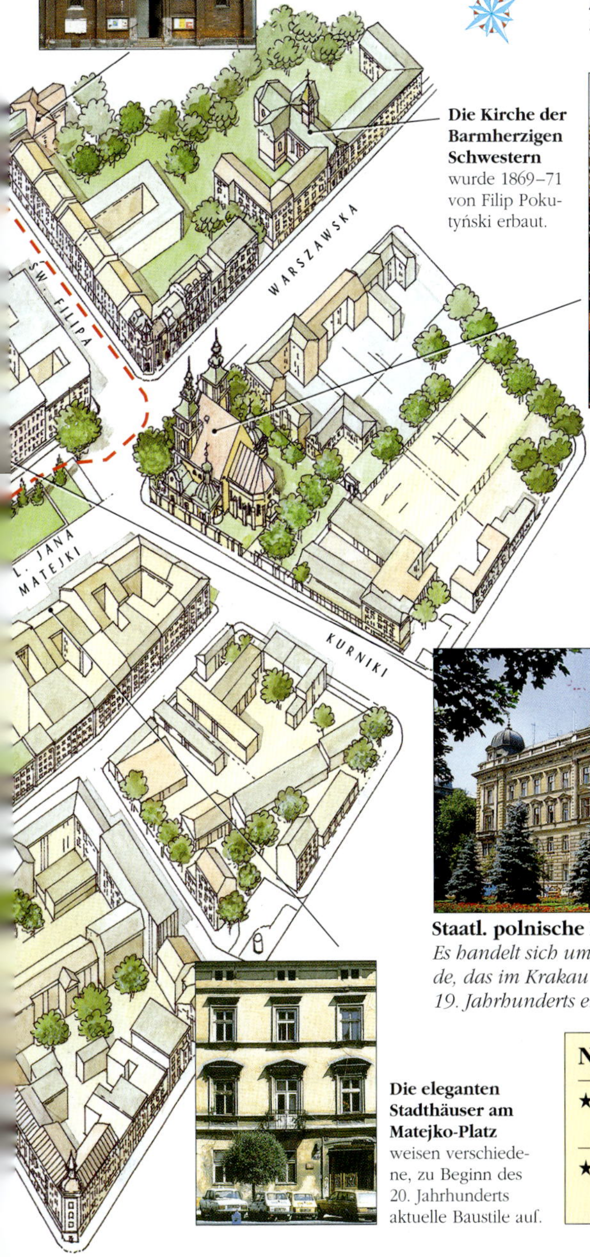

Die Kirche der Barmherzigen Schwestern wurde 1869–71 von Filip Pokutyński erbaut.

★ St.-Florian-Kirche
In früheren Tagen spielte sich das Leben in Kleparz rund um diese Kollegiatskirche ab. Jan Tricius' Bild des hl. Florian schmückt den Hochaltar. ❾

Staatl. polnische Eisenbahnverwaltung
Es handelt sich um das prächtigste Gebäude, das im Krakau des ausgehenden 19. Jahrhunderts errichtet wurde. ⓭

Die eleganten Stadthäuser am Matejko-Platz weisen verschiedene, zu Beginn des 20. Jahrhunderts aktuelle Baustile auf.

NICHT VERSÄUMEN

- ★ St.-Florian-Kirche
- ★ Grunwald-Monument

Der barocke Altar des hl. Jan von Kęty in der St.-Florian-Kirche

St.-Florian-Kirche 9

Kościół św. Floriana

Warszawska 1. **Stadtplan** 2 D3. *422 48 42.* *105, 129, 130, 154, 179.* *nur während Messen.*

Fürst Kazimierz der Gerechte erhielt 1184 von Papst Lucius III. die Reliquien des hl. Florian und beschloss, sie in Krakau beizusetzen. Die Pferde, die den Wagen mit den Reliquien des Märtyrers zogen, blieben in Kleparz, also vor den Toren Krakaus, stehen und weigerten sich, ihre Last weiterzuziehen. Das wertete man als Fingerzeig von oben. Daher wurde an dieser Stelle von 1185 bis 1212 eine Kirche erbaut. Nachdem die Hauptstadt nach Warschau verlegt worden war, erlangte die Kirche dadurch Berühmtheit, dass hier die Leichname der Könige aufgebahrt wurden, bevor man sie auf dem Wawel beisetzte. Die Beerdigungsprozessionen starteten hier.

Die Kirche wurde bei Überfällen wiederholt zerstört, so dass von der mittelalterlichen Architektur nichts mehr übrig blieb. Der Innenraum wurde 1677–84 gestaltet. Interessant sind der Hochaltar mit dem Bildnis des hl. Florian von Jan Tricius (spätes 17. Jh.) sowie der unvollendete spätgotische Altar von Johannes dem Täufer. Die Außenansicht gestaltete im frühen 20. Jahrhundet Franciszek Mączyński neu.

Grunwald-Monument 10

Pomnik Grunwaldzki

Pl. Matejki. **Stadtplan** 2 D3 (6 E1). *124, 152, 502.* *3, 4, 5, 7, 12, 13, 15, 19.*

Das Denkmal, das König Władysław Jagiełło zu Pferd zeigt, wurde errichtet, um an den 500. Jahrestag des Sieges bei Grunwald (dt. Tannenberg) über den Deutschen Orden zu erinnern. Der Staatsmann, Komponist und Pianist Jan Paderewski hatte das Denkmal bei dem Bildhauer Antoni Wiwulski in Auftrag gegeben.

Das Monument hatte die großen deutschen Denkmäler des 19. Jahrhunderts zum Vorbild. Vielen nahmen es positiv auf, aber es wurde auch Kritik laut an der theatralischen Konzeption der Figuren, und manche meinten, dass die einzige lebensechte Figur die des toten Hochmeisters Ulrich von Jungingen sei. Das Monument wurde 1939 zerstört und erst 1975 vom Bildhauer Marian Konieczny rekonstruiert.

Polnische Nationalbank 11

Basztowa 20. **Stadtplan** 2 D3 (6 E1). *618 58 00.* *124, 152, 502.* *3, 4, 5, 7, 13, 15, 19.* *Mo–Fr 7–17 Uhr.*

Die Bank, die 1921–25 von den Architekten Teodor Hoffmann und Kazimierz Wyczyński erbaut wurde, weist den klassizistischen Stil auf, der in den Jahren zwischen den beiden Weltkriegen beliebt war und vor allem bei öffentlichen Bauten und Bankgebäuden zum Zuge kam. Er stand in scharfem Kontrast zum Funktionalismus, den vor allem linke Kreise bevorzugten. Die Skulpturen im Außenbereich stammen von Karol Hukan und Stanisław Popławski. Beeindruckend ist die große Schalterhalle mit ihrem Kuppelgewölbe.

Die klassizistische Fassade der Akademie der Schönen Künste

Akademie der Schönen Künste 12

Pl. Matejki 13. **Stadtplan** 2 D3 (6 E1). *422 11 31.* *124, 152, 502.* *3, 4, 5, 7, 13, 15, 19.* **Museum** *nur nach Vereinbarung.*

Die Krakauer Kunsthochschule erhielt im Jahr 1873 durch die Bemühungen des Künstlers Jan Matejko Unabhängigkeitsstatus. Nur drei Jahre später bekam sie von den Stadträten ein Grundstück in Kleparz zugewiesen. Das Gebäude wurde 1879/80 nach Entwürfen von

Die klassizistische Fassade der Polnischen Nationalbank

Maciei Moraczewski errichtet. Der Architekt adaptierte den Stil der Renaissance und handelte damit ganz im Sinne des Historismus des 19. Jahrhunderts. Im ersten Stockwerk liegt das Atelier, in dem Matejko berühmte Bilder wie *Kościuszko bei Racławice* und *Pruzzischer Lehnseid* gemalt hat.

Im Jahre 1900 wurde die Schule in den Rang einer universitären Akademie erhoben. Einige der besten polnischen Künstler absolvierten hier ihr Studium. Das Gebäude in Kleparz ist zur Zeit Sitz des Vorstands der Akademie und beherbergt die Fakultäten Malerei, Druck und Bildhauerei.

Staatliche Polnische Eisenbahnverwaltung ⓭

Pl. Matejki 12. **Stadtplan** 2 D3 (6 E1).
424 44 44. *124, 502.*
3, 4, 7, 13, 15, 19.
für die Öffentlichkeit.

Das imposante Gebäude wurde 1888 von einem unbekannten Wiener Architekten gebaut, der sich romanischer und barocker Anleihen bediente. Wahrscheinlich ist es der einzige Bau in ganz Krakau, der so direkt von der Wiener Monumental-Architektur des 19. Jahrhunderts beeinflusst ist.

Kirche St. Vinzenz von Paul ⓮

Kościół św. Wincentego à Paulo

Św. Filipa 19. **Stadtplan** 2 D3.
422 56 40. *124.* *3, 4, 5, 7, 13, 15, 19.* *nur während Messen.*

Die heutige Kirche wurde zwischen 1875 und 1877 erbaut, und zwar an der Stelle einer mittelalterlichen Kirche, die von den Österreichern im Jahr 1801 zerstört worden war. Der Architekt Filip Pokutyński ließ sich beim Bau von der spätromanischen Architektur Italiens inspirieren. Obwohl der Entwurf relativ unspektakulär ist, unterscheidet sich die Kirche von anderen sakralen Bauten des 19. Jahrhunderts durch ihre klare, kompakte und monumentale Form. Der Seitenaltar zeigt eine Ikone des Gekreuzigten. Das Bildnis wurde nach dem Zweiten Weltkrieg aus Milatyn (bei L'viv) nach Krakau gebracht.

Altar in St. Vinzenz von Paul

Globus-Gebäude ⓯

Dom Pod Globusem

Długa 1. **Stadtplan** 1 C3.
422 54 23. *124.* *3, 4, 5, 7, 13, 15, 19.* **Mehoffer-Saal** *nur nach Vereinbarung.*

Dieses Haus wurde zwischen 1904 und 1906 für die Industrie- und Handelskammer erbaut. Die Entwürfe stammen von den Architekten Franciszek Mączyński und Tadeusz Stryjeński. Das Gebäude mit seiner interessanten asymmetrischen Form gilt als eines der besten Beispiele der polnischen Jugendstilarchitektur. Beherrschend erhebt sich ein pyramidenartiger Turm, auf dem eine Weltkugel ruht. Die Gestaltung der Innenräume, einschließlich der Wandmalereien in der großen Halle im ersten Stock, ist vor allem das Werk Józef Mehoffers. Die Buntglasfenster über den Treppen behandeln auf allegorische Weise den Fortschritt der Menschheit durch Industrie und Handel. Interessant sind auch die Arbeiten aus Gusseisen. Heute ist das Gebäude Sitz des Verlags »Wydawnictwo Literackie«.

Das Globus-Gebäude mit Pyramide und Weltkugel, ein Beispiel der Jugendstilarchitektur

Fassade der Kirche der Visitantinnen

Kirche und Kloster der Visitantinnen ⓰

Kościół Wizytek

Krowoderska 16. **Stadtplan** 1 C3.
422 16 28. *3, 5, 7, 21.*
nur während Messen.

Das Kloster wurde von Bischof Jan Małachowski gegründet und zwar als Opfer für seine wundersame Rettung vor dem Ertrinken in der Weichsel. Die Kirche, 1686–95 von Giovanni Salari erbaut, ist ein interessantes Beispiel für die sakrale Barockarchitektur in Krakau.

Die Fassade ist reich geschmückt mit Skulpturen und Ornamenten. Im Innenbereich findet sich üppiger Schmuck, so dass die kleine Kirche überaus elegant wirkt. Der außergewöhnliche Hochaltar aus dem Jahr 1695 stammt von dem Bildhauer Jerzy Golonka, die Gipsarbeiten von Jan Liskowicz. Die aus dem 18. Jahrhundert datierenden Malereien am Deckengewölbe wurden im Laufe der Zeit häufig verändert.

Piasek und Nowy Świat

Der Stadtteil Piasek, der bis ins 19. Jahrhundert Garbary hieß, liegt westlich des Altstadtviertels. Seiner Entwicklung war es hinderlich, dass er – außerhalb der Stadtmauern – Überfällen schutzlos ausgeliefert war. Zwischen Garbary und Wawel lagen mehrere unabhängiger Gerichtssprengel: Groble, Smoleńsko, Wielkorządowa, Wygoda, Retoryka und Rybaki sowie Nowy Świat, das unter Krakaus Rechtsprechung stand. Sie alle wurden von den Österreichern zusammengefasst. Gegen Ende des 19. Jahrhunderts begannen Piasek (Sand) und Nowy Świat (Neue Welt) aufzublühen. Wohlhabende Bürger ließen sich nieder, angezogen von der ruhigen Atmosphäre fern des Stadtzentrums. Deshalb findet man hier einige der architektonisch schönsten Wohnhäuser. Die meisten stammen aus der Zeit um 1900.

Ein singender Frosch

Sehenswürdigkeiten auf einen Blick

Historische Gebäude und Monumente
Akademie für Bergbau und Hüttenwesen 18
Ehemaliges Industrie- und Technologiemuseum 2
Ekielski-Haus 7
Haus zum Singenden Frosch 6
Industrieschule 16
Jagiellonen-Bibliothek 17
Philharmonie 1
Spinnenhaus 21
Turn- und Sportverein »Sokół« 8
Wyspiański-Monument 14

Museen und Sammlungen
Hutten-Czapski-Palast 10
Mehoffer-Museum 12
Nationalmuseum, Hauptgebäude S. 146f 15

Kirchen
Kapuzinerkirche 11
Karmeliterkirche 22
Kirche der Felizianerinnen 3
Kirche des Barmherzigen Gottes 4
Kirche der Schwestern vom Hl. Herzen Jesu 9

Historische Straßen
Allee der drei Dichter 19
Karmelicka-Straße 20
Retoryka-Straße 5

Freifläche
Błonia 13

0 Meter 200

Legende
Detailkarte *siehe S. 140f*
P Parken
Post

Anfahrt
Die Straßenbahnlinienen 4, 8, 13, 14, 15 und 18 sowie die Buslinien 124 und 152 halten an der Dunajewskiego-Straße. Die Straßenbahnen 15 und 18 sowie die Busse 124, 152 und 192 an der Piłsudskiego-Straße.

◁ **Efeubewachsenes Haus in der Łobzowska-Straße, typisch für den nördlichen Teil von Piasek**

Im Detail: Piłsudski-Straße

DIE PIŁSUDSKI-STRASSE hieß früher Wolska-Straße und bildete einen Teil der Route, die Krakau mit Wola Justowska verband. Diese Route wurde erstmals im 16. Jahrhundert erwähnt. Nachdem Nowy Świat und die benachbarten Gerichtssprengel Krakau eingegliedert worden waren, wurde die Piłsudski-Straße Hauptstraße in diesem Stadtteil. Die Straßenflucht endet bei den großen Błonia-Wiesen. Dahinter sind der Kosciuszko-Hügel und in einiger Entfernung auch der Piłsudski-Hügel zu sehen. Ende des 19. Jahrhunderts entstanden hier elegante Bauten, wahre Perlen polnischer Architektur.

Kirche der Schwestern vom Heiligen Herzen Jesu
Der Platz vor der Kirche gehörte einst zum Rudawa-Flussbett, das anlässlich der Errichtung der Klostergebäude aufgeschüttet wurde. ❾

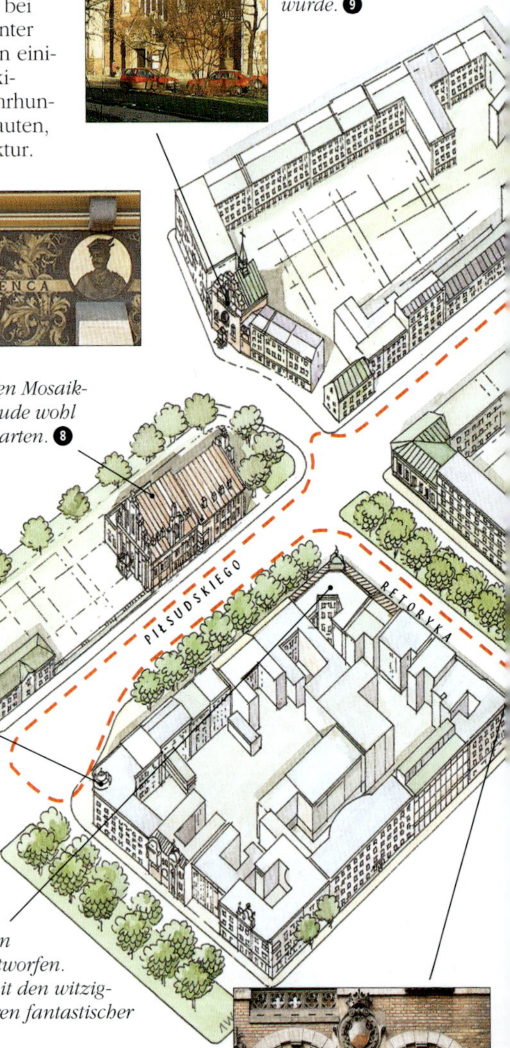

Turn- und Sportverein »Sokół«
Betrachtet man diesen wundervollen Mosaikfries, würde man hinter dem Gebäude wohl kaum eine einfache Turnhalle erwarten. ❽

★ Ekielski-Haus
Dieses ungewöhnliche Haus baute der Architekt Władysław Ekielski für sich selbst. ❼

Haus zum Singenden Frosch
Das Haus wurde von Teodor Talowski entworfen. Es ist geschmückt mit den witzig-verrückten Skulpturen fantastischer Geschöpfe. ❻

★ Retoryka-Straße
Die von Teodor Talowski entworfenen Häuser wirken seltsam altertümlich und tragen zum malerischen Charakter der Straße bei. ❺

Hutten-Czapski-Palast
Dieses Ungeheuer bewacht das Ausstellungspalais, in dem Emeryk Hutten-Czapski seine Münzsammlung aufbewahrte. ❿

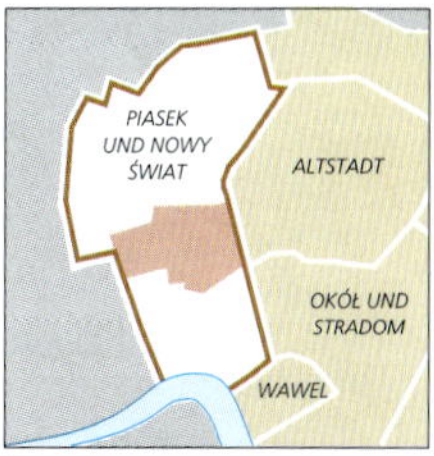

ZUR ORIENTIERUNG
Siehe Stadtplan, Karten 1, 5

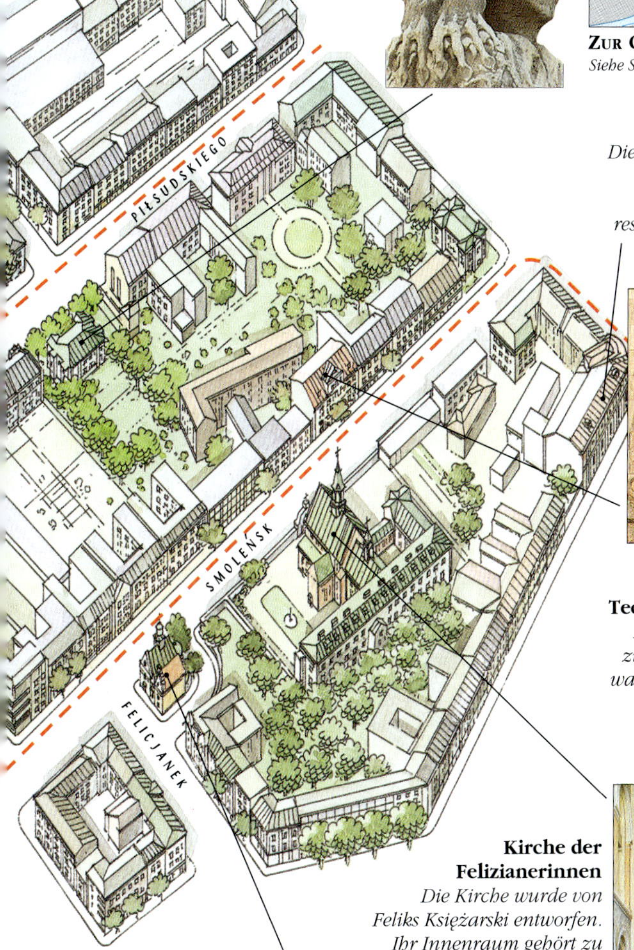

Philharmonie
Die große Halle bekam, nachdem sie jüngst nach einem Feuer restauriert wurde, eine neue Orgel. ❶

Ehemaliges Industrie- und Technologiemuseum
Das Gebäude gehört zum Interessantesten, was die modernistische Architektur Polens zu bieten hat. ❷

Kirche der Felizianerinnen
Die Kirche wurde von Feliks Księżarski entworfen. Ihr Innenraum gehört zu den wenigen Beispielen sakraler neoromanischer Architektur in Krakau. ❸

0 Meter 50

LEGENDE

Routenempfehlung

Kirche des Barmherzigen Gottes
Die gotische Gedenktafel eines unbekannten Ritters ist umgeben von Architektur aus dem 19. Jahrhundert. ❹

NICHT VERSÄUMEN

★ **Retoryka-Straße**

★ **Ekielski-Haus**

Das klassizistische Philharmonie-Gebäude

Philharmonie ❶

Filharmonia

Zwierzyniecka 1. **Stadtplan** 1 B5 (5 C3). ☎ *422 94 77.* 🚌 *124.* 🚋 *1, 2, 6, 8, 13, 14, 18.*

Die Gesellschaft der Musikfreunde, die in Krakau zwischen 1817 und 1884 aktiv war, war die erste philharmonische Gruppe im besetzten Polen. Die Staatliche Karol-Szymanowski-Philharmonie wurde in Krakau im Jahr 1945 gegründet. Walery Bierdiajew, Andrzej Panufnik und Krzysztof Penderecki waren Dirigenten dieses Orchesters. Zu Orchester und Chor gesellte sich noch das renommierte Kammermusikensemble Capella Cracoviensis. Die Konzerthalle befindet sich im ehemaligen Katholischen Kulturinstitut, das 1928–30 von Pokutyński und Filipkiewicz im klassizistischen Stil erbaut wurde, einem Stil, der bei den polnischen Architekten jener Zeit besonders beliebt war.

Ehemaliges Industrie- und Technologiemuseum ❷

Gmach dawnego Muzeum Techniczno-Przemysłowego

Smoleńsk 9. **Stadtplan** 1 B5 (5 B3). ☎ *422 15 46.* 🚌 *124.* 🚋 *1, 2, 6, 8, 18.*

Dieses Museum wurde 1868 von Andrzej Baraniecki gegründet, der die Stadt mit seiner Bibliothek und seiner Kunstsammlung beschenkte. Das Museum hielt Zeichenkurse ab, auch spezielle Malkurse für Frauen, und besaß eigene Werkstätten. Daraus entwickelte sich die Zusammenarbeit mit anderen an Design orientierten Einrichtungen. Eine Reihe von Schriften, darunter die Zeitschriften *Przegląd Techniczny* (Technische Revue) und *Architekt* wurden veröffentlicht. Außerdem spielte das Museum eine wichtige Rolle bei der Entwicklung polnischer Gebrauchskunst.

Ursprünglich war das Museum im Westflügel des Franziskanerklosters untergebracht. Das jetzige Gebäude wurde 1908–14 nach Plänen von Tadeusz Stryjeński erbaut. Józef Czajkowski entwarf die elegante, sehr geometrische Fassade. Neu an dem Gebäude war, dass es aus Stahlbeton gefertigt wurde. Unüblich war auch die Raumgestaltung, ein führendes Beispiel modernistischer Architektur. Das Industrie- und Technologiemuseum wurde 1952 geschlossen, heute ist in dem Gebäude die Fakultät Industriedesign, ein Zweig der Kunstakademie.

Detail des ehemaligen Industrie- und Technologiemuseums

Kirche der Felizianerinnen ❸

Kościół Felicjanek

Smoleńsk 4/6. **Stadtplan** 1 B5 (5 B3). ☎ *422 00 39.* 🚌 *124.* 🚋 *1, 2, 6, 8, 18.* ◯ *tägl. 8.30–18 Uhr und während Messen.*

Die Kirche der Felizianerinnen ist eine der größten Kirchen des 19. Jahrhunderts. Die neoromanische Basilika wurde 1882–84 nach Entwürfen von Feliks Feliks Księżarski erbaut, jedoch von Sebastian Jaworzyński wieder verändert. Die monumentalen Formen sind beeindruckend, werden aber im Inneren durch die Pracht der Altäre abgemildert. Die Kirche beherbergt die Reliquien der seligen Maria Angela Truszkowska, der Gründerin des Ordens, die 1899 starb.

Altar der Maria Angela, Kirche der Felizianerinnen

Kirche des Barmherzigen Gottes ❹

Kościół Miłosierdzia Bożego

Bożego Miłosierdzia 1. **Stadtplan** 1 B5 (5 B3). 🚋 *1, 2, 6, 15, 18.* ◯ *nur während Messen.*

Im Jahr 1555 gründete Jan Żukowski in Nowy Świat ein Armenhaus und eine kleine Kirche, die erst 1665 geweiht wurde. Da sie außerhalb der Stadtmauer lagen, wurden beide Gebäude bei Überfällen mehrfach zerstört. Trotzdem blieb die Kirche erhalten. An ihrer Außenwand, die Richtung Smoleńsk-Straße weist, existieren noch die Reste eines gotischen Grabes mit der Figur eines knienden Ritters.

Unter der ansonsten bescheidenen Innenausstattung sticht ein Bild hervor, eine *Misericordia Domini* (Leiden Christi und klagende Maria) von 1650, die im Altarraum hängt. Direkt neben der Kirche steht das Presbyterium, 1905 von Jan Zubrzycki im eklektizistischen Stil erbaut.

Retoryka-Straße ❺

Ulica Retoryka

Stadtplan 1 B5 (5 B3, 4). *15, 18.*

DER NAME dieser Straße kommt von der Retoryka-Rechtsprechung, die von den Ossolińskis in der ersten Hälfte des 18. Jahrhunderts in diesem Gebiet begründet wurde. Im späten 19. Jahrhundert begann man, entlang des Rudawa-Flusses eine Straße zu bauen, 1910 wurde der Fluss kanalisiert und unterirdisch weitergeleitet.

Die Straßen waren gesäumt von fantastisch konstruierten und außergewöhnlich verzierten Häusern. Am interessantesten sind die Häuser von Teodor Talowski. Er bediente sich bei der äußeren Gestaltung scheinbar alter, absichtlich beschädigter Motive, z. B. Mosaike oder Gedenktafeln mit lateinischen Inschriften. Die Inschrift auf seinem eigenen Haus lautet *festina lente* (Eile mit Weile), auf dem Ass-Haus ist zu lesen: *Faber est suae quisque fortunae* (Jeder ist seines Glückes Schmied).

Die Häuser in der Retoryka-Straße wurden alle um 1900 entworfen und zeigen polnische Architektur an der Schwelle zur Moderne.

Haus zum Singenden Frosch ❻

Dom Pod Śpiewającą Żabą

Retoryka 1. **Stadtplan** 1 B5 (5 B3). *15, 18.*

DAS ECKHAUS Retoryka-Straße Nr. 1 gilt als interessantestes der Talowski-Häuser. Es wurde 1889/90

Haus zum Singenden Frosch

erbaut. Konstruiert ist es aus einer Anzahl von Elementen, die in Höhe und Aussehen unterschiedlich sind.

Der Name des Hauses spielt sowohl auf die Nutzung als auch auf die Lage und Umgebung des Gebäudes an: Früher war hier eine Musikschule untergebracht, deren singende Studenten häufig begleitet wurden von den laut quakenden Fröschen aus dem Rudawa-Fluss, der ganz in der Nähe fließt.

Ekielski-Haus ❼

Dom W. Ekielskiego

Piłsudskiego 40. **Stadtplan** 1 A5 (5 A3). *103, 114, 124, 152, 173, 179, 192.* *15, 18.*

DIES WAR das Haus von Władysław Ekielski, einem der besten Architekten Krakaus um 1900. Er baute es im Jahr 1899 für sich selbst. Beim Bau nahm er Anleihen bei der mittelalterlichen und der Renaissance-Architektur, verwendete die Elemente aber völlig neu, so dass das fertige Gebäude letztendlich mehr Ähnlichkeit mit einem Fantasieschloss als mit einem Wohnhaus hat. Trotzdem sind einige Details wie beispielsweise die offene Loggia und der Turm mit dem Treppenhaus charakteristisch für eine Vorstadtvilla.

Turn- und Sportverein »Sokół« ❽

Gmach Towarzystwa Gimnastycznego »Sokół«

Piłsudskiego 27. **Stadtplan** 1 B5 (5 A3). *421 73 97.* *15, 18.* *für die Öffentlichkeit.*

DER TURN- und Sportverein »Sokół« wurde 1867 in Lwów (L'viv) gegründet. Der Verein wollte die körperliche Ertüchtigung fördern und veranstaltete zu diesem Zweck theoretische und praktische Kurse. Außerdem organisierte er Festlichkeiten anlässlich wichtiger Jahrestage der polnischen Geschichte.

Die Sporthalle des Vereins ist ein einfacher Ziegelbau. Sie wurde 1889 nach einem Entwurf von Karol Knaus gebaut. 1894 erweiterte Teodor Talowski den östlichen Teil des Gebäudes und verzierte die ganze Außenfront mit Elementen, die er der romanischen und gotischen Kunst entlehnte. Außerdem bekam das Gebäude einen *Sgraffito*-Fries, in den der Künstler Antoni Tuch die Ziele des Vereins einarbeitete: körperliche Ertüchtigung, geistige Beweglichkeit und Zivilcourage. Bedeutende Sportereignisse finden bis heute in dieser Halle statt.

Turn- und Sportverein »Sokół«

Kirche der Schwestern vom Heiligen Herzen Jesu ❾

Kościół Sercanek

Garncarska 26. **Stadtplan** 1 B5 (5 B3). *421 86 68.* *15.* *nur während Messen.*

DAS KLOSTER der Schwestern vom Heiligen Herzen Jesu wurde 1895–1900 nach Entwürfen von Władysław Kaczmarski und Sławomir Odrzywolski erbaut. Die Architekten passten die Fassaden der Kirche und der Klostergebäude an die Garncarska-Straße an, um die leichte Krümmung der Straße auszugleichen. Dies erklärt die Unregelmäßigkeiten des Grundrisses.

Bei dieser eklektizistischen Kirche zeigen die äußeren Mauern blanke Ziegel. Die Fassaden sind reich geschmückt mit Ornamenten, die der Romanik nachempfunden wurden. Außerdem gibt es Sgraffito-Malerei sowie klassizistische Skulpturen von Jan Tombiński.

Kirche der Schwestern vom Heiligen Herzen Jesu

Hutten-Czapski-Palast ❿

Pałac Hutten-Czapskich

Piłsudskiego 12. **Stadtplan** 1 B5 (5 B3). *422 27 33.* *15, 18.* *Ausstellung nur für Studienzwecke.*

Der Hutten-Czapski-Palast im Stil der Neorenaissance

DIESER KLEINE Neorenaissance-Palast wurde 1884 von dem Architekten Antoni Siedek für Hubert Krasiński erbaut. Einige Jahre später ging er ins Eigentum von Emeryk Hutten-Czapski über, der aus der Gegend von Vilnius nach Krakau zog und eine exquisite Münzsammlung mit sich brachte. 1896 wurde ein Pavillon extra für diese Sammlung gebaut. Architekten waren Tadeusz Stryjeński und Zygmunt Hendel. Die Inschrift über dem Pavillon lautet: *Monumentis Patriae naufragio ereptis* (Dem nationalen Erbe, das vor der Zerstörung bewahrt blieb). Im Jahr 1903 vermachten die Czapskis den Palast und die Sammlung der Stadt Krakau.

Heute ist der Palast Sitz der obersten Verwaltung des Nationalmuseums und beherbergt auch Stücke aus dessen Bestand. Vor dem Haus kann man eine Sammlung architektonischer Fragmente besichtigen.

Kapuzinerkirche ⓫

Kościół Kapucynów

Loretańska 11. **Stadtplan** 1 B4 (5 B2). *422 48 03.* *124.* *4, 8, 13, 14, 15, 18.* *tägl. 9.30–16.30, 17–19 Uhr und zu Messen.*

DIE KAPUZINER kamen im Jahr 1695 nach Krakau. Ein Jahr später begannen sie mit dem Bau der Kirche und des Klosters. Die Bauarbeiten unterstanden zunächst Carlo Ceroni, der später von Martino Pellegrino abgelöst wurde. Die Architektur sowie die Ausstattung aus dem Jahr 1775 zeugen von den strengen Regeln des Ordens, der sich der völligen Armut verschrieben hat. Daraus erklären sich Schlichtheit und Funktionalität der Architektur sowie die Bescheidenheit der schmucklosen, bemalten Holzaltäre. Trotzdem findet man bei den Altären herausragende Bilder. Dazu gehören *Die Verkündigung* von Pietro Dandini, *Die Heiligen Erasmus und Cajetan*, zwei im 18. Jahrhundert von Łukasz Orłowski gemalte Bilder, sowie *Der hl. Franz von Assisi* von Szymon Czechowicz. Interessant sind auch einige Gräber. Ein hölzernes Kreuz vor der Kirche erinnert an die Mitglieder der Adelskonföderation, die 1768 gegen die Russen rebellierten und in den Gefechten fielen.

Zwischen 1712 und 1719 wurde nach einem Entwurf von Kacper Bażanka die Loreto-Kapelle erbaut. Sie ist durch einen Kreuzgang mit der Kirche verbunden. Die Kapelle besitzt einen klassizistischen Altar mit einer wundervollen Statue der Madonna von Loreto und ein sehr schönes Tabernakel, das ebenfalls von Bażanka stammt. Jedes Jahr wird hier eine große Weihnachtskrippe aufgebaut.

Das Innere der Loreto-Kapelle bei der Kapuzinerkirche

Mehoffer-Museum ⓬

Muzeum Józefa Mehoffera

Krupnicza 26. **Stadtplan** 1 B4 (5 B2). *421 11 43. 103, 114, 144, 164, 173, 179, 439, 444. 8, 13, 24. Di, Do 9–15.30 Uhr, Mi, Fr 11–18 Uhr, Sa, So 10–15.30 Uhr.*

STANISŁAW Wyspiański wurde 1869 in diesem Haus geboren. Im Jahr 1930 kaufte es Józef Mehoffer (1869–1946), einer der bedeutendsten modernistischen Künstler Polens. Er war Maler, Bühnenbildner und Innenarchitekt. 1968 erwarb das Nationalmuseum, das eine Spende von der Familie des Künstlers erhalten hatte, das Haus und gründete das Mehoffer-Museum. Die Einrichtung wurde so belassen, wie der Künstler sie arrangiert hat. Ausgestellt sind viele Bilder, bemaltes Glas und Entwürfe für Glas- und Wandmalereien.

***Porträt der Frau Mehoffer* von Józef Mehoffer**

Błonia ⓭

Stadtplan 1 A5. *100, 103, 114, 164, 173, 179. 15, 18.*

DIE BŁONIA-Wiesen gehörten zu den Gütern der Prämonstratenser-Nonnen (Norbertinerinnen) in Zwierzyniec und wurden ursprünglich als Weideland genutzt. 1366 machten die Nonnen ein sehr schlechtes Geschäft mit den Stadtvätern. Sie tauschten Błonia gegen ein Haus in der Floriańska-Straße. Das Haus erwies sich als unrentabel und brannte schließlich ab. Daher rührt der Witz über die Nonnen, die gutes Weideland gegen ein Kartoffelfeuer eintauschen. Über Jahrhunderte versuchten die Nonnen vergeblich, Błonia zurückzubekommen. Aber die Wiesen blieben Eigentum der Stadt Krakau.

Früher wurde Błonia als Ort für Massenveranstaltungen genutzt. 1894 fand hier das erste Krakauer Fußballmatch statt, Papst Johannes Paul II. zelebrierte auf dem Gelände zweimal Gottesdienste. Heute ist Błonia ein beliebter Platz zum Ausspannen. An den Tagen, an denen die Fußballvereine Wisła und Cracovia gegeneinander spielen, ist auf diesem Gelände wirklich viel los – laut und heftig.

Wyspiański-Monument ⓮

Pomnik S. Wyspiańskiego

Stadtplan 1 A5 (5 A3). *103, 114, 164, 173, 179.*

DIESES DENKMAL wurde 1982 anlässlich des 75. Todestages des großen Künstlers und Bühnenschriftstellers der so genannten Jungen Polnischen Bewegung (Polnischer Modernismus) enthüllt. Der Bildhauer Marian Konieczny stellt Stanisław Wyspiański dar, umringt von Figuren aus zweien seiner Stücke, aus der *Hochzeit* und der *Novembernacht*.

Das Monument wurde schlecht aufgenommen und erntete zynische Kritiken. Auch die Platzierung hinter dem Parkplatz des Nationalmuseums ist ungünstig. Die Figuren scheinen hinter den parkenden Autos aufzutauchen, so wurden die weit ausladenden Gesten der Figuren interpretiert als Ausdruck ihres Erstaunens über die rasante Verkehrsentwicklung.

Nationalmuseum, Hauptgebäude ⓯

Siehe S. 146f.

Industrieschule ⓰

Szkoła Przemysłowa

Krupnicza 44. **Stadtplan** 1 A4 (5 A2). *422 32 20. 103, 114, 164, 173, 179, 439, 444. für die Öffentlichkeit.*

IM JAHR 1834 wurde das Institut für Technologie mit Hilfe der Zuwendungen des Architekten Szczepan Humbert eingerichtet. Später wurde daraus die Staatliche Industrieschule. 1912 zog die Schule in ein neues Gebäude um, das von Sławomir Odrzywolski erbaut worden war. Die mit Jugendstil-Ornamenten verzierten unregelmäßigen Ziegelmauern erwecken den Eindruck eines Spukschlosses im Zauberwald.

Wyspiański-Monument von 1982

Jagiellonen-Bibliothek ⓱

Biblioteka Jagiellońska

Al. Mickiewicza 22. **Stadtplan** 1 A4 (5 A2). *633 63 77.* *15, 18.* *103, 114, 144, 164, 173, 179.* *Mo–Fr 8–20 Uhr, Sa 8–15 Uhr.*

Viele Jahrhunderte lang war die Bibliothek der Jagiellonen-Universität im Collegium Maius *(siehe S. 106)* untergebracht. Das neue Gebäude wurde 1931–39 nach Entwürfen von Wacław Krzyżanowski gebaut. Von außen wirkt es sehr modern, die Räume im Inneren sind geräumig und funktional. Der gelungene Bau ist aber nicht nur auf den guten Entwurf zurückzuführen, sondern auch auf hochwertige handwerkliche Arbeit und ausgesuchte Materialien.

In den 1990er Jahren wurde mit den Arbeiten an einem neuen Bibliotheksflügel begonnen. Als Architekt fungierte Romuald Loegler, die Fertigstellung erfolgte 2002, kurz nach der 600-Jahr-Feier der Universität. Der neue Flügel besticht durch sein innovatives Design und gilt als eines der interessantesten Beispiele für die Architektur der 1990er Jahre.

Im Besitz der Bibliothek sind rund 25 000 kostbare Handschriften und ungefähr 100 000 seltene Bücher und Drucke. Sie hat den Status einer Staatsbibliothek.

Akademie für Bergbau und Hüttenwesen, Hauptgebäude ⓲

Al. Mickiewicza 30. **Stadtplan** 1 A3, 4 (5 A1). *617 33 33.* *103, 114, 129, 139, 144, 159, 164, 173, 179, 238.* *tägl. 7.30–8 Uhr.*

Die Bergbau-Akademie gab es in Krakau seit 1919, 1922 kam die Akademie für Metallurgie hinzu. Nach 1945 machte man aus der Akademie eine gut ausgestattete technische Hochschule. Sie besitzt ihren eigenen Kernreaktor und modernste akustische Labors. Das riesige Hauptgebäude mit seinen 110 000 Quadratmetern Grundfläche wurde 1923 bis 1935 erbaut. Die Architekten waren Sławomir Odrzywolski und Wacław Krzyżanowski. Der klassizistische Baustil wird an der Fassade und am Säulengang deutlich. Die Statuen der Minen- und Stahlarbeiter vor dem Gebäude stammen von Jan Raszka.

Im von Deutschland besetzten Polen wurde das Gebäude zum Sitz des Generalgouverneurs. Ein Museum im Gebäudetrakt C-1 behandelt die Geschichte der Akademie.

Statuen vor der Akademie für Bergbau und Hüttenwesen

Illustrierte Seite im Behem Codex, Jagiellonen-Bibliothek

Allee der drei Dichter ⓳

Aleje Trzech Wieszczów

Stadtplan 1 A3, 1 A4, 1B2, 1 C2. *103, 114, 129, 139, 144, 164, 173, 179, 511.*

Mitte des 19. Jahrhunderts wurde dort, wo heute die Straße ist, ein Erdwall aufgeschüttet, auf dem 1887/88 die Eisenbahnschienen für die Strecke Krakau–Płaszów verlegt wurden. Östlich dieses Dammes entstanden neue Straßen und Häuser, alles eklektizistische oder Jugendstilbauten.

Als 1910 die Grenzen der Stadt Krakau erweitert wurden, brach man die Schienen und die Böschung ab. Stattdessen wurde eine große Straße mit zwei Fahrspuren und einem Grünstreifen in der Mitte gebaut. Jeder Straßenabschnitt wurde nach einem Dichter der Romantik benannt: Es waren Krasiński, Mickiewicz und Słowacki. Ziel war es, aus der Straße eine Art Krakauer Champs-Élysées zu machen.

Blick die Karmelicka-Straße hinunter

Karmelicka-Straße ⓴

Ulica Karmelicka

Stadtplan 1 B3, 4 (5B, C1).
100, 114, 124, 152, 159, 164, 179. *4, 8, 13, 14.*

DIE KARMELICKA-Straße war Teil der alten Route, die Krakau mit Czarna Wieś und Łobzów verband und damit schon immer die Hauptstraße im Garbary-Viertel. Die Karmeliterkirche und das Haus Nr. 12, das Rathaus von Garbary, wurden hier erbaut. Anfänglich war die Straße in zwei Teile unterteilt: Der längere Teil erstreckte sich vom Schustertor bis zu einer kleinen Brücke, nach der sich die Straße verengte. Das erklärt, warum das Karmeliterkloster in die Straße hineinragt.

Ende des 19. Jahrhunderts entwickelte sich die Karmelicka zu einer der elegantesten Straßen Krakaus. Prächtige Häuser entstanden unter renommierten Architekten wie Maksymilian Nitsch, Teodor Talowski und Filip Pokutyński. Die Schriftsteller Stanisław Przybyszewski und Tadeusz Boy-Żeleński wohnten hier.

Spinnenhaus ㉑

Dom Pod Pająkiem

Karmelicka 35. **Stadtplan** 1 B3 (5 C1). *4, 8, 13, 14.*
für die Öffentlichkeit.

DAS HAUS wurde 1889 von Teodor Talowski, einem der führenden Krakauer Architekten, erbaut. Seine Absicht war es, dem Gebäude einen antiken Touch zu verleihen. So versah er es mit einem »gotischen« Rundturm und einem hohen Giebel im Stil des niederländischen Manierismus. Durch die Verwendung verschiedener Stilelemente wollte er den Eindruck erwecken, als sei das Haus viele Male umgebaut worden. Beispielsweise integrierte er eine Attika, wie sie an den Renaissance-Tuchhallen zu finden ist, in den zinnenartigen »gotischen« Fries. Das Gebäude ist bis ins kleinste Detail sehr originell.

Karmeliterkirche ㉒

Kościół Karmelitów

Karmelicka 19. **Stadtplan** 1 B3 (5 C1). *632 67 52.* *124, 144, 152, 192.* *4, 8, 13, 14.* *tägl. 9.30–16.30, 17–19 Uhr und während Messen.*

DIE LEGENDE besagt, dass Herzog Władysław Herman eine schwere Hautkrankheit ausheilen konnte, indem er die kranken Hautpartien mit Sand abrieb. Er nahm den Sand von einer Stelle, die ihm von der Jungfrau Maria gezeigt wurde. Die Stelle wurde Piasek (Sand) genannt, der Herzog ließ 1087 eine Votivkirche bauen. So entstand die Legende der Madonna des Sandes.

Tatsächlich wurde die Kirche von Königin Jadwiga im Jahre 1395 gegründet und während des Schwedeneinfalls (17. Jh.) fast vollständig zerstört. Ihre Überreste sind in die neue, 1679 geweihte Barockkirche eingearbeitet. Bemerkenswert ist der mit Akanthusblättern verzierte Hochaltar von 1698/99. Interessant sind auch das Gestühl und die Orgelempore, beides Schöpfungen von Jan Hankis. Die Marien-Ikone der Sandmadonna, die direkt auf die Mauer gemalt ist, wird auch heute noch verehrt.

Kalvarienkapelle an einer Seitenwand der Karmeliterkirche

KÖNIGIN JADWIGA (HEDWIG)

Königin Jadwiga (um 1374–1399) war berühmt für ihre Frömmigkeit und Nächstenliebe. Verehrt wurde sie seit dem Mittelalter, heilig gesprochen erst 1997. Eine rührende Geschichte schafft eine Verbindung zwischen Jadwiga und den Karmelitern. Sie erzählt die Geschichte eines Maurers, der an der Kirche mitbaute und bei Jadwiga über seine Armut klagte. Er habe kein Geld, um für seine Frau Medizin zu kaufen. Daraufhin schenkte die Königin dem Mann ihre goldene Schuhspange. Der Fußabdruck der Königin existiert noch heute.

Fußabdruck der Königin Jadwiga

Abstecher

Kleinpolen ist die am dichtesten besiedelte und reichste Region in der früheren polnisch-litauischen Union. Bis ins 17. Jahrhundert hatte der lokale Adel die höchsten Ämter inne, spielte eine bedeutende Rolle am königlichen Hof von Krakau und übte so Einfluss auf die Geschicke des Staates aus. Die Edelleute verbrachten ihre Zeit mit offiziellen Besuchen in der Hauptstadt, oder hielten sich auf ihren Landsitzen auf, wo sie Schlösser, Kirchen und Klöster bauten. So verbreiteten sie die Kunst und Kultur Krakaus in ganz Kleinpolen. Auch in den folgenden Jahrhunderten gab Krakau in puncto Lebensstil den Ton an. Es war ein Zentrum für die Künstler aus der ganzen Provinz. Das trug aber auch zum künstlerischem Klima in den Nachbarregionen bei, wo sich Elitäres mit Volkstümlichem mischte und oft überraschende Ergebnisse hervorbrachte. Um die lange Verbundenheit Krakaus mit seiner Umgebung zu erfahren, sind Ausflüge in die nähere und weitere Umgebung ideal. Hier bietet sich die einmalige Gelegenheit, historische Architektur zu erleben und zugleich in der Natur zu entspannen.

Quelle mit »heiligem« Wasser am Kalwaria Zebrzydowicka

Sehenswürdigkeiten auf einen Blick

Branice 3
Grodzisko 8
Kalwaria Zebrzydowska 13
Mogiła 2
Niepołomice 4
Nowa Huta 1
Ojców 7
Oświęcim (Auschwitz) 12
Pieskowa Skała 9
Staniątki 5
Tyniec 10
Wadowice 11
Wieliczka 6

Legende

- Stadtzentrum
- Großraum Krakau
- Bahnhof
- Flughafen Balice
- Autobahn
- Hauptstraße
- Nebenstraße

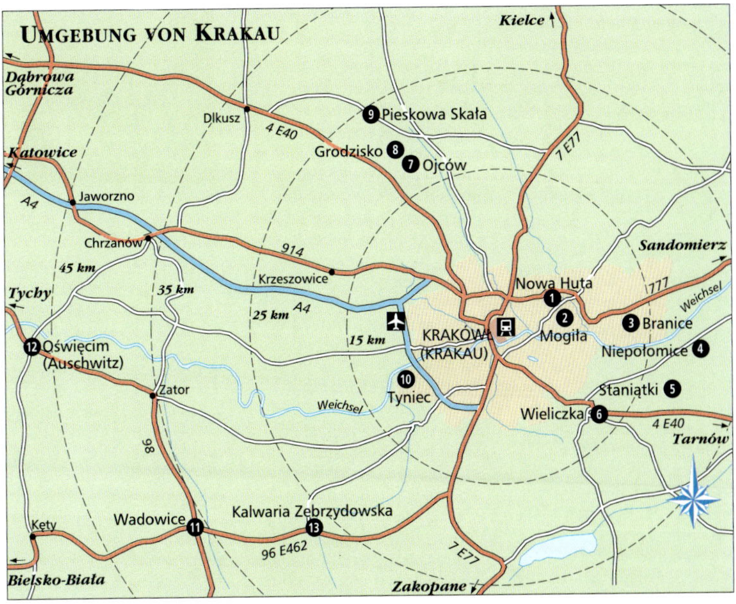

◁ Das Schloss Pieskowa Skała

Architektur des Sozialistischen Realismus in Nowa Huta

Nowa Huta ❶

7 km östlich des Zentrums. 🚌 *125, 148, 163, 174.* 🚋 *4, 15, 22.*

Im Volksentscheid von 1946 erlitten die Kommunisten in Krakau eine niederschmetternde Niederlage. Die Schuld dafür gaben sie dem sozialen Ungleichgewicht innerhalb der Klassengesellschaft. Mit dem erklärten Ziel, die Gesellschaft wieder ins Gleichgewicht zu bringen, wurde sehr schnell ein Industrialisierungsprogramm in Gang gesetzt, um der Bourgoisie Krakaus eine Arbeiterklasse entgegenzusetzen. 1948 unterzeichneten Polen und die Sowjetunion einen Vertrag für das neue Lenin-Stahlwerk. Mit dem Bau einer neuen Stadt namens Nowa Huta (Neues Stahlwerk) begann man 1949. Der Architekt Tadeusz Ptaszycki entwarf sie im Stil des Sozialistischen Realismus, der direkt aus der Sowjetunion »importiert« wurde und von der Renaissance-Architektur beeinflusst war.

Die Siedlung »Zentrum«, die 1949–1955 entstand, ist ein interessantes Beispiel für diese Art von Stadtplanung. Ab 1956 dominierten dann jedoch nur billige Betonblöcke. In der kommunistischen Modellstadt gab es keinen Platz für eine Kirche. Ungeachtet der offiziellen Ideologie forderten die Leute von Nowa Huta in den 1950er Jahren ein Gotteshaus, so dass man in den 1970er Jahren mit dem Bau von Kirchen begann. Eine von ihnen ist die »Arche Gottes« *(siehe S. 35)* als herausragendes Beispiel moderner Kirchenarchitektur. Zwischen 1981 und 1983, als in Polen Kriegsrecht herrschte, machten die Arbeiter von Nowa Huta eindeutig klar, dass sie nicht die besten Verbündeten der Kommunisten waren. Die Stadt war berüchtigt wegen ihrer Krawalle, die von den ZOMO-Sturmtruppen unterdrückt werden mussten. Nach 1989 wurden die Lenin-Stahlwerke in Sendzimir umbenannt.

Mogiła ❷

7 km östlich des Zentrums. 🚌 *123, 153, 163.* 🚋 *15.* **Zisterzienserkirche** Klasztorna 226. ☎ *644 23 31.* 🕒 *tägl. 6–19 Uhr.*

Das Dorf Mogiła entwickelte sich um das Zisterzienserkloster, das früher bedeutendes religiöses Zentrum war. Die Zisterzienser kamen um 1222 mit dem Krakauer Bischof Iwo Odrowąż nach Polen und ließen sich an der Dlubnia, einem Nebenfluss der Weichsel, nieder. Das neue Kloster erhielt wegen seiner Nähe zu einem prähistorischen Hügel und dem Grab der legendären Prinzessin Wanda den Namen *Clara Tumba* (helles Grab, polnisch: Jasna Mogiła). Die Kirche wurde 1266 geweiht.

Die romanische Kirche entsprach ganz den strengen Bauvorschriften des Zisterzienserordens. Der Altarraum endete mit einer glatten, senkrechten Wand, Kapellen mit quadratischem Grundriss wurden paarweise dem Querschiff angegliedert.

1447 wurde die Kirche durch einen Brand zerstört, beim Wiederaufbau dominierten gotische Formen. Ein hölzernes Kruzifix blieb wunderbarerweise unversehrt. Stanisław Samostrzelnik gestaltete in der ersten Hälfte des 16. Jahrhunderts den Innenraum mit Wandmalereien aus, die durch eine Einrichtung aus dem 18. Jahrhundert ergänzt wurden. Die barocke Fassade, die 1779/1780 dazukam, ist ein Werk von Franz Moser. Wandmalereien aus dem frühen 20. Jahrhundert stammen von Jan Bukowski.

Der gotische Kreuzgang, der in der Zeit Kazimierz' des Großen gebaut wurde, ist der schönste Teil des Klosters. Er führt zum Kapitelhaus, in dem von Michał Stachowicz ausgeführte Wandmalereien aus dem 19. Jahrhundert zu sehen sind. Nicht weit entfernt befindet sich die 1466 erbaute St.-Bartholomäus-Kirche, eine der ältesten Holzkirchen Polens.

Das Alte Schloss in Branice

Branice ❸

12 km östlich von Krakau. **Schloss** Branice 131. ● *vorübergehend für die Öffentlichkeit geschl.*

Branice liegt in der Nähe von Niepołomice und lohnt einen Besuch wegen zweier Herrenhäuser, die typisch sind für den Baustil des kleinpolnischen Landadels. Das Alte Schloss, in dem man später einen Markt einrichtete, wurde um 1603 für den Kastellan von Żarnów, Jan Branicki, von einem Architekten aus dem Kreise Santi Guccis entworfen. Das

Herrenhaus ist mit Sgraffito verziert und besitzt ein Dach mit Brüstung. Innen sind die Türen und der Feuerplatz mit in Stein geschnitzten, fantasievollen manieristischen Ornamenten ausgestattet.

Das Neue Schloss wurde im frühen 19. Jahrhundert erbaut. Sein hohes Walmdach und der Eingang mit dem kleinen, vorgebauten Säulengang sind typisch für die polnische Landhausarchitektur. Beide Herrenhäuser liegen in einer malerischen Parklandschaft, die im 19. Jahrhundert angelegt wurde.

Nahe bei Branice befindet sich das Dorf Ruszcza mit der Kirche St. Georg. Die Kirche wurde um 1420 von dem königlichen Küchenmeister Wierzbięta von Branice erbaut. Interessant sind die gotische Gedenktafel und der barocke Hochaltar.

Niepołomice ❹

24 km südöstlich von Krakau. *Minibus von Krakau Hauptbahnhof.* *von Krakau Hauptbahnhof.* **Kirche** *281 10 34.* *tägl. 7–18 Uhr.* **Schloss** *281 11 17.* *Mo–Fr 8–16 Uhr, Sa, So 10–14 Uhr.*

Die königlichen Besitzungen in Niepołomice am Rand eines großen Waldgebietes waren bei den polnischen Königen sehr beliebt. Sie kamen zur Jagd hierher und errichteten großartige Bauwerke.

Die gotische Kirche ließ König Kazimierz der Große 1350–1358 erbauen. Wie die anderen Kirchen, die unter ihm entstanden, hatte auch diese zwei mit Säulen abgetrennte Seitenschiffe. Später wurde sie im barocken Stil umgebaut. Fragmente der mittelalterlichen Steinschmuckarbeiten aus dem Innenraum der Kirche sind noch erhalten und in der alten Sakristei ausgestellt. Hier befinden sich auch großartige gotische Gemälde, die von Prinzessin Elżbieta, der Tochter von Władysław dem Ellenlangen, in Auftrag gegeben und zwischen 1370 und 1375 von einem italienischen Meister geschaffen wurden.

Nahe der Kirche liegen die Gräber zweier adliger Familien, beide in Form einer Kapelle mit Kuppeldach. Die 1596 erbaute Branicki-Kapelle beherbergt ein ornamentales, vom italienischen Architekten und Bildhauer Santi Gucci im Stile des Manierismus geschaffenes Grab. In der 1640 erbauten Kapelle der Familie Lubomirski sind die Wandmalereien, die Szenen aus dem Leben des hl. Carlo Borromeo zeigen, interessant. Im 18. Jahrhundert kamen spätbarocke Altäre hinzu.

Das Jagdhaus in Niepołomice wurde ursprünglich von Kazimierz dem Großen erbaut und von Zygmunt August zu einer wundervollen Residenz umgebaut. Das neue Schloss enstand von 1550 bis 1571. Mit seinem regelmäßigen Grundriss und dem zentralen quadratischen Hof unterscheidet es sich von anderen königlichen Renaissance-Bauten in Polen. 1637 wurde der Hof mit massiven Steinarkaden ausgestattet. Heute wird ein Teil des Schlosses als Jagdmuseum genutzt.

Der dichte Wald (Puszcza Niepołomicka), beliebter Jagdgrund der polnischen Könige, beginnt knapp hinter der Stadt. Braunbären, Bisons, Luchse, Wildkatzen, Hirsche und viel anderes Wild soll es hier gegeben haben. Leider ist der Wald nicht mehr so großartig, wie er einmal war. Inzwischen wurden Wildgehege eingerichtet, um den Bestand zu schützen.

Fassade des Schlosses in Niepołomice, Jagdresidenz der polnischen Könige

Glockenturm der Kirche der Benediktinerinnen in Staniątki

Staniątki ❺

24 km südöstlich von Krakau. *von Krakau Hauptbahnhof und Krakau-Płaszów.* **Kirche** *nur während Messen.*

Kloster und Kirche der Benediktinerinnen in Staniątki sind nicht weit entfernt von Niepołomice. Das Kloster wurde 1228 von Klemens von Ruszcza, dem Kastellan von Krakau gegründet. Die Kirche St. Maria und St. Albert stammt aus derselben Zeit und ist Polens älteste Hallenkirche, ein Kirchentyp, bei der Hauptschiff und Seitenschiffe die gleiche Höhe haben.

Die spärlichen Zierelemente des Ziegelbaus sind in Stein geschnitzt. Der Innenraum wurde im 18. Jahrhundert komplett erneuert. Interessant sind die verschwenderisch gestaltete Orgelempore von 1705 sowie die Wandmalereien, die der Krakauer Rokoko-Künstler Andrzej Radwański im Jahre 1760 schuf.

Barockkirche Mariä Erscheinung in Wadowice

Wadowice ⓫

58 km südwestlich von Krakau. *vom Hauptbusbahnhof Krakau.* **Elternhaus von Johannes Paul II.** *326 62.* *Mai–Sep tägl. 9–13 und 14–18 Uhr; Okt–Apr tägl. 9–12 und 14–18 Uhr.*

WADOWICE wurde 1327 erstmals schriftlich erwähnt. Der größte Tag in der Geschichte der Stadt war aber der 16. Oktober 1978, denn an diesem Tag wurde der am 18. Mai 1920 in Wadowice geborene Karol Wojtyła zum Papst gewählt. Die Heimatstadt des Papstes wurde sehr bald von Pilgern besucht. Zu den Wallfahrtsstätten gehört auch die Barockkirche Mariä Erscheinung am Marktplatz, in der Karol Wojtyła getauft wurde. In seinem Elternhaus richtete man ein Museum ein.

Die dem guten Hirten St. Peter geweihte Kirche am Rand von Wadowice wurde als Dankesopfer dafür errichtet, dass der Papst das Attentat vom 13. Mai 1981 überlebt hat. Der Entwurf stammt von Ewa Węcławowicz-Gyurkovich und Jacek Gyurkovich.

Auschwitz (Oświęcim) ⓬

60 km westlich von Krakau. *43 000.*

DER ORT, an dem das größte nationalsozialistische Konzentrationslager stand, wurde 1979 von der UNESCO in die Liste des Welterbes aufgenommen. Das ganze Lager ist Gedenkstätte. In den Gefangenenblocks befindet sich ein Museum, das eindrucksvoll und beklemmend von der Geschichte des Lagers und dem unvorstellbaren Massenmord Zeugnis gibt.

Auschwitz-Birkenau Museum
ul. Więźniów Oświęcimia 20. *(033) 844 81 02.* *tägl. 8–15 bzw. 19 Uhr.* www.auschwitz.org.pl

Kalwaria Zebrzydowska ⓭

38 km südwestlich von Krakau. *vom Hauptbusbahnhof oder von Krakau-Dębniki.* *von Krakau Hauptbahnhof oder Krakau-Płaszów.* **Bernhardinerkirche** *tägl. 6–19 Uhr.*

DER KALVARIENBERG als nachgebauter Passionsweg kam erstmals im 16. Jahrhundert in Norditalien auf. Man stellte die Stationen des Kreuzigungsweges nach, um an Leiden und Tod Christi zu erinnern. Die Landschaft eines Kalvarienberges sollte die Topografie Jerusalems so gut wie möglich nachahmen.

Der erste Kalvarienberg Polens wurde von Mikołaj Zebrzydowski um 1600 entworfen. Er errichtete die Kapellen, die die Stationen Christi auf seinem Weg nach Golgatha darstellen sollten, auf seinem eigenen Grund, auf dem Żary-Hügel nahe seiner Residenz. Zebrzydowski begründete auch das Bernhardinerkloster und die Bernhardinerkirche am Fuße des Żary-Hügels.

Während der Osterwoche finden alljährlich Passionsspiele auf dem Kalvarienberg statt. Zu Mariä Himmelfahrt wird »Das Begräbnis der Jungfrau« nachgespielt. Pilgerscharen kommen angereist, um der wundersamen Ikone der Mutter Gottes zu huldigen. Der Kalvarienberg ist eines der wichtigsten religiösen Zentren Kleinpolens.

Barockfassade der Bernhardinerkirche am Kalwaria Zebrzydowska, frühes 17. Jahrhundert

Kalwaria Zebrzydowska

DIE INTERESSANTESTEN KAPELLEN auf dem Kalvarienberg (Kalwaria Zebrzydowska) stammen von Paulus Baudarth, einem flämischen Architekten und Goldschmied. Er baute viele Kapellen und wollte Wiederholungen vermeiden. So entwarf er verschiedene Grundrisse, u. a. ein griechisches Kreuz, einen Kreis und sogar ein Dreieck. In manchen Kapellen griff er Barockideen auf und wählte die Form eines Herzens oder einer Rose.

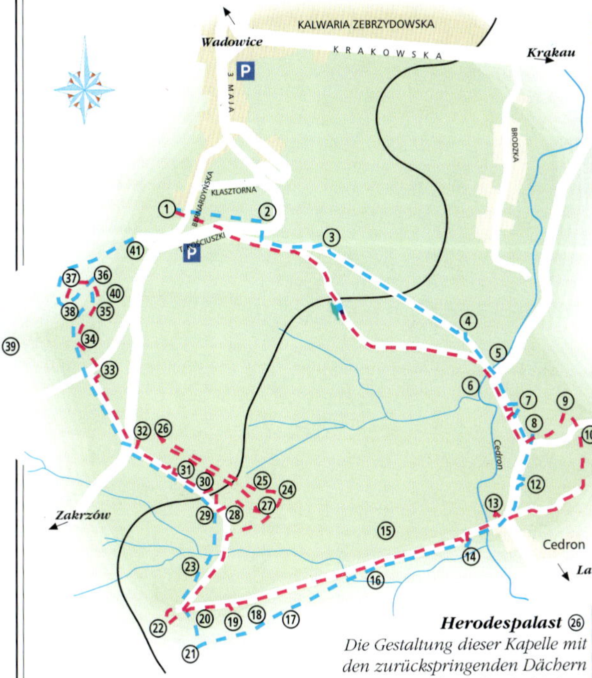

Kapelle des zweiten Falls ㉜
Diese Kapelle sieht wie ein Tor aus und hat Schmuckelemente aus behauenem Stein.

Herodespalast ㉖
Die Gestaltung dieser Kapelle mit den zurückspringenden Dächern orientierte sich an der Architektur polnischer Herrenhäuser.

LEGENDE

- P Parken
- Jesusweg
- Marienweg

0 Meter 400

SEHENSWÜRDIGKEITEN AUF DEM KREUZWEG

St.-Raphael-Kapelle ①
Kapelle des Throns ②
Kapelle des fröhlichen Patriarchen ③
Kapelle der triumphierenden Apostel ④
Kapelle des hl. Johannes Nepomuk ⑤
Engelsbrücke ⑥
Kapelle des Abschieds ⑦
Kirche des Grabs der Jungfrau Maria ⑧
Gethsemane ⑨
Kapelle der Verhaftung Christi ⑩
Kirche der Auferstehung ⑪
Jüdische Kapelle ⑫
Brücke über den Kidron ⑬
Osttor ⑭
Bethsaida ⑮
Apostelkapelle ⑯
Kapelle der Verehrung Mariä ⑰
Engelskapelle ⑱
Haus der Anna ⑲
Abendmahl ⑳
Haus der Maria ㉑
Haus des Kaiphas ㉒
Kapelle des Entschlafens Mariä ㉓
Pilatus' Rathaus ㉔
Die Heiligen Stufen ㉕
Herodespalast ㉖
Kapelle der Kreuzaufnahme ㉗
Kapelle des ersten Falls ㉘
Kapelle des Herzens Mariä ㉙
Kapelle des Simon von Kyrene ㉚
St.-Veronika-Kapelle ㉛
Kapelle des zweiten Falls ㉜
Kapelle der klagenden Frauen ㉝
Kapelle des dritten Falls ㉞
Kapelle der Entkleidung Christi ㉟
Kirche der Kreuzigung ㊱
Kapelle der Salbung ㊲
Kapelle des Heiligen Grabes ㊳
Einsiedelei der Maria Magdalena ㊴
Einsiedelei der hl. Helena ㊵
Kapelle der Madonna der Tränen ㊶

Drei Spaziergänge

Schmiedeeiserne Verzierung im Kamaldulenserkloster

Krakau ist ein idealer Ort für Spaziergänge. Die Altstadt, in der sich die meisten historischen Sehenswürdigkeiten konzentrieren, ist Fußgängerzone. Die meisten Ziele sind leicht zu Fuß erreichbar. Hier finden Sie Vorschläge für drei Rundgänge, von denen jeder ein einmaliges, unverwechselbares Erlebnis ist. Der erste Rundgang führt Sie entlang der Planty-Grünanlagen, die an Stelle der früheren mittelalterlichen Stadtmauer angelegt wurden. Sie bekommen einen Eindruck von der Ausdehnung der mittelalterlichen Stadt und haben Gelegenheit, mitten in der dicht bebauten Stadt Natur zu genießen. Viele Statuen von Krakauer Persönlichkeiten schmücken diesen Park.

Die beiden anderen Touren führen Sie weg vom Zentrum in das vorstädtische Krakau, das sich viel von seinem idyllischen, ländlichen Charme bewahrt hat. Zwierzyniec besitzt viele Kulturdenkmäler und bietet dank seiner Hügellage einen wundervollen Blick über Krakau. Der Wolski-Wald (Las Wolski) ist ein ausgedehntes Gebiet, in dem Sie Natur von ihrer schönsten Seite genießen können, aber auch die Möglichkeit haben, nahe gelegene historische Gebäude zu besichtigen. Zu den schönsten Gebäuden gehören die Villa Decius, heute Sitz der Europäischen Akademie und berühmt für ihre Säulen-Loggia, sowie der Komplex des Kamaldulenserklosters. Dabei sollte man beachten, dass Frauen nur an wenigen hohen Feiertagen Zutritt zum Kloster haben. Für Kinder ist der Zoo inmitten von Las Wolski ein Erlebnis.

Der Großraum Krakau ist ziemlich ausgedehnt, aber man kommt dank eines gut ausgebauten öffentlichen Verkehrsnetzes überall hin. Busse und Straßenbahnen verkehren vom frühen Morgen bis spät in die Nacht.

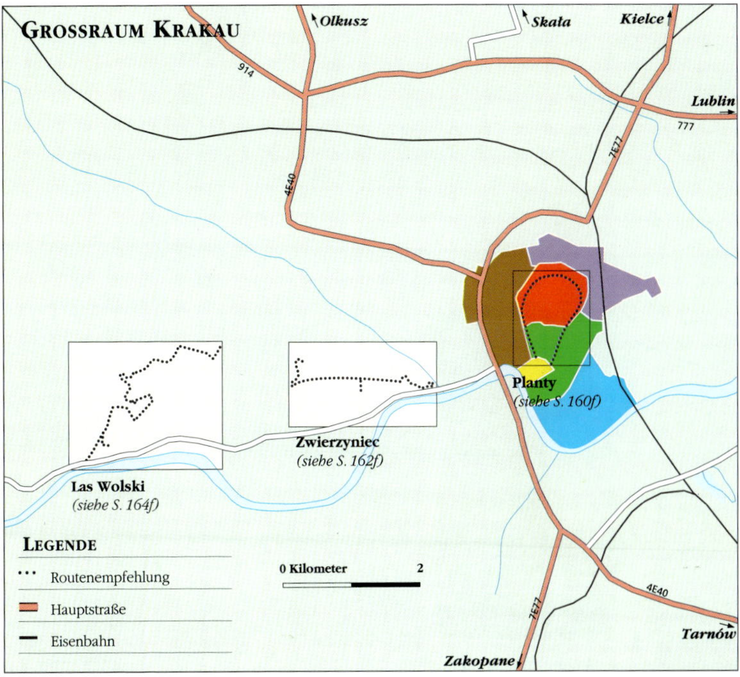

◁ Garten der Villa Decius

Planty-Rundgang

Der Planty-Grüngürtel in Krakau hat die mittelalterlichen Stadtmauern ersetzt, die zwischen dem späten 13. und dem 15. Jahrhundert erbaut worden waren. Sie wurden im frühen 19. Jahrhundert niedergerissen. Einzig der kurze Abschnitt in der Floriańska-Straße blieb übrig. Die Planty-Anlagen besitzen ein Netz von Wegen und wundervolle Alleen. In der zweiten Hälfte des 19. Jahrhunderts wurden die Planty zu einem beliebten geselligen Treffpunkt. 1988 begann man damit, die Anlagen zu erneuern. Mit Bänken, Lampen und schmiedeeisernen Gittern hat man das originale Erscheinungsbild der Planty wiederhergestellt.

Einer der vielen Brunnen in den Planty-Anlagen

Vom Wawel zur Universität

Der Rundgang beginnt am Wappentor des Wawel. Gehen Sie abwärts, überqueren Sie die Straße und betreten Sie die so genannten Wawel-Gärten. Zu Ihrer Rechten sehen Sie das neugotische Seminargebäude, zu Ihrer Linken die Skulptur *Eulen* ①.

Nach ungefähr 40 m kommen Sie an einen kleinen Platz, auf dem die von Edward Krzak geschaffene Statue des Übersetzers Tadeusz Boy-Żeleński steht ②. Wenden Sie sich jetzt nach rechts, dann stoßen Sie auf Mauern, die die Gärten des Archäologischen Museums *(siehe S. 83)* umgeben. In diese Mauern sind kleine, grün überwucherte Gedenktafeln eingelassen, die an die Spenden des ehrenamtlichen Komitees zur Renovierung der Baudenkmäler Krakaus erinnern.

Gehen Sie geradeaus weiter und überqueren Sie die Poselska-Straße. Falls Sie sich für Archäologie interessieren, biegen Sie nach rechts ab, und besuchen Sie das Museum. Auf der anderen Straßenseite befindet sich eine Säulenplatte, die auf den Standort eines der vielen mittelalterlichen Türme verweist, die Teil des Verteidigungssystems waren. Der Verlauf der Mauer ist durch Sandsteine markiert, die entlang der Wege ausgelegt sind. Biegen Sie scharf links ab, und gehen Sie ca. 20 m zu einem kleinen Platz hinunter. Dort finden Sie, versteckt hinter Bäumen, eine 1884 von Grażyna und Litawor geschaffene Statue ③, die zwei Figuren aus einem Gedicht von Adam Mickiewicz darstellt.

Von hier aus gehen Sie rechts weiter, bis Sie wieder auf den Hauptweg kommen. Jetzt sehen Sie die Gebäude des Franziskanerklosters *(siehe S. 86f)* und den Bischofspalast *(siehe S. 104)*. Gehen Sie geradeaus weiter, überqueren Sie die Franciszkańska-Straße, und betreten Sie den Garten der Universität. Gehen Sie dann entlang der Mauer des Bischofspalastes hinunter, überqueren Sie die Wiślna-Straße, und nochmals 150 m weiter unten, bei der Jagiellońska-Straße, finden Sie eine Marienstatue aus dem 18. Jahrhundert ④, die ursprünglich auf dem Friedhof der Marienkirche stand. Nach weiteren 40 m sollten Sie stehen bleiben, denn von hier aus, hinter der Piłsudski-Straße, können Sie den Kosciuszko-Hügel sehen. Gehen Sie jetzt weiter, dann passieren Sie die Fassade des Collegium Novum, des Hauptgebäudes der Universität. Vor dem Institut steht eine Eiche, die 1918 ge-

***Eulen* (1964) von Bronisław Chromy ①**

pflanzt wurde und als Friedenseiche bekannt ist. Ein rotes Ziegelmuster auf dem Hof imitiert die Kurven des Astrolabiums von Kopernikus. Die zwischen Bäumen stehende Statue des Astronomen ⑤ *(siehe S. 105)* steht links vom Collegium Novum vor dem Witkowski-Kolleg. Noch weiter unten passieren Sie das Collegium Novodvorianum *(siehe S. 104f)*, nach ca. 50 m überqueren Sie die St.-Anna-Straße. Jetzt sehen Sie zu Ihrer Rechten die St.-Annen-Kirche *(siehe S. 108f)*.

Die Planty im Herbst laden zum Spazierengehen ein

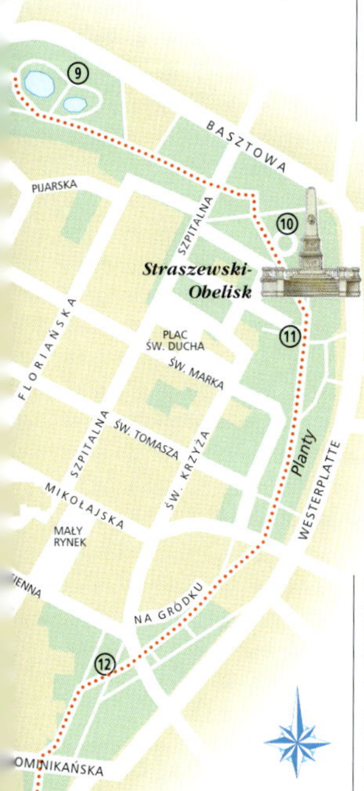

Vom Kunstpalast zur Barbakane

Gehen Sie 100 m weiter und überqueren Sie die Szewska-Straße. Rechterhand liegt jetzt der Kunstbunker *(siehe S. 106)*. Ungefähr 20 m, nachdem Sie die Szczepańska-Straße überquert haben, kommen Sie auf den Hauptweg der Planty. Bald gelangen Sie zu einem kleinen Platz, von dem aus Sie zu Ihrer Rechten den Kunstpalast *(siehe S. 106)* sehen, während links die 1901 von Wacław Szymanowski geschaffene Artur-Grottger-Statue ⑥ steht. Überqueren Sie jetzt die St.-Thomas-Straße (ulica św. Tomasza) und biegen Sie nach ca. 300 m links ab. In dieser »Ecke« der Planty befindet sich die Statue der Lilla Veneda ⑦, Hauptfigur eines Stückes von Juliusz Słowacki. Gehen Sie auf einem der Wege ca. 200 m entlang der Basztowa-Straße. Das nächste Denkmal ist das von Königin Jadwiga und König Władysław Jagiełło ⑧. Es wurde 1886 zur 500-Jahr-Feier der polnisch-litauischen Union aufgestellt. Wenn Sie jetzt die Sławkowska-Straße überqueren, finden Sie links einen großen Teich mit einer kleinen Brücke, die direkt zu einer Statue führt, die eine Harfenspielerin ⑨ darstellt. Gehen Sie jetzt den Hauptweg weiter, an den Überresten der Stadtmauer und dem Florianstor *(siehe S. 111)* vorbei, dann gelangen Sie direkt zur Barbakane *(siehe S. 114)*.

Vom Hauptbahnhof nach Stradom

Gehen Sie ca. 300 m durch den so genannten Bahnhofsgarten. Interessant sind hier das Słowacki-Theater *(siehe S. 115)* und die Heilig-Kreuz-Kirche *(siehe S. 115)*. Gehen Sie weiter bis zum Straszewski-Obelisk ⑩. Florian Straszewski war der Mann, der Planty angelegt hat. Hinter der Heilig-Kreuz-Kirche steht die Statue des Dramatikers Michał Bałucki ⑪.

Wenn Sie nochmals 300 m weitergehen und die Mikołajska-Straße überqueren, gelangen Sie in den »Na gródku«-Park. Hier liegt rechts das Kloster der Dominikanerinnen *(siehe S. 115)*. Wenn Sie jetzt geradeaus weitergehen und die Sienna-Straße überqueren, liegt rechter Hand das Dominikanerkloster *(siehe S. 116f)*. Dann kommen Sie an der ungewöhnlichen Statue des Colonel Narcyz Wiatr-Zawojny ⑫ vorbei, der 1946 von der Geheimpolizei (UB) erschossen wurde. Die Statue wurde 1992 von Bronisław Chromy geschaffen. Nach weiteren 500 m kommen Sie zunächst zu den so genannten Stradom-Gärten und dann zum Jesuitenkloster.

Statue der Lilla Veneda von Alfred Daun ⑦

Routeninfos

Start: *Am Fuß des Wawel in der Kanonicza-Straße.*
Länge: *ca. 5 km.*
Anfahrt: *Buslinien 124, 144 und 444; die nächste Haltestelle ist Straszewskiego-Straße.*
Rasten: *Café im Kunstbunker beim Collegium Novum. In der ganzen Grünanlage finden Sie überall Bänke, besonders schön gelegene bei der Barbakane.*

Legende

••• Routenempfehlung

Spaziergang in Zwierzyniec

IM 12. JAHRHUNDERT war Zwierzyniec ein kleines Dorf, gegründet als Versorgungsstätte des Klosters der Prämonstratenserinnen, das an der Rudawa, einem Nebenfluss der Weichsel, lag. Die polnischen Herrscher erholten sich gerne in den königlichen Gärten. Von Heinrich von Valois wird behauptet, er habe hier wahre Orgien gefeiert. Die reiche Oberschicht Krakaus tat es den Königen nach und baute ihre Landsitze in Zwierzyniec. Obwohl Zwierzyniec im frühen 20. Jahrhundert Krakau eingegliedert wurde, hat sich der Ort seinen ursprünglichen ländlichen Charakter erhalten.

Zwierzyniecki-Friedhof ⑤

Altar der St.-Margareten-Kapelle

Salwator

Wenn Sie aus der Straßenbahn aussteigen, gehen Sie zuerst zur Kirche der Prämonstratenserinnen ①. Sie wurde in der zweiten Hälfte des 12. Jahrhunderts gegründet, aber ihr heutiges Erscheinungsbild ist das Ergebnis eines Umbaus, der zwischen 1595 und 1638 vorgenommen wurde. Sehr interessant ist die neoklassische Gestaltung des Chors. Er entstand 1775–79 nach Entwürfen von Sebastian Sierakowski. Der Klosterkomplex nahe der Kirche ist einer der größten in Polen. Allein wegen des Innenhofs lohnt sich ein Besuch. Nach der Besichtigung der Kirche sollten Sie die steile St.-Bronisławy-Straße hinaufgehen. Linker Hand sehen Sie dann die 1690 erbaute Sankt-Margareten-Kapelle ②. Auf dem Friedhof wurden die Pestopfer begraben. Die Erlöserkirche ③ befindet sich ein Stück weiter oben. Polni-

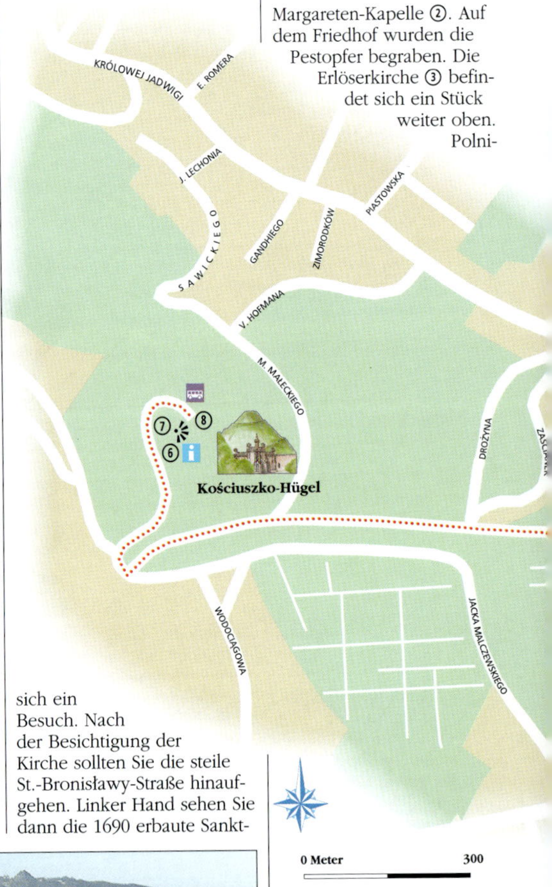

LEGENDE

- Routenempfehlung
- Aussichtspunkt
- Straßenbahnhaltestelle
- Bushaltestelle
- Information

Kościuszko-Hügel und Zwierzyniec vom Wawel aus gesehen

sche Chroniken berichten, dass sie im Jahr 966, direkt nach der Christianisierung Polens durch Herzog Mieszko I., erbaut wurde. Der Herzog soll der Kirche ein Kruzifix vermacht haben. Offensichtlich wurde die Kirche aber später erbaut. Die Weihe fand im Jahr 1148 statt. Trotz zahlreicher Umbauten ist viel vom romanischen Charakter erhalten geblieben. Ein Gemälde von Kasper Kurch aus dem Jahr 1605 zeigt die Szene, wie der Gekreuzigte seinen Schuh abschüttelt, um ihn einem armen Geiger unter dem Kreuz zukommen zu lassen. Interessant sind eine Kanzel (17. Jh.) sowie Gräber aus dem frühen 19. Jahrhundert.

Nahe der Kirche wurde im frühen 20. Jahrhundert eine Wohnsiedlung im Jugendstil ④ erbaut.

Zwierzyniecki-Friedhof

Gehen Sie die Anczyc-Straße hinunter und biegen Sie rechts in die Aleja Jerzego Waszygtona (Washington-Straße) ein. Der kleine Zwierzyniecki-Friedhof ⑤, der 1865 geweiht wurde, liegt am Rande der Salwator-Siedlung. In der Mitte des Friedhofs steht eine Kapelle, die 1888/89 im neugotischen Stil erbaut wurde. Architekt war Sebastian Jaworzyński. Auf dem Friedhof findet man viele Gräber bedeutender polnischer Künstler.

St.-Bronisława-Kapelle unterhalb des Kościuszko-Hügels ⑥

Kościuszko-Hügel

Die dreispurige Aleja Jerzego Waszygtona bringt Sie zum Kościuszko-Hügel am Berg Sikornik. Am Fuße des Hügels markiert die Kapelle der hl. Bronisława ⑥ die Stelle, an der sich die Einsiedlerklause der Nonne befand. Die Kapelle wurde 1856–61 von Feliks Księżarski im neugotischen Stil erbaut. Der Kościuszko-Hügel ⑦ wurde zwischen 1820 und 1823 aufgeschüttet, um an den Anführer des polnischen Aufstandes von 1794 zu erinnern. Vorbild für das Monument eines polnischen Freiheitskämpfers waren die Hügel der zwei mythischen polnischen Herrscher Krakus und Wanda, die sich ebenfalls in der Umgebung Krakaus befinden. Die Aufschüttung des Hügels wurde zu einer patriotischen Aktion, der Hügel wird von vielen Polen besucht. Die Befestigungsanlagen ⑧ am Fuß des Kościuszko-Hügels wurden nach 1850 von den Österreichern errichtet als Teil ihres Plans, aus Krakau eine massive Festung machen zu wollen. Die Festungsanlage wird heute als Hotel genutzt und beherbergt die Radiostation RMF FM. Eine Bushaltestelle, von der aus man wieder in die Stadt zurückkommt, ist am Hoteleingang.

Kirche und Kloster der Prämonstratenserinnen in Salwator ①

ROUTENINFOS

Start: Straßenbahndepot Salwator.

Länge: 2,5 km.

Anfahrt: Zum Straßenbahndepot Salwator kommen Sie mit den Straßenbahnen 1, 2 und 6. Zurück bringt Sie der Bus Linie 100, der am Fuß des Kościuszko-Hügels hält.

Rasten: Bänke zum Ausruhen finden Sie in der Aleja Jerzego Waszyngtona. Im Hotel »Pod Kopcem« gibt es ein nettes Café sowie ein Hotelrestaurant.

Spaziergang in Las Wolski

Las Wolski (Wolski-Wald) ist das größte Grüngebiet Krakaus. Teilweise ist hier noch der originale Waldcharakter erhalten, während die übrige Fläche zu einer großen Parkanlage umgestaltet wurde. Pfade und kleine Wege schlängeln sich durch das hügelige Terrain. Immer wieder findet man überraschende Fleckchen von natürlich-wilder oder künstlich-gestalteter Schönheit. Das baulich reizvolle Kamaldulenser-Kloster sowie die Villa Decius, beide am Rande des Parks gelegen, sind einen Besuch wert. Der Spaziergang führt durch den Wolski-Wald und durch angrenzende Gebiete.

Der Park bei der Villa Decius

Eingang zum Kamaldulenser-kloster ①

Srebrna Góra (Silberberg)

Der Rundgang beginnt an der Bushaltestelle Aleja Wędrowników (Wędrowników-Allee), Ecke Księcia-Józefa-Straße. Gehen Sie ungefähr 500 m die Aleja Wędrowników hinunter, und biegen Sie dann rechts in die Aleja Konarowa (Konarowa-Allee) ein. Besteigen Sie von hier aus den Silberberg zum Kamaldulenserkloster ①. Das Kloster dieses strengen, reformierten Benediktinerordens wurde zwischen 1605 und 1642 von den Architekten Valentin von Säbisch und Andrea Spezza erbaut. Hinter der steinverkleideten Fassade steht die Nüchternheit des Hauptschiffs in scharfem Kontrast zu den verschwenderisch ausgestalteten Kapellen, in denen man Stuckarbeiten von Giovanni Falconi sehen kann. Sehr schön ist auch die königliche Kapelle, die 1633–36 erbaut wurde. Die Stufen auf der einen Seite des Hochaltars führen hinunter in die Krypta, in der sich ein Gruftgewölbe befindet. An den Wänden sind Nischen ausgehoben, Gräber für die verstorbenen Mönche. Neben der Katakombe ist das Ossarium, das Beinhaus, ein Gemeinschaftsgrab mit den Gebeinen der Verstorbenen. Die Klausen sind für Besucher nicht zugänglich, aber man kann sie von der Beinhaus-Kapelle aus sehen. Frauen dürfen die Kirche nur an hohen Feiertagen betreten.

Las Wolski lädt zu ausgedehnten Spaziergängen ein ②

Legende

•••• Routenempfehlung

Bushaltestelle

Las Wolski (Wolski-Wald)
Gehen Sie vom Kloster aus denselben Weg zurück, bis Sie wieder zur Wędrowników-Allee kommen, dem Hauptweg durch den Wolski-Wald ②. Hier halten Sie sich rechts. 1917 wurde dieser Wald dank der Bemühungen von Juliusz Leo, dem damaligen Bürgermeister von Krakau, in einen öffentlichen Park umgewandelt. Biegen Sie wieder rechts ab auf einen Pfad, der Sie zur Aleja Żubrowa (Bison-Allee) bringt. Nach einigen Gehminuten stehen Sie vor dem Zoo ③. Er wurde 1929 eingerichtet und zeichnet sich vor anderen zoologischen Gärten durch seine Lage aus. Wenn Sie den Zoo auf dem Al Do Kopca (Weg zum Hügel) verlassen, gelangen Sie zum Marschall-Piłsudski-Hügel ④ oben auf dem Sowiniec-Berg. Der Hügel wurde 1934 bis 1936 als Mahnmal aufgeschüttet. Er soll an die Polen erinnern, die für die polnische Unabhängigkeit gefallen sind, in den lang anhaltenden Kämpfen gegen drei Großmächte, die aus Polen zwischen 1772 und 1918 ein geteiltes Land machten. Der Hügel wird als »Grab der Gräber« bezeichnet. Gehen Sie jetzt den Hügel wieder hinunter und folgen Sie der Aleja Panieńskich Skał (Allee der Felsenjungfrau), die Sie zum Heiligtum der Felsenjungfrau ⑤ bringt. Auf Ihrem Weg treffen Sie auf malerische Kalksteinformationen. Die Legende besagt, dass sich die Prämonstratenserinnen von Zwierzyniec hier vor den Tataren versteckten. Eine Holzkirche aus dem 16. Jahrhundert ⑥ am Ende der Straße wurde von Komorowice hierher gebracht.

Marienstatue in Panieńskie Skały ⑤

Wola Justowska
Gehen Sie weiter auf der Aleja Panieńskich Skał, und biegen Sie rechts in die Aleja Kasztanowa (Kastanienallee) ein. Hier beginnt Wola Justowska, ein eleganter Krakauer Distrikt. Gehen Sie weiter zur Villa Decius (Willa Decjusza) ⑦. Justus Decius war Sekretär des Königs Zygmunt des Alten. 1530 baute er einen spätgotischen Herrensitz aus dem 15. Jahrhundert in eine Renaissance-Villa um. Das Gebäude wurde in der ersten Hälfte des 17. Jahrhunderts erweitert, von der Loggia hat man einen schönen Blick. Die Villa ist heute Sitz der Europäischen Akademie, die sich um das Europäische Kulturerbe bemüht. Von der nahen Bushaltestelle kommt man wieder ins Zentrum.

Die herrschaftliche Residenz Villa Decius ⑦

ROUTENINFOS

Start: *Bushaltestelle an der Kreuzung Księcia Józefa- Straße und Wędrowników-Straße.*
Anfahrt: *Die Buslinien 109, 209, 229, 239, 249 und 259 bringen Sie zum Srebrna Góra. Bus 134 fährt zum Zoo-Eingang, die Busse 102, 134 und 152 fahren von Wola Justowska in Zentrum.*
Rasten: *Im ganzen Wolski-Wald gibt es Bänke zum Ausruhen. Restaurants finden Sie am Fuß von Srebrna Góra und in der Nähe des Zoos, ein Café in der Villa Decius.*
Zu beachten: *Frauen haben nur an folgenden Tagen Zutritt zur Kamaldulenserkirche: 7. Feb, 25. März, Ostersonntag, Pfingstsonntag und -montag, Fronleichnam, 19. Juni, So nach 19. Juni, 15. Aug, 8. Sep, 8. und 25. Dez.*

Zu Gast in Krakau

ÜBERNACHTEN

LUXUSHOTELS, die zu internationalen Ketten gehören, gibt es in Krakau wenige, aber viele Hotels sind berühmt wegen ihrer Architektur und ihrer Geschichte, die oft bis ins 19. Jahrhundert zurückreicht. In zahlreichen Häusern ist noch heute die Atmosphäre des *fin de siècle* zu spüren. Die besten Hotels erreichen inzwischen wieder ihren alten Glanz, der im Kommunismus verloren gegangen war. Natürlich muss vieles restauriert und erneuert werden, aber die Modernisierungsmaßnahmen gehen stetig voran. Der Hotelneubau, der nach 1989 eingesetzt hat, kann allerdings immer noch nicht mit den ständig steigenden Besucherzahlen mithalten. Die neu eröffneten Hotels sind teils umgebaute Wohnhäuser. Auf den folgenden Seiten finden Sie die empfehlenswertesten Hotels, auf den Seiten 174 bis 177 sind sie nach Lage und Preis aufgelistet.

Das Hotel Pollera *(siehe S. 175)*

HOTELAUSWAHL

DIE MEISTEN HOTELS in Krakau liegen in der Altstadt innerhalb des Planty-Grüngürtels oder in unmittelbarer Nähe. Krakaus Ausdehnung ist nicht besonders groß, so dass man auch in den etwas weiter entfernten Hotels nicht länger als 15 bis 20 Minuten mit der Straßenbahn oder dem Bus ins Zentrum braucht. Von Nowa Huta dauert die Fahrt allerdings länger. Dort wurden besonders preisgünstige Hotels für Arbeiter gebaut, in denen heute vor allem die Händler aus dem Osten übernachten, die ihre Waren auf den Straßenmärkten anbieten.

Wer mit dem Auto unterwegs ist, kann in der Umgebung von Krakau Hotels, Motels, Pensionen und Privatzimmer finden, die z. T. reizvoll gelegen sind. Myślenice, 27 Kilometer südlich von Krakau an der Hauptstraße nach Zakopane, ist so ein Ort. Er liegt malerisch zwischen den Hügeln der mittleren Beskiden im Flusstal der Raba. Gut 30 Kilometer nördlich von Krakau gelegen ist Ojców, ein traditioneller Sommerferienort mitten im Jura-Ojców-Nationalpark. Ganz in der Nähe befindet sich das Schloss Pieskowa Skała, ein wahres Juwel polnischer Renaissance-Architektur *(siehe S. 155)*.

Wer nur sehr wenig Geld ausgeben will, findet mehrere Campingplätze und Jugendherbergen *(siehe S. 170)*. Man kann auch von Privatleuten Zimmer und Apartments mieten, obwohl das oft nur für einen längeren Zeitraum möglich ist. Allerdings ist es in den vielen schönen Ortschaften außerhalb Krakaus kein Problem, Unterkunft von Privatvermietern zu finden.

Die örtlichen Behörden geben auch Listen von ökologisch geführten Bauernhöfen heraus, wo man sehr schön wohnt, regionale Spezialitäten bekommt und in vielen Fällen auch reiten kann.

RESERVIERUNG

FRÜH ZU BUCHEN ist unbedingt ratsam, am besten reservieren Sie sich schon Wochen vorher ein Hotelzimmer in Krakau. Obwohl die Stadt das ganze Jahr über gut besucht ist, geht es im Herbst und Winter etwas ruhiger zu. Aber auch dann findet fast immer eine internationale Konferenz oder ein Festival statt. Wer sich darauf verlässt, am Tag seiner Ankunft in Krakau ein Hotel zu finden, wird sich also schwer tun.

AUSSTATTUNG

DIE MEISTEN ZIMMER haben Bad und Toilette, ein Radio und oft auch Fernsehen mit Satellitenanschluss. In Hotels der oberen Kategorie gibt es Minibar, 24-Stunden-Service und Wäschedienst, in einzelnen Häusern finden Geschäftsreisende Computer, Internetanschluss und Fax vor. Die Rezeption hat Informationen und reserviert oft

Ein Zimmer im Hotel Alef, das frühere Hotel Ariel *(siehe S. 176)*

auch Karten für Veranstaltungen. Das Personal spricht in vielen Fällen Deutsch und / oder Englisch. Bis 12 Uhr muss man auschecken. Nur in wenigen Hotels sind Haustiere willkommen.

Preisnachlässe

Die besten Hotels sind relativ teuer. In der Herbst-Winter-Saison werden günstigere Preise angeboten. Man kann immer nach Rabatt fragen. Oft hat man gute Chancen, einen Preisnachlass zu bekommen, wenn man einen längeren Aufenthalt bucht. Am preiswertesten wohnt man in Studentenwohnheimen, die im Sommer oft zu Hotels umfunktioniert werden. Die Jugendherbergen haben das ganze Jahr über geöffnet. Es gibt auch Campingplätze in Krakau.

Das Hotel Royal ***(siehe S. 175)***

Versteckte Extras

In allen Hotels gelten die Preise einschließlich Steuer und Service. Auch das Frühstück ist meist inbegriffen, aber diesbezüglich sollte man besser nachfragen.

Telefonieren ist im Hotel teuer, manchmal sind die Gebühren extrem hoch. Es ist empfehlenswert, eines der vielen öffentlichen Kartentelefone zu benutzen. Karten erhält man an Zeitungsständen, Kiosken und bei der Post. Die Telefonzellen auf der Straße haben eine eigene Nummer und sind z. T. behindertengerecht ausgestattet.

Die Empfangshalle im Novotel ***(siehe S. 177)***

Allgemein ist in Krakaus Hotelrestaurants ein Trinkgeld von zehn Prozent üblich, aber es kann auch etwas weniger sein. Nur in exklusiven Hotels erwartet das Hotelpersonal ein Trinkgeld.

In Krakau stehen nicht sehr viele Einzelzimmer zur Verfügung, also bietet man dem Alleinreisenden oft ein Doppelzimmer an. In diesem Fall sollten Sie unbedingt nach einem Preisnachlass fragen. Üblich ist ein Nachlass von etwa 30 Prozent.

Mit Kindern unterwegs

Kinder sind überall willkommen. Die meisten Hotels bieten Zusatzbetten für die Kleinen an – manchmal sogar ohne Aufpreis. Wenn Sie reservieren, sollten Sie sich danach erkundigen. In Hotelrestaurants gibt es fast immer Kinderportionen, oft stehen Kinderstühle zur Verfügung. Allerdings bieten Krakauer Hotels keine Betreuung für Kinder an. Diesen Service vermittelt gegen Gebühr die Agentur Topolina (31 ul. Friedleina, Tel. 633 06 62, täglich von 11 bis 15 Uhr, außerhalb dieser Zeiten Tel. 0501 61 73 38). Die Agentur vermittelt auch Babysitter, die eine Fremdsprache sprechen.

Privatzimmer und Wohnungen

Wer in Krakau von Privat ein Zimmer oder ein Apartment mieten möchte, sollte sich an eine Agentur wenden, die sich auf diese Vermittlung spezialisiert hat. Allerdings sind Wohnungen meist nur für einen längeren Zeitraum zu mieten.

Anders ist die Situation auf dem Land. Besonders während der Sommermonate bieten viele Privatleute Zimmer an. Eine ganze Reihe von Bauernhöfen bemüht sich um ausgezeichneten Service für ihre Gäste. Eine Aufstellung von Privatunterkünften erhalten Sie bei Reiseagenturen, den lokalen Femdenverkehrsämtern und oft auch in den Stadtteilzentren.

Eingang zum Hotel Grand ***(siehe S. 175f)***

Zeichenerklärung

Die Hotels auf den Seiten 175–177 sind nach Preiskategorien geordnet. Bei der Wahl sollen Ihnen folgende Symbole helfen, die Ausstattung und Serviceleistungen beschreiben.

- Zimmer mit Bad und/oder Dusche
- 1 Einzelzimmer vorhanden
- Mehrbettzimmer bzw. Extrabett möglich
- 24 24-Stunden-Zimmerservice
- TV Zimmer mit Fernseher
- Nichtraucherzimmer
- Schöne Aussicht
- Zimmer mit Klimaanlage
- Fitness-Center
- Hoteleigener Swimmingpool
- Einrichtungen für Geschäftsleute: Faxgerät für Gäste, Schreibtisch und Telefon in jedem Zimmer, Konferenzraum im Hotel
- Kinderbetten und Einrichtungen für Kinder
- Behindertengerecht
- Lift
- P Hoteleigener Parkplatz
- Garten oder Terrasse
- Bar
- Restaurant
- Informationen
- Kreditkarten:
  - *AE* American Express
  - *DC* Diners Club
  - *MC* MasterCard
  - *V* Visa

Preiskategorien für ein Doppelzimmer mit Bad oder Dusche, inkl. Frühstück, Service und 7 % Steuer (in Złoty).

- ⓩ unter 150 Złoty
- ⓩⓩ 150–250 Złoty
- ⓩⓩⓩ 250–350 Złoty
- ⓩⓩⓩⓩ 350–450 Złoty
- ⓩⓩⓩⓩⓩ über 450 Złoty

Jugendherbergen

Jugendherbergen bieten preiswerte Übernachtungsmöglichkeiten in Schlafsälen mit einfachen Waschräumen an. Sie schließen meist um 22 oder 23 Uhr, oft darf man den Schlafsaal nachmittags nicht betreten.

Es gibt verbilligte Preise für Studenten und auf den Internationalen Jugendherbergsausweis. Die Jugendherberge an der Kościuszki-Straße ist bei jungen Reisenden besonders beliebt.

Camping

Die meisten Campingplätze liegen in den Außenbezirken von Krakau. Trotzdem braucht man nicht sehr lang, um ins Zentrum zu kommen. Die Campingplätze haben normalerweise nur in den Sommermonaten (meist von Anfang Mai bis Ende September) geöffnet.

Zum Campingplatz **Krakowianka** gehört auch ein preiswerter Hotel-Bungalow mit Dreibettzimmern und Gemeinschaftsduschen auf dem Flur. Im Sommer steht Campern und Gästen auch ein Swimmingpool auf dem Gelände zur Verfügung.

Der Campingplatz **Smok** gilt als besonders sauber und liegt ausgesprochen schön. Auch er hat nur in der Hauptsaison geöffnet.

Eingang zum Polski Hotel (»Pod Białym Orłem«) ***(siehe S. 175)***

Dom Polonii am Marktplatz ***(siehe S. 175)***

Auf einen Blick

Zimmer-vermittlung

Fremdenverkehrsamt und Zimmervermittlung (Centrum Informacji Turystycznej)
Pawia 8. **Stadtplan** 2 D4 (6 F1).
422 60 91.
www.jordan.pl
it@jordan.pl

Almatur
Grodzka 2.
Stadtplan 1 C4 (6 D3).
422 46 68.

B & B Krakow
Szlak 14.
Stadtplan 1 C2.
623 77 91.

Gromada
Pl. Szczepański 8.
Stadtplan 1 C4 (5 C1).
422 72 13 oder 422 37 45.

Holiday Hotels
Rostafińskiego 2.
637 24 16.

Juventur
Sławkowska 1.
Stadtplan 1 C4 (6 D2).
422 24 37.

Malopolska Tourist Information
Rynek Główny 1/3.
Stadtplan 1 C4 (6 D2).
421 77 06.

Orbis
Rynek Główny 41.
Stadtplan 1 C4 (6 D2).
422 46 32 oder 422 26 76.

Point Travel Agency
Przy Rondzie 2.
Stadtplan 2 F3.
421 84 33, 411 36 09.

Armii Krajowej 11.
636 01 51, 638 68 94.
www.point.travel.pl
point@point.travel.pl

Polnische Tourismusagentur (Polska Agencja Promocji Turystycznej)
Pl. Wszystkich Świętych 8.
Stadtplan 1 C5 (6 D3).
422 71 27.

PTTK
Westerplatte 5.
Stadtplan 2 D4 (6 F2).
422 26 76.

Waweltur
Pawia 8.
Stadtplan 1 D4 (6 F1).
422 19 21.

Pensionen

Ekspres
Wrocławska 91.
633 88 62.

Marina Hotel
Myślenice,
Stoneczna 13.
272 32 31.

Wagabunda
Oś. Złotej Jesieni 15c.
643 02 22.

Privatzimmer-vermittlung und Makler für Wohnungen

Diese Agenturen vermitteln Wohnungen nur für mehrere Monate.

Dom
Kazimierza Wielkiego 34.
634 20 41.

Grodzkie Biuro Nieruchomości (Grodzkie-Vermittlungsbüro)
Starowiślna 1/3.
Stadtplan 2 D5 (6 E3).
422 32 21.

Nieruchomości (Vermittlungsbüro)
Pl. Szczepańska 7/3.
Stadtplan 1 C4 (5 C1).
422 82 47.

Gästezimmer

Cicha 8.
637 91 84.

Wohnheim (Dom Noclegowy)
Zielonki 573.
633 70 49.

Modlniczka 129.
285 12 61.

Ośrodek ZHP (Polnisches Pfadfinder-Zentrum)
Korzkiew.
633 49 11 Durchwahl 232.

Rekliniec
Myślenice, Leśna 2a.
272 39 89.

Jugend-herbergen

Oleandry 4.
Stadtplan 1 A4.
633 88 22.

Kościuszki 88.
422 19 51.

Myślenice, Sobieskiego 1.
472 06 74.

Wrocławska 91.
633 88 62.

Szablowskiego 1.
637 24 41.

Studenten-wohnheime

AWF
Al. Jana Pawła II 82.
648 02 07.

Bydgoska
Bydgoska 19a.
637 44 34.

Nawojka
Reymonta 11.
633 58 77.

Olimp
Rostafińskiego 9.
637 22 11.

Piast
Piastowska 47.
637 21 76.

Strawberry Youth Hostel
Racławicka 9.
Stadtplan 1 A1.
636 15 00.
Juli und August.

Żaczek
Al. 3 Maja 5.
Stadtplan 1 A5.
633 54 77.

Camping-plätze

Campingplatz des Krakauer Automobilklubs (Automobilklub Krakowski Pole biwakowe)
Pcim Lipiny
274 80 42.
30. Apr–3. Sep.

Pcim Madoń
274 81 19.
30. Apr–3. Sep.

Clepardia
Mackiewicza 14.
412 58 80.

Expans-Krak
Mackiewicza 14.
415 16 74.

Kemping Ogrodowy
Al. Kasztanowa 49.
425 23 12.

Korona
Gaj 51.
270 13 18.

Krakowianka
Żywiecka Boczna 2.
266 41 91.

Prima
Myślenice
Parkowa 1f.
272 26 46.

Prima II
Myślenice, Zdrojowa 7a.
272 23 41.

Smok
Kamedulska 18.
421 02 55.

Highlights: Hotels

NOCH IMMER GIBT ES zu wenige Hotels für die Millionen Reisenden, die jedes Jahr Krakau besuchen. Hier finden Sie einige der besten Hotels, oft in historischen Gebäuden. Neue Hotels liegen in der Regel ein wenig außerhalb, von manchen braucht man rund 15 Minuten mit dem Auto ins Zentrum.

Demel
In diesem schönen Hotel ist auch eine Schönheitsklinik. An der Bar wird Ottakringer Bier aus Wien serviert (siehe S. 177).

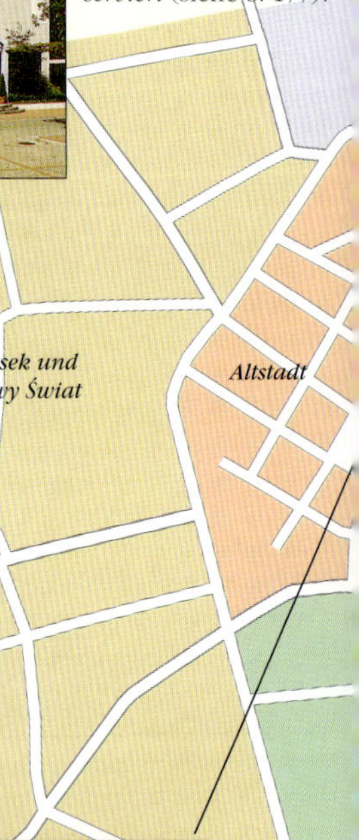

Novotel (früher Continental)
Anfangs gehörte dieses große Hotel zur Holiday-Inn-Kette, dann hieß es Continental. Die Ausstattung hier ist die luxuriöseste in ganz Krakau (siehe S. 177).

Cracovia
Das Cracovia liegt in der Nähe der Błonia-Wiesen; man ist in zehn Minuten zu Fuß im Zentrum. Hier gibt es den besten Kuchen (siehe S. 176).

Grand
Ein Abendessen im glasüberdachten Jugendstilsaal des Grand gehört zu den besonderen Erlebnissen, die man sich gönnen sollte, auch wenn man nicht hier wohnt (siehe S. 175f).

Sofitel (früher Forum)
Das Café des größten Hotels in Krakau bietet einen einzigartigen Blick über Weichsel, Wawel und Paulinerkirche (siehe S. 177).

Francuski Hotel
Das Hotel ist bekannt und wird in vielen Romanen erwähnt. Hier findet man noch die Eleganz und Atmosphäre des fin de siècle (siehe S. 175).

Ibis
Dieses Haus gehört zur internationalen Hotelkette und bietet den üblichen Standard (siehe S. 177).

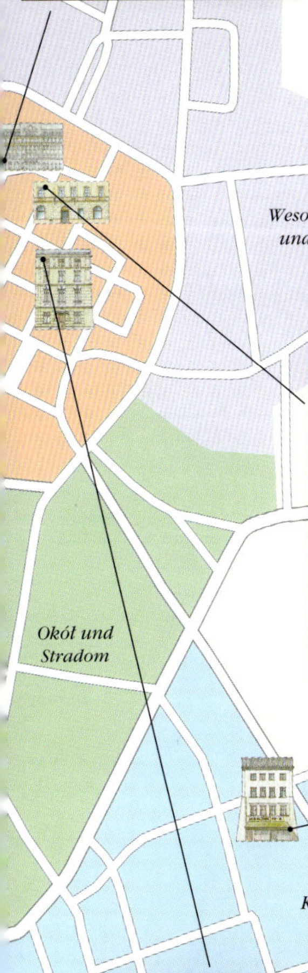

Polski »Pod Białym Orłem« Hotel
Das alte Hotel mit Tradition ist sehr schön an der Stadtmauer beim Florianstor gelegen (siehe S. 175).

Hotel Alef (früher Ariel)
Das kleine, elegante Hotel über einem jüdischen Restaurant im Herzen des Kazimierz-Viertels hat schöne Zimmer (siehe S. 176).

Hotel Elektor
Ein altes Stadthaus wurde zum Luxushotel umgebaut. Unter den berühmten Gästen waren auch der Kronprinz von Japan und seine Frau (siehe S. 175).

Hotelauswahl

Die Hotels wurden alle wegen ihrer Ausstattung, dem Service oder der Lage ausgewählt. Die Liste berücksichtigt alle Stadtviertel und soll Ihnen helfen, das Hotel zu finden, das Ihren Bedürfnissen am besten entspricht. Hotels in derselben Preiskategorie sind alphabetisch geordnet. Genauere Informationen finden Sie auf den Seiten 175 bis 177.

		Anzahl der Zimmer	Business-Ausstattung	Kinderfreundlich	Gutes Restaurant	Gute Lage	Ruhige Lage	24-Stunden-Zimmerservice
Okół und Stradom *(siehe S. 175)*								
Monopol	zł zł	36		●		●		●
Wawel Tourist	zł zł zł	35				●	●	●
Royal	zł zł zł zł	180		●		●	●	●
Altstadt *(siehe S. 175f)*								
Dom Polonii	zł zł	3	●			●		
SARP	zł zł	6				●		
Pollera	zł zł zł	43		●		●		●
Saski	zł zł zł	62		●		●		●
Polski »Pod Białym Orłem«	zł zł zł zł	54		●		●	●	●
Elektor	zł zł zł zł zł	21	●	●	●	●		●
Francuski	zł zł zł zł zł	42	●	●		●	●	●
Grand	zł zł zł zł zł	60	●	●		●		●
Pod Różą	zł zł zł zł zł	53	●	●	●	●		●
Kazimierz-Viertel *(siehe S. 176)*								
Mini	zł zł zł	4				●		●
Alef	zł zł zł zł	5	●		●	●	●	●
Wesoła, Kleparz und Biskupie *(siehe S. 176)*								
Europejski	zł zł zł	53	●	●		●		●
Hotel Wyspiański	zł zł zł	160				●		●
Polonia	zł zł zł	70	●			●		●
Piasek und Nowy Świat *(siehe S. 176)*								
Fortuna	zł zł zł	30		●		●	●	●
Pensjonat Rycerski	zł zł zł	16				●		●
Logos	zł zł zł zł	49		●		●	●	●
Cracovia	zł zł zł zł zł	314	●	●		●		●
Abstecher *(siehe S. 176f)*								
Piast Student Hotel	zł	50						
Korona	zł zł	20				●		●
Perła	zł zł	12		●			●	●
Wisła	zł zł	25					●	●
Demel	zł zł zł	62	●	●			●	●
Ibis	zł zł zł	219	●	●		●		●
Novotel	zł zł zł zł	304	●	●			●	●
Wanda	zł zł zł zł	80	●	●			●	●
Piast	zł zł zł zł zł	162	●	●				●
Pod Kopcem	zł zł zł zł zł	11	●	●			●	●
Sofitel	zł zł zł zł zł	279	●	●			●	●

Preiskategorien für ein Doppelzimmer mit Bad oder Dusche, inkl. Frühstück, Service und Steuer:
zł unter 150 Złoty
zł zł 150–250 Złoty
zł zł zł 250–350 Złoty
zł zł zł zł 350–450 Złoty
zł zł zł zł zł über 450 Złoty

Gute Lage
Läden, Bars, Cafés und Restaurants liegen nahe beim Hotel.

Business-Ausstattung
Telefon, Faxgerät und Internetanschluss sind vorhanden; das Hotel hat mindestens einen Konferenzraum.

Kinderfreundlich
Kinder sind willkommen, Kinderbetten stehen zur Verfügung.

Okół und Stradom

Monopol

Św. Gertrudy 6. **Stadtplan** 2 D5 (6 E3). *422 70 15.* **Zimmer:** 36. *AE, V, MC, DC.* ZłZł

Der Hauptvorteil dieses alten Hotels, das in einem Wohnhaus aus dem 19. Jahrhundert liegt, ist sein günstiger Preis und die Lage gegenüber den Planty-Grünanlagen. Die Altstadt ist ganz nah.

Wawel Tourist

Poselska 22. **Stadtplan** 1 C5 (6 D4). *422 13 01.* **Zimmer:** 35. *AE, V, MC, DC.* ZłZłZł

Noch vor ein paar Jahren war das Wawel Tourist ein bescheidenes Haus, in dem Gruppenreisende untergebracht wurden. Inzwischen wurde das Hotel, das sich in einem alten Wohnhaus befindet, modernisiert und bietet Komfort in einzigartiger Lage. Die enge Poselska-Straße führt direkt zur Grodzka-Straße (ein Teil des alten Königstrakts) und zu den Planty-Anlagen, am anderen Ende zur Franciszkańska-Straße. Viele ausgezeichnete Restaurants liegen nahe beim Hotel.

Royal

Św. Gertrudy 26–29. **Stadtplan** 3 C1 (6 D5). *421 49 79, 421 35 00.* **Zimmer:** 180. *AE, V, MC, DC.* ZłZłZłZł www.royal.com.pl

Das Hotel liegt an den Planty-Anlagen in der Nähe des Wawel in einem Gebäude im Wiener Jugendstil. Es wurde in der k.u.k. Zeit als Garnisonshotel erbaut und in jüngster Zeit renoviert. Heute steigen neben Offizieren auch zivile Gäste hier ab. Wer die üblichen Militärhotels in Polen kennt, wird hier aufs Angenehmste überrascht. Das Hotel vermittelt eher den Geist einer Lehár-Operette als den des Militärs, das Personal ist überaus zuvorkommend. In manchen Zimmern sind noch die originalen Jugendstilelemente erhalten.

Altstadt

Dom Polonii

Rynek Główny 14. **Stadtplan** 1 C4 (6 D3). *422 63 41.* **Zimmer:** 3. ZłZł

Ein altes, komplett renoviertes Haus im Herzen der Altstadt, am größten Frührenaissance-Platz der Welt. Es gibt nur drei Zimmer, aber die sind überaus behaglich.

Für seine exzellente Lage ist das Hotel preiswert, und so muss man leider monatelang im Voraus reservieren.

SARP

Floriańska 39. **Stadtplan** 1 C4 (6 E2). *429 17 78.* **Zimmer:** 6. *V, MC.* ZłZł www.hotel-sarp.com.pl

Ein kleines Hotel in fantastischer Lage, nur zwei Minuten zu Fuß vom Marktplatz entfernt. Es wird von der Vereinigung Polnischer Architekten betrieben, beherbergt aber auch andere Gäste, die nicht Mitglieder sind. Jeweils zwei Zimmer teilen sich ein Bad, dafür gibt es eine Miniküche im Zimmer.

Pollera

Szpitalna 30. **Stadtplan** 2 D4 (6 E1). *422 10 44.* **Zimmer:** 43. *AE, V, MC, DC.* ZłZłZł www.pollera.com.pl

In der Zeit des österreichischen Regimes und während der Zweiten Republik galt dieses Hotel als eines der besten in Krakau. Nachdem es verstaatlicht wurde, verfiel es, doch vor einigen Jahren wurde es den früheren Besitzern zurückgegeben. Derzeit wird renoviert, und so haben jetzt alle Suiten Klimaanlage. Das elegante Restaurant ist im früheren Jugendstil-Ballsaal und serviert polnische Küche zu gemäßigten Preisen. Von manchen Zimmern hat man einen Blick auf das Słowacki-Theater.

Saski

Sławkowska 3. **Stadtplan** 1 C4 (6 D2). *421 42 22.* **Zimmer:** 62. *AE, V, MC, DC.* ZłZłZł

Das preiswerteste Hotel in der Nähe des Marktplatzes. Wände, Fassade, der einhundert Jahre alte Lift – alles stammt aus der Zeit der *Belle Époque*. Einige Zimmer sind ohne Bad. Das Restaurant wird von Chinesen betrieben.

Polski »Pod Białym Orłem«

Pijarska 17. **Stadtplan** 1 C4 (6 E1). *422 11 44.* **Zimmer:** 54. *AE, V, MC, DC.* ZłZłZłZł www.podorlem.com.pl

Das alte Hotel mit Tradition ist während der Zeit des Kommunismus ziemlich heruntergekommen. Jetzt ist es in der Hand neuer privater Eigentümer, es wird nach und nach renoviert. Die Lage gegenüber der Stadtmauer am Florianstor ist erstklassig, die Preise sind immer noch gemäßigt.

Elektor

Szpitalna 28. **Stadtplan** 2 D4 (6 E2). *423 23 17.* **Zimmer:** 15. *AE, V, MC, DC.* ZłZłZłZłZł www.hotelelektor.com.pl

Das Stadthaus in der Nähe des Słowacki-Theaters wurde aufwändig renoviert und ist jetzt ein sehr teures Luxushotel, in dem eher Geschäftsleute und VIPs absteigen als normale Touristen. Zu den berühmtesten Gästen gehören der Kronprinz von Japan mit seiner Frau. Die Suiten sind im Stil des 19. Jahrhunderts möbliert, können aber für Geschäftsreisende mit allen elektronischen Errungenschaften des 21. Jahrhunderts versehen werden. Das Restaurant ist gut und nicht ganz so teuer.

Francuski

Pijarska 13. **Stadtplan** 1 C4 (6 D1). *422 51 22.* **Zimmer:** 42. *AE, V, MC, DC.* ZłZłZłZłZł www.orbis.pl

Wahrscheinlich ist das Francuski das berühmteste Hotel in Krakau. Als es 1910 eröffnete, soll es das luxuriöseste Haus in ganz Europa gewesen sein. Alle möglichen technischen Neuerungen waren vorhanden, z. B. ein Staubsauger (der erste in Polen) oder ein Rohrpostsystem zwischen den Zimmern und der Rezeption. Die Portiers beherrschten acht Sprachen, was als selbstverständlich angesehen wurde. In den Romanen von Leopold Tyrmand, Antoni Słonimski und anderen taucht das Francuski (Französische) Hotel immer wieder auf. Trotz zweier Weltkriege und knapp 50 Jahren kommunistischer Herrschaft konnte das Francuski viel Atmosphäre und Glanz bewahren. Auch wenn die Rohrpost heute nicht mehr existiert und der Portier nicht mehr polyglott ist, empfiehlt sich das Hotel mit allen Annehmlichkeiten für jene, die sich den Luxus leisten können, nahe der alten Stadtmauer und dem Florianstor zu residieren.

Grand

Sławkowska 5/7. **Stadtplan** 1 C4 (6 D2). *421 72 55.* **Zimmer:** 60. *AE, V, MC, DC.* ZłZłZłZłZł www.grand.pl

Kurz vor dem Francuski Hotel wurde um die Jahrhundertwende das Grand eröffnet. Besonders im Restaurant mit Glasdach und Kristallspiegeln haben sich die Elemente des Wiener Jugendstils erhalten, auch wenn bei Renovierungen nach dem Zweiten Weltkrieg viel zerstört wurde. Wer sich für polnische Literatur interessiert, mag das Grand als Schauplatz von Henryk Worcells autobiografischem Roman *Zaklęte rewiry (Zwei Welten im Hotel Pazifik)* wieder entdecken. Der gleichnamige Film mit Marek Kondrat und Roman Wilhelmi wurde allerdings in der Tschechischen Republik gedreht, da das Grand zu der Zeit gerade renoviert wurde. In den glorreichen 1920er Jahren war das Café im Grand Treffpunkt der Krakauer Elite. Hier trafen sich Professoren, Journalisten, Schriftsteller und Ärzte.

Pod Różą

Floriańska 14. **Stadtplan** 1 C4 (6 E2). *422 12 44.* **Zimmer:** 53. *AE, V, MC.* zł zł zł zł zł
www.hotel.com.pl

Das Hotel eröffnete in der ersten Hälfte des 19. Jahrhunderts unter dem Namen »Russisches Hotel«, wurde aber bald danach umbenannt. Heute ist das Pod Różą ein elegantes und komfortables Haus mit vielen Annehmlichkeiten. Und die Lage ist vom Feinsten: Zu Fuß kommt man von hier in einer Minute zum Marktplatz.

Kazimierz-Viertel

Mini

Plac Wolnica 7. **Stadtplan** 4 D2. *430 61 00.* **Zimmer:** 4. *AE, V, MC, DC.* zł zł zł
www.minihotel.krakow.pl

Auf einem einzigen Stockwerk dieses Stadthauses am Wolnica-Platz gibt es gerade mal ein Einzelzimmer, ein Doppelzimmer, ein Dreibettzimmer und eine Suite. Dafür wohnt man im Mini direkt im ehemaligen Zentrum des Kazimierz-Viertels, direkt gegenüber vom Renaissance-Rathaus, in dem sich heute das Ethnografische Museum befindet. Die gotische Fronleichnamskirche ist ebenfalls ganz nah. Im Erdgeschoss und Keller desselben Gebäudes liegen ein vietnamesisches Restaurant und eine vietnamesische Bar.

Alef

Szeroka 17. **Stadtplan** 4 E1. *421 38 70.* *V, MC.* zł zł zł zł www.alef.pl

Das elegante Hotel hat fünf Suiten und liegt über einem nicht koscheren jüdischen Restaurant. Die Einrichtung mit den vielen schönen Antiquitäten erinnert an den Glanz der Vorkriegszeit und lässt Nostalgie aufkommen. Es ist durchaus Absicht, dass in den Zimmern des Alef kein Fernseher zu finden ist.

Wesoła, Kleparz, und Biskupie

Europejski

Lubicz 5. **Stadtplan** 2 D4 (6 F1). *423 25 10.* **Zimmer:** 53. *AE, V, MC, DC.* zł zł zł

Das Europejski ist das beste Hotel in der Gegend um den Hauptbahnhof. Neben verschiedenen Zimmervarianten gibt es hier auch eine Suite, möbliert im Stil des 19. Jahrhunderts.

Hotel Wyspiański

Westerplatte 15/16. **Stadtplan** 2 D4 (6 F3). *422 95 66.* **Zimmer:** 160. *AE, V, MC, DC.* zł zł zł
www.hotelwyspianski.pl

Hässliches Gebäude aus der Sozialismus-Ära, nah an den Planty-Anlagen. Früher übernachteten hier vor allem Schulklassen, seit einigen Jahren bietet das Hotel Individualreisenden Zimmer mit Bad zu günstigen Preisen.

Polonia

Basztowa 25. **Stadtplan** 2 D4 (6 E1). *422 12 33.* **Zimmer:** 70. *V, MC, DC.* zł zł zł
www.hotel-polonia.com.pl

Im Zentrum Krakaus, nah bei den Sehenswürdigkeiten, wurde das Polonia 1917 in einem historischen Gebäude eröffnet und vor kurzem modernisiert. Die drei Suiten sind im Stil des 19. Jahrhunderts eingerichtet und sehr empfehlenswert.

Piasek und Nowy Świat

Fortuna

Czapskich 5. **Stadtplan** 1 B4 (5 B3). *422 31 43.* **Zimmer:** 30. *AE, V, MC, DC.* zł zł zł

Früher befand sich in dem alten, weiträumigen Gebäude eine Schule der Piaristenväter, heute ist hier ein Hotel mit chinesischem Restaurant. Nur drei Minuten entfernt liegt der Campus der Jagiellonen-Universität, der Marktplatz ist in fünf Minuten zu erreichen.

Pensjonat Rycerski

Plac Na Groblach 22. **Stadtplan** 1 B5 (5 C4). *422 60 82.* **Zimmer:** 16. *AE, V, MC, DC.* zł zł zł

Das kleine Hotel liegt direkt an der Weichsel, ganz in der Nähe des Wawel. Von den Zimmern hat man eine schöne Aussicht. Das Restaurant dagegen ist enttäuschend hässlich eingerichtet. Wer allerdings das Kabarett »Piwnica Pod Baranami« mag, ist hier richtig. Der Leiter, Piotr Skrzynecki, lebte viele Jahre ganz in der Nähe, und der Na-Groblach-Platz kommt im bekanntesten Hit des Kabaretts vor. Es sind nur zehn Minuten zu Fuß zum Marktplatz.

Logos

Szujskiego 5. **Stadtplan** 1 B4 (5 B1). *632 33 33.* **Zimmer:** 49. *AE, V, MC, DC.* zł zł zł zł
www.hotel-logos.pl

Das Logos ist ein seltenes Beispiel dafür, dass sich moderne Architektur gut in eine historische Umgebung einfügen kann. Nur 400 Meter vom Marktplatz entfernt liegt dieses neu erbaute Hotel.

Cracovia

Al. Focha 1. **Stadtplan** 1 A5 (5 A3). *422 86 66.* **Zimmer:** 314. *AE, V, MC, DC.* zł zł zł zł zł

Als es in den 1960er Jahren erbaut wurde, war das Cracovia eines der besten Hotels des Landes. Trotz vieler Renovierungen kann das Haus heute die Standards eines Luxushotels nicht mehr erfüllen, ist aber dennoch bei seinen vielen Stammgästen beliebt. Hier ist der beste Ort, um *kremówki* zu probieren, ein delikates, mit Creme gefülltes französisches Gebäck. Außerdem befindet sich hier eines der zwei letzten Restaurants, in denen die lokale Spezialität *maczanka* serviert wird. Das Hotel liegt an den Błonia-Feldern. Auf diesen ehemaligen Wiesen wurden vor dem Zweiten Weltkrieg große Kavallerieparaden veranstaltet und Gottesdienste von Papst Johannes Paul II. vor Millionen Gläubigen abgehalten. Ganz in der Nähe liegt das Nationalmuseum, wenn man fünf Minuten die Piłsudski-Straße hinuntergeht, ist man im Zentrum der Altstadt.

Abstecher

Piast Student Hotel

Piastowska 47. *637 49 33.* **Zimmer:** 50. zł
piast@bratniak.krakow.pl

Man sollte dieses Hotel nicht mit dem Piast Motel verwechseln – die zwei Häuser haben rein gar nichts miteinander zu tun, und die Namensgleichheit ist rein zufällig.

Stadtplan *siehe Seiten 226–235*

Dieses Piast liegt in einem Studentenwohnheim gleichen Namens im Studentendorf. Im Sommer während der Semesterferien wird das ganze Wohnheim – wie einige andere auch – zum Hotel, aber einzelne Zimmer werden hier auch während des ganzen Jahres an Gäste vermietet. Allerdings teilen sich jeweils zwei Zimmer Bad und Toilette. Hier bekommt man die preiswertesten Übernachtungen in Krakau. Für junge Leute ist das ganze Studentendorf im Sommer ein beliebter Treffpunkt, da dann in den Bars und Diskotheken bis in die frühen Morgenstunden das Leben tobt. Hier treffen sich junge Reisende und Sprachstudenten aus der ganzen Welt.

Korona

Kalwaryjska 9. **Stadtplan** 4 D3. *656 15 66.* **Zimmer:** 20. 1 24 *AE, V, MC.* zł zł
www.korona.krakow.pl

Das relativ preiswerte Hotel liegt im Pogórze, am der Altstadt gegenüber liegenden Ufer der Weichsel. Im selben Haus ist der Korona Sports Club untergebracht, und so kommen Sportfreunde hier auf ihre Kosten: Swimmingpool, Fitnessräume und Turnhalle stehen zur Verfügung. Wenn man über die Piłsudski-Brücke geht, ist man mitten im Kazimierz-Viertel mit seinem reichen jüdischen Erbe. Der Wolnica-Platz mit dem Renaissance-Rathaus von Kazimierz ist nur fünf Minuten vom Hotel entfernt. Zu Fuß braucht man 15 Minuten zum Wawel und eine halbe Stunde zum Marktplatz.

Perła

Zakopiańska 180B. *267 31 92.* **Zimmer:** 12. 1 24 TV P *AE, V, MC.* zł zł

Das neu gebaute, komfortable Hotel liegt im Außenbereich der Stadt an der Straße nach Zakopane und nahe beim Borkowska-Gebirge. Mit dem Auto ist man normalerweise in 15 Minuten in der Innenstadt, aber besonders am Wochenende kann es oft Staus geben. Auch mit öffentlichen Verkehrsmitteln ist das Hotel zu erreichen. Bus und Straßenbahn bringen einen in die Nähe, von der Straßenbahnhaltestelle ist es dann noch zehn Minuten zu Fuß.

Wisła

Reymonta 22. *633 49 22.* **Zimmer:** *25.* 1 24 TV P zł zł

Das Hotel liegt innerhalb des Geländes des Wisła Sports Club. Die Zimmer sind einfach, haben aber alle ein Bad und sind relativ preiswert. In der Nähe liegen die Błonia-Felder und der Jordan-Park.

Demel

Głowackiego 22. *636 16 00.* **Zimmer:** 62. 1 24 TV P *AE, V, MC, DC.* zł zł zł
www.demel.com.pl

Das neu gebaute, große, moderne Hotel liegt bei Bronowice, in einem Außenbezirk der Stadt. Für Krakau ist das relativ weit vom Zentrum entfernt, trotzdem bringt einen die Straßenbahn von der nahen Podchorążych-Straße in zehn Minuten in die Altstadt. Die Bar, die von der Wiener Ottakringer Brauerei betrieben wird, ist eine lokale Attraktion. Nicht zufällig erinnert der Name des Hotels an die Wiener Konditorei, die einst den Habsburger Hof mit Backwaren vom Feinsten belieferte.

Ibis

Przy Rondzie 2. **Stadtplan** 2 F3. *421 81 88.* **Zimmer:** 219. 1 24 TV *AE, V, MC.* zł zł zł
www.ibishotel.com.pl

Das neue Hotel wurde von Österreichern gebaut, das Management ist in französischer Hand. Das Haus liegt nicht besonders schön am verkehrsreichen Kreisverkehr Mogilskie, aber von hier ist man mit der Straßenbahn in zehn Minuten im historischen Stadtzentrum. Das typische Ibis-Hotel bietet den üblichen Standard zu relativ günstigen Preisen. Das Restaurant ist Teil der offenen Lounge und Empfangshalle.

Novotel

Armii Krajowej 11. *637 50 44.* **Zimmer:** 304. 24 TV P *AE, V, MC, DC.* zł zł zł zł

Das Continental gehörte früher zur Holiday-Inn-Kette. Als der Vertrag auslief, änderte man den Namen und das Management. Das Hotel liegt in einem Außenbezirk, aber mit dem Bus ist man in 15 Minuten im Stadtzentrum. Die Zimmer sind relativ neu renoviert. Von den oberen Stockwerken hat man einen herrlichen Blick über den Wald von Wolski und den Kościuszko-Hügel. Im Hotel ist ein Casino mit Roulettetischen und Black Jack. Ein nahezu perfekter Ort für Spieler.

Wanda

Armii Krajowej 15. *637 16 77.* **Zimmer:** 80. 24 TV P *AE, V, MC, DC.* zł zł zł zł

Das komfortable Motel in der Nähe des Novotel (früher Continental) wurde in den 1980er Jahren gebaut. Dazu gehören ein Restaurant und eine Grillbar. Im Sommer finden im Garten Folkloreabende statt. Dann spielen Musikgruppen in Trachtenkostümen vor den Gästen aus aller Herren Länder. Währenddessen wird einheimische Küche und Hochprozentiges serviert.

Piast

Radzikowskiego 109. *636 46 00.* **Zimmer:** 162. 1 24 TV *AE, V, MC, DC.* zł zł zł zł zł
www.hotelpiast.pl

Das motelähnliche Hotel wurde vor ein paar Jahren am Kreisverkehr Radzikowskiego gebaut. Für Reisende, die die Autobahn Krakau–Katowice oder die Straße nach Olkusz nehmen wollen, liegt es ideal. Das Krak-Motel und der Campingplatz sind gleich daneben. In die Innenstadt braucht man 15 Minuten mit dem Auto oder 25 Minuten mit Bus oder Straßenbahn.

Pod Kopcem

Al. Waszyngtona 1 (Washington Av.) *427 03 11.* **Zimmer:** 11. 24 TV P *AE, V, MC, DC.* zł zł zł zł zł

Das Hotel liegt im früheren österreichischen Schloss am Fuße des Kościuszko-Hügels. Die jüngste Renovierung erfolgte durch RFM Radio, das von der alten Burg aus sendet. Zimmer und Terrasse bieten einen denkwürdigen Blick über Krakau. An schönen Tagen kann man sogar bis zur Hohen Tatra sehen.

Sofitel

Konopnickiej 28. **Stadtplan** 3 C3. *261 92 12.* **Zimmer:** 276. 1 24 TV P *AE, V, MC, DC.* zł zł zł zł zł
rez.krsofitel@orbis.pl

Das Sofitel entstand in der Zeit des Kommunismus und war lange das Flaggschiff unter den Hotelbauten. Auch heute noch ist es eines der größten Hotels der oberen Kategorie. Es liegt an der Weichsel, ganz in der Nähe des Japanischen Zentrums für Kunst und Technologie. Vom Café im obersten Stock hat man einen prachtvollen Blick auf den Wawel und die Innenstadt. Einkaufsarkaden, Restaurant, Nachtklub, Casino, Swimmingpool und Tennisplätze gehören zum Angebot des Hotels, ebenso die Möglichkeit, einen Spaziergang an der Weichsel zu machen. Das Hotel bietet Konferenzräume, und ist häufig Veranstaltungsort für Ausstellungen, und Werbeveranstaltungen.

Zeichenerklärung *siehe S. 170*

Restaurants, Cafés und Bars

Krakau war schon immer für gute Restaurants bekannt. Selbst in kommunistischen Zeiten, als Restaurants ziemlich trist aussahen, waren Besucher aus anderen Teilen Polens überrascht, dass es in Krakau Cafés gab, wo man den Tee aus feinem Porzellan trank oder Espresso, leckeres Gebäck und raffiniert zubereitete Eier zum Frühstück bekam. Die Höflichkeit der Kellner war noch überraschender. Nach dem Zusammenbruch des Systems konnte man das alles noch steigern. Hunderte neue Lokale eröffneten in den 1990er Jahren. Zahlreiche Restaurants wurden früheren Eigentümern zurückgegeben. Diese gaben sich alle Mühe, alte Qualität wieder aufleben zu lassen. Heute findet man in Krakau auch viele Italiener, Chinesen, Griechen und Mexikaner.

Eis – vor allem im Sommer beliebt

Für jeden Geschmack

Wer in Krakau Zeit oder Geld sparen will, kann in eine Kantine oder ein Fastfood-Restaurant gehen, wo er schon für 10 zł ein dreigängiges Menü bekommt. Und das hat oft solide polnische Qualität. Aber solche Lokale schließen meist früh – normalerweise am frühen Nachmittag oder wenn das Essen ausverkauft ist.

Eine Brezel von einem Straßenverkäufer ist ein idealer Imbiss für zwischendurch. Das Gebäck ist eine Krakauer Spezialität und wird mit Salz, Mohn oder Sesam bestreut. In den Straßen findet man viele Stände, die Maiskolben, Bohnen oder – im Spätherbst – heiße Maroni verkaufen.

Auch in Krakau haben inzwischen die großen Fastfood-Ketten wie McDonald's, Kentucky Fried Chicken oder Pizza Hut Einzug gehalten. Aber selbst für einen Hamburger empfiehlt es sich eher, eine polnische Bar aufzusuchen: Er wird dort mit großer Wahrscheinlichkeit besser und preiswerter sein als das internationale Einheitsessen. Wenn Sie Lust auf Bratwurst haben, sollten Sie den Stand in der Grzegórzecka-Straße, Nähe der Markthalle, testen. Er hat bis 3 Uhr morgens geöffnet: Seine Bratwürste gehören zu den besten in der ganzen Stadt.

Restaurant Wentzl ***(siehe S. 190)***

Restaurant »Pod Aniołami« mit offenem Grill ***(siehe S. 188)***

Wer leckeres Essen in gepflegter Atmosphäre genießen will, wird in Krakau genau das finden, wonach ihm der Sinn steht: Viele Restaurants befinden sich in historischen Gebäuden oder Kellern. Sie wurden meist liebevoll restauriert und eingerichtet. Allerdings sind sie abends und am Wochenende oft dermaßen stark überfüllt, dass man ohne frühzeitige Reservierung wirklich keine Chance hat.

Nachts essen

Die meisten Restaurants in Krakau schließen um Mitternacht, aber für den Hunger in den frühen Morgenstunden gibt es Geschäfte, die 24 Stunden geöffnet haben. Das griechische Restaurant Dionisos am Dominikański-Platz ist rund um die Uhr offen. Eine Bar in den Kramy Dominikańskie (Dominikanische Buden) in der Stolarska-Straße serviert 24 Stunden am Tag Burger und Pommes frites. Auch die Bars und Restaurants im Hauptbahnhof (Dworzec Główny PKP) haben 24 Stunden geöffnet. Sie sind überraschend sauber und bieten gutes Essen an.

Die Bar Endzior am Nowy-Platz in Kazimierz öffnet um 5 Uhr morgens. Nicht nur Nachtschwärmer kommen hier in den Genuss von fantastischen *Spareribs* mit Kraut, Erbsensuppe oder Schnitzel, denn die Bar ist vor allem bei den Einheimischen beliebt, die früh am Morgen auf dem Weg zur Arbeit sind.

Es ist gut zu wissen, dass die meisten Restaurants so lange offen haben, bis der letzte Gast das Haus verlässt. Solange Sie also etwas bestellen, können Sie auf jeden Fall sitzen bleiben.

PREISE UND TRINKGELD

RESTAURANTS in Krakau sind preiswerter als in anderen polnischen Städten. Manche behaupten, das sei auf den sprichwörtlichen Geiz der Krakauer zurückzuführen; tatsächlich ist es aber so, dass die Löhne und Gehälter in Krakau niedriger sind als in Warschau und in anderen Teilen des Landes.

Für 100 zł pro Person bekommt man selbst in den teuersten Restaurants ein dreigängiges Menü – allerdings ohne Alkohol, der sich auf der Rechnung deutlich bemerkbar macht. Alkoholika, besonders Spirituosen, sind stark besteuert, dazu kommen bei Importweinen noch hohe Einfuhrzölle, und die Wirte müssen auch etwas verdienen.

Einer der Räume des Café Noworolski in den Tuchhallen

Restaurant Chimera ***(siehe S. 189)***

Kreditkarten erfreuen sich in Polen immer größerer Beliebtheit, und werden in jedem größeren Restaurant akzeptiert. Besonders in touristischen Gegenden können Sie fast überall damit bezahlen. Am Eingang sehen Sie, welche Karten hier akzeptiert werden.

In ganz Polen ist ein Trinkgeld von zehn Prozent üblich, in Krakau wird Ihnen aber auch niemand böse sein, wenn Sie etwas weniger geben.

Koch im Restaurant Wierzynek

VEGETARISCHES ESSEN

DIE POLNISCHE Küche hat sich stark verändert, seit mit dem Ende des Kommunismus die Grenzen offen sind. Ausländische, vor allem westliche Kochstile und Essgewohnheiten haben Einzug gehalten. Heute sind fast alle nötigen Zutaten in den Läden und Märkten zu bekommen.

Für die meisten Polen spielt Fleisch noch immer eine wesentliche Rolle, aber Gemüse und frisches Obst sind auf dem Vormarsch.

Die meisten Restaurants in Krakau haben vegetarische Gerichte auf ihrer Karte – und das nicht nur wegen der ausländischen Besucher: *Pierogi* (Teigtaschen) gefüllt mit Sauerkraut, Pilzen, Käse oder Obst sind ebenso eine beliebte einheimische Spezialität wie gefüllte *knedle* (Knödel, Klöße) oder Pfannkuchen und Omeletts. In allen Restaurants werden leckere Salate angeboten. Zu den traditionell verarbeiteten Gemüsesorten gehören Rote Bete, Karotten, Kohl, Blumenkohl, Sellerieknollen und Lauch. Neu und nicht weniger beliebt sind Broccoli, Auberginen, Stangensellerie und Zucchini. In den meisten fremdländischen Restaurants ist vegetarisches Essen eine Selbstverständlichkeit. In letzter Zeit sind einige spezielle Salatbars eröffnet worden, die eine große Auswahl bieten. Hier kann man zwischen verschiedenen Dressings wählen und bekommt frisch gepressten Obst- oder Gemüsesaft.

Die gut sortierte Bar im modernen Hotel Demel ***(siehe S. 177)***

Highlights: Restaurants

Krakau bietet viele Restaurants mit ausländischer Küche, aber wer in Krakau zu Gast ist, möchte sicherlich auch die lokalen Spezialitäten kennen lernen. Die hier aufgeführten Restaurants lassen Ihnen die Wahl. Einige Häuser haben eine lange Tradition und sind fast ein Muss, wenn Sie die besondere Atmosphäre dieser Stadt auch mit dem Gaumen erleben möchten.

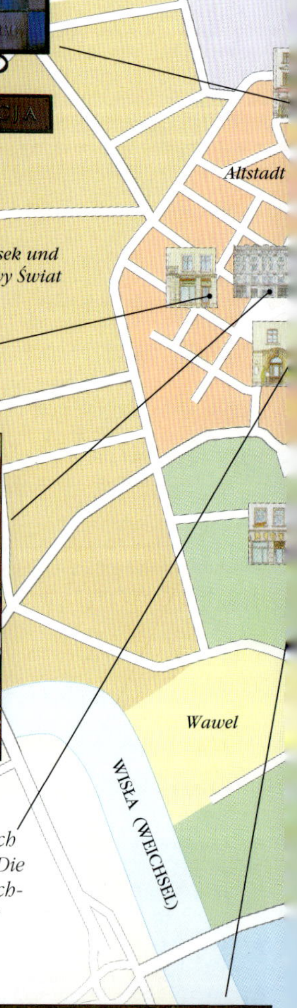

Cyrano de Bergerac
Cyrano bringt französische Küche auf den Tisch und gilt als das beste Restaurant dieser Art in Polen (siehe S. 190).

Chimera
Im Lieblingslokal der Krakauer Künstlerszene wird traditionelle polnische Küche in altem bürgerlichen Ambiente serviert (siehe S. 189).

Hawełka
Ein Porträt von Kaiser Franz Joseph erinnert hier an die galizische Vergangenheit. Ein guter Ort für eine preiswerte Mahlzeit (siehe S. 189).

Wentzl
Das legendäre Restaurant wurde nach einer langen Pause wieder eröffnet. Die klassische Küche, vom alten Österreich-Ungarn inspiriert, zieht immer mehr Gäste an (siehe S. 190).

Pod Aniołami
Schöne gotische Kellergewölbe bilden die Szenerie für die polnischen Gerichte, deren Rezepte zum Teil aus dem Hochland stammen. Sie werden vor den Augen der Gäste in einem Tonofen zubereitet (siehe S. 188).

Paese
In dieser korsischen Taverne werden die besten Fische und Meeresfrüchte in ganz Krakau serviert. Das Restaurant ist fast immer voll (siehe S. 188).

Orient Express
Fantastische Nachspeisen und eine Auswahl typischer Gerichte aus den Ländern, durch die der Orient Express fuhr. Die Einrichtung ist einem Eisenbahnwaggon nachempfunden (siehe S. 188).

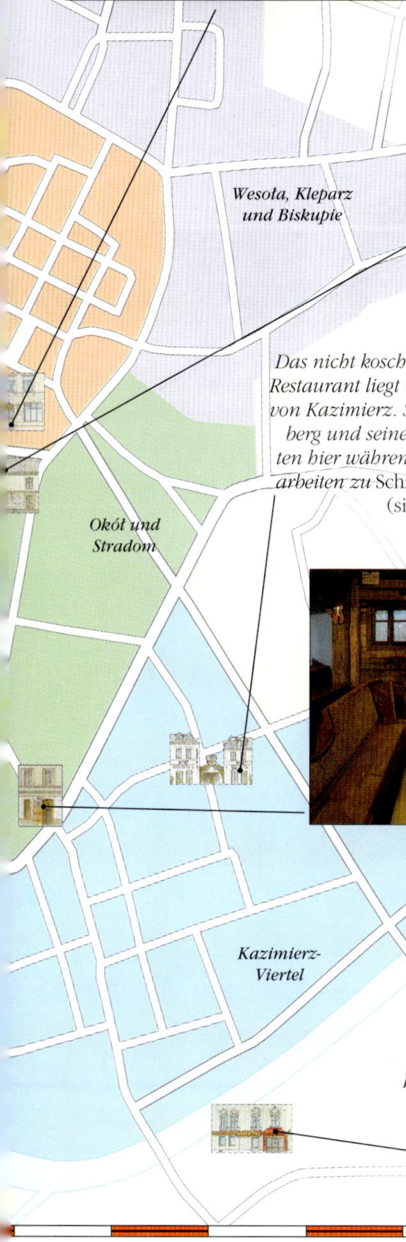

Alef
Das nicht koschere jüdische Restaurant liegt im Zentrum von Kazimierz. Steven Spielberg und seine Crew speisten hier während der Dreharbeiten zu Schindlers Liste (siehe S. 191).

Chłopskie Jadło
Das traditionelle, bäuerliche Essen, das in dörflichem Ambiente serviert wird, fand in den letzten Jahren immer mehr begeisterte Gäste (siehe S. 188).

A Dong
Das beste chinesisch-vietnamesische Restaurant in Krakau und eines der besten seiner Art in Polen (S. 191).

Was isst man in Krakau?

Rauchschinken und Kassler

KULINARISCHE Tradition wurde in Krakau schon immer groß geschrieben. Fast 200 Jahre österreichisch-ungarische Herrschaft haben natürlich auch die Küche geprägt. Gulasch und Eintöpfe mit Paprika sind hier beliebter als in anderen Teilen Polens. Die Karpaten sind nicht allzu weit entfernt, und so bekommt man hier relativ häufig Spezialitäten aus den Bergen, zum Beispiel die delikaten Käsesorten *oszczypek* und *bundz*.

Brot
Frische »kukiełki«, Weizenbrötchen aus dem Tatragebirge, werden am Ostersamstag vor der Marienkirche an die Krakauer verteilt.

Schafskäse und Schmalz
Schafskäse und Schmalz mit Zwiebeln auf knusprigem Vollkornbrot sind eine beliebte Vorspeise.

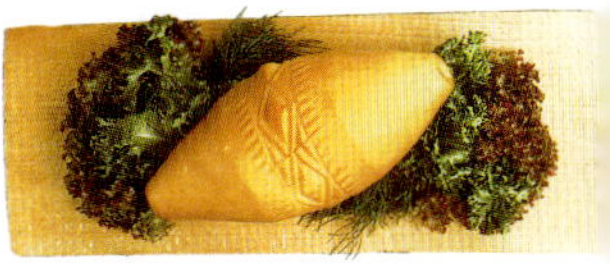

Oszczypek
Der Schafskäse aus den Karpaten ist weiß. Falls er geräuchert ist, wird er gelblich.

RAUCHFLEISCH UND WÜRSTE

In einigen Dörfern um Krakau werden besondere Würste nach alten Rezepten hergestellt. Die Lisieckawurst stammt aus Liszki und hat ihren guten Ruf verdient. Aber auch geräuchertes Kassler und der Schinken schmecken köstlich.

Borschtsch
Der beliebte barszcz *(Borschtsch) wird mit Bohnen oder Kartoffeln serviert.*

Żurek
Diese Suppe wird mit hart gekochten Wachteleiern und Schafsbuttermilch bereitet.

Pilzsuppe
Sie wird aus Röhrenpilzen zubereitet und mit hausgemachter Pasta serviert.

Lammbraten
Der Lammschlegel wird vor dem Braten mariniert und oft mit gebackenen Kartoffeln serviert.

Wildente
Ente mit einer leckeren Füllung aus Waldpilzen wird oft mit Perlgraupen serviert.

Gulasch
Der Fleischeintopf mit Paprika ähnelt mehr der Wiener Variante als der ungarischen.

Spanferkel
Mit einer Füllung aus Gerste und Gewürzen wird das Spanferkel oft im Ganzen am Spieß gebraten.

Golonka
Schweinshaxe gibt es gekocht, gebraten oder geschmort.

Forelle
Der beliebte Fisch wird nach Müllerinnenart zubereitet und mit Kartoffeln serviert.

Kiszka
Die der Blutwurst ähnliche Spezialität wird gern mit Sauerkraut gegessen.

Frische Beeren
Himbeeren und Brombeeren wachsen hier wild und bieten ein volles Aroma.

Apfelkuchen
Für diese Delikatesse verwendet man säuerliche Äpfel und viel Zimt.

Krakauer Käsekuchen
Quark, Eier und Rosinen sind die Zutaten für diesen köstlichen Kuchen.

Was trinkt man in Krakau?

Wie in ganz Polen bekommt man auch in Krakau fast überall ausgezeichneten Wodka, meist extrem viele verschiedene Sorten. Bier wird immer beliebter. Inzwischen gibt es eine Vielzahl polnischer Brauereien, die gute Qualität herstellen. Manche Bars haben sich auf eine große Bierauswahl spezialisiert. Eigenen Wein produziert Polen nicht, trotzdem bekommt man in Läden und Restaurants meist eine klassische Auswahl der üblichen europäischen und auch überseeischen Weiß- und Rotweine.

***Cracovia*, einer der besten klaren polnischen Wodkas**

Wodka

Wodka wird aus Kartoffeln oder Korn destilliert und ist eine polnische Spezialität. Manche Sorten wie der klare *Wódka Wyborowa* und der trockene, aber aromatisierte *Żubrówka* sind weltberühmt. Die Vielzahl der Marken, die in Polen hergestellt werden, ist erstaunlich. Besonders geschätzt wird der *Cracovia*, der direkt aus Krakau kommt. *Starka* ist die älteste Marke unter den Qualitätswodkas. Starka-Wodka wurde jahrhundertelang nur aus Weizen oder Gerste hergestellt und reifte mindestens sechs Jahre in Eichenfässern, die man vor dem Gebrauch in der Erde lagerte, damit sie richtig altern. Heute wird *Starka* anders produziert, und der Krakauer *Starka*, früher der »König« aller *Starkas*, hat seinen Status verloren.

Starka krakowska

***Dzięgielówka*, trockener Wodka mit Angelikawurzel aromatisiert**

Die polnischen Brennereien wurden dezentralisiert. Die Regeln aus der kommunistischen Zeit gelten noch bis heute. Vor allem gibt es keine *appellation contrôlée*, so dass der *Starka krakowska*, den man kauft, von überall her kommen kann, so wie das berühmte *Danziger Goldwasser*, das früher nur in Danzig gebrannt wurde, heute aber in Poznań produziert wird.

Starka bankietowa lagert länger als andere Wodkas und ist definitiv der beste. Er wird in Flaschen aus Kristallglas verkauft und ist eine Seltenheit.

In Polen wird auch Pflaumenschnaps gebrannt, *Śliwowica łącka* ist der beste und bekannteste. Paradoxerweise wird er illegal gebrannt, da es für die Herstellung keine Bestimmungen gibt. *Śliwowica łącka* kommt aus dem kleinen Dorf Łącko im Gebirge 70 Kilometer südlich von Krakau, ist in den offiziellen Spirituosenläden nicht erhältlich, wird aber in vielen Häusern in Krakau getrunken.

Wodkaglas

Amaretto-Likör

Pflaumenschnaps

Passover Sliwowitz

Senator Wodka

Krakus Wodka

Harnaś Wodka

Żywiec-Etikett
Die Brauerei Żywiec stellt viele Marken her, aber die Flaschen mit dem tanzenden Trachtenpaar verkaufen sich am besten.

Helles Brackie von Żywiec

Krakusbier von Żywiec

Zwei Biere der Brauerei Okocim

Bier

Die polnischen Brauereien haben sich in den letzten Jahren schnell entwickelt, die Produktion von Qualitätsbieren ist stark gestiegen. Die Statistik zeigt, dass in Polen immer mehr Bier und immer weniger Hochprozentiges getrunken wird.

Reklame der Brauerei Okocim vor 1939

Die Biere der zwei Brauereien Okocim und Żywiec sind die beliebtesten, denn die Krakauer sind Traditionalisten und wissen sehr wohl, dass beide Brauereien in Galizien beheimatet sind.

Okocim wurde von der Familie Goetz gegründet, die von Kaiser Franz Joseph in den Rang von Erbbaronen erhoben wurde. Żywiec wurde von den Habsburger Erzherzögen gegründet und war bis zum Zweiten Weltkrieg in deren Besitz. Nach dem Ersten Weltkrieg hatten sie die polnische Staatsbürgerschaft angenommen. Ihr Besitz wurde von den Nationalsozialisten beschlagnahmt, als sie sich weigerten, die Volksliste zu unterschreiben. Nach dem Zweiten Weltkrieg wurde die Brauerei als ehemaliger deutscher Besitz verstaatlicht. Vor ein paar Jahren erwarb die niederländische Brauerei *Heineken* die Aktienmehrheit an Okocim, das Unternehmen zählt heute zu den modernsten Europas.

Wein

Obwohl früher in Krakau recht erfolgreich Wein kultiviert wurde, verschwanden die Weinberge im 15. Jahrhundert. Noch bis zum Zweiten Weltkrieg wurden in der Gegend von Zaleszczyki an der rumänischen Grenze große Mengen Wein gekeltert. Heute gibt es nur noch ein paar Weinberge in der Nähe von Zielona Góra im Westen. Wer Wein trinken möchte, muss also auf ausländische Weine ausweichen, die aus Frankreich, Italien, Spanien und Österreich importiert werden, aber auch aus Kalifornien, Australien, Chile und Neuseeland. Ungarischer Wein ist besonders empfehlenswert – nicht nur wegen des günstigeren Preises.

Früher lagerte man in Krakau Tokajer (ein schwerer ungarischer Süßwein) in großen Kellern unter dem Marktplatz, bevor er in die ganze Welt verkauft wurde.

Alkoholfreie Getränke

Mineralwasser, mit und ohne Kohlensäure, ist das meistverkaufte Getränk. Viele Quellen liegen in der Nähe von Krakau. Apfelsaft und Schwarzer Johannisbeersaft sind polnische Spezialitäten, aber natürlich bekommt man auch die üblichen internationalen Softdrinks.

Apfelsaft

Schwarzer Johannisbeersaft

Restaurantauswahl

Bei der Auswahl der Restaurants auf dieser Liste waren vor allem die Qualität und ein gutes Preis-Leistungs-Verhältnis ausschlaggebend. Die teureren Restaurants, die weit über den finanziellen Möglichkeiten eines Durchschnittspolen liegen, sind für ihre ausgezeichnete Küche berühmt und gehören zu den besten Häusern in Krakau.

		Besondere Lage	Tische im Freien	Live-Musik	Lange Öffnungszeiten	Sehr empfehlenswert	Polnische Küche
Wawel *(siehe S. 188)*							
Na Wawelu	zł zł zł	●					■
Okół und Stradom *(siehe S. 188)*							
Vega Vegetarian Bar	zł			●			
Pod Baranem	zł zł						■
Taco	zł zł	●			■		
Baba Ryba	zł zł zł			●	■		■
Chłopskie Jadło	zł zł zł			●	■	●	■
Orient Express	zł zł zł	●	■		■	●	
Paese	zł zł zł	●			■	●	
Pod Aniołami	zł zł zł	●	■		■	●	■
Altstadt *(siehe S. 188ff)*							
Jadłodajnia »U Stasi«	zł					●	■
Akropolis	zł zł	■	■		■		
Cechowa	zł zł						■
El Paso	zł zł	●			■		
Gospoda CK Dezerter	zł zł	●			■	●	
Hawełka	zł zł	●			■	●	■
Piwnica Pod Ogródkiem	zł zł		■	●	■		
Pizzeria Cyklop	zł zł						
Sphinks	zł zł	●					
Szuflada	zł zł				■		
Café Restaurant Europejska	zł zł zł	●	■		■	●	
Cherubino	zł zł zł	●			■	●	
Chimera	zł zł zł	●				●	■
Da Pietro	zł zł zł	●	■		■		
Francuski Restaurant	zł zł zł				■		■
Krew i Roza	zł zł zł	●	■	●	■	●	■
Lemon	zł zł zł	●	■			●	
U Szkota	zł zł zł	●			■		
Amarone	zł zł zł zł	●			■	●	
Cyrano de Bergerac	zł zł zł zł	●	■		■	●	
Elektor	zł zł zł zł	●			■		■
Hawełka-Tetmajerowska	zł zł zł zł	●			■	●	■
Wentzl	zł zł zł zł	●	■	●	■	●	■
Wierzynek	zł zł zł zł	●	■		■		■
Kazimierz-Viertel *(siehe S. 191)*							
Alef	zł zł zł	●	■	●	■	●	
Restauracja Norymberska	zł zł zł	●	■				
Szeroka	zł zł zł	●	■				
Piasek und Nowy Świat *(siehe S. 191)*							
CK Browar	zł zł		■	●	■		■

BESONDERE LAGE
Das Restaurant ist in einem historischen oder besonders schönen Gebäude.

LANGE ÖFFNUNGSZEITEN
Nach 23 Uhr kann bestellt werden.

TISCHE IM FREIEN
Man kann bei schönem Wetter draußen essen.

POLNISCHE KÜCHE
Hier werden vor allem traditionell polnische Gerichte serviert.

		Besondere Lage	Tische im Freien	Live-Musik	Lange Öffnungszeiten	Sehr empfehlenswert	Polnische Küche
ABSTECHER *(siehe S. 191)*							
Margit	ⓩⓩ		■				■
Mesa kapitana Cooka	ⓩⓩ		■			●	■
U Ziyada	ⓩⓩ	●	■				
A Dong	ⓩⓩⓩ				■	●	
Karczma Pod Blachą	ⓩⓩⓩ	●	■	●			■
Villa Decius	ⓩⓩⓩⓩ	●	■	●	■		

ZEICHENERKLÄRUNG

- Geöffnet
- Geschlossen
- V Vegetarische Gerichte
- Gute Weinkarte
- Live-Musik
- Besondere Lage
- Tische im Freien
- ★ Sehr empfehlenswert
- Kreditkarten werden akzeptiert:
- *AE* American Express
- *DC* Diners Club
- *MC* MasterCard
- *V* Visa

Preiskategorien für ein dreigängiges Menü pro Person, inkl. Steuer und Service sowie 0,25 Liter Wein oder ein Bier:

ⓩ unter 20 Złoty
ⓩⓩ 20–40 Złoty
ⓩⓩⓩ 40–75 Złoty
ⓩⓩⓩⓩ über 75 Złoty

Da Pietro

Rynek Główny 17. **Stadtplan** 1 C4 (6 D3). *422 32 79.* *tägl. 12.30–24 Uhr.* AE, V, MC, DC. zł zł zł

Das italienische Restaurant liegt in gotischen Kellergewölben und ist nach Piotr Skrzynecki benannt. Gute, nicht besonders aufregende Küche. Besonders empfehlenswert sind das Lachs- oder Rinder-Carpaccio, der Spinat mit Knoblauch und Sahne, das *vitello tonnato* (mariniertes Kalbfleisch, kalt serviert mit einer Sauce aus Thunfisch und Anchovis).

Francuski Restaurant

Pijarska 13. **Stadtplan** 1 C4 (6 D1). *422 51 22.* *tägl. 18–24 Uhr.* AE, V, MC, DC. zł zł zł

Das Restaurant im Hotel Francuski serviert polnische und französische Küche, auch Schnecken oder Wachteln nach altem französischen Rezept, außerdem eine Spezialität, die nach Maria Walewska, der Geliebten Napoleons, benannt ist. Gute Küche und die Atmosphäre des *fin de siècle* machen dieses Restaurant zu einem beliebten Ort, wo man sich gern trifft.

Krew i Rosa

Grodzka 9. **Stadtplan** 1 C5 (6 D4). *429 61 87.* *tägl. 12–24 Uhr.* AE, V, MC, DC. zł zł zł

Zwischen Marktplatz undd Königsschloss liegt das beliebte Restaurant mit traditioneller Küche. Herzhafte Gerichte wie Wild, Schweinebraten (mit Pflaumen!) oder gefüllte Forelle sind ideal, um die Landesküche kennen zu lernen. Am Freitagabend wird hier Live-Musik geboten – dann ist es sehr voll, aber auch voller Atmosphäre.

Lemon

Floriańska 53. **Stadtplan** 2 D4 (6 E1). *292 16 86.* *tägl.12–24 Uhr.* ★ zł zł zł

Dieses schöne Restaurant erreicht man durch einen Innenhof. An warmen Tagen werden die Glastüren zurückgeschoben, und die Gäste können im Freien sitzen. Im Lemon wird Balkanküche serviert, mitten im Lokal gibt es einen offenen Grill, getrocknete Paprikaschoten und Knoblauchzöpfe hängen an den Wänden. Auf der Karte stehen viele typische Gerichte des Ostens, so z.B. *ghibanitza* (Käse in Blätterteig), *plyeskavitza* (gegrilltes Fleisch), *ayvar* (ein Brotaufstrich aus Pepperoni, Auberginen und geröstetem Knoblauch). Dazu gibt es zwei Sorten des kroatischen Weins *rakhia.*

U Szkota

Mikołajska 4. **Stadtplan** 2 D4 (6 E2). *422 15 70.* *tägl. 12–24 Uhr.* AE, V, MC, DC. zł zł zł

Das gemütliche Restaurant mit der offenen Feuerstelle liegt in Kellergewölben. Man bemüht sich um schottisches Flair: Die Kellner tragen Schottenkaro, u.a. stehen Gerichte wie *haggis* (Innereien vom Schaf) auf der Karte. Natürlich gibt es hier viele Sorten feinsten Scotch-Whiskys, aber auch Bourbon und irische Whiskeys.

Amarone

Floriańska 14. **Stadtplan** 1 C4 (6 E2). *422 12 44.* *tägl. von 12 Uhr bis der letzte Gast das Lokal verlässt.* ★ AE, V, MC. zł zł zł zł

Das italienische Restaurant gehört zum Hotel Pod Różą, man hat auch Zugang von der St.-Thomas-Straße (Św. Tomasza). Die Inneneinrichtung ist für Krakauer Verhältnisse gewagt, da sie modernes Design mit historischer Architektur kombiniert. Der Innenhof ist mit Glas überdacht. Die Küche ist ebenfalls einfallsreich. Auf der Karte steht z.B. ein Tauben-Carpaccio, aber auch ausgezeichnete Pasta-Gerichte und gute Desserts. Zu trinken gibt es Hauswein.

Cyrano de Bergerac

Sławkowska 26. **Stadtplan** 1 C4 (6 D1). *411 72 88.* *tägl. 9–23 Uhr.* ★ AE, V, MC, DC. zł zł zł zł

Ein französisches Restaurant der obersten Spitzenklasse in schönen mittelalterlichen Gewölben mit zwei eleganten Speisesälen und einem ruhigen, wunderschönen Innenhof. Der Küchenchef, Pierre Gaillard aus Lyon, hat bei Paul Bocuse gelernt. Auf der Karte stehen hausgemachte *foie gras* (*pâté* von Gans oder Ente), die entweder heiß oder kalt an Zitronen-Honig-Sauce gereicht wird, Morchelpastete, *garbure soupe béarnaise* mit Gans und eine Vielzahl von Fischgerichten mit Hecht, Zander, Steinbutt, Barbe und jungem Aal. Erstklassiger Weinkeller. Teuer, aber seinen Preis wert.

Elektor im Hotel Elektor

Szpitalna 28. **Stadtplan** 2 D4 (6 E2). *423 23 17.* *tägl.12–24 Uhr.* AE, V, MC, DC. zł zł zł zł

Während des Besuchs des Kronprinzen und der Prinzessin von Japan im Jahr 1994 war dieses Restaurant Tagesgespräch. Die Prinzessin liebte die jungen Kartöffelchen mit Butter und frischem Dill so sehr, dass sie sie jeden Tag bestellte.

Auch wenn Sie nicht so sehr auf Kartoffeln stehen, werden Sie auf der Speisekarte mit polnischer und internationaler, jedoch immer bewusst »leichter« Küche viele Delikatessen finden. Die Weinkarte ist hervorragend.

Hawełka-Tetmajerowska

Rynek Główny 34. **Stadtplan** 1 C4 (6 D2). *422 47 53.* *tägl. 12–16 Uhr und 18 Uhr, bis der letzte Gast das Lokal verlässt.* ★ AE, V, MC, DC. zł zł zł zł

Der Tetmajer-Saal liegt im Erdgeschoss eines Wohnhauses und ist nach dem Maler Włodzimierz Tetmajer benannt, der das Fries mit der Legende von Meister Twardowski schuf. Das Restaurant ist elegant und ziemlich teuer, die Küche teils polnisch, teils international. Hier speist man mit dem Bewusstsein, dass Hawełka königlicher Hoflieferant in Wien war. So wird z.B. der Kaviar in kleinen Töpfchen serviert, deren Etiketten seit über einem Jahrhundert unverändert sind. Perfekter Service und exzellenter Weinkeller.

Wentzl

Rynek Główny 19. **Stadtplan** 1 C4 (6 D3). *429 57 12.* *tägl.12 Uhr bis der letzte Gast das Lokal verlässt.* ★ AE, V, MC, DC. zł zł zł zł

Das berühmte Restaurant existiert seit dem späten 18. Jahrhundert und trägt noch immer den Namen des ersten Wirts. Nach dem Zweiten Weltkrieg wurde es verstaatlicht und hieß »Pod Obrazem« (»Unter dem Bild«). Dieser Name war von dem großen Madonnenbild auf der Fassade abgeleitet, das mit dem Haus als einzigem Gebäude am Marktplatz das große Feuer von 1850 überlebte. Es gibt in Krakau ein Sprichwort, nach dem wichtige Neuigkeiten entweder vom Turm der Marienkirche, also »über dem Bild«, verkündet werden oder im Wentzl »unter dem Bild«.

Früher war das Restaurant vor allem wegen einer lokalen Spezialität namens *maczanka* berühmt: Schweinefleisch auf Brot mit Zwiebeln und Kümmelsauce. Nachdem das Lokal in den 1970er Jahren geschlossen wurde, kamen bei der Neueröffnung die Köstlichkeiten der österreichisch-ungarischen Küche hinzu: Hecht, Gulaschsuppe und Gundel-Palatschinken. Am Wochenende wird live Jazz gespielt. Einzigartig in Krakau ist eine Tanzfläche, die sich dreht.

Wierzynek

Rynek Główny 15. **Stadtplan** 1 C4 (6 D3). *292 10 88.* *tägl. 10–23 Uhr.* *AE, V, MC, DC.* ⓩⓩⓩⓩ

Wo heute das 1945 eröffnete Restaurant liegt, soll im Jahr 1364 der Krakauer Bürger Mikołaj Wierzynek ein Festmahl für fünf europäische Herrscher veranstaltet haben. Unter staatlicher Leitung war das Wierzynek lange Zeit das Lokal, in das Staatsbesuche und ausländische Berühmtheit geführt wurden.

KAZIMIERZ-VIERTEL

Alef

Szeroka 17. **Stadtplan** 4 E1. *421 38 70.* *tägl. von 10 Uhr bis der letzte Gast das Lokal verlässt.* ★ *V, MC.* ⓩⓩⓩ

Alef ist ein nicht koscheres jüdisches Restaurant in einem schönen alten Haus. In derselben Straße befindet sich im Haus Nr. 6, den früheren *mykva* (Bäder), ein Ableger des Alef. Sie haben die Qual der Wahl: Man muss unbedingt den gefüllten Karpfen probieren, aber auch die gefüllten Gänsekrägen, *szulent (tscholent),* die gefüllten Weinblätter und die Gänseleber mit Mandeln und Rosinen sind unwiderstehlich. Abends wird live Volksmusik gespielt, auch Zigeunerlieder und russische Liebeslieder bekommt man zu hören.

Restauracja Norymberska

Krakowska 27. **Stadtplan** 4 D2. *tägl. 12–23 Uhr.* *AE, V, MC, DC.* ⓩⓩⓩ

Schon lange existiert eine besondere Verbindung zwischen Nürnberg und Krakau, und so gibt es in beiden Städten korrespondierende Restaurants. Das in Krakau liegt im »Nürnberger Haus«. Als Spezialität gilt *golonka,* Eisbein mit Kraut und Erbsen. Dazu wird Bier der Nürnberger Brauerei Tucher serviert.

Szeroka

Szeroka 39. **Stadtplan** 4 E1. *422 67 90.* *tägl. 12–22 Uhr.* V *AE, V, MC, DC.* ⓩⓩⓩ

Szeroka ist das einzige jüdische Restaurant, dem vom Rabbi bescheinigt wird, dass es koscher ist. Hering mit Minze und Ente sind besonders zu empfehlen, dazu passt ein Passover Slivovitz (Pflaumenschnaps). Im Erdgeschoss des Hauses befindet sich eine koschere Fastfood-Bar, die von der Nissenbaum Foundation betrieben wird und vor allem bei Gästen aus Israel beliebt ist.

PIASEK UND NOWY ŚWIAT

CK Browar

Podwale 6. **Stadtplan** 1 B4 (5 C2). *429 25 05.* *tägl. 10–2 Uhr.* *V, MC, DC.* ⓩⓩ

Das ist das einzige Lokal in Krakau (und eines von zwei in ganz Polen), wo man frisches, am selben Ort gebrautes Bier im Krug bekommt. Der Wirt ist Österreicher, und so überrascht es nicht, dass die Gäste von einem Porträt des Kaisers Franz Joseph »begrüßt« werden. Das Restaurant serviert köstliche warme Vorspeisen zum frisch gezapften Bier, aber auch Schweinebraten mit *knedle* (Kartoffelklößen) und Kraut sowie viele andere leckere polnische Spezialitäten.

ABSTECHER

Margit

Chłopickiego 3. **Stadtplan** 2 F3. *411 53 31.* *tägl. 10–22 Uhr.* V *V, MC, DC.* ⓩⓩ

Das Restaurant liegt in einem kuscheligen Haus mit Garten in einer Wohnsiedlung, die vor dem Zweiten Weltkrieg für Offiziere gebaut wurde. Angeboten wird polnische und europäische Küche, die hausgemachte Pizza ist hier besonders gut.

Mesa kapitana Cooka

Zamoyskiego 52. **Stadtplan** 4 D4. *656 08 93.* *tägl. 12–22 Uhr.* V ★ *AE, V, MC, DC.* ⓩⓩ

Eines der – leider ganz wenigen – wirklich guten Restaurants in Podgórze, das gegenüber der Altstadt am anderen Ufer der Weichsel liegt. Spezialität des Hauses sind Fisch und Meeresfrüchte, die Gerichte sind köstlich, die Preise auch für polnische Verhältnisse moderat. Es gibt köstliche Knoblauchpfannkuchen mit Lachs. Im Sommer kann man in einem schönen Garten draußen essen.

U Ziyada

Jodłowa 13. *421 98 31.* *Restaurant tägl. 12–19 Uhr, Café tägl. 8–24 Uhr.* *AE, V, MC, DC.* ⓩⓩ

Die Aussicht von diesem Restaurant-Café auf den weißen Klippen hoch über der Weichsel ist überwältigend. Man blickt auf die Abtei Tyniec und auf das Kloster Bielany.

U Ziyada liegt in einem sehr ungewöhnlichen Rundbau, den der Architekt und Restaurator der Wawel-Burg, Adolf Szyszko-Bohusz, 1928 entwarfen. Das Haus daneben wurde während des Zweiten Weltkriegs von den deutschen Besatzern erbaut, Vorbild war die Refugien Hitlers in den Berchtesgadener Alpen. Beide Gebäude werden heute vom Kolegium Polonijne der Universität verwaltet.

Das Restaurant wird von einem Kurden, Ziyad, betrieben, der alle Würdenträger der Stadt persönlich zu kennen scheint. Eine seltene Gelegenheit, kurdische Spezialitäten in Kombination mit polnischer Küche zu erleben.

A Dong

Brodzińskiego 3. **Stadtplan** 4 E3. *656 48 72.* *11–23 Uhr.* V ★ *AE, V, MC, DC.* ⓩⓩⓩ

Ausgezeichnete Küche, ohne Zweifel das beste chinesisch-vietnamesische Restaurant in Krakau. Neben den bekannten Gerichten gibt es hier ein *fondue,* bei dem der Gast seine ganz persönliche Auswahl an Meeresfrüchten in ein Pfännchen gibt und über offenem Feuer gar werden lässt. Zur Auswahl stehen auch knusprige Ente, delikat gebratene Froschschenkel oder gefüllter Tintenfisch.

Karczma Pod Blachą

Piastowska 22. *tägl. 11–22 Uhr.* *AE, V, MC, DC.* ⓩⓩⓩ

Das Restaurant liegt in Cichy Kącik in der Nähe von Błonia in einem authentisch erhaltenen Haus aus dem 18. Jahrhundert. Heute zählt es viele Reisegruppen, die Foklore erleben wollen, zu seinen Gästen. Auf den Tisch kommt klassische polnische Küche nach alten Rezepten, z. B. *gramatka,* eine Biersuppe mit Quark. Im Sommer kann man draußen essen, oft wird Volksmusik gespielt, und das Fleisch wird natürlich am offenen Feuer gegrillt. Leider nicht ganz billig.

Villa Decius

28 lipca 17a. *425 33 90.* *tägl. 12–1 Uhr.* V *AE, V, MC, DC.* ⓩⓩⓩⓩ

Das Luxusrestaurant liegt in der schönen, aufwändig renovierten Renaissance-Villa Decius, die früher Justus Decius gehörte, einem italienischen Höfling von Zygmunt dem Alten. Zu live gespielten Renaissance-Musik wird hier internationale italienische, französische und polnische Küche serviert.

Zeichenerklärung *siehe S. 187*

Cafés und Bars

Cafés spielen in Krakau für das täglich Leben eine so wichtige Rolle, dass sie schon eine feste Institution sind. Niemand würde es wagen, einem Krakauer seine täglichen 15 Café-Minuten mit Freunden oder einer Zeitung abzuschlagen. Die meisten Cafés haben ihre Stammgäste, die jahraus, jahrein jeden Tag einen festen Platz aufsuchen – außer natürlich am Wochenende.

Cafés

Mitten im Herzen Krakaus, in den Tuchhallen, liegt das **Noworolski**, der Eingang ist gegenüber dem Mickiewicz-Denkmal. Es gehört zu den traditionsreichsten Cafés Krakaus und wurde um 1900 eröffnet. Die Einrichtung ist noch original und orientiert sich am Stil der Wiener Kaffeehäuser. Ein Besuch im **Jama Michalika** *(siehe S. 114)* ist ein Muss. Das Café ist wegen des Kabaretts Zielony Balonik (Grüner Ballon) berühmt geworden, das Interieur ist reinster, schönster Jugendstil. Allerdings kann das kulinarische Angebot nicht ganz mit dieser Pracht mithalten. Seit im Jama Michalika totales Rauchverbot herrscht, wird es von Einheimischen wenig besucht.

Das **Pożegnanie z Afryką** ist der beste Ort für Liebhaber guten Kaffees. Hier werden selbst verwöhnte Gaumen zufrieden gestellt. Das Café liegt in der St.-Thomas-Straße (Św. Tomasza) und ist gleichzeitig ein Laden, in dem man hervorragende Mokkasorten bekommt. Der Duft frisch gebrannten Kaffees ist verführerisch. Heute gibt es in vielen Städten Polens Ableger des Pożegnanie z Afryką, aber in Krakau steht das Mutterhaus.

Das **Café Larousse** ist ein kleines, gemütliches Lokal mit romantischer Atmosphäre. Die Wände sind mit Seiten eines französischen Wörterbuchs aus dem 19. Jahrhundert tapeziert. Ein Besuch im **Redolfi** am Marktplatz ist wie eine Zeitreise ins frühe 19. Jahrhundert. Das Café mit der originalen Einrichtung wurde 1823 von Lorenzo Paganino Cortesi eröffnet, der Name Redolfi bezieht sich auf den zweiten Besitzer, ebenfalls ein Schweizer. Hier bekommt man neben den üblichen Angeboten eines Cafés auch Mittagessen.

Das **Maska** ist ein Lieblingscafé der Künstler aus Theater- und Filmkreisen. Es liegt im Keller des Teatr Stary (Altes Theater), die Einrichtung ist original Art déco. Mitgründer des Maska war der bekannte Schauspieler Tadeusz Huk, der Film- und Theaterregisseur Andrzej Wajda hat hier einen festen Platz. Außer viel Prominenz bekommt man leckeres Essen (gerösteter Knoblauch ist besonders beliebt) und einen Cocktail mit Namen »Teraz Polska« (Polen jetzt). Dieses Getränk mit Starqualität zeigt die Farben der polnischen Flagge.

Delikate kleine Häppchen mit Brot aus den Bergen sind die Spezialität des **Café Camelot**. Dazu empfiehlt es, den Tee mit hausgemachtem Himbeersirup zu probieren. An den Wänden hängen Bilder des berühmten polnischen Künstlers Nikifor, einem naiven Maler. Gleich daneben liegt das **Dym** (Rauch). Hier bekommt man köstlichen Pischinger Kuchen, aber auch Bier, Wodka und Schnäpse.

Strassencafés

Viele Lokale am Marktplatz haben im Frühling und Sommer Tische draußen stehen. Der ganze Platz wirkt dadurch wie ein einziges großes Straßencafé mit Tausenden von Gästen.

Das **Bambus**-Café liegt vor dem Palais zu den Widdern und ist vor allem tagsüber viel besucht. Überwiegend am Abend und oft bis in die frühen Morgenstunden ist Hochbetrieb im Straßencafé, das zur **Black Gallery** gehört. Ein riesiger Schirm schützt vor Regen. Nach dem Genuss des Hauscocktails Kamikaze, einer hinterhältigen Mischung aus Blue Curaçao, Wodka und Zitrone, bekommt man sowieso nicht mehr mit, wie das Wetter ist.

Wer im Freien isst, sollte sich eher auf eine einfache Mahlzeit als auf ein Menü einstellen. Meist sind die Wege von der Küche bis zu den Tischen lang, die Restaurants servieren daher draußen eher schlichte Gerichte.

Für entgangene Gaumenfreuden entschädigen die vielen Straßenmusiker, die auf diesem Platz spielen. Sie erwarten dafür ein paar Münzen; wer freundlich sein will, gibt diesen Musikern und Musikanten immer etwas. Wenn Sie Glück haben, bekommen Sie die Zigeunergruppe zu Gehör, zu der ein Geiger im Rollstuhl gehört. Hören Sie ein paar Minuten lang zu, es lohnt sich.

Bars

In letzter Zeit haben zahlreiche neue Bars in Krakau eröffnet. Oft nennen sie sich »Pub«, liegen in Kellern und haben meist lange geöffnet. In vielen Bars wird Live-Musik gespielt.

Das **Free Pub** und das **Roentgen** haben am längsten offen. Beide Bars sind bei jüngeren Gästen und Künstlern sehr beliebt. Im Roentgen gibt es einen Zahnarztstuhl, in dem man sich bei einem Drink freuen kann, dass keiner bohren wird. Junge Leute verkehren gern im **Pod Papugami** (Zum Papagei), denn hier gibt es auch eine Disko.

Das **Pod Złotą Pipą** dagegen ist eher für konservative Gäste. Es ist nostalgisch im österreichisch-ungarischen Stil eingerichtet, an den Wänden hängen viele Bilder von Kaiser Franz Joseph und Sisi. Besonders beliebt sind hier Würste mit Kraut und Erbsen, dazu wird ein original tschechisches Budweiser (Budvar) vom Fass serviert. Der **Klub Kulturalny** (Kulturclub) ist in jüngster Zeit in Mode gekommen. Der Boden ist mit echten Mosaiken belegt. Nach ein Paar Drinks fühlt man sich wie in Ravenna.

Auf einen Blick

Albo Tak
Mały Rynek.
Stadtplan 2 D4 (6 E3).
421 11 05.

Arka Noego
Szeroka 2.
Stadtplan 4 E1.
421 71 66.

Arlekin
Rynek Główny 24.
Stadtplan 1 C4 (6 D2).
430 24 57.

Bambus Café
Rynek Główny 27.
Stadtplan 1 C4 (6 D2).
421 97 25.

Black Gallery
Mikołajska 24.
Stadtplan 2 D4 (6 E2).
421 00 30.

Bosto
Floriańska 33.
Stadtplan 2 D4 (6 E2).
421 16 93.

Burzliwy Poniedziałek
Grodzka 4.
Stadtplan 1 C5 (6 D3).

Café Cabaret
Jabłonowskich 6.
Stadtplan 1 B4 (5 B4).
422 85 77.

Café Camelot
Św. Tomasza 17.
Stadtplan 1 C4 (6 D2).
421 01 23.

Café Larousse
Św. Tomasza 22.
Stadtplan 1 C4 (6 E2).

Café Molier
Szewska 4.
Stadtplan 1 C4 (5 C2).
292 64 00.

Café Numer 0
Rynek Główny 6.
Stadtplan 1 C4 (6 D2).

Casa de la Pizza
Mały Rynek 2.
Stadtplan 1 C4 (6 E3).
421 64 98.

Dandy Café
Św. Tomasza 19.
Stadtplan 1 C4 (6 D2).
421 73 91.

Déjà-vu
Rynek Główny 9.
Stadtplan 1 C4 (6 D2).

Dom Wina
Pijarska 11.
Stadtplan 1 C4 (6 D1).

Dym
Św. Tomasza 13.
Stadtplan 1 C4 (6 D2).
423 18 74.

Free Pub
Sławkowska 4.
Stadtplan 1 C4 (6 D2).
413 03 66.

George
Lea 5a.
Stadtplan 1 A3.

Hamlet
Miodowa 9.
Stadtplan 4 D1 (6 F5).
422 12 11.

Jama Michalika
Floriańska 45.
Stadtplan 2 D4 (6 E2).
422 15 61.

Jazz Rock Café
Sławkowska 12.
Stadtplan 1 C4 (6 E1).
422 19 88.

John Bull
Mikołajska 2.
Stadtplan 2 D4 (6 E2).
423 11 68.

Kapsuła
Rynek Główny 6.
Stadtplan 1 C4 (6 D2).

Kawiarnia Noworolski
Rynek Główny 1, Cloth Hall.
Stadtplan 1 C4 (6 D2).
422 47 71.

Klub Kulturalny
Szewska 25.
Stadtplan 1 C4 (5 C2).
429 67 39.

Krzysztofory
Szczepańska 2.
Stadtplan 1 C4 (6 D2).
422 93 60.

Lamus
Karmelicka 54.
Stadtplan 1 B3.
633 37 24.

Le Fumoir
Sławkowska 26.
Stadtplan 1 C4 (6 D2).
429 54 28.

Manggha
Starowiślna 10.
Stadtplan 2 D5 (6 E3).
422 85 61.

Maska
Jagiellońska 1.
Stadtplan 1 C4 (5 C2).
429 60 44.

Milano
Praska 18.
266 64 83.

Osorya
Jagiellońska 5.
Stadtplan 1 C4 (6 D2).
292 80 20.

Piwnica pod Ogródkiem
Jagiellońska 6.
Stadtplan 1 C4 (5 C2).
421 60 29.

Pod Białym Orłem
Rynek Główny 45.
Stadtplan 1 C4 (6 D2).
421 57 97.

Pod Chochołami
Plac św. Ducha 1.
Stadtplan 2 D4 (6 E2).
422 45 75 w. 54.

Pod Papugami
Szpitalna 1.
Stadtplan 2 D4 (6 E2).
421 93 07.

Pod Papugami
Św. Jana 18.
Stadtplan 1 C4 (6 D2).
422 82 99.

Pod Złotą Pipą
Floriańska 30.
Stadtplan 2 D4 (6 E2).
421 94 66.

Pożegnanie z Afryką
Św. Tomasza 21.
Stadtplan 1 C4 (6 E2).
644 47 45.

Prohibicja
Grodzka 51.
Stadtplan 1 C5 (6 D4).
422 86 41.

Ratuszowa
Rynek Główny 1.
Stadtplan 1 C4 (6 D2).
421 13 26.

Redolfi
Rynek Główny 38.
Stadtplan 1 C4 (6 D2).
423 05 79.

Roentgen
Plac Szczepański 3.
Stadtplan 1 C4 (5 C2).

Santos
Grodzka 65.
Stadtplan 3 C1 (6 D5).
423 14 87.

Stare Mury
Pijarska 21.
Stadtplan 2 D4 (6 E1).
421 38 98.

Strawberry
Św. Tomasza 1.
Stadtplan 1 C4 (6 D2).
422 73 42.

Sylaba
Sławkowska 10.
Stadtplan 1 C4 (6 D1).

U Literatów
Kanonicza 7.
Stadtplan 1 C5 (6 D4).
421 86 66.

U Louisa
Rynek Główny 13.
Stadtplan 1 C4 (6 D3).
421 80 92.

Vis-à-Vis
Rynek Główny 29.
Stadtplan 1 C4 (6 D2).
422 69 61.

Windsor
Rynek Główny 25.
Stadtplan 1 C4 (6 D2).
421 98 94.

Zdarzenie
Plac Mariacki 7.
Stadtplan 1 C4 (6 D2).
421 84 86.

Stadtplan *siehe Seiten 226–235*

Läden und Märkte

Schon immer war Krakau ein Handelsort, und in jüngster Zeit ist der Handel wieder aufgeblüht. In den alten Gebäuden, die immer in privater Hand geblieben sind, haben nach 1989 viele neue Läden eröffnet. Plötzlich tauchten an Fassaden und Passagen Ladenschilder auf, allerdings in zunehmendem Maße auch die Firmenlogos großer westlicher Marken und Ketten. Die Läden bieten internationalen Standard, oft kann man kaum mehr unterscheiden, ob man sich in Wien, Paris oder Krakau befindet. Die Gegend um den Marktplatz ist zum Einkaufen am besten. Hier gibt es viele elegante Läden, wenig Autoverkehr und hübsche Cafés zum Entspannen zwischendurch. Auch Straßenmärkte und Buden laden zum Einkaufsbummel ein. Die Atmosphäre ist hier lebendiger – man kann ganz besondere Dinge finden.

Christusfigur aus Holz

Öffnungszeiten

In Polen gibt es kein Ladenschlussgesetz, so dass jeder Geschäftsmann selbst entscheiden kann, wann und wie lange er seinen Laden geöffnet hat. Lebensmittelgeschäfte machen in Krakau meist schon um 6 oder 7 Uhr auf und schließen frühestens um 19 Uhr. Aber viele haben auch bis 22 Uhr oder noch länger geöffnet. Rund ein Dutzend Läden sind 24 Stunden am Tag offen. Andere Geschäfte haben normalerweise zwischen 10 und 19 Uhr geöffnet, am Samstag bis 14 oder 15 Uhr. Innerhalb des Grüngürtels Planty sind viele Läden auch sonntags offen, meist zwischen 10 und 14 Uhr. Am Sonntag vor Weihnachten oder Ostern haben alle Läden geöffnet.

In Supermärkten herrscht gewöhnlich am Freitagnachmittag Hochbetrieb. Alle anderen Geschäfte machen samstags den größten Umsatz. Im Zentrum, wo die meisten Besucher einkaufen, ist es eher von der Feriensaison als vom Wochentag abhängig, wie viel gerade los ist.

Zum Verkauf ausgestellte Bilder an der Stadtmauer beim Florianstor

Bezahlen

Am häufigsten wird in Polen bar bezahlt, aber die meisten Geschäfte im Zentrum akzeptieren auch Kreditkarten. Im Fenster sieht man, mit welchen Karten man bezahlen kann. Auch viele Supermärkte und Kaufhäuser akzeptieren Karten. Schecks werden nur dann akzeptiert, wenn sie von einer polnischen Bank ausgestellt sind.

Die Preise verstehen sich immer einschließlich Mehrwertsteuer, die man sich an der Grenze rückerstatten lassen kann, wenn bestimmte Voraussetzungen erfüllt sind. Fragen Sie in Läden mit »Tax Free«-Schildern nach.

Antiquitäten- und Trödelmarkt am Marktplatz

Kaufhäuser und Einkaufszentren

Das grösste Kaufhaus in Krakau ist **Jubilat**, das Mitte der 1970er Jahre eröffnet hat. Im Erdgeschoss ist eine Lebensmittelabteilung, auf den anderen Etagen findet man alles – von Haushaltswaren und Möbeln über Spielzeug und Bücher bis hin zu Kleidung, Schuhen und Kosmetik. **Galeria Centrum**, ein weiteres Kaufhaus, ist direkt am Marktplatz. Das große Einkaufszentrum **Krakchemia** wurde nach 1989 gebaut. In einer der zwei riesigen Hallen gibt es Lebensmittel, Schuhe, Mode, Kosmetik und Haushaltswaren, in der anderen alles für Haus und Garten. Außerhalb Krakaus, aber mit dem Bus gut erreichbar, ist das Kaufhaus **Nico**, das italienische Kleidung und Schuhe anbietet.

Das Einkaufszentrum **Mozart** wurde vor kurzer Zeit neben dem Billa-Supermarkt eröffnet. Im Mozart sind viele kleine Mode- und Schuhboutiquen, aber auch Apotheken und Drogerien.

Das große **Herbewo**-Kaufhaus ist in einem Gebäude gelegen, das zwischen den beiden Weltkriegen erbaut wurde. Der Name geht auf den berühmten Hersteller von Produkten wie Zigarettenspitzen und anderem zurück.

Juwelier in der Floriańska-Straße

Märkte

Anderswo in Polen werden Märkte oft »Basare« genannt, in Krakau hat dieses Wort einen negativen Beigeschmack. Hier geht man »auf den Platz«, um Obst, Gemüse, Käse, Fleisch und Fisch an den Marktständen zu kaufen.

Der **Alte Kleparz-Markt** liegt am nächsten am Stadtzentrum. Auf dem **Neuen Kleparz-Markt** bekommt man nicht nur Lebensmittel, sondern auch Blumen und Kleidung. Dienstags und freitags stehen hier Stände mit Besen, vielfältigen Tonwaren, Flecht- und Korbwaren.

Puppen in regionalen Trachten werden in den Tuchhallen verkauft

Der Markt in der **Grzegórzecka-Straße** an der Markthalle ist der größte Lebensmittelmarkt. Sonntags findet man hier auch Stände mit Büchern und Antiquitäten.

Die besondere Atmosphäre des **Neuen Markts** in Kazimierz wurde festgehalten in *Tage und Nächte (Noce i dnie)*, einem polnischen Film nach dem bekannten gleichnamigen Roman von Maria Dąbrowska. In der Mitte des Marktes liegen runde Fleischerstände aus dem 19. Jahrhundert, die immer noch in Benutzung sind. Hier wird auch Obst und Gemüse verkauft. An Sonntagen verwandelt sich der Platz in einen großen Flohmarkt, wo man fast alles angeboten bekommt – von Harris-Tweed-Jackets aus Schottland bis hin zu Tiroler Trachten.

Auf dem **Tomex**-Markt in Nowa Huta findet man v. a Händler aus Russland und anderen Ex-Sowjetstaaten.

Der so genannte **Tandeta**-Markt bietet vor allem Kleidung an. Auch wenn *tandeta* normalerweise auf Polnisch »Plunder« bedeutet, meint das Wort in Krakau einfach nur Kleidermarkt, ganz ohne negative Bedeutung.

Schlussverkauf

Schlussverkäufe wurden in Krakau erst vor wenigen Jahren von den größeren Geschäften eingeführt. Sie bieten weniger besonders günstige »Schnäppchen« als in westlichen Ländern. Hier wird nichts heruntergesetzt, weil es zweite Wahl oder nicht mehr ganz modern ist, ein Schlussverkauf wird vielmehr als Werbemaßnahme zum Ende einer Saison verstanden.

Blumenstand am Marktplatz

Einkaufen in Krakau

Als Besucher aus dem Westen können Sie sicher sein, dass Sie in Krakau alle Dinge des täglichen Bedarfs genauso bekommen wie zu Hause. Man muss also nichts mehr mitbringen, darf jedoch andererseits auch nicht erwarten, dass Luxusartikel wie Parfüm, Alkoholika, Designermode, Schuhe und Markenartikel in Polen billiger zu bekommen sind. Wenn Sie allerdings nach Kunst und Kunsthandwerk suchen, sind Sie hier richtig. In Läden und Galerien findet man Silberschmuck, zeitgenössische Kunst, Drucke, Lederwaren, Bildbände und allerhand Kleinkram oft erstaunlich günstig.

Bücher und CDs

Gute Buchhandlungen gibt es viele in Krakau. Einige davon wie die **Galeria 17** in den Hetmański-Arkaden am Marktplatz haben bis spät abends geöffnet. Besucher sind davon oft überrascht, aber so etwas ist typisch für Krakau. Denn das Leben hier wird immer noch geprägt von Künstlern und Literaten, Professoren und Studenten.

Das **Empik** (früher Odeon) am Marktplatz ist ein riesiger Buchladen, der sich über mehrere Stockwerke erstreckt. Hier bekommt man auch CDs, Kassetten und Schreibwaren. Eine weitere Filiale des Empik mit ähnlichem Angebot befindet sich an der Bora Komorowskiego.

Die renommierte Buchhandlung **Znak** in der Sławkowska-Straße bietet eine große Auswahl fremdsprachiger, auch deutscher Titel.

Fachliteratur und Fiktion kann man bei **Ossolineum** und **Elefant** kaufen.

Księgarnia Muzyczna am Marktplatz ist auf Musikliteratur, CDs/Kassetten und Noten spezialisiert.

Der **Polskie Wydawnictwo Muzyczne** (Polnischer Musikverlag) bietet in seinem Laden ein ähnliches Sortiment mit der Betonung auf klassischer Musik.

Viele Läden im Zentrum verkaufen Musik-CDs aller Stilrichtungen, der Laden in der Poselska-Straße hat eine besonders gute Auswahl an Jazz und Klassik. Es verkauft auch Waren in Kommission. Auch der Musikladen in der Mikołajska-Straße setzt einen besonderen Akzent auf Jazz.

Antiquitäten

Krakau ist möglicherweise der beste Ort in Polen, um Antiquitäten zu kaufen. Die Stadt wurde im Zweiten Weltkrieg verschont, die Krakauer mussten im Allgemeinen nicht auswandern.

Allerdings dürfen Antiquitäten, die vor 1945 hergestellt wurden, nicht ohne eine (sehr schwer zu erhaltene) Genehmigung *(siehe S. 210)* ausgeführt werden. Dieses Gesetz wird strikt eingehalten, wenn es sich um wertvolle Kunstobjekte handelt oder um »Gegenstände des nationalen Erbes«. Gemälde, Möbel, Schmuck, alte Drucke, seltene Bücher und Karten können Sie nur in Ausnahmefällen exportieren. Aber niemand kümmert sich um Gegenstände mit geringem Wert, z. B. um antiquarische Bücher.

Antiquitätenhändler sitzen vor allem in der Gegend um die Planty-Anlagen, von Zeit zu Zeit finden Antiquitätenmärkte auf dem Marktplatz statt. Am Sonntag bieten Händler oft Sammlerstücke und viele Bücher bei der Markthalle in der Grzegórzecka-Straße an.

Volkskunst

Die jährliche Volkskunstmesse findet im September auf dem Marktplatz statt. Dutzende von Ständen bieten Skulpturen, Töpfereien, Webteppiche und Holzschnitzereien an, die aus allen Regionen Polens stammen.

Die Stände in den **Tuchhallen** haben das ganze Jahr über eine große Auswahl und sind für Souvenirs ein Muss. Hier gibt es farbenfrohe, bestickte Trachten aus Krakau und der Region Podhale, Wanderstöcke aus den Bergen, Schachspiele und Schmuckkästchen, Heiligenfiguren und jüdische Objekte aus Holz, aber auch Scherenschnitte und Ostereier.

Kunsthandwerk und zeitgenössische Kunst

Die Stände in den Tuchhallen bieten auch Silberschmuck, Kunstobjekte aus Bernstein, Lederwaren und Stoffe an. Wer in den Renaissance-Hallen einkauft, kann das schöne Gefühl genießen, einer Tradition zu folgen, die bis ins 16. Jahrhundert zurückreicht.

Die alten, charmanten **Kramy Dominikańskie** (Dominikanerstände) haben sich auf Kunsthandwerk spezialisiert. Die **Galeria Osobliwości** (Galerie der Merkwürdigkeiten) in der Sławkowska-Straße bietet seltene, ungewöhnliche Objekte an. Die Galerie **Calik** ist für ihren Weihnachtsschmuck berühmt und hat Stammkunden aus der ganzen Welt.

Krakau ist ein Zentrum für zeitgenössische polnische Kunst, die sich immer größerer Nachfrage erfreut. Zeitgenössische Kunst bieten folgende Galerien an: **Starmach Gallery, Zderzak, Space Gallery, Glass and Ceramics Gallery, Dominik Rostworowski Gallery, Stawski Gallery, Kocioł Artystyczny** und viele andere. Wer gemalte Sonnenuntergänge, galoppierende Pferde oder nackte Schönheiten mag, findet an den Stadtmauern beim Florianstor bestimmt das Richtige. Freunde der Karikaturen von **Andrzej Mleczko** werden dagegen einen Besuch in seiner Galerie in der St.-Johannes-Straße (Św. Jana) genießen.

Kleidung und Schuhe

Fast jedes Kleidergeschäft bietet Jeans im Überfluss. Wer auf bekannte Marken steht, findet in Krakau die Läden von **Levi Strauss, Mustang, Diesel, Wrangler** oder Lee. Natürlich gibt es auch für Sportartikel Markenläden, z. B. **Adidas, Reebok** und **Nike**.

Benetton und das **House of Carli Gry** führen Mode für junge Menschen, Designermode für Männer gibt es bei **Pierre Cardin**. Polnische Marken wie **Vistula** und **M. W. Prestige** bieten Männermode preiswerter an, **Wólczanka** hat sich auf Hemden spezialisiert.

Cora führt Damenmode von polnischen Firmen, um den kosmopolitischen Geschmack bemüht sich beispielsweise **Paradise**, das Kleidung und Schuhe von internationalen Firmen und Designern anbietet.

Bei **Zebra** und **Olivier** kann man italienische Schuhe kaufen, **Nico** hat italienische Mode im Angebot.

Lebensmittel

Im Zentrum von Krakau gibt es keine Supermärkte. Der Lebensmittelladen neben dem Restaurant Hawełka ist der größte am Marktplatz. Er führt auch eine große Auswahl alkoholischer Getränke. Es gibt einige kleine Läden in der Nähe des Marktplatzes, aber auch einige Selbstbedienungsläden wie **Dominik** haben in letzter Zeit eröffnet.

Die großen Supermärkte wie **Géant, Hit, Hypernova, Krakchemia, Tesco** und **Billa** liegen außerhalb der Stadt und sind für Menschen gedacht, die mit dem Auto zum Einkaufen fahren. Aber natürlich gibt es auch in jedem Wohnviertel kleine Supermärkte, die den täglichen Bedarf abdecken.

Die meisten Krakauer gehen auf den Markt, um Obst oder Gemüse zu kaufen. Der Alte Kleparz-Markt liegt am nächsten zum Zentrum – nur ein paar Minuten zu Fuß.

Der schöne Laden **Pożegnanie z Afryką** (Draußen in Afrika) bietet eine unschlagbar große Auswahl an verschiedenen Kaffeesorten. Den berühmten Kaffee der Wiener Rösterei **Julius Meinl** bekommt man bei Meinl im Azory (Azoren-) Gebäude. Der kleine, hübsch dekorierte Laden **Pod Aniołami** (Zu den Engeln) führt Fleisch- und Wurstwaren nach alten polnischen Rezepten, aber auch *bundz* und *oszczypek*, zwei spezielle Sorten Bergkäse, sowie Landbrot, das in Holzöfen gebacken wird. Auch Wein bekommt man hier, allerdings bieten In Vino Veritas und die Getränkeabteilung von **Billa** eine größere Auswahl. Spirituosen gibt es bei **Polmos**, wo man sie an der Bar auch gleich probieren kann.

Schokoladenliebhaber sind richtig im **Wawel**-Laden am Marktplatz. Hier werden Süßigkeiten vom lokalen Hersteller Zakłady Przemysłu Cukierniczego angeboten. In vielen Konditoreien gibt es eine leckere Kuchen- und Tortenauswahl, aber die besten süßen Teilchen bekommen Sie bei Michałek, das beste Nougat bei Cichowski. Die Konditorei im Hotel Cracovia *(siehe S. 176)* ist berühmt wegen ihrer *kremówki*, einem mit Sahnecreme gefüllten Blätterteiggebäck.

Was in Krakau *kremówka* heißt, kennt man in Warschau unter der Bezeichnung *napoleonka*. Auch bei anderen Wörtern gibt es Unterschiede zwischen Mazowien und Kleinpolen, z. B. bei den Namen für Waldbeeren. Heidelbeeren werden in Krakau und Galizien *borówki* genannt, in der Gegend um Warschau *czarne jagody*. Die kleinen roten Beeren dagegen, die in Warschau *borówki* heißen, nennt man in Krakau *brusznice*. Aber in ganz Polen heißen die köstlichen Preiselbeeren *żurawiny*.

Auch bei den Brotbezeichnungen gibt es regionale Unterschiede: Eine Weißbrotstange bekommt man in Krakau unter der Bezeichnung *weka*, in Warschau heißt das gleiche Produkt *Wrocław*-Brot.

Drogerien

Drogerien, aber auch Supermärkte bieten in der Regel gute Pflegeprodukte, teuere internationale Markenprodukte kauft man allerdings am besten in Parfümerien. **Guerlain** und Yves Rocher haben Filialen und Schönheitsinstitute in Krakau.

Bekannte Parfümmarken wie Gucci, Biagotti, Trussardi, Bulgari, Carolina Herrera oder Burberrys werden im großen **INA Center** angeboten. Aber auch in den Hotels gibt es häufig Läden, in denen man exklusive Kosmetikartikel kaufen kann.

Apotheken

Die meisten pharmazeutischen Produkte sind in Polen verschreibungspflichtig, aber ein Rezept von einem ausländischen Arzt wird normalerweise ohne Probleme akzeptiert.

Im Stadtzentrum findet man die meisten Apotheken in den folgenden Straßen: **Szczepańska**, **Grodzka** oder **Dunajewskiego**. Einige Apotheken haben 24 Stunden am Tag geöffnet; ihre Adressen sind in den Fenstern der anderen Apotheken ausgehängt.

Es gibt aber auch einen 24-Stunden-Telefondienst (422 05 11), der über die Adressen der Nachtapotheken informiert und Ihnen die am nächsten gelegenen Krankenhäuser mit Unfallambulanz und Notaufnahme nennt.

Blumen

Krakau wäre nicht Krakau ohne die Blumenstände an der Mickiewicz-Statue am Marktplatz. Am Geburtstag des großen Dichters ist es Tradition, dass die Händler Blumen auf den Sockel legen. Und weil in Polen jeder Anlass willkommen ist, um jemandem Blumen zu schenken, bekommen nicht nur VIPs bei Staatbesuchen einen Strauß, sondern manchmal auch ganz normale Gäste.

Auch in Tankstellen oder Supermärkten werden Blumen verkauft, an warmen Tagen haben die Stände am Markt bis in die Nacht offen. Besonders viele Blumenhändler gibt es am Neuen Kleparz-Markt. Am bekanntesten ist der Blumenladen mit dem schönen Namen »Vergissmeinnicht«: Niezapominajka.

Auf einen Blick

Kaufhäuser

Billa
Mackiewicza 17.
☎ *415 39 01.*

Galeria Centrum
Św. Anny 2.
Stadtplan 1 C4 (5 C2).
☎ *422 98 22.*

Géant
Bora Komorowskiego 37.
☎ *617 06 00.*

Hit
Wielicka 259.
☎ *657 74 44.*

Jubilat
Al. Krasińskiego 1–3.
Stadtplan 1 B5 (5 B4).
☎ *422 30 33.*

Krakchemia
Pilotów 6.
☎ *411 21 33.*

Mozart
Mackiewicza 17.
☎ *415 59 26.*

Buchläden

Columbus
(fremdsprachige Bücher)
Grodzka 60.
Stadtplan 1 C5 (6 D4).
☎ *431 20 98.*

Empik
Sienna 2.
Stadtplan 1 C4 (6 D2).
☎ *429 45 77.*

English Book Centre
Plac Mateijki.

Galeria 17
Rynek Główny 17.
Stadtplan 1 C4 (6 D2).
☎ *421 93 05.*

Kossakówka. Buchhandlung und Galerie
Pl. Kossaka 4.
Stadtplan 1 B5 (5 B4).
☎ *422 85 14.*

Księgarnia Muzyczna
Rynek Główny 36.
Stadtplan 1 C4 (6 D2).
☎ *422 98 59.*

Music Corner
Św. Jana 18.
Stadtplan 1 C4 (6 D2).
☎ *423 21 42.*

Ossolineum
Św. Marka 12.
Stadtplan 2 D4 (6 E2).
☎ *422 58 44.*

Polskie Wydawnictwo Muzyczne (Polnischer Musikverlag)
Al. Krasińskiego 11a.
Stadtplan 1 B5 (5 A4).
☎ *422 70 44, Nebenstelle 113.*

Znak
Sławkowska 1.
Stadtplan 1 C4 (6 D2).
☎ *422 45 48.*

Antiquarische Bücher

AB
Rynek Główny 43.
Stadtplan 1 C4 (6 D2).
☎ *421 69 03.*

Antykwariat Księgarski
Stolarska 8/10.
Stadtplan 1 C5 (6 D3).
☎ *422 62 88.*

Bibliofil
Szpitalna 19.
Stadtplan 2 D4 (6 E2).
☎ *422 18 61.*

Krakowski Antykwariat Naukowy
Św. Tomasza 8.
Stadtplan 1 C4 (6 D2).
☎ *421 21 43.*

Rara Avis
Szpitalna 7.
Stadtplan 2 D4 (6 E2).
☎ *422 03 90.*

Antiquitäten

Antique
Św. Tomasza 19.
Stadtplan 1 C4 (6 D2).
☎ *421 79 44.*

Connaisseur
Rynek Główny 11.
Stadtplan 1 C4 (6 D2).
☎ *421 02 34.*

Desa
Floriańska 13.
Stadtplan 1 C4 (6 D2).
☎ *422 27 06.*

Desa
Mikołajska 10.
Stadtplan 2 D4 (6 E2).
☎ *422 49 33.*

Galeria 17
Rynek Główny 17.
Stadtplan 1 C4 (6 D2).
☎ *421 33 74.*

Sopocki Dom Aukcyiny
Rynek Główny 45.
Stadtplan 1 C4 (6 D2).
☎ *429 12 17.*

Volkskunst

Tuchhallen (Sukiennice)
Rynek Główny 1/3.
Stadtplan 1 C4 (6 D2).

Kunsthandwerk und zeitgenössische Kunst

Galerie Mleczko (Autorska Galeria Andrzeja Mleczki)
Św. Jana 14.
Stadtplan 1 C4 (6 D2).
☎ *421 71 04.*

BWA
Pl. Szczepański 3A.
Stadtplan 1 C4 (5 C2).
☎ *422 40 21.*

Calik
Rynek Główny 7.
Stadtplan 1 C4 (6 D2).
☎ *421 77 60.*

Galerie Dominik Rostworowski
Św. Jana 20.
Stadtplan 1 C4 (6 D2).
☎ *423 21 51.*

Galeria Osobliwości
Sławkowska 16.
Stadtplan 1 C4 (6 D1).
☎ *429 19 84.*

Galeria Związku Polskich Artystów Plastyków (Galerie der Vereinigung polnischer Künstler)
Floriańska 34.
Stadtplan 2 D4 (6 E2).
☎ *422 74 86.*

Glass and Ceramics Gallery
Grodzka 29.
Stadtplan 1 C5 (6 D4).
☎ *421 44 19.*

Kocioł Artystyczny
Mikołajska 6.
Stadtplan 2 D4 (6 E2).
☎ *292 00 29.*

Krakowska Szkoła Malarstwa
Sławkowska 14.
Stadtplan 1 C4 (6 D1).
☎ *421 25 34.*

Kramy Dominikańskie
Stolarska 8/10.
Stadtplan 1 C5 (6 D3).
☎ *422 19 08.*

Pryzmat
Łobzowska 3.
Stadtplan 1 C3 (5 C1).
☎ *422 28 04.*

Space Gallery
Floriańska 13.
Stadtplan 1 C4 (6 D2).
☎ *421 89 94.*

Starmach Galerie
Wegierska 5.
Stadtplan 4 E3.
☎ *656 43 17, 656 49 15.*

Stawski Galerie
Miodowa 15.
Stadtplan 4 D1 (6 F5).
☎ *421 80 46.*

Zderzak
Floriańska 3.
Stadtplan 1 C4 (6 D2).
☎ *429 67 43.*

Mode und Schuhe

Adidas
Szewska 21.
Stadtplan 1 C4 (5 C2).
☎ *422 66 84.*

Cora
Zwierzyniecka 22.
Stadtplan 1 B5 (5 B4).

Diesel
Szewska 22.
Stadtplan 1 C4 (5 C2).

House of Carli Gry (Jackpot & Cottonfield)
Rynek Główny 36.
Stadtplan 1 C4 (6 D2).
☎ *292 74 87.*

Floriańska 38.
Stadtplan 1 C4 (6 D2).
☎ *422 61 86.*

Levi Strauss
Floriańska 9.
Stadtplan 1 C4 (6 D2).

Mustang
Szewska 14.
Stadtplan 1 C4 (5 C2).

M. W. Prestige
Karmelicka 14.
Stadtplan 1 B4 (5 C1).
☎ *422 28 68.*

Nico
Modlnica 214.
☎ *637 03 95.*

Nike
Szewska 20.
Stadtplan 1 C4 (5 C2).

Olivier
Szewska 9.
Stadtplan 1 C4 (5 C2).
☎ *422 28 19.*

Paradise
Floriańska 18.
Stadtplan 1 C4 (6 D2).
☎ *421 87 51.*

Pierre Cardin
Św. Jana 12.
Stadtplan 1 C4 (6 D2).
☎ *423 11 02.*

Reebok
Grodzka 16.
Stadtplan 1 C5 (6 D4).
☎ *422 28 08.*

Troll
Floriańska 31.
Stadtplan 2 D4 (6 E2).
☎ *422 41 42.*

Wólczanka
Pl. Mariacki.
Stadtplan 1 C4 (6 D2).
☎ *421 83 16.*

Wrangler
Sienna 1.
Stadtplan 1 C4 (6 D2).
☎ *421 92 89.*

Vistula
Szpitalna 3.
Stadtplan 2 D4 (6 E2).
☎ *422 09 55.*

Zebra
Szczepańska 7.
Stadtplan 1 C4 (5 C2).
☎ *422 46 05.*

Kosmetik und Parfüms

Guerlain
Św. Jana 20.
Stadtplan 1 C4 (6 D2).
☎ *422 39 45.*

INA Center
Szpitalna 34.
Stadtplan 2 D4 (6 E2).
☎ *421 55 83.*

Szewska 15.
Stadtplan 1 C4 (5 C2).

Lebensmittel

Cracovia
Al. Focha 1.
Stadtplan 1 A5 (5 A3).
☎ *422 13 43.*

Delikatesy
Rynek Główny 34.
Stadtplan 1 C4 (6 D2).
☎ *422 01 16.*

Dominik
Pl. Dominikański 2.
Stadtplan 1 C5 (6 D3).
☎ *422 90 80.*

Hypernova
Witosa 7.
☎ *654 58 07.*

Julius Meinl
Dobrego Pasterza 67.
☎ *412 75 34.*

Włoska 2.
☎ *655 76 71.*

Wybickiego 10.
☎ *633 43 99.*

Michałek
Krupnicza 6.
Stadtplan 1 B4 (5 C2).
☎ *422 47 05.*

Pod Aniołami
Grodzka 35.
Stadtplan 1 C5 (6 D4).
☎ *421 39 99.*

Pożegnanie z Afryką
Św. Tomasza 21.
Stadtplan 2 D4 (6 D2).
☎ *644 47 45.*

Tesco
Kapelanka 54.
Stadtplan 1 C4 (6 D2).
☎ *423 12 47.*

Wawel
Rynek Główny 33.
Stadtplan 3 A3.
☎ *293 21 00.*

Weine und Spirituosen

Baryłeczka
Szczepańska 9.
Stadtplan 1 C4 (5 C2).
☎ *429 62 67.*

Dom Wina
Starowiślna 66.
Stadtplan 2 D5 (6 E3).
☎ *431 03 68.*

Polmos
Starowiślna 26.
Stadtplan 2 D5 (6 E3).
☎ *423 11 18.*

Vis-Pol
Lea 90a.
☎ *637 95 47.*

Apotheken

Dunajewskiego 2.
Stadtplan 1 B4 (5 C2).
☎ *422 65 04.*

Grodzka 34.
Stadtplan 1 C5 (6 D4).
☎ *421 85 44.*

Szczepańska 1.
Stadtplan 1 C4 (6 D2).
☎ *422 92 93.*

Apteka Na Kazimierzu
Krakowska 49.
Stadtplan 4 D2.

Europa
Karmelicka 56.
Stadtplan 1 B3.

Mały Rynek
Mały Rynek 6.
Stadtplan 1 C4 (6 E2).
☎ *421 90 89.*

Pod Słońcem
Rynek Główny 42.
Stadtplan 1 C4 (6 D2).

Pod Świętym Hubertem
Krakowska 1.
Stadtplan 4 D2.
☎ *422 19 98.*

Pod Złotą Głową
13, Market Square.
Stadtplan 1 C4 (6 D3).
☎ *422 41 90.*

Pod Złotym Słoniem
Pl. Wszystkich Świętych 11.
Stadtplan 1 C5 (6 D3).
☎ *422 91 39.*

Blumen

BeA
Sławkowska 20.
Stadtplan 1 C4 (6 D1).

Kamelia
Pl. Wszystkich Świętych 11a.
Stadtplan 1 C5 (6 D3).
☎ *422 76 45.*

Konwalia
Zwierzyniecka 23.
Stadtplan 1 B5 (5 B4).
☎ *422 93 52.*

Margareta
Długa 74.
Stadtplan 1 C2.
☎ *633 78 63.*

UNTERHALTUNG

Kulturell ist Krakau die Hauptstadt Polens – dieser Anspruch ist nicht aus der Luft gegriffen. Die Theater gehören zu den besten des Landes und laden oft führende internationale Theater für Gastspiele ein. Der Chor und das Philharmonische Orchester Szymanowski haben einen ebenso guten Ruf wie die Capella Cracoviensis. In Kirchen und historischen Gebäuden werden viele Konzerte mit klassischer Musik aufgeführt. Und das ganze Jahr über finden Theater-, Film-, Musik- und Ballettfestivals statt. Die Geschichte der verschiedenen Krakauer Kabarette, die auch für ausländische Besucher interessant sind, reicht über hundert Jahre zurück. Das Nachtleben brodelt in Krakau und kann mit dem in Italien oder Spanien durchaus mithalten. Fast überall in der Stadt findet man gute Musikklubs, Diskos und Bars. Sie liegen meist in gotischen Kellern, viele davon haben bis in die frühen Morgenstunden geöffnet. Ein Besuch hier kann ein Erlebnis sein.

Openair-Konzert

Was – Wann – Wo?

Ein ausführlicher Veranstaltungskalender mit den kulturellen Events in Krakau erscheint monatlich in *Karnet – Krakowskie Aktualności Kulturalne*. Er wird vom Centrum Informacji Kulturalnej (Kulturinformationszentrum) auf Polnisch und Englisch herausgegeben. Im Internet findet man die Informationen unter: http://www.krakow.pl/.

Aktuelle Veranstaltungshinweise, Film- und Theaterkritiken erscheinen am Freitag in einer Beilage der *Gazeta Wyborcza*. Das Blatt heißt *Co jest grane?* (»Was ist los?«) und veröffentlichet auch Tipps für Restaurants, Diskos und Klubs mit Live-Musik. Auch in den Tageszeitungen findet man täglich Hinweise. Das Magazin *Kraków, What, Where, When* erscheint monatlich auf Englisch, enthält aber Veranstaltungslisten in vielen Sprachen – auch auf Deutsch. *The Kraków Insider* wird nur auf Englisch veröffentlicht.

Aufführung im Bücklein-Theater

Kartenvorverkauf

Tickets für alle größeren Veranstaltungen gibt es im Centrum Informacji Kulturalnej. Hier kann man sich informieren, wo man Eintrittskarten für die anderen Events kaufen oder vorbestellen kann. Die Mitarbeiter des Zentrums sprechen Deutsch, Englisch, Französisch und Italienisch. Reiseagenturen und Hotelrezeptionen nehmen ebenfalls Buchungen vor. Karten für die Philharmonie und die Theater bekommt man an deren Vorverkaufsstellen, Kinokarten kann man telefonisch bestellen. Manche Veranstaltungen sind monatelang vorher ausverkauft. Es lohnt sich also, eventuell schon von zu Hause über das Internet zu bestellen.

Trachtengruppe aus der Gegend um Krakau

Eintrittspreise

Die Karten sind inzwischen erheblich teurer geworden, jedoch immer noch preiswerter als im Westen. Theaterkarten sind in Krakau teurer als im übrigen Polen, dennoch sind die Vorstellungen oft ausverkauft. Tickets fürs Theater kosten zwischen 25 und 40 zł, Kinokarten zwischen 13 und 20 zł. Der Eintritt ins Museum ist relativ preiswert, an einem festgelegten Tag in der Woche ist er in vielen Museen frei.

Nachts unterwegs

Busse und Straßenbahnen stellen den Tagesbetrieb gegen 23 Uhr ein und fahren erst wieder ab 5 Uhr morgens. An den Bushaltestellen findet man jedoch einen Plan der Nachtbusse. Tickets hierfür kann man beim Fahrer kaufen. In der Innenstadt gibt es genügend Taxistände, aber man sollte wissen, dass es preiswerter ist, ein Taxi über Telefon zu rufen, als eines am Stand zu nehmen. Die meisten Taxifahrer sind ehrlich, nur den Taxistand am Hauptbahnhof sollte man besser meiden. Wenn Sie in der Gegend ein Taxi brauchen, können Sie ein Funktaxi im obersten Geschoss über den Bahnsteigen buchen.

Festivals

In der Stadt findet fast immer eine Vielzahl von Festivals statt; das einzige Problem ist, sich zu entscheiden, welches das interessanteste ist. Es gibt das Internationale Festival des Alternativen Theaters, das Internationale Kurzfilmfestival, das Krakauer Frühlingsballettfestival, das Internationale Krakauer Altstadt-Musikfestival oder auch das Internationale Musikfestival der Militärkapellen – für jeden Geschmack ist also etwas dabei.

Litfaßsäule mit Veranstaltungshinweisen

Openair-Events und Naherholungsgebiete

Veranstaltungen im Freien haben in Krakau lange Tradition. Schon im frühen 19. Jahrhundert fanden Volksfeste auf den Błonia-Feldern statt, die damals außerhalb der Stadt lagen. Eine der Attraktionen bestand darin, dass man versuchte, eine Stange hochzuklettern, die mit Seife eingerieben war. Oben erwarteten den erfolgreichen Teilnehmer Würstchen und eine Flasche mit alkoholischem Inhalt. Solche Wettbewerbe gibt es leider nicht mehr, aber bis heute finden auf den Błonia-Wiesen große Veranstaltungen statt.

In den Jahren zwischen den Weltkriegen wurden hier zwei Kavallerieparaden in Anwesenheit von Marschall Józef Piłsudski bzw. Marschall Edward Rydz Śmigły abgehalten. Hier zelebrierte Papst Johannes II. auch die Messen vor Millionen von Gläubigen, woran ein Granitblock aus dem Tatra-Gebirge erinnert. Normalerweise sind die Błonia-Wiesen der Ort für die verschiedensten Konzerte, Festivals und Jahrmärkte.

Der Jordan-Park gegenüber den Błonia-Wiesen ist bei Müttern und Kindern gleichermaßen beliebt. Doktor Henryk Jordan, ein Krakauer Arzt, hat diese besondere Art von Spielplätzen für kleine Kinder eingeführt. Heute findet man sie im ganzen Land, aber der Jordan-Park war der erste.

Der Wolski-Wald (Las Wolski) liegt nicht weit von Krakau entfernt *(siehe S. 164f)* und hat viele schöne Wanderwege. Bei den Krakauern ist er das beliebteste Naherholungsgebiet, aber der Zoo *(siehe S. 165)* kommt gleich danach. An Wochenenden und Feiertagen darf man nicht mit dem Auto hinfahren, sondern muss den Bus oder ein Taxi benutzen. Unter der Woche kostet der Parkplatz eine Gebühr.

Im Sommer finden an vielen Orten beliebte Openair-Konzerte statt: im Hof des Königsschlosses auf dem Wawel, in den Gärten des Archäologischen Museums, im Amphitheater von Radio Kraków, im Innenhof des Collegium Iuridicum sowie auf einer zeitweise errichteten Bühne auf dem Marktplatz mitten in der Stadt.

Kino »Pod Baranami«

Ausflüge in die Umgebung

Zahlreiche Ausflugsziele liegen ganz nahe bei Krakau. Der Ojców National Park *(siehe S. 154)* ist einer der kleinsten polnischen Nationalparks, aber auch einer der schönsten. Weiße Kalksteinfelsen in ungewöhnlichen Formen, viele verschiedene einheimische Pflanzen und ein schönes Renaissance-Schloss in Pieskowa Skała *(siehe S. 150)* machen den Ausflug hierher zum Erlebnis.

Die Salzminen bei Wieliczka *(siehe S. 154)* wurden von der UNESCO auf die Liste des Weltkulturerbes gesetzt. Die Minen und das unterirdische Sanatorium sind einzigartig. In Niepołomice liegt ein unlängst restauriertes Schloss aus dem 14. Jahrhundert, in einem alten Wald werden Bisons gezüchtet. Die Benediktinerabtei in Tyniec *(siehe S. 155)* ist wunderschön an der Weichsel gelegen.

Operetka-Theater in der ehemaligen Vorführhalle der Militärreitschule

Unterhaltung

Krakau besitzt eine lange Tradition als Kulturstadt: Das Rapsodyczny-Theater spielte im Zweiten Weltkrieg im Untergrund, 1956 gründete Tadeusz Kantor sein weltbekanntes Theater Cricot 2. Das Stary Teatr (Altes Theater) erwarb seinen Ruf durch Inszenierungen von Konrad Swinarski. Das Kabarett Pod Baranami u. a. Kabaretts setzen eine Tradition fort, die bis zum Zielony Balonik Anfang des 20. Jahrhunderts zurückreicht. Langeweile ist in Krakau kaum möglich – auch wenn man kein Polnisch spricht, ist ein Kabarettbesuch empfehlenswert. Außerdem gibt es in vielen Nachtklubs fast jeden Abend Live-Musik.

Fremdsprachige Aufführungen

In Krakau selbst gibt es keine Bühne, deren Aufführungen in einer anderen Sprache als Polnisch gespielt werden, aber das jährliche Festival des französischsprachigen Theaters im Mai zieht viele Theatertruppen und Besucher an. Außerdem gibt es hier Gastspiele von Bühnen aus aller Welt, die in ihrer Sprache spielen.

Zahlreiche Einrichtungen wie das Österreichische Konsulat, das Goethe-Institut, aber auch das Französische Institut, das Italienische Kulturzentrum und das Japanische Zentrum für Kunst und Technologie betätigen sich in der Kulturförderung. Sie organisieren Veranstaltungen in ihrer Landessprache, beim Centrum Informacji Kulturalnej *(siehe S. 200)* bekommt man Informationen darüber.

Theater

Die erste professionelle Theatertruppe in Krakau wurde 1781 gegründet. Heute spielen viele Theater, das berühmteste ist das **Stary Teatr** (Altes Theater). Hier arbeiten die besten Schauspieler, Regisseure und Bühnenbildner, aufgeführt werden den polnische Klassiker und Stücke der Romantik.

Auch das **Słowacki-Theater** spielt große Dramen und hat eine ähnliche Tradition. Es eröffnete 1893, das Gebäude ist der Opéra Garnier in Paris nachempfunden. Das Interieur ist reiner Jugendstil und wird von einem Vorhang gekrönt, den Siemiradzki entworfen hat. Mit viel Glück kann man die Vorstellung aus der Loge ansehen, die einst für Kaiser Franz Joseph und Sisi reserviert war.

Das **Krakowski Teatr, Scena Stu** erwarb seinen Ruf mit unkonventionellen Aufführungen. Am Hauptspielort in der Krasiński Avenue wird heute eher Klassisches gespielt. Es gibt Benefizvorstellungen mit gefeierten Theaterstars, die vom Fernsehen übertragen werden und ihrerseits wieder Klassiker geworden sind.

Das **Ludowy-Theater** in Nova Huta erlebt Höhen und Tiefen: Zurzeit gibt es ein junges Ensemble, das nicht nur in Nowa Huta spielt, sondern auch an zwei anderen Veranstaltungsorten in Krakau: in den Kellern unter dem Rathaus und in der Kanonicza-Straße. Das **Bagatela-Theater** bringt hauptsächlich leicht satirische Produktionen heraus. Das **Teatr Lalki i Maski Groteska** spielt viel Kinder- und Jugendtheater, hat aber auch Aufführungen für Erwachsene im Programm.

Die Produktionen des weltberühmten Theaters **Cricot 2** konnten nach dem Tod von Tadeusz Kantor nicht fortgesetzt werden. Die Studentenbühne **Teatr 38** spielt heute nur noch ab und zu.

Oper und Ballett

Die Oper von Krakau hat kein eigenes Haus und spielt im Słowacki-Theater. Diese Situation resultiert wahrscheinlich aus der alten Tradition, dass die gehobene Krakauer Schicht früher entweder nach Wien in die Oper ging oder dass die Oper von L'viv (früher Lemberg) in Krakau gastierte.

Das **Operetka Theater** hat einen ungewöhnlichen Spielort: die frühere österreichische Militärreitschule. Wie der Name sagt, kommen hier vor allem Operetten zur Aufführung. Besonders beliebt ist das klassische Repertoire von Kálman, Lehár oder Vater und Sohn Strauss.

Eigenartigerweise scheinen die Krakauer Ballett nicht sonderlich zu mögen. Selbst große Gastspiele finden öfter vor halb leeren Häusern statt. So gibt es auch kein eigenes Ballett-Ensemble in der Stadt. Zwei Festivals, das jährliche Krakauer Frühlingsballettfestival im Mai/Juni und das Internationale Ballett-Festival sollen Abhilfe schaffen.

Kabarett

Kabarettisten sind in Krakau in einer günstigen Situation: Sie können fast immer mit einem vollen Haus rechnen.

Nach dem Tod von Piotr Skrzynecki, dem Gründer von **Piwnica pod Baranami**, ist über das Fortbestehen dieses Kabaretts noch nicht entschieden. Zurzeit finden in unregelmäßigen Abständen Vorstellungen statt, und die Künstler des Piwnica treten zum Teil einzeln auf.

Das **Loch Camelot** ist künstlerisch mit dem Piwnica assoziiert und spielt in Kellern. Sehr populär ist auch das Kabarett **Piwnica pod Wyrwigroszem**.

Wer klassische Satire mag, ist im Kabarett **Jama Michalika** richtig. Zwischen Jugendstilobjekten und Karikaturen aus dem frühen 20. Jahrhundert werden Texte von Tadeusz Boy-Żeleński aufgeführt. Die ursprüngliche Dekadenz und besondere Atmosphäre dieses Theaters ist jedoch kaum reproduzierbar. Dazu fehlen der Absinth auf den Tischen und die Rauchschwaden: Im Jama Michalika herrscht wegen der historischen Räume heute totales Rauchverbot.

Kino

Das grösste Kino in Krakau ist das **Kijów**. Hier finden die Festivals statt, darunter auch das Kurzfilmfestival und ein Werbespot-Festival. Im ersten Stock kann man essen und trinken.

Ein Multiplexkino im Pariser Stil liegt an der Kreuzung św. Jana (St.-Johannes-Straße) und św. Tomasza (St.-Thomas-Straße) mit den Kinosälen **Apollo**, **Sztuka**, **Aneks Sztuki** und **Reduta Sztuki**. Jedes von ihnen hat ein Café. Vom Reduta Sztuki sagt man, dass es das renommierteste und teuerste Kino in ganz Polen ist.

Das kleine Kino **Pod Baranami** im gleichnamigen »Palais zu den Widdern« ist sehr beliebt, und das nicht nur wegen seiner Top-Lage. Nach der Vorstellung sind es nur ein paar Schritte zur Bar Piwnica pod Baranami.

Darüber hinaus sind auch die Kinos **Uciecha**, **Atlantik**, **Wanda** und **Mikro** empfehlenswert.

Klassische Musik

Der renommierteste Konzertsaal in Krakau ist die **Filharmonia im Karola Szymanowskiego** (Philharmonie Szymanowski). Klassische Konzerte kann man jedoch am besten in einem der historischen Gebäude hören. Es gibt in Krakau viele Aufführungsorte, die bekanntesten sind das Königsschloss auf dem Wawel, das Nationalmuseum in den Tuchhallen, die **Akademii Muzycznej** (Musikakademie) sowie die Marienkirche, die St.-Katharinen-Kirche und die Heiligkreuzkirche.

Im Sommer finden auch an folgenden Orten Konzerte statt: im Arkadenhof des Schlosses, im Hof des Collegium Maius, im ehemaligen Gefängnis von St. Michael (heute Sitz des Archäologischen Museums) und im Amphitheater von Radio Kraków, das im früheren Tarnowski-Palast ist. Die Orgelkonzerte in der romanischen Benediktinerabtei in Tyniec sind berühmt.

Musikklubs

Wer Jazz mag, sollte sich die Adresse des **Jazz Club u Muniaka** gut einprägen. Freitags und samstags spielt hier einer der gefeiertsten Jazzer Polens, Janusz Muniak, mit anderen Musikern. Jazzkonzerte bieten auch **Harris Piano Jazz Bar**, der **Extreme Club**, **Pod Jaszczurami**, der **Jazz Club Kornet** (klassischer Jazz) sowie **Piwnica pod Baranami**.

Im **Klub U Louisa** wird neben Jazz auch Blues gespielt. In den Pausen kann man hier an mehreren Terminals im Internet surfen.

Die Studentenklubs **Rotunda-Orlik** und **Pod Jaszczurami** sind Veranstaltungsorte für Rockgruppen und Bluesbands. Hier finden auch kabarettistische Liederabende statt. Live-Musik, vor allem Rock, kann man in einer Reihe von Lokalen und Bars erleben. **Klinika 35** oder das **Jazz Rock Café** stehen hier nur exemplarisch für viele.

Nachtklubs und Diskos

Der beste Ort für Techno ist das **Krzysztofory**, während der DJ in der **Bar Rózowy Stoń** eher klassische Diskomusik auflegt.

Der Musikklub **Wolność FM** ist der größte und modernste Laden mit einer Ausstattung, die selbst nach westlichen Maßstäben State-of-the-Art ist. Hier werden House, Dance und Soul aufgelegt. In den Räumen des Wolność FM war früher ein Kino und während des Zweiten Weltkriegs eine Folterkammer der Gestapo. Weitere beliebte Diskos sind **Equinox, Pod Papugami** und **Jupiter**.

Im **Emergency Club** spielt man Avantgarde Hiphop, Grunge und Acid Jazz. Wer auf Musik aus den 1960er und 1970er Jahren steht, wird den Club **Bosto** mögen, der auch eine Tanzfläche hat. Charakteristisch für diesen Klub ist der Kühlergrill eines Autos der Marke Syrena, den man in die Wand integriert hat.

Nach der Disko kann man im **Roentgen, Free Pub** oder in der **Black Gallery** prima entspannen.

Krakaus Nachtklubs kennen keine fixen Sperrstunden. Besonders im Sommer sind viele Lokale bis in die Morgenstunden geöffnet.

Sport

In Sachen Sport hat Krakau viel zu bieten: Die zwei Sportvereine **KS Cracovia** und **TS Wisła** sind die ältesten und bekanntesten in Polen. Beide Klubs besitzen Freibäder, die im Sommer für jedermann zugänglich sind.

Der künstliche See in Kryspinów bietet sich für Strandliebhaber und Windsurfer an, das Wasser ist hier sauber. Eine überwachte Zone für Schwimmer gibt es im Erholungszentrum Nad Zalewem. Hier wird Eintritt verlangt. Die Sportplätze im Jordan Park haben schöne Federballplätze, andere bekannte Sportklubs sind **Korona, Olsza** und **Zwierzyniecki**. Der Klub Korona in den Bergen hat auch einen überdachten Swimmingpool, Fitnessräume und eine Sauna.

Tennisplätze haben das **Centrum tenisowe**, der **Klub tenisowy Kosłówek** und das **Hotel Piast**, die Plätze in den Sportzentren Olsza und Zwierzyniecki sind das ganze Jahr bespielbar.

Reiten kann man im Reitverein der Universität, im **Ewelina Riding Club** und in einigen Ställen am Stadtrand von Krakau.

In den letzten Jahren haben auch die Krakauer Interesse an gesundheitsbewusstem Leben entwickelt. Fitness-Zentren, Saunas, Sonnenstudios, Wellness-Oasen und Schönheitskliniken sind überall in der Stadt eröffnet worden, z.B. **Metamorfoza**, **Relax Body** oder **A & J**.

Wer gerne joggt oder sich sonst im Freien bewegen will, kann dies mitten in der Stadt am besten auf den großen Błonia-Wiesen tun.

Für alle, die lieber ihr Gehirn trainieren möchten, gibt es viele Bridge- und Schachklubs. Und in zahlreichen Cafés stehen Billardtische zur Verfügung.

Auf einen Blick

Kartenvorverkauf

Centrum Informacji Kulturalnej
Św. Jana 2.
Stadtplan 1 C4 (6 D2).
421 77 87.

Kulturelle Institutionen

British Council
Rynek Główny 26.
Stadtplan 1 C4 (6 D3).
428 59 30.

Generalkonsulat der Republik Österreich
Cybulskiego 9.
Stadtplan 1 B4 (5 A2).
421 99 00.

Goethe-Institut
Rynek Główny 20.
Stadtplan 1 C4 (6 D3).
422 69 02.

Institut Français
Storlarska 15.
Stadtplan 1 C5 (6 D3).
424 53 50.

Internationales Kulturzentrum
Rynek Główny 25.
Stadtplan 1 C4 (6 D3).
421 77 59, 421 86 01.

Istituto Italiano di Cultura
Grodzka 49.
Stadtplan 1 C5 (6 D5).
421 89 46.

Japanisches Zentrum für Kunst und Technologie – Manggha
Konopnickiej 26.
Stadtplan 3 B1.
267 27 03.

Theater

Bagatela
Karmelicka 6.
Stadtplan 1 B4 (5 C2).
422 45 44.

Cricot 2
Kanonicza 5.
Stadtplan 1 C5 (6 D4).
421 32 66.

Groteska
Skarbowa 2.
Stadtplan 1 B4 (5 A2).
633 37 62.

KTO
Gzymsików 8.
633 89 47.

Ludowy
Os. Teatralne 34.
Stadtplan 1 B4 (5 C2).
644 27 66.

Opera i Operetka
Lubicz 48.
Stadtplan 2 F3.
422 78 07.

Im. J. Słowackiego
Pl. Świętego Ducha 1.
Stadtplan 2 D4 (6 E1).
422 40 00.

Stary
Jagiellońska 1.
Stadtplan 1 C4 (5 C2).
422 40 40.

Stowarzyszenie Teatralne »Łaźnia«
Paulińska 28.
Stadtplan 3 C2.

STU
Al. Krasińskiego 16.
Stadtplan 1 A5 (5 A4).
422 27 44.

Zależny
Kanonicza 1.
Stadtplan 1 C5 (6 D4).
421 71 36.

Kabarett

Café Cabaret
Św. Jana 2.
Stadtplan 1 C4 (6 D2).

Jama Michalika
Floriańska 45.
Stadtplan 2 D4 (6 E2).
422 15 61.

Loch Camelot
Św. Tomasza 17.
Stadtplan 1 C4 (6 D2).
423 06 38.

Piwnica pod Baranami
Rynek Główny 27.
Stadtplan 1 C4 (6 D2).
421 25 00.

Piwnica pod Wyrwigroszem
Św. Jana 30.
Stadtplan 1 C4 (6 D2).
431 18 00.

Kino

Apollo
Św. Tomasza 11a.
Stadtplan 1 C4 (6 D2).
421 89 50.

Ars: Sztuka, Aneks Sztuki, Reduta Sztuki
Św. Jana 6.
Stadtplan 1 C4 (6 D2).
421 41 99.

Atlantic
Stradomska 15.
Stadtplan 3 C1 (6 E5).
422 15 44.

Kijów
Al. Krasińskiego 34.
Stadtplan 1 A5 (5 A3).
422 30 93.

Mikro
Lea 5. **Stadtplan** 1 A3.
634 28 97.

Paradox
Krowoderska 8.
Stadtplan 1 C3.
422 52 44.

Pasaż
Rynek Główny 9.
Stadtplan 1 C4 (6 D2).
422 71 13.

Pod Baranami
Rynek Główny 27.
Stadtplan 1 C4 (6 D2).
423 07 68.

Sfinks
Os. Górali 5.
644 27 65.

Świt
Os. Teatralne 10.
644 27 72.

Tęcza
Praska 52.
266 90 80.

Uciecha
Starowiślna 16.
Stadtplan 2 D5 (6 F4).
422 00 77.

Wanda
Św. Gertrudy 5.
Stadtplan 2 D5 (6 E4).
422 14 55.

Wrzos
Zamojskiego 50.
Stadtplan 4 D3.
656 10 50.

Klassische Musik

Akademia Muzyczna
Św. Tomasza 43.
Stadtplan 2 D4 (6 E2).
423 20 78.

Capella Cracoviensis
Zwierzyniecka 1.
Stadtplan 1 B5 (5 C3).
421 45 66, 422 94 77.

Kulturzentrum »Dworek Białoprądnicki«
Papiernicza 2.
415 02 00, 415 02 03.

Filharmonia
Zwierzyniecka 1.
Stadtplan 1 B5 (5 C3).
422 09 58.

Radio Kraków SA
Szlak 71. **Stadtplan** 2 D2.
632 52 00.

Sinfonietta Cracovia
Papiernicza 2.
415 02 00, 415 00 97.

Willa Decjusza
28 lipca 17a.
425 36 44, 425 36 38.

Musikklubs

Extreme Club
Oleandry 1.
Stadtplan 1 A5.
634 34 12.

Harris Piano Jazz Bar
Rynek Główny 28.
Stadtplan 1 C4 (6 D2).
421 57 41.

Jazz Club u Muniaka
Floriańska 3.
Stadtplan 1 C4 (6 D2).
423 12 05.

Jazz Klub Kornet
Al. Krasińskiego 19.
Stadtplan 1 A5 (5 A4).

Jazz Rock Café
Sławkowska 12.
Stadtplan 1 C4 (6 D2).
422 19 88.

Klinika 35
Św. Tomasza 35.
Stadtplan 2 D4 (6 E2).
429 20 88.

Piwnica pod Baranami
Rynek Główny 27.
Stadtplan 1 C4 (6 D2).
422 44 02.

Piwnica pod Wyrwigroszem
Św. Jana 30.
Stadtplan 1 C4 (6 D2).
431 18 00.

Pod Jaszczurami
Rynek Główny 8.
Stadtplan 1 C4 (6 D3).

U Louisa
Rynek Główny 13.
Stadtplan 1 C4 (6 D3).
421 80 92.

Nachtklubs und Diskos

Bar Rózowy Stoń
Szpitalna 38.
Stadtplan 2 D4 (6 E2).
422 14 16.

Black Gallery
Mikołajska 24.
Stadtplan 2 D4 (6 E2).
421 18 63.

Bosto
Floriańska 33.
Stadtplan 1 C4 (6 D2).
421 16 93.

Emergency Club
Łazarza 9a.
Stadtplan 2 E5.

Equinox
Sławkowska 13/15.
Stadtplan 1 C4 (6 D2).
421 17 71.

Free Pub
Sławkowska 4.
Stadtplan 1 C4 (6 D2).
413 03 66.

Krzysztofory
Szczepańska 2.
Stadtplan 1 C4 (6 D2).
422 93 60.

Night Club Hades
Starowiślna 60.
Stadtplan 4 E2.

Pasja
Szewska 5.
Stadtplan 1 C4 (5 C2).
423 04 83.

Pod Papugami
Św. Jana 18.
Stadtplan 1 C4 (6 D2).

Roentgen
Pl. Szczepański 3.
Stadtplan 1 C4 (5 C2).

Wolność FM
Królewska 1.
Stadtplan 1 A2.
423 47 05.

Sportklubs

Korona
Kalwaryjska 9/15.
Stadtplan 4 D3.
656 15 66.

KS Cracovia
Kałuży 1.
Stadtplan 1 A5.
422 77 02.

Olsza
Siedleckiego 7.
421 10 69.

TS Wisła
Reymonta 22.
410 15 00.

Zwierzyniecki
Na Błoniach 1.
425 18 46.

Tennisplätze

Centrum tenisowe
Na Błoniach 1.
425 31 71.

Gołaski Sport
Królowei Jadwigi 220.
425 39 00.

Hotel Piast
Radzikowskiego 109.
636 46 00.

Klub tenisowy »Kozłówek«
Spółdzielców 13.
655 55 54.

KS Wieczysta
Chałupnika 16.
413 84 66.

Nadwiślan
Koletek 20.
Stadtplan 3 C1.
422 21 22.

Olsza
Siedleckiego 7.
421 10 69.

Tenis servis
Al. Jana Pawła II 37.

Schwimmbäder

Borek Fałęcki
Jagodowa.
268 14 17.

Clepardia
Mackiewicza 14.
415 16 74

Krakowianka
Bulwarowa 1.
644 14 21 (nur im Sommer), 411 40 88.

Polfa
Eisenberga 2.
411 40 88.

Wisła
Reymonta 22.
Stadtplan 1 A4.
610 15 29.

Billard- und Snooker-Klubs

Bila Café Club
Studencka 15.
Stadtplan 1 B4 (5 B2).
422 09 74.

Café Billard
Kazimierza Wielkiego 6.
Stadtplan 1 A2.
423 43 14.

Reiten

Decjusz
Al. Kasztanowa 1.
425 24 21.

Ewelina Riding Club
Jezynowa 9.
643 52 22 (nach 14 Uhr).

Krakowski Klub Jazdy Konnej
Kobierzńyska.
262 14 18.

Krakus
Kąpielowa 51.
267 32 46.

Pegaz
Dobczyce, Ogrodowa 12.
271 10 18.

Pegaz
Łowińskiego 1.
425 80 88.

Pod żubrem
Targowa 5.
281 19 96.

Stary Młyn
Wilczkowice 50.
411 10 91.

Wellness, Fitness & Sauna

A & J Fitness Club
Miodowa 21.
Stadtplan 4 D1.
421 95 34.

Euro Fitness Club
Biskupia 18.
Stadtplan 1 C3.
633 01 13.

Metamorfoza
Stolarska 13.
Stadtplan 1 C5 (6 D3).
421 91 48.

Relax Body Club
Mogilska 70.
Stadtplan 2 F3.
411 03 60.

Grund-Informationen

Praktische Hinweise

Krakau ist die charmanteste Stadt in Polen. In den letzten Jahren hat man den Service für Besucher deutlich verbessert. Der Flughafen Balice wurde modernisiert und ist jetzt der zweitgrößte in Polen nach Warschau Okęcie. Es gibt auch etliche Hotels in Krakau – sowohl in der Innenstadt als auch am Stadtrand. Trotzdem sind es noch nicht genug, um die Nachfrage zu decken. Hunderte Restaurants, Bars und Nachtklubs haben eröffnet. Das ganze Jahr über kommen Gäste, im Sommer sind es am meisten. Wenn Sie Krakau besuchen, sollten Sie rechtzeitig ein Hotel buchen, nach der Ankunft könnten Sie sonst Schwierigkeiten haben, ein Zimmer zu finden. Auch Theaterkarten bucht man am besten vorher, gute Vorstellungen sind oft ausverkauft.

Zeichen des polnischen Fremdenverkehrsamts

Zeichen des Reisebüros »Orbis«

Fremdenverkehrsämter

Das zentrale Fremdenverkehrsamt befindet sich in den Tuchhallen am Marktplatz. Informationsmaterial wie Karten, Stadtpläne und Prospekte liegt in den Hotels aus. Displays, die über freie Hotelzimmer informieren, stehen am Hauptbahnhof und am Flughafen Balice. Der Buchladen des PTTK (polnische Fremdenverkehrsorganisation) in der Jagiellońska-Straße hat sich auf Stadtpläne, Karten und Führer von Krakau und Polen spezialisiert.

Das polnische Reisebüro Orbis hat Niederlassungen in vielen größeren Städten auf der ganzen Welt. Über Orbis kann man Reise, Unterbringung und Mietwagen organisieren lassen und buchen. Informationen über Veranstaltungen erhalten Sie durch das Cultural Information Centre (Centrum Informacji Kulturalnej) in Krakau. Sie können anrufen, faxen oder E-Mails schicken.

Tipps für Besucher

Das Personal in Hotels und Restaurants spricht im Allgemeinen Englisch oder Deutsch. Allerdings kann es passieren, dass Sie in der Stadt, im Postamt oder im Laden manchmal Schwierigkeiten haben, sich zu verständigen, obwohl die Fremdsprachenkenntnisse vor allem bei jüngeren Polen immer größer werden.

Fremdsprachige Taxifahrer arbeiten meist für Funktaxis, Sie können beim Anruf ganz einfach jemand bestellen, der Deutsch spricht. Alle Taxis, die am Flughafen stehen, akzeptieren Kreditkarten, so dass Sie nicht sofort nach Ihrer Ankunft Geld am Flughafen tauschen müssen.

Frühling und Sommer sind die beliebtesten Reisezeiten für einen Krakaubesuch.

Straßencafés am Marktplatz

Cultural Information Centre

Dann verwandelt sich die Stadt in ein einziges großes Straßencafé, die Lokale um den Marktplatz haben bis in die Nacht geöffnet. Mit vielen anderen Menschen aus Polen und der ganzen Welt können Sie am größten Frührenaissance-Platz in Europa essen, trinken und feiern.

Öffnungszeiten

Die Öffnungszeiten der Museen werden einzeln aufgeführt. Die meisten staatlichen Museen haben montags geschlossen, private Sammlungen sind meist am Sonntag zu. Die Öffnungszeiten bleiben das ganze Jahr über gleich, variieren aber je nach Wochentag. Normalerweise hat alles am Donnerstag länger geöffnet.

Kirchen sind im Allgemeinen von der ersten bis zur letzten Messe offen, sie schließen auch mittags nicht. Während der Gottesdienste dürfen Sie nicht herumgehen, aber auch wenn Sie nicht katholisch sind, kann es reizvoll sein, sich während einer Messe still und unauffällig in eine Kirchenbank zu setzen und die Atmosphäre und Architektur auf sich wirken zu lassen.

Pferdedroschke am Marktplatz

Lebensmittelläden haben meist von 6 oder 7 Uhr morgens bis 19 Uhr geöffnet. Da es kein Ladenschlussgesetz gibt, variieren die Zeiten. Andere Geschäfte öffnen um 10 Uhr und schließen um 19 Uhr, viele haben auch sonntags offen. Es gibt eine telefonische Auskunft (632 34 12 oder 634 30 20, Montag bis Freitag zwischen 9 und 18 Uhr), von der man Details über die Öffnungszeiten (besonders der Apotheken) erfährt. Sie informiert auch, wo man besondere Artikel bekommt.

Banken öffnen während der Woche um 8 Uhr und schließen um 18 Uhr, am Samstag um 13 oder 14 Uhr. Über die Mittagszeit haben alle Banken, Geschäfte und öffentlichen Einrichtungen geöffnet.

Veranstaltungskalender und Eintritte

Eine komplette Liste aller Veranstaltungen erscheint im Monatsmagazin *Karnet*, das vom Kulturinformationszentrum (Centrum Informacji Kulturalnej) auf Polnisch und Englisch herausgegeben wird. Auch im *Kraków Insider*, der viermal pro Jahr erscheint, kann man sich auf Englisch informieren. Hier findet man auch Restauranttipps und Kritiken. *Kraków. What, Where, When?* und *Miesiąc w Krakowie* kommen alle zwei Monate heraus und liegen in Hotels und bei Informationsstellen aus. Auch die lokalen Tageszeitungen haben einen Veranstaltungskalender.

Der Eintritt für Museen und Sammlungen kostet normalerweise recht wenig, für Sonderausstellungen wird er jedoch oft erheblich erhöht. Es gibt Ermäßigungen für Kinder, Senioren und Studenten, Sie sollten ggf. als Student einen gültigen Internationalen Studentenausweis dabei haben.

Informationsbroschüren in Krakau

Führungen

Eine geführte Sightseeing-Tour in Krakau ist sehr zu empfehlen. Die beste Möglichkeit ist ein Führer, der Sie in einem der kleinen elektrisch betriebenen Fahrzeuge, so genannten *meleks*, herumfährt. Die *meleks*-Stände sind am Marktplatz bei der St.-Adalbert-Kirche, die Fahrer sprechen Deutsch, Englisch oder Französisch, ihre beste Sprache ist auf einem Aufkleber am *meleks* vermerkt.

Es gibt auch Raddroschken und Pferdekutschen. Diese Stände sind ebenfalls am Marktplatz zu finden.

Über das Reisebüro Orbis kann man eine zweistündige Stadtführung buchen. Orbis bietet auch Ausflüge in die Umgebung an. Zu den gefragtesten Zielen zählen Zakopane, Wieliczka, Ojców, Pieskowa Skała und Oświęcim (Auschwitz). Ausflüge in die Umgebung werden ebenfalls von der polnischen Tourismusorganisation PTTK angeboten. Die wichtigsten Attraktionen wie Wawel-Schloss und Wieliczka haben ihre eigenen Führungen.

Zahlreiche Reisebüros in der Stadt bieten Unterstützung und Hilfe in allen touristischen Belangen an. Das gilt sowohl für Reisegruppen als auch für Individualreisende.

Auf einen Blick

Information

Polnisches Fremdenverkehrsamt
Kurfürstendamm 71, 10706 Berlin.
☎ *(030) 21 00 92-0.*
FAX *(030) 21 00 92-14.*
W www.polen-info.de

Lerchenfelderstraße 2, 1080 Wien.
☎ *(01) 524 71 91 12.*
FAX *(01) 524 71 91 20.*
W www.poleninfo.at

Informacja Turystyczna
Ul. Pawia 8. **Stadtplan** 2 D4 (6 F1).
☎ *422 60 91.* W www.jordan.pl.

Kultur-Informationszentrum
Św. Jana 2. **Stadtplan** 1 C4 (6 D2). ☎ *421 77 87.*

Fregata Travel
Szpitalna 32. **Stadtplan** 2 D4 (6 E2). ☎ *422 41 44.*
W www.fregatatravel.pl

Polska Agencja Promocji Turystycznej
Pl. Wszystkich Świętych 8. **Stadtplan** 1 C5 (6 D3). ☎ *422 71 27.*

Reisebüro »Orbis«
Pl. Szczepański 2. **Stadtplan** 1 C4 (5 C1). ☎ *422 17 07.*
Rynek Główny 41. **Stadtplan** 1 C4 (6 D2). ☎ *422 30 44.*

PTTK (Polnische Gesellschaft für Touristik)
Westerplatte 5. **Stadtplan** 2 D4 (6 F2). ☎ *422 26 76.*

Wawel-Tour
Pawia 8. **Stadtplan** C D4 (6 F1). ☎ *422 19 21.* W www.waweltour.com.pl

Weitere praktische Hinweise

Telekommunikationszentrum am Marktplatz (Rynek Główny)

Behinderte Reisende

Behindertengerechte Einrichtungen sind in Krakau immer noch recht selten vorhanden. An einigen Kreuzungen gibt es abgesenkte Bordsteine, die Zahl der Fußgängerampeln mit Signaltönen für Blinde wächst. Der Hauptbahnhof hat für Rollstühle geeignete Zugänge und Aufzüge. Auch einige Museen, z.B. das Hauptgebäude des Nationalmuseums oder das Japanische Zentrum für Kunst und Technologie, sind behindertengerecht ausgestattet, ebenso einige Kinos und wenige öffentliche Einrichtungen. In den meisten Institutionen ist der Zugang für Behinderte eingeschränkt, nur im Hauptpostamt und im Telekommunikationszentrum am Marktplatz gibt es keine Einschränkungen. Es gibt Hotelzimmer mit behindertengerechter Einrichtung, auch einige Busse haben absenkbare Zugänge. Aber sich in Krakau mit dem Rollstuhl zu bewegen, kann schwierig sein. Die Gehwege sind oft nicht eindeutig abgegrenzt, und viele Autos parken in Fußgängerbereichen.

Es gibt einige Organisationen für Behinderte, aber nur ein Taxiunternehmen, das Personen im Rollstuhl transportieren kann. Andererseits sind die Menschen außergewöhnlich hilfsbereit.

Junge Leute und Studenten

Den Internationalen Studentenausweis (ISIC) sollten Sie sich vor der Abreise nach Krakau ausstellen lassen. Er berechtigt zu ermäßigten Preisen für Museen sowie in Internationalen Jugendherbergen.

Studenten mit gültigem ISIC-Ausweis bekommen günstigere Fahrkarten für internationale Eisenbahnverbindungen, Tickets der öffentlichen Nahverkehrsmittel muss man auch als Student zu normalen Preisen lösen. Vergünstigungen in Jugendherbergen gibt es auch auf einen Ausweis des Internationalen Jungendherbergsverbandes (IYHF).

Einige Läden, Pensionen oder Pizzabuden sowie Theater bieten günstigere Preise für Inhaber des Euro<26-Passes. Man bekommt ihn, wenn man jünger als 26 Jahre ist.

Internationaler Studentenausweis (ISIC) und Euro<26-Pass

Einreise- und Zollbestimmungen

Um nach Polen einzureisen, ist ein Personalausweis oder Pass erforderlich. Besucher aus Deutschland, Österreich und der Schweiz brauchen kein Visum. Die Einfuhr von persönlichen Gegenständen unterliegt keiner Beschränkung, bei Alkohol und Zigaretten gelten die EU-Höchstmengen. Mitgebrachte Geschenke bis zum Wert von 100 Euro sind zollfrei.

Bitte beachten Sie: Die Ausfuhr von Antiquitäten oder Kunstgegenständen aus Polen erfordert eine Genehmigung der örtlichen Behörden: Urząd Miasta Krakowa, 3-4 Wszystkich Świętych, Tel. 422 34 52 (Info unter www.krakow.pl).

Gottesdienste

Es gibt beinahe 100 römisch-katholische Kirchen in Krakau. Messen werden vor allem an Sonn- und Feiertagen sowie samstags abgehalten, aber auch während der Woche. Natürlich gibt es daneben zahlreiche Kirchen anderer Glaubensrichtungen.

Öffentliche Toiletten

Bis vor kurzem war der Mangel an öffentlichen Toiletten ein Thema, aber die Sitution hat sich deutlich gebessert. Es gibt sanitäre Einrichtungen in den Tuchhallen, in den Planty-Anlagen bei der Sienna- und der Reformacka-Straße und am Busparkplatz am Wawel, aber auch in Restaurants und Cafés.

Fundbüros

Etwas Verlorenes wiederzubekommen ist fast unmöglich, trotzdem kann man es bei den zwei Fundbüros versuchen. Eines ist im Gebäude der Gemeindeverwaltung (Urząd Miasta, Powstania-Warszawskiego-Straße 10), das andere im MPK Transportbüro (Brozka 3, Tel. 254 10 00). Für Dinge, die in der Eisenbahn vergessen wurden, ist das Büro Nr. 162 im Hauptbahnhof zuständig.

Krakaus fremdsprachige Veranstaltungskalender

Zeitungen, TV und Radio

Internationale Presse ist in Hotelläden, bei einigen Zeitungshändlern und in Buchhandlungen erhältlich. Von den nationalen Tageszeitungen sind die überregionalen Blätter *Gazeta Wyborcza* und *Rzeczpospolita* und die lokalen Zeitungen *Dziennik Polski* und *Gazeta Krakowska* sowie das Boulevardblatt *Superexpress* in Krakau die beliebtesten. Die Veranstaltungsmagazine *Kraków Insider* und *Kraków What, Where, When?* sowie *Karnet* und *Miesiąc w Krakowie* werden auch auf Englisch herausgegeben und sind in Hotels, Kisoken und in Buchläden erhältlich.

Das polnische Fernsehen bietet immer mehr Programme über Kabel oder Satellit. Das staatliche Telewizja Polska sendet auf zwei Kanälen und hat ein Regionalprogramm für Krakau sowie den Satellitenkanal Polonia. Zu den privaten Sendern zählen Polsat, Polsat 2, TVN, RTL 7 und TV 4.

Die meistgehörten Radiosender sind RMF FM, Trójka, Radio Kraków und Radio Zet. Die folgenden Stationen sind auf den jeweiligen UKW-Frequenzen zu empfangen:

Radio Alfa: 102,4 MHz
Radio Bis: 89,4 MHz
Radio Blue: 97,7 MHz
Radio TOK FM: 102,9 MHz
Jazz Radio: 101,0 MHz
Radio Maryja: 90,6, 100,7 MHz
Radio Plus: 106,1 MHz
PR I (Polish Radio One): 104,8 MHz
PR II: 89,4 MHz
PR III (Trójka): 99,4 MHz
Radio Kraków: 101,6 MHz
Radio RAK: 100,5 MHz
Radio RMF FM: 96,0 MHz
Radio Wanda: 92,5 MHz
Radio WaWa: 107,0 MHz
Radio Zet: 104,1 MHz.

Strom

Die Stromspannung in Polen beträgt 230 Volt, 50 Hz. Flache Euro-2-Pin-Stecker passen immer.

Zeit

In ganz Polen gilt – wie in Deutschland, Österreich und der Schweiz – die Mitteleuropäische Zeit (MEZ) und – ebenfalls wie bei uns – von Ende März bis Ende Oktober die Sommerzeit.

Auf einen Blick

Informationen für Behinderte

Polnischer Blindenverband
Joselewicza 3.
Stadtplan 6 F5.
422 80 05.

Polnischer Taubstummenverband
Św. Jana 18.
Stadtplan 1 C4 (6 D2).
422 39 94.

Polnischer Behindertenverband
Dunajewskiego 5.
Stadtplan 1 C4 (5 C1).
422 28 11.
W www.fundacja-sm.malopolska.pl

Taxiservice für Behinderte
Funktaxi
96 33 oder 96 88.

Botschaften

Deutschland Botschaft
ul. Dabrowiecka 30.
03-932 Warszawa.
(22) 584 17 00.
FAX *(22) 584 17 39.*
W *www.ambasadaniemiec.pl*

Konsulat Krakau
ul. Stolarska 7.
31-043 Kraków
Stadtplan 1 C5 (6 D3).
(12) 424 30 00.
FAX *(12) 424 30 10.*

Österreich Botschaft
ul. Gagarina 34.
00-748 Warszawa.
(22) 841 00 81.
FAX *(22) 841 00 85*
@ *www.warschau-ob@bmaa.gv.at*

Konsulat Krakau
ul. Napoleona Cybulskiego 9.
31-123 Kraków
Stadtplan 1 B4 (5 A2).
(12) 424 99 30.
W *www.austria.krakow.pl*

Schweizer Botschaft
Aleje Ujazdowskie 27
00-540 Warszawa.
(22) 628 04 81.
FAX *(22) 621 05 48.*
@ *vertretung@var.rep.admin.ch*

Kirchen

Adventistenkirche
Lubelska 25.
Stadtplan 1 C2.
633 34 69.

Augsburger Evang. Kirche St. Martin
Grodzka 58.
Stadtplan 3 C1 (6 D4).
423 00 31.

Baptistenkirche
Wyspiańskiego 4.
Stadtplan 1 A2.
633 23 05.

Bethlehem Pfingstgemeinde
Lubomirskiego 7a.
Stadtplan 2 E3.
421 08 29.
@ bethlehem@poozta.onet.pl

Evang. Methodistenkirche
Długa 3.
Stadtplan 4 E1.
422 80 37.

Pfingstgemeinde Gottes
Przybyszewskiego 36.
637 70 62.

Polnische Altkatholische Kirche
Friedleina 8.
Stadtplan 1 B1.
633 82 82.

Polnische Autokephalenkirche
Szpitalna 24.
Stadtplan 1 D4 (6 E2).
422 72 62.

Synagoge Remuh
Szeroka 40. s
Stadtplan 4 D1.
422 12 74.

Sicherheit und Notfälle

Abzeichen der städtischen Ordnungskräfte

Krakau ist eine der sichersten Städte in Polen. Obwohl die Zahl der Verbrechen zunimmt, ist die Stadt an der Weichsel noch so ruhig, dass sich Besucher überall sicher fühlen können. Verschmutzung war bis vor kurzem ein großes Problem, aber das ist Vergangenheit. Die allgemeinen Sicherheitsregeln gelten hier wie überall: Passen Sie auf Taschendiebe auf, lassen Sie keine Wertgegenstände im Auto, und benutzen Sie bewachte Parkplätze. Bei kleineren Gesundheitsproblemen kann man Ihnen in der Apotheke helfen, einen Arzt oder Notarzt ruft die Hotelrezeption.

Typisches Polizeiauto in Blau mit weißen Streifen

Schild an der Polizeiwache

Sicherheit

Nachts ist ein Spaziergang in den dunklen, kaum beleuchteten Planty-Grünanlagen nicht gerade empfehlenswert. Zwar patrouillieren hier häufig Polizeistreifen, trotzdem passiert immer wieder etwas. Die Polizeistation gleich beim Palais zu den Widdern am Marktplatz hat rund um die Uhr geöffnet; wegen ihrer großen Schaufenster heißt sie hier auch »Polizeiladen«. Die Wohngebiete in Nowa Huta haben einen schlechten Ruf, und ohne Zweifel gibt es hier viele Skinheads. Taschendiebe operieren häufig auf den Märkten. Hier werden arglose Besucher auch gern beim Karten- oder Würfelspiel gelinkt. Denken Sie daran, dass es fast unmöglich ist, einmal verlorenes Geld durch Weiterspielen zurückzugewinnen.

Auch in Straßenbahnen und Bussen treiben sich Taschendiebe herum. Achten Sie also auf Ihre Tasche. Pass, Ausweis, Brieftasche, Autoschlüssel und Wertgegenstände sollten Sie niemals in der hinteren Hosentasche oder in den Außentaschen Ihres Rucksacks aufbewahren. Taschendiebe arbeiten meist in Gruppen. Ein unerwarteter Stoß oder eine ähnliche Ablenkung ist selten reiner Zufall.

Lassen Sie Wertgegenstände nie offen im Auto. Wenn Sie Ihr Radio herausziehen und mitnehmen können, erspart Ihnen das mit großer Wahrscheinlichkeit eine eingeschlagene Scheibe. Alarmanlagen stellen für professionelle Autoknacker überhaupt kein Hindernis dar, ein bewachter Parkplatz, von denen es selbst in der Innenstadt einige gibt, ist die bessere Alternative. Folgende Automarken werden am häufigsten geknackt: Mercedes, VW Golf, Audi und BMW, aber auch andere teure Westautos sind sehr »beliebt«.

Polizei und Sicherheitskräfte

Die Polizei wird in Krakau von städtischen Ordnungshütern (*strażnik miejski*) und privaten Sicherheitskräften unterstützt. Verbrechen sollten einem uniformierten Polizisten oder auf dem Revier gemeldet werden. Wo sich die nächste Polizei befindet, sehen Sie im Kartenteil *(siehe S. 230ff)*.

Die nationale Polizei ist berechtigt, Waffen zu tragen und Verdächtige festzunehmen, während die städtischen Sicherheitskräfte unbewaffnet patrouillieren und niemand festbehmen dürfen. Sie sind meist für den Straßenverkehr zuständig und stellen Strafzettel für Falschparken aus.

Geschwindigkeitsüberschreitungen werden mit hohen Geldstrafen belegt, schlimmer wird bestraft, wer betrunken fährt. Wer in Krakau und Umgebung unter Alkoholeinfluss fährt, bezahlt nicht nur eine Geldbuße, sondern wird festgenommen und

Polizist

Polizistin

Sicherheitsmann

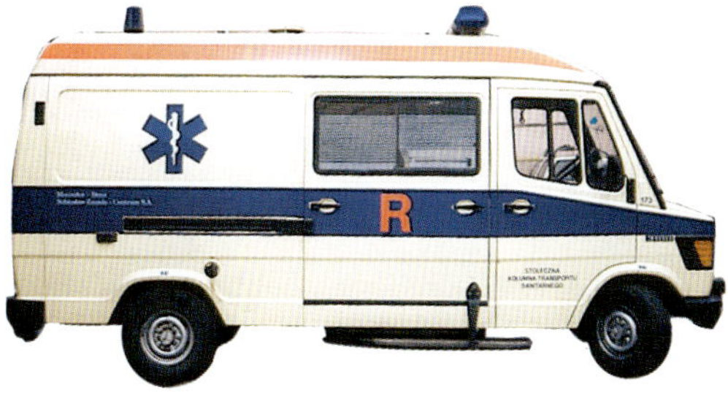

Krankenwagen

muss am folgenden Tag vor einem Magistratsgericht erscheinen, das über die Höhe der Geldstrafe und eventuellen Führerscheinentzug entscheidet. Die zulässige Obergrenze des Blutalkohols beträgt 0,2 Promille, man sollte also wirklich gar nichts trinken.

Bei einem schweren Verkehrsunfall sind Sie verpflichtet, sofort einen Krankenwagen, die Feuerwehr und die Polizei an den Unfallort zu rufen.

Die Mitarbeiter privater Sicherheitsagenturen sind vor allem in großen Kaufhäusern, öffentlichen Gebäuden und während öffentlicher Veranstaltungen im Einsatz. Die meisten dieser Sicherheitskräfte tragen auffällige schwarze Uniformen, in der Regel mit sichtbaren Ausweismarken.

Apothekenschild

Fenster einer Apotheke

Gesundheit

In Krakau gibt es ein staatliches und ein privates Gesundheitssystem. Erste Hilfe ist kostenlos, für andere Behandlungen müssen Sie bezahlen, meist im Voraus. Versicherungsschutz ist anzuraten. Krankenwagen mit Notärzten sind 24 Stunden am Tag im Einsatz und sollten im Notfall oder bei einem Unfall gerufen werden. Krankenhäuser mit Notaufnahmen finden Sie im Kartenteil *(siehe S. 230f)*. Für kleinere Beschwerden steht in den Notapotheken medizinische Beratung zur Verfügung.

Wenn Sie medizinische Hilfe in einem Krankenhaus brauchen, müssen Sie einen Pass dabei haben und in der Lage sein, für die Behandlung bar zu bezahlen. Kreditkarten werden nicht akzeptiert. Lassen Sie sich immer eine Quittung geben, Sie können dann zu Hause mit Ihrer zuständigen Krankenkasse oder Versicherung abrechnen und das Geld zurückbekommen.

Luftverschmutzung

Bis in die späten 1980er Jahre stand das Problem der Luftverschmutzung in Krakau an der Spitze der Tagesordnung. Die Emissionen der Industrieanlagen, die nach dem Zweiten Weltkrieg gebaut wurden, z. B. die Sendzimir-Stahlwerke (früher Lenin-Stahlwerke), waren die Verursacher Nummer eins. Dazu kam im Winter die Tatsache, dass viele Häuser in Krakau mit Kohleöfen geheizt wurden. Krakaus geografische Lage in einem Tal verschlimmerte die Situation, so dass in den 1970er Jahren z. B. die vergoldete Kuppel der Zygmunt-Kapelle in der Kathedrale völlig zerstört war.

Mit dem Zusammenbruch des Kommunismus kam der Niedergang der Schwerindustrie. Zugleich wurden neue, umweltfreundlichere Technologien eingeführt, die Industrieschlote bekamen Filteranlagen. Die USA stellten Gelder zur Verfügung, mit denen die Luftverschmutzung durch private Haushalte reduziert werden konnten: Kohleöfen wurden durch zentrale Heizsysteme oder durch elektrische Heizungen ersetzt, die Luft wurde besser.

Der tägliche Stand der Luftverschmutzung wird heute automatisch überwacht und ist an einer elektronischen Anzeigetafel über dem Eingang des Hauses am Marktplatz 22 abzulesen.

Auf einen Blick

Notrufnummern

Notarzt
☎ 999.

Polizei
☎ 997.

Feuerwehr
☎ 998.

Medizinische Hilfe

Telefonische Information für Krankenhausnotaufnahmen und 24-Stunden-Apotheken
☎ 422 05 11 (24 Std.).

24-Stunden-Apotheken
Galla 26.
☎ 636 73 65.

Kalwaryjaska 94 2.
Stadtplan 4 D4. ☎ 656 18 50.

Nowa Huta
Os. Centrum A, blok 3.
☎ 644 17 36.

Nützliche Dienste

Pannendienst
☎ 981, 96 37.

Psychologische Hilfe
☎ 633 71 37 (16–22 Uhr).

Weckdienst
☎ 917.

Währung und Geldwechsel

Logo der PKO-Bank

GELD ZU WECHSELN ist in Krakau kein Problem. Überall in der Stadt gibt es Banken, im Zentrum kommen zahlreiche private Wechselstuben dazu, die günstigere Kurse anbieten als die Banken. Außerdem akzeptieren immer mehr größere Läden und Restaurants Kreditkarten. Die Logos am Eingang zeigen an, mit welchen Karten Sie bezahlen können.

Banken und Wechselstuben

BANKEN gibt es viele in Krakau, trotzdem müssen Sie immer mit langen Schlangen rechnen. Die Geldinstitute öffnen um 8 Uhr und schließen um 18 Uhr. Viele Banken haben eigene Wechselschalter. Bessere Kurse bekommen Sie in den privaten Wechselstuben *(kantor)*, bei denen auch keine Gebühr erhoben wird. Auch in Hotels können Sie (manchmal sogar 24 Stunden am Tag) Geld wechseln. Hier sind die Kurse allerdings am ungünstigsten. Wechseln Sie nie bei einem der so genannten Agenten auf der Straße. Der Kurs mag verlockend klingen, aber die Chancen, dass man Ihnen Falschgeld andreht, sind ziemlich hoch. Wenn Sie mit gefälschten Scheinen bezahlen wollen, handeln Sie sich auf jeden Fall Ärger ein.

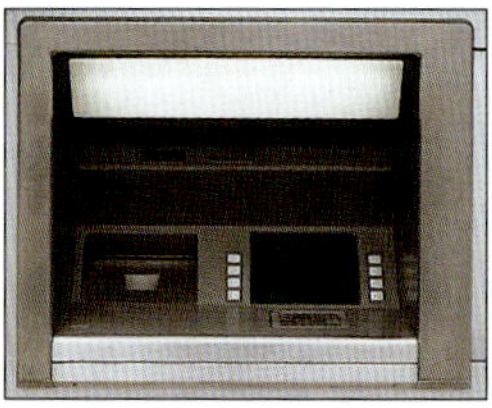

Geldautomat

Wechselstuben-Schild

Kreditkarten

KREDITKARTEN SIND in Polen auf dem Vormarsch. Hotels akzeptieren Karten, auch größere Klubs und Restaurants, Autovermietungen und jedes exklusive Geschäft. Achten Sie auf die Logos. Klären Sie vor jeder Transaktion, ob bei Kreditkartenzahlung zusätzliche Auflagen gelten oder ob bei Barzahlung Rabatt gewährt wird. Kreditkarten mit persönlicher Geheimzahl (PIN) oder Maestro-/ec-Karten ermöglichen es Ihnen, in Banken oder an Geldautomaten *(bankomat)* jederzeit Bargeld abzuheben.

Eingang zur PKO-Bank am Marktplatz

Notrufnummern

NOTRUFNUMMERN bei Verlust oder bei Diebstahl Ihrer Kredit- oder Debitkarte:

Allg. Notrufnummer
☎ 0049 116 116
W www.sperrnotruf.de

American Express
☎ 0049 69 97 97 1000

Diners Club
☎ 022 826 0766

MasterCard
☎ 00800 111 1211

Visa
☎ 00800 111 1569.

Maestro-/EC-Karte
☎ 0049 69 740 987.

Auf einen Blick

Banken

Narodowy Bank Polski
Basztowa 20.
Stadtplan 2 D3 (6 E5).
☎ *618 58 00.*

Bank Polska Kasa Opieki SA
Rynek Główny 31.
Stadtplan 1 C4 (6 D2).
☎ *422 60 22.*

Powszechna Kasa Oszczędności. Bank Państwowy
Wielopole 19.
Stadtplan 2 D5 (6 F4).
☎ *421 55 55.*

Rynek Główny 21.
Stadtplan 1 C4 (6 D2).
☎ *422 40 76.*

Powszechny Bank Kredytowy
Smoleńsk 33.
Stadtplan 1 B5 (5 B3).
☎ *422 37 48.*

Bank Przemysłowo-Handlowy
Rynek Główny 47.
Stadtplan 1 C4 (6 D2).
☎ *422 20 66.*

Wechselstuben

Change Office
Sławkowska 14.
Stadtplan 1 C4 (6 D2).
☎ *421 66 88.*

Dukat
Sienna 14.
Stadtplan 1 C4 (6 D2).
☎ *421 41 59.*

Euro-Kantor
Szewska 21.
Stadtplan 1 C4 (5 C2).
☎ *421 55 65.*

J.P.J.
Wielopole 3.
Stadtplan 2 D5 (6 E3).
☎ *421 74 67.*

Pod Arkadami
Grodzka 40.
Stadtplan 1 C5 (6 D5).
☎ *421 50 21.*

Währung

Währungseinheit in Polen ist der *złoty* (Złoty), abgekürzt zł. Ein złoty entspricht 100 *groszy* (Groschen), abgekürzt gr.

Seit dem 1. Januar 1997 sind neue Banknoten im Umlauf. Akzeptieren Sie keine alten Geldnoten oder Münzen mehr.

10 złoty

20 złoty

50 złoty

100 złoty

200 złoty

Banknoten
In Polen gibt es Banknoten zu 10, 20, 50, 100 und 200 zł. Auf den Scheinen sind die Porträts polnischer Herrscher zu sehen. Die Scheine haben auch Erkennungszeichen für Blinde.

5 zł

2 zł

1 zł

50 gr

20 gr

10 gr

5 gr

2 gr

1 gr

Münzen
Im Umlauf sind Münzen im Wert von 1, 2, 5, 10, 20, 50 gr und 1, 2, 5 zł. Auf der Rückseite jeder Münze ist der polnische Adler mit Krone abgebildet.

Kommunikation

Die Telefondienste in Polen sind in der Hand der Telekomunikacja Polska S.A., für die Post ist Poczta Polska zuständig. In Postämtern stehen oft lange Schlangen, Briefmarken bekommen Sie auch an Zeitungsständen. Es gibt viele öffentliche Telefone im Zentrum, sie funktionieren nur mit Karten.

Telefonieren

Telefonieren können Sie von öffentlichen Fernsprechern oder von einem Telefon in der Post. Dort können Sie ein Gespräch auch über den Operator vermitteln lassen. Telefongespräche im Hotelzimmer sind wesentlich teurer, in der Halle gibt es allerdings manchmal Kabinen mit öffentlichen Telefonen.

In Polen gibt es keine Münztelefone, alle funktionieren mit Karten, die Sie in den Postämtern oder an Zeitungskiosken bekommen. Sie sind mit 25, 50 und 100 Einheiten erhältlich. Ein Ortsgespräch braucht nur wenige Einheiten, bei Ferngesprächen empfiehlt sich eine »größere« Karte. Für Ortsgespräche und internationale Ferngespräche gilt rund um die Uhr immer der gleiche Tarif, die Gebühren für Ferngespräche innerhalb Polens sind nach Tageszeiten gestaffelt. Nach 18 Uhr sind sie um 25 Prozent reduziert, zwischen 22 Uhr und 8 Uhr kosten sie nur noch die Hälfte. Günstigere Tarife gelten auch an Wochenenden.

Logo der Telekomunikacja Polska

Hauptpostamt

Nach Abheben des Hörers ertönt ein Dauerton, das Freizeichen. Schieben Sie die Karte ein und wählen Sie die gewünschte Nummer. Während die Verbindung hergestellt wird, ertönt zunächst ein schwingendes Tonsignal, dann erst klingelt es beim Gesprächsteilnehmer, was Sie auch hören. Ein kurzes Signal mit hoher Taktfrequenz ist das Besetztzeichen.

Telefonieren mit dem Kartentelefon

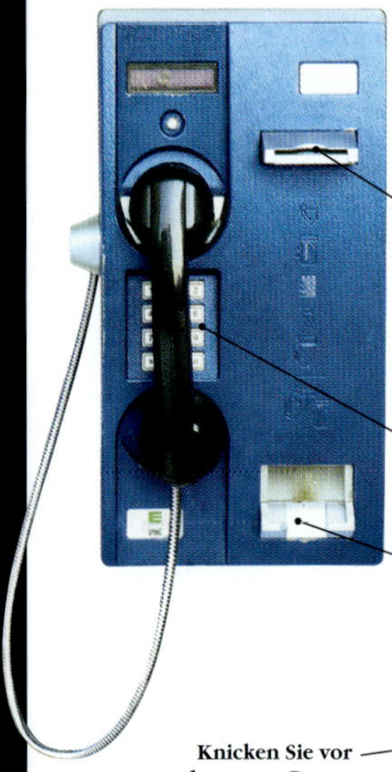

1 Bei einer neuen Karte müssen Sie vor dem ersten Telefonat die linke obere Ecke abknicken.

2 Nehmen Sie den Hörer ab, und warten Sie auf das Freizeichen.

3 Im Display erscheint die Aufforderung WRZUĆ MONETĘ/INSERT CARD. Stecken Sie die Telefonkarte in Pfeilrichtung ein. Das Display zeigt die verfügbaren Einheiten (KREDYT/CREDIT) an.

4 Wählen Sie, und warten Sie auf die Verbindung.

5 Legen Sie den Hörer nach Ende des Gesprächs auf, und entnehmen Sie die Karte.

Knicken Sie vor der ersten Benutzung die Ecke ab

Telefonkarte mit 100 Einheiten

Schild an Postämtern

Internet-Zugang

Krakau bietet seinen Besuchern viele Möglichkeiten, ins Internet zu kommen und beispielsweise seine E-Mails abzurufen. Kostenlos ist das in öffentlichen Bibliotheken möglich, aber da muss man oft einen Platz buchen. Internet-Cafés (sie heißen auf Polnisch *Kafejki Internetowe*) rechnen nach Minuten ab, Ausdrucke kosten extra. Außerhalb der viel genutzten Zeiten ist die Online-Zeit preiswerter. Zu den Internet-Cafés im Zentrum von Krakau zählen das Centrum Internetowe (Rynek Główny 9), das Café Internet Clarus (ul. Gołębia 4), Looz (ul. Mikołajska 13) und das Internet-Café beim Akademischen Buchladen (Podwale 6).

Handys

Mobilfunknetze werden auch in Polen immer dichter. Wenn Sie einen entsprechenden Vertrag haben, sollte es in Krakau keinerlei Probleme mit der Verbindung geben. Denken Sie daran, bei Ortsgesprächen auch die Krakauer Vorwahlnummer (012) zu wählen. Andere Vorwahlnummern in Polen erfahren Sie über die Auskunft (912).

Bevor Sie Ihre Reise antreten, sollten Sie sich bei Ihrem Mobilfunkanbieter informieren, welche Roaming-Abkommen es in Polen gibt. Weitere Info unter www.tariftip.de.

Post

Polnische Postämter bieten eine Reihe von Dienstleistungen an. Das Netz an Postämtern ist dicht, sowohl im Stadtzentrum, in den Wohngebieten und Vororten als auch in kleineren Städten und Dörfern.

Das Hauptpostamt an der Kreuzung Westerplatte und Wielopole-Straße hat länger geöffnet als andere Postämter; es gibt sogar einige 24-Stunden-Schalter. Hier können Sie nicht nur Briefe, Pakete und Telegramme versenden, sondern auch Inlandsüberweisungen tätigen. Außerdem gibt es einen *Poste-restante*-Dienst, so dass Sie sich Briefe postlagernd zusenden lassen können. Sie haben die Möglichkeit, Ihre Ferngespäche über einen Operator vermitteln zu lassen sowie Faxe oder Fernschreiben aufzugeben. Sammlerbriefmarken bekommen Sie an einem eigenen Schalter.

Der Kundenverkehr wird durch ein elektronisches Nummernsystem geregelt: Am Automaten im Eingangsbereich ziehen Sie eine Nummer. Die Tafel in der Halle zeigt an, wann Sie an der Reihe sind. Gehen Sie dann zum angezeigten Schalter.

Das Hauptpostamt besitzt einen Zugang für Rollstühle.

Postamt in einem alten Palais am Hauptbahnhof

Briefe und Postkarten

Briefmarken bekommen Sie im Postamt und bei bestimmten Zeitungshändlern. Manche verkaufen nur bereits frankierte Umschläge oder Postkarten. Postsendungen innerhalb einer Ortschaft werden in grüne Briefkästen gesteckt. Bei Adressen außerhalb der Stadt oder im Ausland werfen Sie Ihre Briefe und Karten in einen roten Briefkasten. Eine Postkarte oder ein Standardbrief ins europäische Ausland kosten 1,90 Złoty.

Inlandsbriefe brauchen zwei bis drei Tage, bei Post ins Ausland müssen Sie mit einer Woche rechnen. Falls es eilt, sollten Sie Ihre Post per Express aufgeben. Am schnellsten geht es mit einem Kurierdienst, den man im Hauptpostamt, im Hauptbahnhof sowie direkt bei DHL oder einem anderen Anbieter buchen kann.

Briefkasten

Päckchen können Sie durch PKP (Polnische Eisenbahn) transportieren lassen. Geben Sie Ihre Eilpost direkt dem Zugschaffner, bei dem Sie auch bezahlen. Züge mit diesem Service sind im Fahrplan mit einem K gekennzeichnet. Der Empfänger muss das Paket am Gleis abholen.

Briefmarken für Inlandsbrief und Postkarte

Auf einen Blick

Nützliche Adressen

Hauptpostamt
Westerplatte 20.
Stadtplan 2 D5 (6 E3).

DHL
Balicka 79.
0801 345345

Nützliche Telefonnummern

- Vorwahlnummer für Polen: 0048.
- Vorwahlnummer für Krakau:
  vom Ausland: polnische Landesvorwahl 0048 + 12;
  innerhalb Polens 01033 oder 01044 + 12
- Für Auslandsgespräche von Polen wählen Sie eine 0. Warten Sie auf den Ton. Dann wählen Sie die zweite 0 und die Landesvorwahl, dann die Ortsvorwahl (ohne 0).
- Telefonauskunft für Anschlüsse in Krakau: 911 oder 913.
- Polnische Inlandsauskunft: 912.
- Nationale und internationale Telefonvermittlung: 900.

Anreise

Krakau hat gute Verkehrsverbindungen zu polnischen und europäischen Städten. Leider gibt es viele Staus auf den Straßen und zahlreiche Straßenschäden. Es gibt wenige Autobahnen. Das Schnellstraßennetz wächst nur langsam. Eine Autofahrt kann also mühsam sein. Krakau liegt 80 Kilometer entfernt von Chyżne, Grenzübergang zur Slowakischen Republik, weniger als 400 Kilometer sind es nach Budapest, 450 Kilometer nach Wien. Direkte Flugverbindungen gibt es von Krakau-Balice zu einer ständig wachsenden Anzahl europäischer Destinationen und nach Warschau. Nach Warschau kommt man am besten mit dem Zug, die Fahrzeit beträgt zweieinhalb Stunden.

Flugzeug der LOT

Logo der Fluggesellschaft LOT

Anreise mit dem Flugzeug

Krakaus Flughafen Balice ist nach Johannes Paul II. benannt. Von Kraków-Balice gibt es Direktflüge zu folgenden Städten: Frankfurt am Main, München, Wien, Zürich, Berlin, Paris, Rom, Mailand, London, New York, Chicago und Toronto. Die Zahl der direkten Flugverbindungen nimmt ständig zu. Die meisten internationalen Flüge gehen jedoch über Warschau. Der Airport Balice wird u.a. von der polnischen Fluggesellschaft LOT, von Lufthansa, Austrian Airlines und Swiss angeflogen. Im Sommer gibt es regelmäßige Charterflüge in die Türkei, nach Tunesien, Marokko und zu zahlreichen anderen Zielen.

Logo des Flughafens Balice

Die Strecke Krakau–Warschau wird täglich mehrmals geflogen und ist die einzige innerpolnische Verbindung. Ein Flug nach Warschau dauert nur 50 Minuten, der nach Wien gut eine Stunde. Nach Frankfurt und Zürich sind es ungefähr eineinhalb Stunden Flugzeit, nach Paris zwei Stunden, nach London zweieinhalb Stunden.

Natürlich kommt man von vielen anderen Städten auf der ganzen Welt mit dem Flugzeug nach Krakau, aber in diesem Fall muss man in Warschau zwischenlanden.

Tickets und Preise

Apex-Tickets sind meist besonders günstig, aber sie müssen mindestens eine Woche im Voraus gebucht werden und sind nicht umbuchbar. Die polnische LOT, aber auch andere Fluggesellschaften bieten jedoch zahlreiche Preisvergünstigungen für Kinder, Studenten, Senioren, Familien oder Gruppen.

Airport Kraków-Balice

Flugbegleiterin der LOT

Airport Kraków-Balice

Balice ist der zweitgrößte Flughafen in Polen. Das Terminal wurde 1995 erbaut, ist also recht modern. Der Airport Kraków-Balice liegt im Westen der Stadt, bis ins Krakauer Zentrum braucht man rund 20 Minuten.

Neben den Ticket- und Check-in-Schaltern finden Sie in Balice ein Wechselbüro, einen kleinen Duty-free-Shop, ein Restaurant, ein Café, öffentliche Telefone, einen Zeitungsstand sowie Tabak- und Souvenirläden. Autovermietungen sitzen in der Haupthalle des Flughafens. Ein elektronisches Display zeigt Ihnen an, welche Hotels in Krakau und Umgebung zur Zeit freie Zimmer haben. In absehbarer Zeit wird ein großer Duty-free-Shop das Angebot in Balice ergänzen.

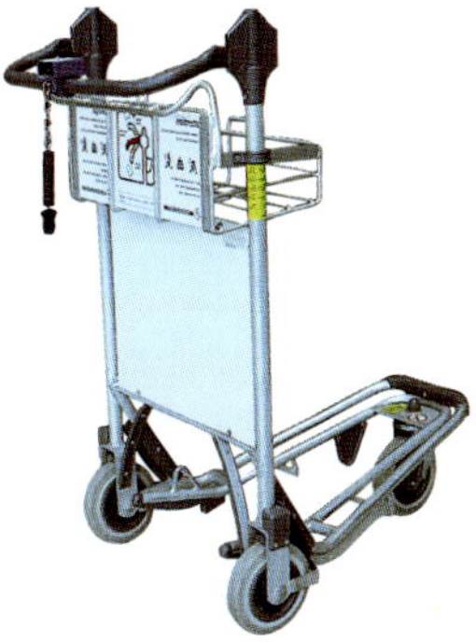

Gepäckwagen

Der Weg ins Zentrum

Der Flughafen Balice liegt knapp 20 Kilometer westlich vom Zentrum Krakaus. Zwei Buslinien fahren in die Stadt: Linie 192 verkehrt vom Rondo Mogilskie zum Hauptbahnhof und weiter zum Hotel Cracovia *(siehe S. 176)*.

Auch die Linie 208 (stündlicher Rhythmus) bringt Sie zum Hauptbahnhof. Er fährt durch die Straßen Warszawska, Słowacki, Mickiewicz, Czarnowiejska, Nowojki, Armiikrajowej und Balicka.

Die Tickets für den Bus sind preiswert, Sie können sie am Zeitungsstand im Flughafen kaufen oder beim Einsteigen vom Busfahrer. Halten Sie immer genügend Kleingeld bereit, in der Regel können Busfahrer keine großen Scheine wechseln. Für große sperrige oder mehrere Gepäckstücke wird meist ein Aufschlag berechnet.

Die Busse brauchen im Normalfall ungefähr eine halbe Stunde bis ins Zentrum von Krakau, während der Hauptverkehrszeiten müssen Sie mehr Zeit einplanen.

Am Haupteingang des Flughafens ist ein Taxistand. Hier finden Sie auch Funktaxis, die teils auch Zahlung mit Kreditkarten akzeptieren. Sie müssen also nicht unbedingt gleich bei der Ankunft Geld wechseln.

Normalerweise dauert die Fahrt mit dem Taxi in die Stadt nicht mehr als 20 Minuten, während Stoßverkehrszeiten kann sie auch 30 Minuten und länger dauern.

Bus zwischen dem Flughafen Balice und dem Stadtzentrum

Auf einen Blick

Airport Kraków-Balice
Tel. *(012) 285 51 20.*
W *www.lotnisko-balice.pl*

Krakau Hauptbahnhof
Pl. Kolejowy 1.
Stadtplan 2 D3 (6 F1).

Fluggesellschaften

LOT
ul. Basztowa 15. 31-143 Kraków
Stadtplan 2 D3 (6 D1).
Tel. *(0801) 703 703.*
Tel. *(012) 285-5070.*
W *www.lot.com*

Lufthansa
ul. Sienna 9. 31-041 Kraków
Stadtplan 2 D5 (6 E3).
Tel. *(012) 422 41 99.*
FAX *(012) 422 41 88.*
@ *lufthansa.krk@travelclub.com.pl*
W *www.lufthansa-city-center.pl*

Austrian Airlines
ul. Lubicz 33. 31-503 Kraków.
Stadtplan 2 D4.
Tel. *(012) 629 66 66.*
@ krakow.office@aua.com
W www.aua.com

Swiss
Tel. *(0801) 300 962.*
Tel. *(022) 697 66 00.*
Airport Kraków-Balice: c/o LOT
Tel. *(012) 28 55 070.*
W www.swiss.com

Direktflüge nach Krakau

Von Krakau gehen Direktflüge in die Städte auf der Karte rechts. Die Flugzeit zu allen Städten beträgt weniger als zweieinhalb Stunden.

Der Krakauer Hauptbahnhof (Kraków Główny)

Anreise mit der Bahn

Krakau verfügt über gute Eisenbahnverbindungen zu vielen europäischen Städten und zu fast jeder polnischen Stadt. Mit dem Zug kommt man meist schneller voran als mit dem Auto oder Bus. Die polnische Bahn wird von der PKP (Polskie Koleje Panstwowe) betrieben, einem staatlichen Unternehmen.

Die Fahrpreise sind niedriger als im Westen. Tickets kann man am Bahnhof kaufen, aber auch im Voraus über das Reisebüro Orbis, Marktpatz 41, beziehen. Dabei wird eine kleine Gebühr fällig. Wenn Sie die Fahrkarte am Tag der Reise kaufen, kalkulieren Sie mindestens ein halbe Stunde Wartezeit für den Schalter ein. Die Schlangen können sehr lang sein.

Schaffner

Im InterCity und in Schnellzügen brauchen Sie eine Reservierung; diese Züge sind im Fahrplan mit dem Buchstaben R gekennzeichnet. Nicht nur Schwarzfahrer, auch Reisende ohne Reservierung müssen hier ein Bußgeld zahlen. In anderen Zügen – seien es Nahverkehrszüge *(osobowy)* oder Eilzüge *(pospieszny)* – ist eine Reservierung nicht möglich.

Auf allen Strecken im Inland, die über längere Distanzen gehen, und auf allen internationalen Routen sind Schlaf- oder Liegewagen angehängt. Liegewagen (*kuszetka*, sechs Personen pro Abteil) und Schlafwagen (*sypialny*, zwei bis drei Personen pro Abteil) müssen Sie unbedingt im Voraus reservieren.

Sie können Ihre Fahrkarte auch beim Schaffner lösen, aber in diesem Fall müssen Sie sich bei ihm vor Antritt der Reise melden, es kostet Sie einen erheblichen Aufschlag.

Seien Sie in den Zügen auf der Hut vor Dieben, besonders beim Ein- und Aussteigen. Lassen Sie Ihr Gepäck nicht unbeaufsichtigt im Abteil.

InterCity und Schnellzüge

Für Reisen über längere Distanzen bietet sich der InterCity an. Die Züge sind modern, schnell, sauber und bequem.

Mehr Ziele sind mit Schnellzügen (Expresszügen) erreichbar. Für beide Züge muss man beim Kartenkauf auch zugleich reservieren. Gegen eine Gebühr können Sie diese Reservierung auch beim Schaffner bekommen, falls noch ein Platz frei ist.

InterCity und Schnellzüge haben eine Bar und ein Restaurant. Hier zu essen ist allerdings eher enttäuschend, besser ist noch der Service, der mit heißen und kalten Getränken die Abteile abfährt und auch kleine Snacks anbietet. Im InterCity bekommt man umsonst einen Kaffee, Tee oder Saft zur Begrüßung.

Bahnhöfe

Dworzec Główny heißt Krakaus Hauptbahnhof im Herzen der Stadt. Alle internationalen Züge und die meisten Inlandszüge halten hier, sie haben in der Regel einige Minuten Aufenthalt. Vor der Abfahrt stehen viele Züge schon einige Zeit vorher am Gleis, so dass man bequem einsteigen kann.

In der Haupthalle sind Fahrkartenschalter, für den Nahverkehr kann man sein Ticket auch am Automaten erstehen. Außerdem gibt es hier ein Fundbüro und einen Informationsschalter. Im Bahnhofsbereich befinden sich zwei Restaurants, drei Bars, ein Friseur, eine Bank, eine Apotheke und einige kleinere Läden. Gleich nebenan finden Sie eine Wechselstube und ein Postamt.

In der Nacht wird die Bahnhofshalle eine Stunde lang geschlossen, während sie gereinigt wird. Die Halle und auch die Bahnsteige werden von Kameras überwacht. Damit versucht man, die Kleinkriminalität, die sich unweigerlich in jeder Stadt um Bahnhöfe zentriert, in Grenzen zu halten.

InterCity im Krakauer Hauptbahnhof (Kraków Główny)

Bahnsteig am Krakauer Hauptbahnhof (Kraków Główny)

Neben dem Hauptbahnhof gibt es einige kleinere Bahnhöfe, der wichtigste davon ist Kraków Płaszów im Südosten der Stadt. Dieser Bahnhof ist vom Zentrum aus mit den Staßenbahnen Linie 3, 6, 9, 13 und 24 sowie mit den Bussen 107, 143, 163, 174 und 184 zu erreichen.

Anreise mit dem Bus

Von Krakau aus fahren regelmäßig Busse in erstaunlich viele Städte Europas. Der Busbahnhof, Dworzec Autobusowy, liegt im Zentrum gegenüber dem Hauptbahnhof. Von hier fahren lokale, überregionale und die meisten internationalen Busse ab.

Schon als der Busbahnhof eröffnet wurde, war er zu klein. Selbst Kleinstädte in Polen sind heute meist besser ausgestattet. Es mangelt an modernen sanitären Einrichtungen, Läden fehlen völlig, und die wenigen Fahrkartenschalter sind hoffnungslos überlastet. Am besten ist es, sich im Voraus ein Ticket zu besorgen. Sie können natürlich auch sehr früh am Morgen anstehen oder darauf vertrauen, dass noch ein Platz frei bleibt und dann beim Busfahrer (ohne Aufschlag) eine Fahrkarte lösen.

Zurzeit wird der Hauptbahnhof renoviert, zugleich entsteht ein neuer Busbahnhof ganz in der Nähe. Damit wird die Situation bald besser werden.

Private Busunternehmen, die internationale Strecken fahren, benutzen den Busstand in der Bosacka-Straße auf der anderen Seite des Hauptbahnhofs sowie andere Halte- und Abfahrtsplätze. Der internationale Busfahrplan hängt im Hauptbahnhof aus, am Informationsschalter in der Haupthalle kann man sich auch nach Bussen erkundigen. Fahrkarten für regionale Strecken kauft man ebenfalls in der Haupthalle des Bahnhofs, Fahrkarten für internationale Routen bekommt man über Reiseagenturen und von den Busunternehmen direkt.

Die PKS (Polska Komunikacja Samochodowa) ist der Hauptbetreiber für Städteverbindungen innerhalb Polens. Leider sind die Busse auf vielen Strecken veraltet und nicht sehr sauber. Auch die Fahrer sind bisweilen nicht besonders höflich. Moderne Busse werden nach und nach eingeführt. Die privaten Unternehmen, die die größeren Städte verbinden, sind mehr auf Service bedacht. Trotzdem kann ein Busreise lange dauern, da es viele Stopps gibt und man dafür auch Umwege fährt.

Für Busreisen spricht der Preis: Sie sind im Allgemeinen billiger als eine Bahnfahrt.

Ein Bus von »Polski Express«

Anreise mit dem Auto

Führerscheine aus anderen Ländern sind in Polen gültig. Neben Führerschein und Fahrzeugpapieren brauchen Sie eine Grüne Versicherungskarte. Auch bei einem Mietwagen ist eine Versicherungsbestätigung erforderlich. Auf jedem ausländischen Auto muss ein Landeskennzeichen sein. Das Anlegen der Sicherheitsgurte ist Pflicht. Kinder unter zwölf Jahren dürfen im Auto nicht vorne sitzen. Zwischen 1. Oktober und 1. März müssen Sie Tag und Nacht mit Abblendlicht fahren, unabhängig von Wetter und Lichtverhältnissen.

Ortsschild Krakau

Schilder an den polnischen Grenzen zeigen die Höchstgeschwindigkeiten an, die auf den verschiedenen Straßen gefahren werden dürfen. Diese Beschränkungen sollten Sie auf jeden Fall streng einhalten. Bei Überschreitung der Höchstgeschwindigkeit riskiert man hohe Geldbußen bis zu 500 zł. Ausländische Fahrer müssen die Strafe an Ort und Stelle bezahlen.

Die zulässige Blutalkoholgrenze ist in Polen niedrig (0,2 Promille), so dass Sie wirklich nichts trinken sollten. Die Polizei führt häufig Routinekontrollen durch.

Autodiebstähle nehmen in Polen zu. Lassen Sie nichts im Wagen liegen, und nehmen Sie möglichst das Radio heraus. Ein bewachter Parkplatz ist immer der sicherste Ort für Ihr Auto – selbst wenn Sie es nur kurz abstellen wollen.

In Krakau unterwegs

Die Innenstadt Krakaus ist klein, so dass Sie sich zu Fuß oder mit öffentlichen Verkehrsmitteln am besten fortbewegen. Besonders Kinder lieben Stadtrundfahrten mit einer der blauen Straßenbahnen Krakaus. Bei jeder Sehenswürdigkeit sehen Sie im Kapitel *Die Stadtteile Krakaus*, wie Sie am besten hinkommen. Eine Karte der Straßenbahn- und Buslinien finden Sie auf der hinteren Umschlaginnenseite. Falls Sie eine detailliertere Karte brauchen, finden Sie einen Stadtplan auf den Seiten 226ff. Kostenlose Linienpläne für den Nahverkehr erhalten Sie beim Fremdenverkehrsamt. Sightseeing-Touren mit der Pferdedroschke sind sehr beliebt, Sie können aber auch einen kleinen elektrischen *meleks*-Wagen mit Führer mieten. Die Fahrer sprechen mehrere Fremdsprachen. Droschken und *meleks* stehen am historischen Marktplatz bereit.

Hausnummernschild

Platz vor einem Gebäude der Stadtverwaltung

Öffentliche Verkehrsmittel

Das Netz der öffentlichen Verkehrsmittel in Krakau ist relativ dicht. Straßenbahnen und Busse verkehren an Wochentagen häufiger als am Wochenende und an Feiertagen, viele Buslinien fahren bis weit in die Vorstädte hinaus. Stoßverkehr herrscht zwischen 7 und 8 Uhr sowie zwischen 14 und 17 Uhr. In der Nacht verkehren spezielle Nachtbusse. Eine Reihe von Privatunternehmen betreibt Minibusse, die im ganzen Stadtgebiet auf Verlangen anhalten. Für genauere Informationen über Busse und Straßenbahnen *siehe S. 224f.*

Autofahren

Der historische Stadtkern ist grundsätzlich Fußgängerzone – allerdings in drei Zonen unterteilt: Der Marktplatz und die umliegenden Straßen gelten als Zone A. Hier dürfen nur Notdienste und städtische Unternehmen fahren, zwischen 6 und 10 Uhr auch Lieferverkehr. Zone B erstreckt sich bis zum Grüngürtel Planty und lässt Anwohner und Autos mit Spezialgenehmigung zu. Zone C reicht bis zur so genannten Avenue der drei Dichter (Krasińskiego, Mickiewicza, Słowackiego) und zu den Straßen Dietla und Westerplatte. Hier darf jeder mit dem Auto fahren, man braucht aber eine Genehmigung, um zu parken. Diese Genehmigung bekommt man auch als Besucher relativ leicht, und zwar gegen Gebühr an den meisten Zeitungsständen.

Stoppschild

Verkehrsstaus sind eher die Regel als die Ausnahme, besonders am Freitagnachmittag und nach Feiertagen, wenn die Krakauer von Ausflügen zurückkehren.

Straßenbauarbeiten und die damit verbundenen Behinde-

Fahrkarten

Tickets sind für Straßenbahnen und Busse gleichermaßen gültig und können an Zeitungskiosken oder direkt an Schaltern des MPK gekauft werden. Es gibt verschiedene Möglichkeiten: Einzelfahrscheine, Stundenkarten, Tageskarten, Wochenkarten, Monatskarten und Familienkarten.

Jedes Ticket muss beim ersten Fahrtantritt gestempelt werden, damit es gültig wird. Stundenkarten gelten eine Stunde ab dem Stempeln; innerhalb dieser Zeit können Sie beliebig oft umsteigen. Tageskarten sind vom Zeitpunkt des Stempelns bis Mitternacht gültig. Für Wochen- und Monatskarten müssen Sie einen Ausweis mit sich führen.

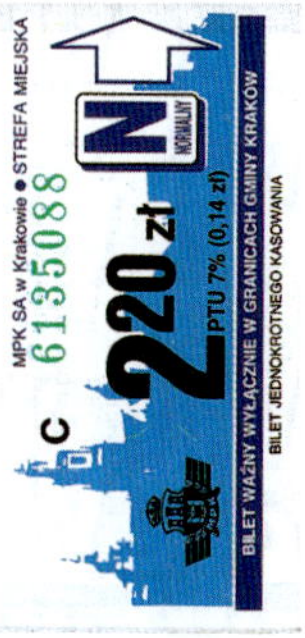

Tickets in Pfeilrichtung in den Entwerter einschieben

Auch ein Familienticket ist nicht übertragbar. Mit ihm fahren zwei Erwachsene und zwei Kinder ein Wochenende lang, Kinder unter vier und Senioren über 75 Jahre sind kostenlos dabei. Kinder zwischen 4 und 14 Jahren, Studenten, Senioren und Behinderte erhalten zwar (gegen Ausweis) Ermäßigungen auf Fahrscheine, diese Preisermäßigungen gelten jedoch nicht für ausländische Besucher.

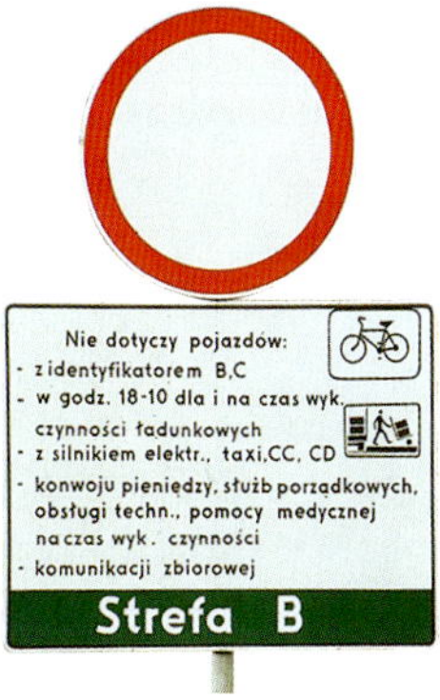

Fahreinschränkungen in Zone B

Zu Fuss in Krakau

Die meisten historischen Sehenswürdigkeiten, viele Museen und andere Besucherziele sowie Restaurants und Cafés liegen im Herzen der Altstadt, also in einer Fußgängerzone. Es ist ein relativ kleines Gebiet, und man kann es leicht zu Fuß erkunden. Dabei helfen die vielen Schilder, die auf die wichtigen Sehenswürdigkeiten hinweisen. Informationstafeln zu historischen Gebäuden und anderen Besucherattraktionen sind in mehreren Sprachen verfasst.

Fußgängerübergang

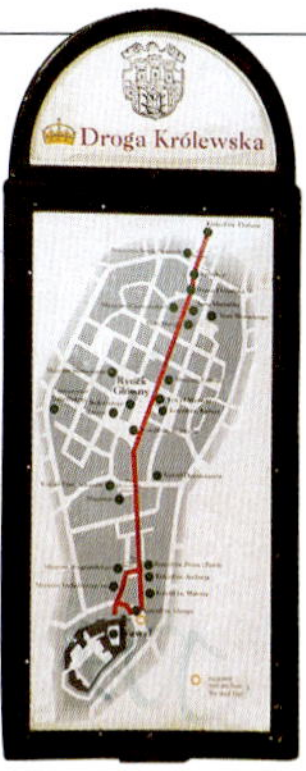

Karte der Altstadt mit dem rot eingetragenen Königsweg

rungen, Sperrungen sowie Umleitungen gehören zum vertrauten Bild. Krakau hat noch keine Ringstraße. Obwohl die Bauarbeiten für eine Schnellstraße um die Stadt schon geraume Zeit andauern, sind derzeit erst einige kurze Abschnitte in Betrieb.

Das Auto ist also in der Innenstadt eher eine Last, aber praktisch, um die vielen schönen Ziele am Rand von Krakau und Umgebung zu erreichen. Es gibt zahlreiche Autovermietungen, aber leider sind Mietwagen in Polen eine ziemlich teure Angelegenheit.

Halteverbot

Parkplätze vorhanden (»wolny« bedeutet »frei«)

Parken

In der Innenstadt einen Parkplatz zu finden, kann sich als recht schwierig erweisen. Ein bewachter Parkplatz *(parking strzeżony)* ist eine gute und vor allem sichere Alternative. Parken auf dem Gehweg ist in Krakau erlaubt, man muss nur mindestens einen Meter für die Fußgänger frei lassen.

Der bewachte Parkplatz am Szczepański-Platz liegt am nächsten zum Zentrum, es sind nur wenige hundert Meter bis zum Marktplatz. Leider ist der Parkplatz oft besetzt und auch einer der teuersten. Ziemlich sicher findet man einen Platz für sein Auto in der großen Hochgarage auf dem Parkdeck über dem Hauptbahnhof. Andere bewachte Parkplätze sind in der Powiśle-Straße in der Nähe des Wawel sowie in den Straßen Rajska, Starowiślna und Straszewskiego. Nach westlichen Maßstäben ist es in Krakau immer noch ziemlich einfach, einen bewachten Parkplatz zu finden – und das in Gehdistanz zum historischen Zentrum.

Radsperren

Illegal geparkte Autos können mit einer Radsperre am Wegfahren gehindert werden. Um die Sperre zu lösen, müssen Sie die Nummer anrufen, die Sie auf dem Strafzettel an der Windschutzscheibe finden. Der Text auf dem Blatt ist in mehreren Sprachen abgedruckt. Ein Ordnungshüter wird kommen und die Sperre entfernen – allerdings erst, nachdem Sie die Geldbuße für Falschparken entrichtet haben.

Illegal geparktes Auto mit Radsperre

Auf einen Blick

Autovermietungen

Avis Rent a Car
Lubicz 23.
Stadtplan 2 D4 (6 F1).
☎ *629 61 08*
☎ *629 61 09*

Budget
Lotnisko w Balicach.
☎ *637 00 89.*

Eurocar Inter Rent
Krowoderska 58. **Stadtplan** 1 B2.

Express Rent a Car
Konopnickiej 28.
Stadtplan 3 C3.

Hertz Rent a Car
Focha 1. **Stadtplan** 1 A5 (5 A3).
☎ *429 62 62.*

National Car Rental
Balice Airport.
☎ *639 32 86*

Hotel Demel.
☎ *636 8630.*

Mit der Straßenbahn unterwegs

Von Pferden gezogene Wagen auf Schienen wurden in Krakau 1895 eingeführt. Sechs Jahre später ersetzte man sie durch elektrische Wagen. Heute haben die Straßenbahnen einen, zwei oder drei Wagen. Während der Hauptverkehrszeiten sind sie ziemlich voll, trotzdem erweisen sie sich in der Innenstadt als effektives und bequemes Verkehrsmittel. Dem Besucher bieten sie eine ausgezeichnete Möglichkeit, Krakau kennen zu lernen, denn sie halten an allen wichtigen Sehenswürdigkeiten und den größeren Hotels.

Krakauer Straßenbahn

Fahrscheine

Dieselben Tickets gelten für Straßenbahnen und Busse *(siehe S. 222)*. Man kauft den Fahrschein vor dem Einsteigen, falls Sie den Betrag passend haben, bekommen Sie ihn auch beim Fahrer – er ist dann aber ein bisschen teurer.

Gleich nach dem Einsteigen muss der Fahrschein entwertet, d. h. gestempelt werden. Ein ungestempeltes Ticket ist nicht gültig.

Ein Einzelfahrschein gilt nur für eine Fahrt (ohne Umsteigen), allerdings unabhängig von der Länge der gefahrenen Strecke. Ein Stunden- oder Tagesticket muss nur bei der ersten Fahrt gestempelt werden und gilt exakt eine Stunde (egal wie oft Sie umsteigen) bzw. an diesem Tag bis Mitternacht. Wochen- und Monatskarten müssen nicht gestempelt werden.

Im Wagen zeigt ein Plan alle Haltestellen und Umsteigemöglichkeiten auf der Route an.

Einen Fahrplan finden Sie an jeder Haltestelle. Die ersten Straßenbahnen fahren morgens um 5 Uhr, die letzten um 23 Uhr. Der Takt ist unterschiedlich, manche Linien verkehren alle paar Minuten, andere nur alle 20 Minuten. Nachts gibt es nur Busse.

Zum Aussteigen müssen Sie oft einen Knopf drücken.

Fahrscheinkontrollen

Sie müssen damit rechnen, dass während der Fahrt jemand Ihren gültigen, d. h. gestempelten Fahrausweis sehen will. Die Kontrolleure der Krakauer Transportgesellschaft MPK tragen normale Kleidung, weisen sich allerdings durch ein Karte mit Foto aus. Vorsicht: Es sind nicht selten unechte Kontrolleure unterwegs!

Schwarzfahrer bekommen eine Geldstrafe; als ausländischer Besucher müssen Sie auf jeden Fall sofort in die Tasche greifen. Bestehen Sie auf einer Quittung, wenn Sie zahlen müssen!

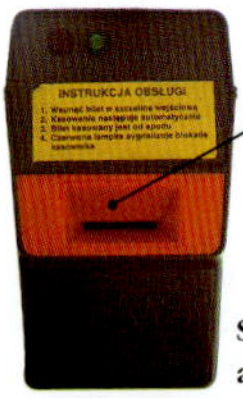

Stempelautomat

Haltestellenschild
An jeder Straßenbahnhaltestelle sehen Sie, welche Linien hier fahren, und wann sie verkehren.

Tipps zur Sicherheit

Taschendiebe »arbeiten« gern in Straßenbahnen und Bussen. Geld und Papiere sollten Sie nie in den Außentaschen von Rucksäcken oder Jacken tragen. Auch die hintere Hosentasche ist kein sicherer Aufbewahrungsort. Passen Sie auf Ihre Kamera auf.

Auf einen Blick

MPK Informationsstelle
☎ *910*

Straßenbahnhaltestelle

Mit dem Bus unterwegs

KRAKAU HAT ein gutes Busliniennetz, das alle Teile der Stadt und viele Vororte verbindet. Die Busse sind blau, rot oder bunt, es fahren Ikarus-, Jelcz- und Scania-Modelle, manche sind ganz modern, andere schon etwas in die Jahre gekommen. Trotz aller Vielfalt kann man sich auf die Busse verlassen, sie fahren relativ pünktlich – auch in der Nacht.

Fahrscheine

BUSTICKETS sind identisch mit den Straßenbahnscheinen. Ein Einzelfahrschein gilt nur für eine Fahrt ohne Umsteigen, mit einem Stundenticket können Sie eine Stunde ab dem Stempeln fahren und beliebig oft umsteigen. Für Besucher ist ein Tagesticket oft am günstigsten.

Buslinien

NORMALE BUSLINIEN sind durch dreistellige Nummern gekennzeichnet. Die Linien 501, 502 und 511 sind so genannte Schnellbusse, die nicht an jeder Haltestelle stoppen. Die Fahrkarte für den Schnellbus kostet eineinhalbmal so viel wie für einen normalen Bus.

Während der Woche fahren manche Busse alle paar Minuten, andere alle 20 Minuten. Am Wochenende und an Feiertagen verkehren Busse bedeutend seltener.

Nachtbusse haben Nummern über 600. Es gibt acht verschiedene Nachtbuslinien, die im Wesentlichen alle vom Zentrum aus fahren. Nachtbusse verkehren jede Stunde, der Fahrpreis ist doppelt so hoch wie am Tag.

Zusätzlich fahren private Minibusse auf vielen Linien zwischen Zentrum und Vororten. Sie kosten doppelt so viel wie die MPK-Busse, sind schnell und zuverlässig. Fahrscheine verkauft der Fahrer. Viele Minibusse fahren vom Hauptbahnhof ab, besonders praktisch ist dieser Service für Verbindungen nach außerhalb, z. B. Nowa Huta.

Krakauer Bus

Mit dem Taxi unterwegs

IN MANCHEN FÄLLEN ist ein Taxi einfach am bequemsten, um ein Ziel zu erreichen. Um nicht betrogen zu werden, wählen Sie am besten eines der Funktaxis, sie sind am zuverlässigsten.

Funktaxi

Verschiedene Taxis

TAXIS KÖNNEN in Krakau verschiedene Farben haben, auch die Logos der verschiedenen Gesellschaften variieren, aber alle Taxis haben eine Nummer, die an der Seite deutlich zu lesen ist. Am Taxischild am Dach ist das Unternehmen zu erkennen. Die Unterschiede zwischen den einzelnen Firmen sind nicht groß, auch die Tarife sind weitgehend identisch.

Taxitarife

WENN MAN ein Taxi besteigt, zeigt das Taxameter eine Grundgebühr an, Gebühren für jeden gefahrenen Kilometer kommen dazu.

Normalerweise bezahlt man mit Bargeld, im Allgemeinen akzeptieren nur Funktaxis, die vom und zum Flughafen Balice fahren, Kreditkarten. Es gibt zwei Tarife, einen für Wochentage zwischen 5 und 23 Uhr, ein anderer Tarif gilt nachts sowie an Sonn- und Feiertagen. Außerhalb der Stadtgrenzen erhöhen sich die Tarife.

Wenn Sie eine Quittung verlangen, wird der Taxifahrer mit großer Wahrscheinlichkeit keinen überhöhten Fahrpreis verlangen.

Auf einen Blick

Funktaxis

City Taxi
☎ *266 64 44.*

Express Taxi
☎ *644 41 11.*

Krak Taxi
☎ *267 67 67.*

Metro Taxi
☎ *636 00 00.*

Radio Taxi
☎ *919.*

Radio Taxi
☎ *96 33.*

STADTPLAN

DIE KARTENVERWEISE bei Sehenswürdigkeiten, Hotels *(siehe S. 175ff)* und Restaurants *(siehe S. 188ff)* beziehen sich auf die Karten der folgenden Seiten. Die erste Ziffer nennt jeweils die Nummer der Karte, der Buchstabe und die zweite Ziffer geben das Planquadrat an. Die Übersichtskarte auf der rechten Seite zeigt die sechs Stadtteile von Krakau, die Sie auf den folgenden Karten finden. Die wichtigsten Sehenswürdigkeiten sind in den Karten eingetragen, alle Symbole werden in der Legende unten erklärt. Ein Straßenregister ist auf S. 228f. Beachten Sie, dass Polnisch eine flektierende Sprache ist, so dass sich Endungen in Straßennamen verändern: Der Name Jan Kowalski wird so zur Jana-Kowalskiego-Straße.

Bei der Erkundung Krakaus

LEGENDE

- Hauptattraktion
- Sehenswürdigkeit
- Bahnhof
- Busbahnhof
- Straßenbahn
- Bushaltestelle
- Parken
- Information
- Krankenhaus
- Polizei
- Bootsanlegestelle
- Kirche
- Synagoge
- Post
- Eisenbahn
- Einbahnstraße
- Fußgängerzone
- Stadtmauer

MASSSTAB DER KARTEN 1–4

0 Meter 200

1:14 000

MASSSTAB DER KARTEN 5–6

0 Meter 150

1:9000

0 Kilometer 1

Drehorgelspieler am Marktplatz

Treppenaufgang zur Villa Decius

St.-Adalbert-Kirche am Marktplatz

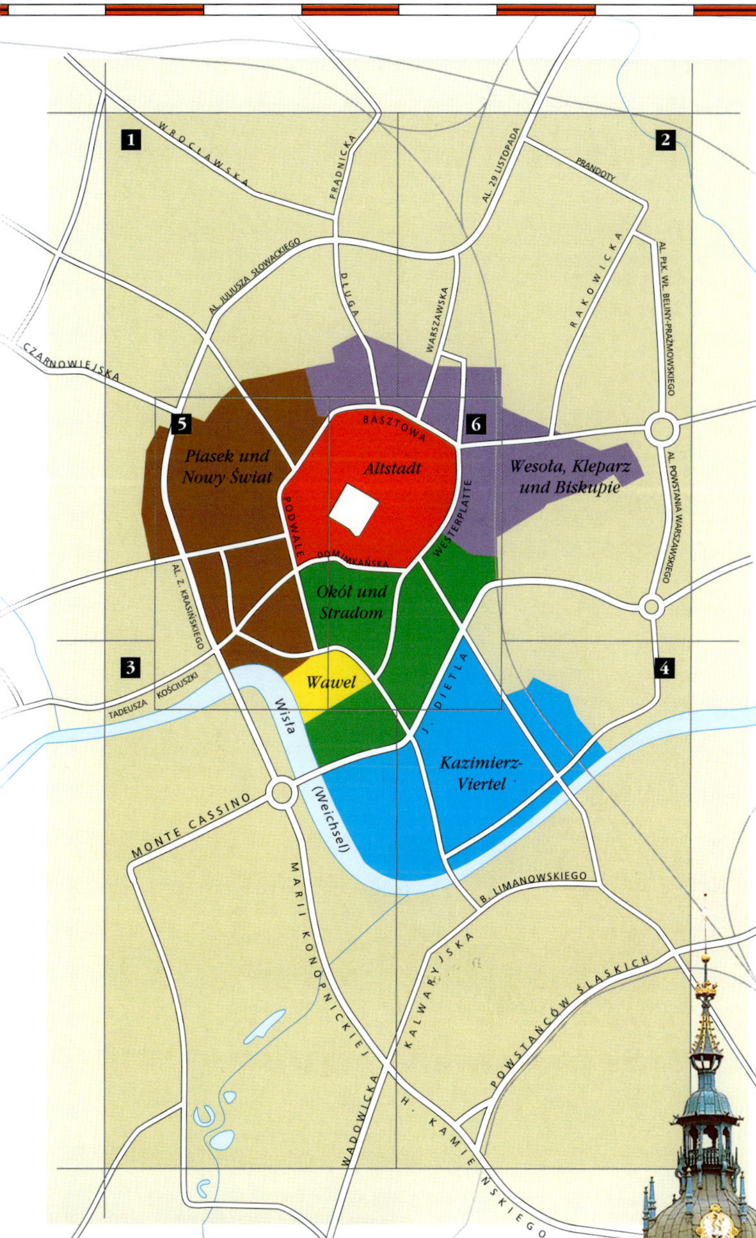

Friedhof Rakowicki

Zygmunt-Kuppel der Kathedrale

Kartenregister

1
A
B
C
1
2
3
4
5
3
5
WROCŁAWSKA
RACŁAWICKA
KMIECA
LITEWSKA
MAZOWIECKA
POZNAŃSKA
OBOŻNA
WŁADYSŁAWA ŁOKIETKA
JÓZEFA FRIEDLEINA
IWANA ODROWĄŻA
E. PLATER
Krankenhaus Wojskowy
PRĄDNICKA
ZBOŻOWA
WÓJTOWSKA
RZECZNA
ŚWIĘTOKRZYSKA
CIESZYŃSKA
SŁOMNICKA
LUBELSKA
ŚLĄSKA
ARTURA GROTTGERA
ZBROJÓW
KUJAWSKA
E. BIERNACKIEGO
ST. WYSPIAŃSKIEGO
KAZIMIERZA WIELKIEGO
GRZYMSKIÓW
MAZOWIECKA
SŁOWACKIEGO
AL. JULIUSZA
PLAC NOWY KLEPARZ
J. ŻUŁAWSKIEGO
KLEPARZ
HECLÓW
URZĘDNICZA
KRÓLEWSKA
PL. TEODORA AXENTOWICZA
KOŚCIELNA
HENRYKA SIENKIEWICZA
W. BERENTA
St.-Stephan-kirche
ŁOBZOWSKA
KROWODERSKA
DŁUGA
SZLAK
Urząd Rejonowy
Kośc. Karmelitanek na Łobzowskiej
ŚW. TERESY
ST. STASZICA
SZLAK
ST. KONARSKIEGO
JÓZEFITÓW
POMORSKA
JULIUSZA LEA
PLAC INWALIDÓW
A. LENARTOWICZA
Krankenhaus Położniczy
W. SPASOWSKIEGO
Z. WRÓBLEWSKIEGO
SŁOWIAŃSKA
H. SIEMIRADZKIEGO
FRYDERYKA CHOPINA
M. KARŁOWICZA
KAROLA SZYMANOWSKIEGO
PARK KRAKOWSKI
T. PAWLIKOWSKIEGO
W. FELDMANA
J. SOBIESKIEGO
KREMEROWSKA
Kirche der Visitantinnen
DŁUGA
ST. KONARSKIEGO
SYMFONICZNA
A. GRABOWSKIEGO
STEFANA BATOREGO
BISKUPIA
CZARNOWIEJSKA
AL. ADAMA MICKIEWICZA
J. KOCHANOWSKIEGO
ŁOBZOWSKA
A. ASNYKA
SERENO FENN'A
Globus-Gebäude
Akademie für Bergbau und Hüttenwesen
Spinnenbaus
KARMELICKA
P. MICHAŁOWSKIEGO
PIASEK
BASZTOWA
CZARNOWIEJSKA
Karmeliterkirche
GARBARSKA
Reformaten-kirche
PIJARSKA
SŁAWKOWSKA
PIJARSKA
Akademia Rolnicza
DOLNYCH MŁYNÓW
RAJSKA
J. DUNAJEWSKIEGO
REFORMACKA
ŚW. MARKA
Czartoryski Museum
WŁADYSŁAWA REYMONTA
Krankenhaus im J.Dietla
CZYSTA
SKARBOWA
SZUJSKIEGO
PLAC SZCZEPAŃSKI
SZCZEPAŃSKA
STARE MIASTO
St.-Johann-Kirche
KRUPNICZA
Planty
Krzysztofory-Palast
OLEANDRY
Mehoffer-Museum
LORETAŃSKA
SZEWSKA
ŚW. JANA
KRUPNICZA
STUDENCKA
St.-Annen-Kirche
JAGIELLOŃSKA
MARKTPLATZ
ROMANA INGARDENA
Szkoła Przemysłowa
N. CYBULSKIEGO
Centrum Onkologii
KAPUCYŃSKA
ŚW. ANNY
Tuchhallen
Jagiellonen-Bibliothek
PL. WŁ. SIKORSKIEGO
GARNCARSKA
Kapuziner-kirche
Collegium Maius
Marien-kirche
KADRÓWKI
SZ. HUMBERTA
WENECJA
JABŁONOWSKICH
GOŁĘBIA
PODWALE
Collegium Novum
WIŚLNA
St.-Adalbert-Kirche
National-museum
Kośc. Sercanek
CZAPSKICH
OLSZEWSKIEGO
BRACKA
STOLARSKA
NOWY
AL. 3 MAJA
Wyspiański-Monument
MARSZ. JÓZEFA PIŁSUDSKIEGO
Hutten-Czapski-Palast
Dominikaner-kirche
Błonia
Haus zum Singenden Frosch
FRANCISZKAŃSKA
DOMINIKAŃSKA
AL. MARSZ. F. FOCHA
AL. Z. KRASIŃSKIEGO
Ekielski-Haus
Kirche des Barmherzigen Gottes
SMOLEŃSK
Philharmonie
PL. WSZYSTKICH ŚWIĘTYCH
Franziskaner-kirche
ŚWIAT
Kirche der Felizianerinnen
Urząd M. Krakowa
J. KAŁUŻY
RETORYKA
E. ZEGADŁOWICZA
F. STRASZEWSKIEGO
GRODZKA
MAŁA
POSELSKA
SENACKA
Peter-und-Paul-Kirche
ŁOWICKA
RTM. Z. DUNIN-WĄSOWICZA
WL. SYROKOMLI
K. UJEJSKIEGO
WYGODA
FELICJANEK
ZWIERZYNIECKA
TENCZYŃSKA
TARŁOWSKA
Archäologisches Museum
KANONICZA
Stiftung St. Wlaimir
Planty
FILARECKA
WŁÓCZKÓW
K. MORAWSKIEGO
PL. J. KOSSAKA
PLAC NA GROBLACH
Dekanat

2
D
E
F
1
2
3
4
5
6
4
Prądnik
Militär-
friedhof
Rakowicki-
Friedhof
AL. 29 LISTOPADA
PRANDOTY
KAMIENNA
TOWAROWA
BĘDZIŃSKA
MUROWANA
ŻELAZNA
WJAZD
RAKOWICKA
DOMKI
BOLESŁAWA CHROBREGO
C. NORWIDA
GROCHOWSKA
OLSZAŃSKA
ORLAT
KS. BPA. WŁ. BANDURSKIEGO
AL. PŁK. WŁ. BELINY-PRAŻMOWSKIEGO
GEN. J. BEMA
Politechnika
Krakowska
SZLAK
WARSZAWSKA
WARSZAWSKIE
Kośc. Sióstr Szarytek
Kirche St.Vinzenz von Paul
OGRODOWA
St.-Florian-Kirche
KURNIKI
PAWIA
PKP
PLAC JANA MATEJKI
WORCELLA
ZACISZE
Nationalbank
Haupt-bahnhof
PLAC KOLEJOWY
BASZTOWA
Florianstor
LUBICZ
BOSACKA
ALEKSANDRA
LUBOMIRSKIEGO
Akademia Ekonomiczna
J. BRODOWICZA
B. ZALEWSKIEGO
L. MISIOŁKA
CHŁOPICKIEGO
MOGILSKA
TOPOLOWA
ZYGMUNTA AUGUSTA
KURKOWA
ARIAŃSKA
RONDO MOGILSKIE
BOTANICZNA
Klinika Neurologiczna U.J.
AL. POWSTANIA WARSZAWSKIEGO
PRZY RONDZIE
Astronomisches Observatorium
STRZELECKA
Kirche der Karmeliterinnen
Słowacki-Theater
PLAC ŚW. DUCHA
Heilig-kreuz-kirche
L. ZAMENHOFA
ŚW. MARKA
M. SKŁODOWSKIEJ-CURIE
RADZIWIŁŁOWSKA
Szpital Kliniczny U.J.
MIKOŁAJA KOPERNIKA
Klinika Chirurgii
BOTANISCHER GARTEN
SĄDOWA
PLANTY
WESTERPLATTE
Haus der Ärzte-gesellschaft
Jesuitenkirche
Kirche der Unbefleckten Empfängnis
WESOŁA
Kirche der Dominikanerinnen
M. KOPERNIKA
St.-Nikolaus-Kirche
NA GRÓDKU
H. KOŁŁĄTAJA
O. BUJWIDA
ŚNIADECKICH
JANA I JĘDRZEJA
BLICH
SOŁTYKA
M. ZYBLIKIEWICZA
LIBROWSZCZYZNA
MORSZTYNOWSKA
BONEROWSKA
WIELOPOLE
DWERNICKIEGO
ŚW. ŁAZARZA
ST. ŻÓŁKIEWSKIEGO
GERTRUDY
Musik-Akademie
PWST
STAROWIŚLNA
GRZEGÓRZECKA
AL. POKOJU
METALOWCÓW
M. SIEDLECKIEGO
AL. I. DASZYŃSKIEGO
W. POLA
K. J. CHODKIEWICZA
RZEŹNICZA
KOTLARSKA
J. DIETLA
WRZESIŃSKA
JÓZEFA
BOGUSŁAWSKIEGO
SAREGO
KS. ST. GURGACZA
WIŚLISKO
PROCHOWA
STRADOM

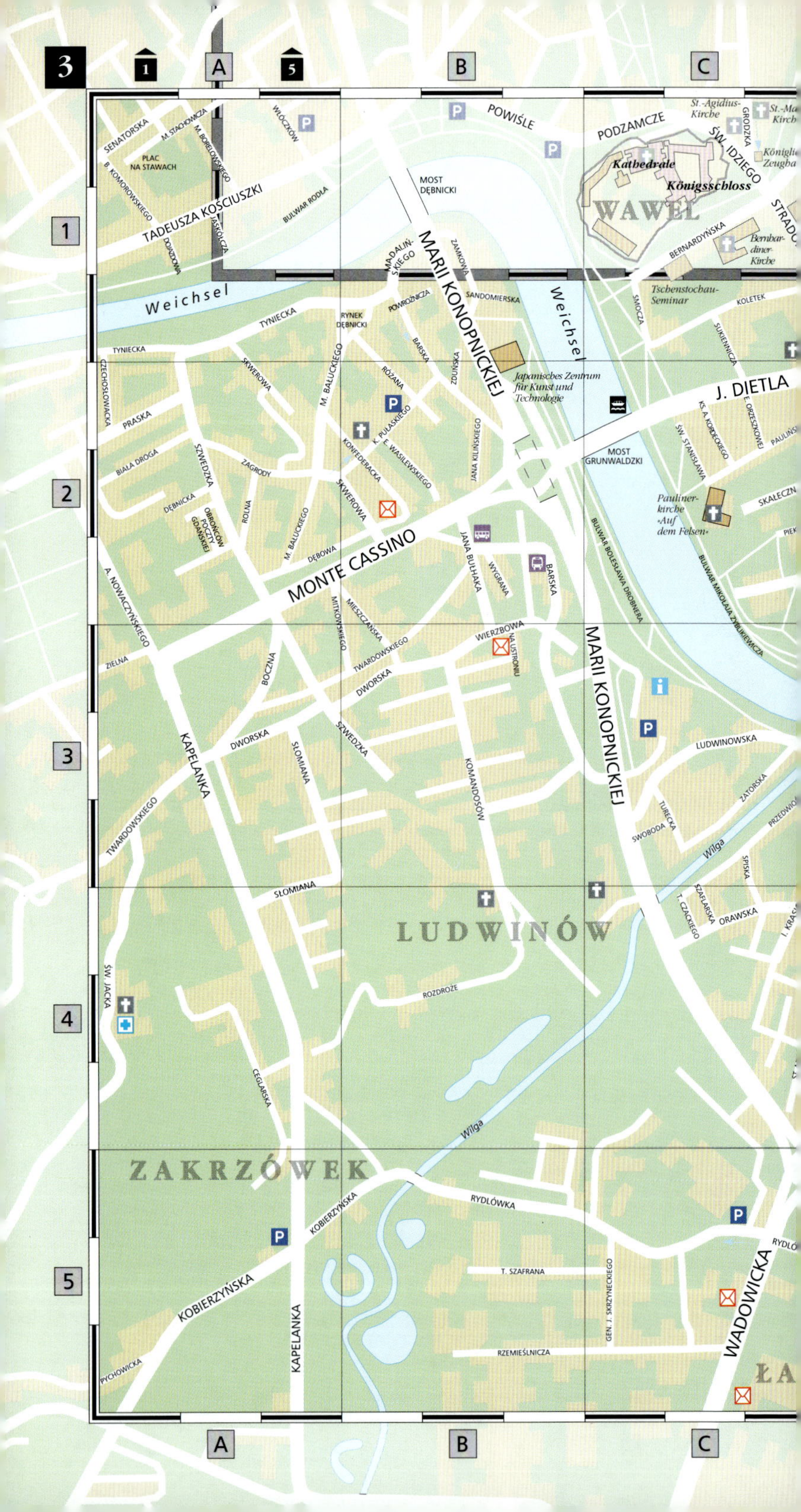
3
1
5
A
B
C
1
2
3
4
5
POWIŚLE
PODZAMCZE
St.-Agidius-Kirche
St.-Ma Kirch
GRODZKA
ŚW. IDZIEGO
Königlic Zeugha
Kathedrale
Königsschloss
WAWEL
STRADO
Bernhardiner-Kirche
BERNARDYŃSKA
Tschenstochau-Seminar
SENATORSKA
M. STACHOWICZA
M. BOREŁOWSKIEGO
WŁÓCZKÓW
PLAC NA STAWACH
B. KOMOROWSKIEGO
TADEUSZA KOŚCIUSZKI
JASKÓŁCZA
DOWSZONA
BULWAR RODŁA
MOST DĘBNICKI
MADALIŃSKIEGO
MARII KONOPNICKIEJ
ZAMKOWA
Weichsel
SANDOMIERSKA
POWROŹNICZA
RYNEK DĘBNICKI
TYNIECKA
BARSKA
SMOCZA
KOLETEK
SUKIENNICZA
Japanisches Zentrum für Kunst und Technologie
J. DIETLA
CZECHOSŁOWACKA
SKWEROWA
M. BAŁUCKIEGO
RÓŻANA
ZDUŃSKA
K. PUŁASKIEGO
KONFEDERACKA
E. WASILEWSKIEGO
JANA KILIŃSKIEGO
PRASKA
BIAŁA DROGA
ZAGRODY
SZWEDZKA
DĘBNICKA
OBROŃCÓW POCZTY GDAŃSKIEJ
ROLNA
MOST GRUNWALDZKI
ŚW. STANISŁAWA
KS. A. KORDECKIEGO
E. ORZESZKOWEJ
PAULIŃSK
Paulinerkirche »Auf dem Felsen«
SKAŁECZN
PIEK
DĘBOWA
MONTE CASSINO
JANA BUŁHAKA
WYGRANA
BARSKA
BULWAR BOLESŁAWA DROBNERA
BULWAR MIKOŁAJA ZYBLIKIEWICZA
A. NOWACZYŃSKIEGO
MITKOWSKIEGO
MIESZCZAŃSKA
TWARDOWSKIEGO
WIERZBOWA
NA USTRONIU
ZIELNA
BOCZNA
DWORSKA
LUDWINOWSKA
KAPELANKA
SŁOMIANA
KOMANDOSÓW
ZATORSKA
PRZEDWIO
TURECKA
SWOBODA
Wilga
SPISKA
SZAFLARSKA
T. CZACKIEGO
ORAWSKA
I. KRAS
LUDWINÓW
ŚW. JACKA
ROZDROŻE
CEGLARSKA
ZAKRZÓWEK
RYDLÓWKA
RYDLÓ
KOBIERZYŃSKA
T. SZAFRANA
GEN. J. SKRZYNECKIEGO
WADOWICKA
RZEMIEŚLNICZA
PYCHOWICKA
ŁA

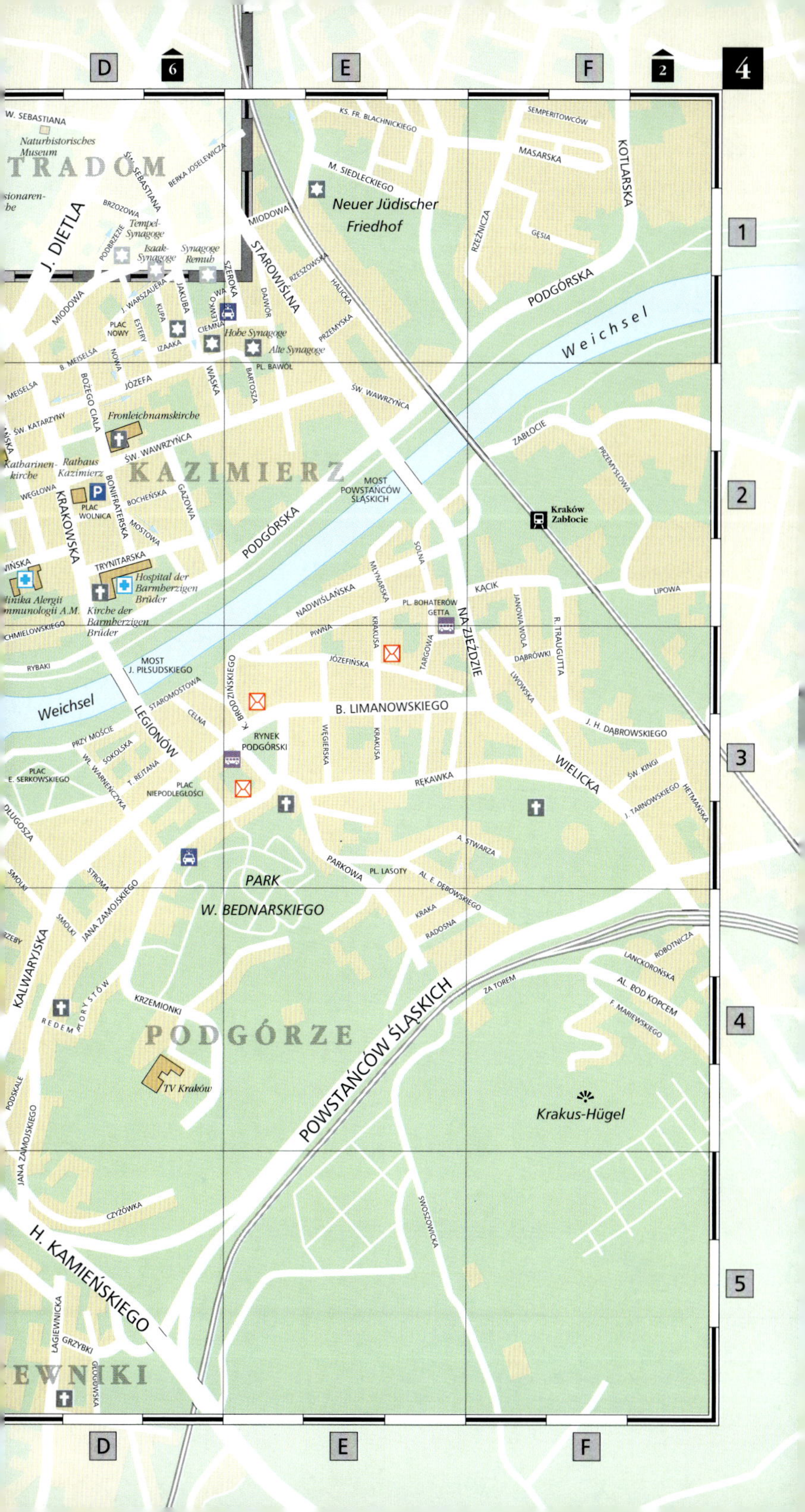
D
6
E
F
2
4
1
2
3
4
5
TRADOM
Naturhistorisches Museum
Neuer Jüdischer Friedhof
Tempel-Synagoge
Isaak-Synagoge
Synagoge Remuh
Hohe Synagoge
Alte Synagoge
Fronleichnamskirche
Katharinenkirche
Rathaus Kazimierz
KAZIMIERZ
Hospital der Barmherzigen Brüder
Kirche der Barmherzigen Brüder
Klinika Alergii i Immunologii A.M.
Weichsel
MOST POWSTAŃCÓW ŚLĄSKICH
MOST J. PIŁSUDSKIEGO
Kraków Zabłocie
RYNEK PODGÓRSKI
PL. BOHATERÓW GETTA
PLAC NIEPODLEGŁOŚCI
PLAC E. SERKOWSKIEGO
PARK W. BEDNARSKIEGO
PODGÓRZE
TV Kraków
Krakus-Hügel
J. DIETLA
STAROWIŚLNA
PODGÓRSKA
KRAKOWSKA
B. LIMANOWSKIEGO
LEGIONÓW
WIELICKA
NA ZJEŹDZIE
POWSTAŃCÓW ŚLĄSKICH
H. KAMIEŃSKIEGO
KALWARYJSKA
KOTLARSKA
MIODOWA
SZEROKA
JÓZEFA
ŚW. WAWRZYŃCA
BOŻEGO CIAŁA
BONIFRATERSKA
TRYNITARSKA
NADWIŚLAŃSKA
JÓZEFIŃSKA
REKAWKA
PARKOWA
KRZEMIONKI
SWOSZOWICKA
LIPOWA
ZABŁOCIE
MASARSKA
SEMPERITOWCÓW
M. SIEDLECKIEGO
KS. FR. BLACHNICKIEGO
J. H. DĄBROWSKIEGO
ZA TOREM
AL. ROD KOPCEM
LANCKOROŃSKA
ROBOTNICZA
CZYŻÓWKA
JANA ZAMOJSKIEGO
ŁAGIEWNICKA
GRZYBKI
GŁOGOWSKA
PODSKALE
SMOLKI
STROMA
DŁUGOSZA
CELNA
STAROMOSTOWA
RYBAKI
WĘGIERSKA
KRAKUSA
TARGOWA
SOLNA
MŁYNARSKA
PIWNA
KĄCIK
JANOWA WOLA
DĄBROWKI
LWOWSKA
R. TRAUGUTTA
ŚW. KINGI
J. TARNOWSKIEGO
HETMAŃSKA
A. STWARZA
PL. LASOTY
AL. E. DĘBOWSKIEGO
KRAKA
RADOSNA
REDEMPTORYSTÓW
PRZEMYSŁOWA
GĘSIA
RZEŹNICZA
HALICKA
RZESZOWSKA
PRZEMYSKA
DAJWÓR
BARTOSZA
PL. BAWÓŁ
WĄSKA
CIEMNA
IZAAKA
KUPA
ESTERY
JAKUBA
PLAC NOWY
PLAC WOLNICA
GAZOWA
BOCHEŃSKA
MOSTOWA
WĘGŁOWA
B. MEISELSA
BRZOZOWA
PODBRZEZIE
ŚW. SEBASTIANA
BERKA JOSELEWICZA
ŚW. KATARZYNY
K. BRODZIŃSKIEGO
PRZY MOŚCIE
SOKOLSKA
WŁ. WARNEŃCZYKA
T. REJTANA
F. MARIEWSKIEGO

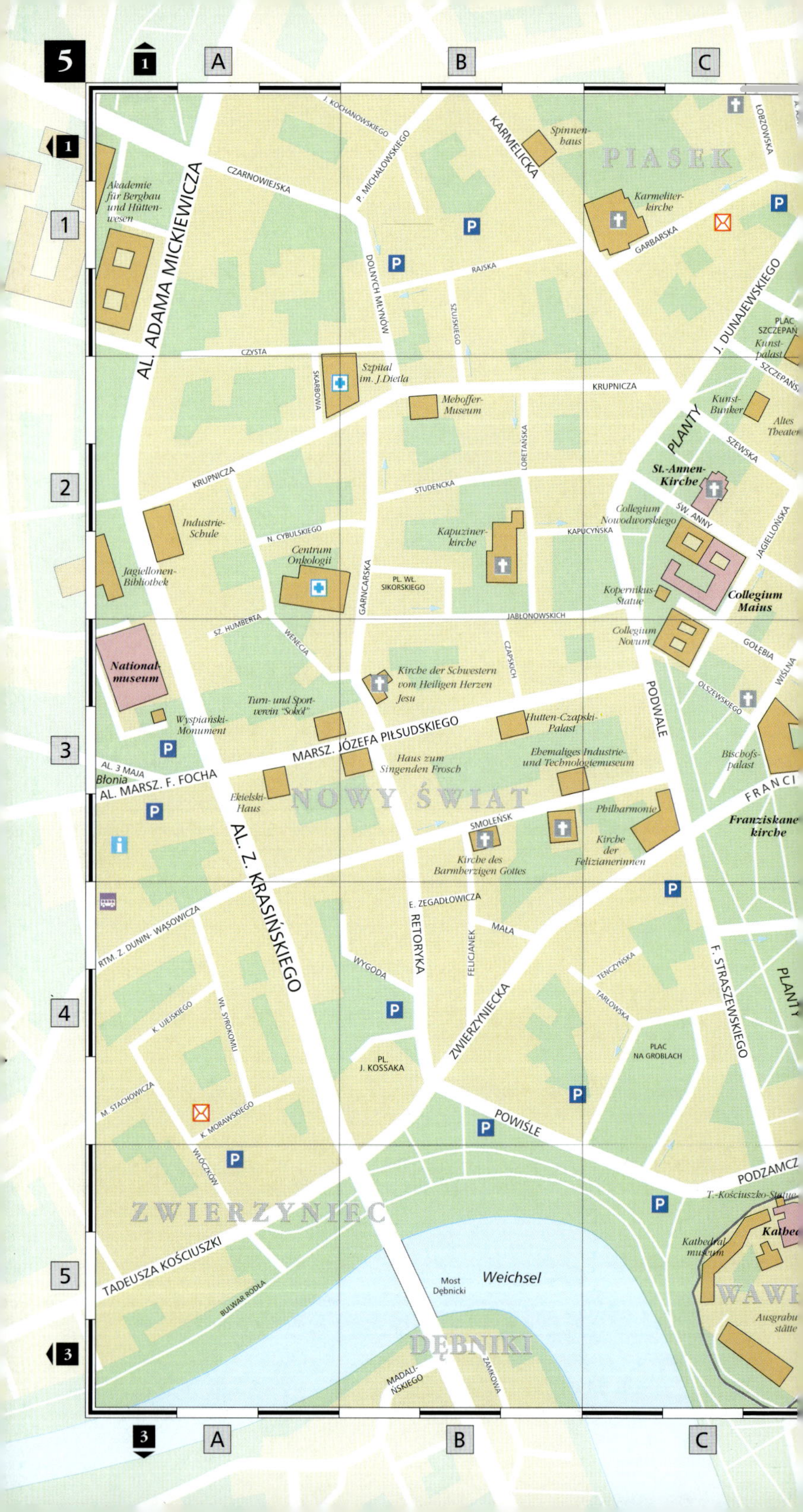
5
1
A
B
C
1
2
3
4
5
3
Akademie für Bergbau und Hüttenwesen
AL. ADAMA MICKIEWICZA
CZARNOWIEJSKA
J. KOCHANOWSKIEGO
P. MICHAŁOWSKIEGO
KARMELICKA
Spinnenhaus
PIASEK
Karmeliterkirche
GARBARSKA
ŁOBZOWSKA
DOLNYCH MŁYNÓW
RAJSKA
SZUJSKIEGO
CZYSTA
SKARBOWA
Szpital im. J.Dietla
KRUPNICZA
Mehoffer-Museum
J. DUNAJEWSKIEGO
PLAC SZCZEPAŃ
Kunstpalast
SZCZEPAŃSKA
Kunst-Bunker
Altes Theater
PLANTY
SZEWSKA
St.-Annen-Kirche
LORETAŃSKA
STUDENCKA
Industrie-Schule
N. CYBULSKIEGO
Centrum Onkologii
Kapuzinerkirche
KAPUCYŃSKA
Collegium Nowodworskiego
ŚW. ANNY
JAGIELLOŃSKA
Jagiellonen-Bibliothek
GARNCARSKA
PL. WŁ. SIKORSKIEGO
Kopernikus-Statue
Collegium Maius
JABŁONOWSKICH
SZ. HUMBERTA
WENECJA
National-museum
CZAPSKICH
Collegium Novum
GOŁĘBIA
WIŚLNA
Kirche der Schwestern vom Heiligen Herzen Jesu
PODWALE
OLSZEWSKIEGO
Wyspiański-Monument
Turn- und Sportverein "Sokół"
MARSZ. JÓZEFA PIŁSUDSKIEGO
Hutten-Czapski-Palast
Bischofspalast
AL. 3 MAJA
Błonia
AL. MARSZ. F. FOCHA
Haus zum Singenden Frosch
Ehemaliges Industrie- und Technologiemuseum
Ekielski-Haus
NOWY ŚWIAT
FRANCI
Philharmonie
Franziskanerkirche
SMOLEŃSK
Kirche der Felizianerinnen
Kirche des Barmherzigen Gottes
AL. Z. KRASIŃSKIEGO
E. ZEGADŁOWICZA
MAŁA
RTM. Z. DUNIN-WĄSOWICZA
RETORYKA
FELICJANEK
WYGODA
TENCZYŃSKA
F. STRASZEWSKIEGO
PLANTY
TARŁOWSKA
ZWIERZYNIECKA
K. UJEJSKIEGO
WŁ. SYROKOMLI
PLAC NA GROBLACH
PL. J. KOSSAKA
M. STACHOWICZA
K. MORAWSKIEGO
POWIŚLE
WŁÓCZKÓW
PODZAMCZE
T.-Kościuszko-Statue
ZWIERZYNIEC
Kathedrale
Kathedral-museum
TADEUSZA KOŚCIUSZKI
Most Dębnicki
Weichsel
WAWEL
BULWAR RODŁA
Ausgrabungsstätte
DĘBNIKI
MADALIŃSKIEGO
ZAMKOWA
3
A
B
C

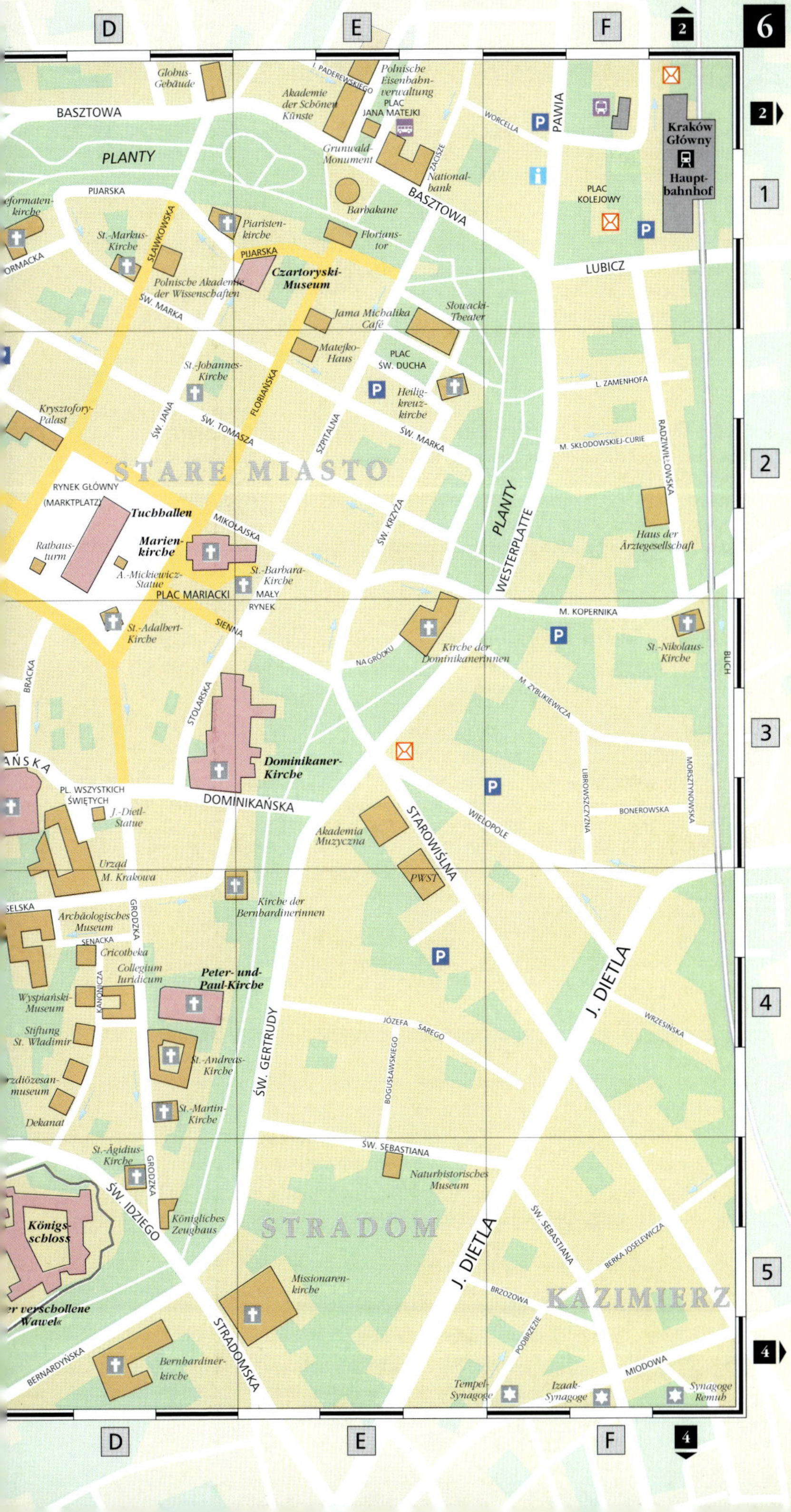

D
E
F
2
6
2
1
2
3
4
5
4
4
Globus-Gebäude
BASZTOWA
PLANTY
I. PADEREWSKIEGO
Akademie der Schönen Künste
Polnische Eisenbahnverwaltung
PLAC JANA MATEJKI
Grunwald-Monument
ZACISZE
Nationalbank
WORCELLA
PAWIA
Kraków Główny
Hauptbahnhof
PLAC KOLEJOWY
PIJARSKA
Reformatenkirche
St.-Markus-Kirche
SŁAWKOWSKA
Piaristenkirche
Barbakane
BASZTOWA
Floriantor
LUBICZ
PIJARSKA
Czartoryski-Museum
Polnische Akademie der Wissenschaften
ŚW. MARKA
Jama Michalika Café
Słowacki-Theater
Matejko-Haus
PLAC ŚW. DUCHA
St.-Johannes-Kirche
FLORIAŃSKA
Heilig-kreuz-kirche
L. ZAMENHOFA
Krzysztofory-Palast
ŚW. JANA
ŚW. TOMASZA
SZPITALNA
ŚW. MARKA
M. SKŁODOWSKIEJ-CURIE
RADZIWIŁŁOWSKA
STARE MIASTO
RYNEK GŁÓWNY (MARKTPLATZ)
Tuchhallen
MIKOŁAJSKA
ŚW. KRZYŻA
PLANTY
WESTERPLATTE
Haus der Ärztegesellschaft
Rathausturm
Marienkirche
A.-Mickiewicz-Statue
St.-Barbara-Kirche
PLAC MARIACKI
MAŁY RYNEK
M. KOPERNIKA
St.-Adalbert-Kirche
SIENNA
NA GRÓDKU
Kirche der Dominikanerinnen
St.-Nikolaus-Kirche
BRACKA
BUCH
M. ZYBLIKIEWICZA
STOLARSKA
Dominikaner-Kirche
PL. WSZYSTKICH ŚWIĘTYCH
J.-Dietl-Statue
DOMINIKAŃSKA
Akademia Muzyczna
STAROWIŚLNA
WIELOPOLE
LIBROWSZCZYZNA
BONEROWSKA
MORSZTYNOWSKA
Urząd M. Krakowa
PWST
Kirche der Bernhardinerinnen
Archäologisches Museum
GRODZKA
SENACKA
Cricoteka
Collegium Iuridicum
KANONICZA
Peter- und Paul-Kirche
Wyspiański-Museum
Stiftung St. Włodimir
St.-Andreas-Kirche
ŚW. GERTRUDY
J. DIETLA
WRZESIŃSKA
JÓZEFA SAREGO
BOGUSŁAWSKIEGO
Dekanat
St.-Martin-Kirche
ŚW. SEBASTIANA
St.-Ägidius-Kirche
GRODZKA
Naturhistorisches Museum
ŚW. IDZIEGO
Königliches Zeughaus
STRADOM
Königsschloss
ŚW. SEBASTIANA
BERKA JOSELEWICZA
J. DIETLA
Missionarenkirche
BRZOZOWA
KAZIMIERZ
PODBRZEZIE
STRADOMSKA
Bernhardinerkirche
BERNARDYŃSKA
MIODOWA
Tempel-Synagoge
Izaak-Synagoge
Synagoge Remuh
D
E
F
4

Textregister

Seitenzahlen in **fetter** Schrift verweisen auf Haupteinträge, Titel von Kunstwerken erscheinen *kursiv*.

A

B

C

N

Danksagung und Bildnachweis

DORLING KINDERSLEY bedankt sich bei allen Personen, durch deren Arbeit und Unterstützung dieses Buch möglich wurde.

MANAGING EDITOR
Helen Townsend

MANAGING ART EDITOR
Kate Poole

SENIOR MANAGING EDITOR
Louise B. Lang

ART DIRECTOR
Gillian Allan

DESIGN UND REDAKTIONELLE MITARBEIT
Hilary Bird, Arwen Burnett, Eli Estaugh, Elly King, Ferdie McDonald, Gordon McLachlan.

DORLING KINDERSLEY bedankt sich bei allen Personen, Institutionen und Bildarchiven, die uns freundlicherweise die Wiedergabe von Fotografien, Bildern und Objekten aus ihrem Bestand gestattet haben. Der Dank geht an:

Archäologisches Museum,
Archiwum Państwowemu, Magdalena Maros, Direktorin, und Krystyna Litewka,
Bernhardinerkirche,
Collegium Maius, Stanisław Waltoś, Direktor, Lucyna Bełtowska und Robert Springwald,
Dominikanerkirche, Pater Mirosław Pilśniak,
Erzdiözesanmuseum und Städtische Kurie, Pater Dr. Józef A. Nowobilski,
Flughafen Balice,
Franziskanerkirche, Bruder Bogumił Stachowicz,
Gesellschaft der Ärzte,
Heilig-Kreuz-Kirche,
Jagiellonen-Bibliothek, Krzysztof Zamorski,
Jama Michalika,
Jesuitenkirche in Wesoła, Pater Edward Stoch,
Kapuzinerkirche,
Kirche der Bernhardinerinnen,
Kirche der Felizianerinnen, Schwester Wanda Batko,
Krakauer Kathedrale und Kathedralmuseum, Prälat Janusz Bielański,
Marienkirche, Pater Dr. Bronisław Fidelus,
Paulinerkirche »Auf dem Felsen«, Pater Jan Mazur,
Peter-und-Paul-Kirche,
Prinzessin-Czartoryski-Stiftung, Katarzyna Bałus,
St.-Annen-Kirche,
St.-Barbara-Kirche, Pater Henryk Dziadosz,
St.-Florian-Kirche,
St.-Katharinen-Kirche,
St.-Markus-Kirche,
St.-Vinzenz-Kirche,
Stiftung St. Władimir,
Matejko-Haus,
Museum der Stadt Krakau, Andrzej Szczygieł, Direktor,
Nationalmuseum, Anna Studnicka,
Naturhistorisches Museum,
PAP Polskiej Agencji Prasowej SA,
Polnisches Militärmuseum in Warschau, Zbigniew Święcicki, Direktor, und Mirosław Ciunowicz
Schloss Pieskowa Skała,
Wieliczka Salzmine.

DORLING KINDERSLEY bedankt sich bei folgenden Personen für die freundliche Genehmigung zum Abdruck der Fotografien:
Jacek Bednarczyk,
Olaf Beer,
Maja Florczykowska,
Michał Grychowski,
Stanisława Jabłońska,
Dorota und Mariusz Jarymowiczowie,
Beata und Mariusz Kowalewscy,
Grzegorz Kozakiewicz,
Wojciech Mędrzak,
Stanisław Michta,
Hanna und Maciej Musiałowie,
Tomasz Robaczyński,
Maciej Sochor,
Jan Zych.

Alle Gerichte, die in diesem Führer abgebildet sind, wurden im Restaurant Pod Aniołami zubereitet. Wir danken dem Besitzer Jacek Łodziński für seine Hilfe. Des Weiteren danken wir Marcin Duszyński, Madropol, für seine freundliche Unterstützung.

BILDNACHWEIS

o=oben; om=oben Mitte; or=oben rechts; mlo=Mitte links oben; mo=Mitte oben; mro=Mitte rechts oben; ml=Mitte links; m=Mitte; mr=Mitte rechts; mlu=Mitte links unten; u=unten; um=unten Mitte; ul=unten links; ur=unten rechts; mlu=Mitte links unten; mru=Mitte rechts unten.

ARCHÄOLOGISCHES MUSEUM: 18mlu, 18u, 19mr, 19mu, 19u, 38u;

ARCHIWUM PANSTWOWEM: 22–23m, 22ul, 22o;

COLLEGIUM MAIUS: 23mu, 29u, 106–107;

CZARTORYSKI-MUSEUM: 39o, 41u, 112–113;

JAGIELLONEN-BIBLIOTHEK: 18–19m, 22mlu, 24ol, 24mro, 24u, 28u, 28mru, 26ur, 30mu, 148u;

KATHEDRALMUSEUM: 20-21m, 22mlo, 26mlo, 40ml, 60mo, 62m;

MATEJKO-HAUS: 21mr;

MUSEUM DER STADT KRAKAU: 16, 17u, 25mo, 27mu, 32u, 33mo, 33mr, 38mr, 39mru, 40ol, 92or, 99ur;

NATIONALMUSEUM: 8–9, 20um, 21om, 22u, 23mr, 27ur, 28ul, 28–29m, 29mr, 30om, 30–31m, 31o, 31or, 32ml, 32–33m, 35ul, 38or, 38ml, 39omr, 39m, 41o, 50mlo, 51ol, 51ur, 76m, 83l, 102or, 102m, 103, 145l, 146–147;

NATURHISTORISCHES MUSEUM: 41m.

UMSCHLAG
VORDERSEITE – DK PICTURE LIBRARY: Olaf Beer mlu; Dorota Jarymowiczowie mru; Jan Zych um;
GETTY IMAGES: Grant V. Faint Hauptmotiv.
RÜCKSEITE – DK PICTURE LIBRARY: Piotr Jamski o; Jan Zych u.
RÜCKEN – GETTY IMAGES: Grant V. Faint.

Alle anderen Bilder ©Dorling Kindersley.
Weitere Informationen unter **www.dkimages.com**

Sprachführer

Aussprache des Polnischen

ą nasales *»o«* wie in *»Ballon«*
c *»z«*
ć *zj*, fast *»tch«*
ch *»ch«* wie im Deutschen *»ach«*
dz *»dsch«* wie in *»Jeans«*, wenn ein *i* oder *e* folgt, sonst *»ds«*
dź *»dsch«* wie in *»Jeans«*
dż stimmhaftes *»ds«*
ę nasales *»ä«* wie in *»Bassin«*, am Wortende kurzes *»e«*
h *»ch«* wie im Deutschen *»ach«*
i langes *»i«*
j *»j«*
ł weiches *»w«*, wie englisch *»windows«*
ń *»nj«*
ó kurzes *»u«*
rz stimmhaftes *»sch«*, nach *p*, *t* und *k* stimmloses *»sch«*
ś, **sz** stimmloses *»sch«*
w am Wortende *»f«*, sonst *»w«*
y zwischen kurzem *»i«* und *»ü«*
ź, **ż** stimmhaftes *»sch«*

Im Notfall

Hilfe!	**Pomocy!**
Rufen Sie einen Arzt!	**Zawołać doktora!**
Rufen Sie einen Notarzt!	**Zadzwonić po pogotowie!**
Polizei!	**Policja!**
Rufen Sie die Feuerwehr!	**Zadzwonić po straż pożarną!**
Wo ist das nächste Telefon?	**Gdzie jest najbliższa budka telefoniczna?**
Wo ist ein Krankenhaus?	**Gdzie jest szpital?**
Wo ist ein Polizeirevier?	**Gdzie jest posterunek policji?**

Nützliche Wörter und Sätze

Ja	**Tak**
Nein / nicht	**Nie**
Nein, Danke	**Nie, dziękuję**
Bitte	**Proszę**
Ich verstehe nicht.	**Nie rozumiem.**
Sprechen Sie Deutsch? (zu einem Mann)	**Czy pan mówi po niemiecku?**
Sprechen Sie Deutsch? (zu einer Frau)	**Czy pani mówi po niemiecku?**
Sprechen Sie Englisch? (zu einem Mann)	**Czy pan mówi po angielsku?**
Bitte sprechen Sie langsamer.	**Proszę mówić wolniej.**
Bitte schreiben Sie es auf.	**Proszę mi to napisać.**
Ich heiße ...	**Nazywam się ...**
Entschuldigung!	**Przepraszam!**
Vielen Dank!	**Dziękuję bardzo!**
Hallo! Tschüss! Servus! Ciao!	**Cześć!**
Wie heißt das auf Polnisch?	**Czy to znaczy polsky?**
Wo?	**Gdzie?**
Wann?	**Kiedy?**
Warum?	**Dlaczego?**
Wieviel?	**Ile?**
Hier	**Tu**
Dort	**Tam**

Nützliche Redewendungen

Schön, Sie zu treffen. (zu einem Mann)	**Bardzo mi miło pana poznać.**
Schön, Sie zu treffen. (zu einer Frau)	**Bardzo mi miło panią poznać.**
Guten Morgen	**Dzień dobry**
Guten Tag	**Dzień dobry**
Guten Abend	**Dobry wieczór**
Gute Nacht	**Dobranoc**
Auf Wiedersehen	**Do widzenia**
Wie spät ist es?	**Która godzina?**
Prost!	**Na zdrowie!**

Einkaufen

Haben Sie ...? (zu einem Mann)	**Czy pan ma ...?**
Haben Sie ...? (zu einer Frau)	**Czy pani ma ...?**
Wie viel kostet das?	**Ile to kosztuje?**
Wo ist die Abteilung für ...?	**Gdzie jest dział z ...?**
Nehmen Sie Kreditkarten? (zu einem Mann)	**Czy pan przyjmuje karty kredytowe?**
Nehmen Sie Kreditkarten? (zu einer Frau)	**Czy pani przyjmuje karty kredytowe?**
Wechselstube	**kantor walutowy**
Apotheke	**apteka**
Bäckerei	**piekarnia**
Buchhandlung	**księgarnia**
Kaufhaus	**dom towarowy**
Postamt	**poczta, urząd pocztowy**
Postkarte	**pocztówka**
Briefmarke	**znaczek**
Wie viel kostet eine Postkarte nach	**Ile kosztuje pocztówka do ...?**
Luftpost	**poczta lotnicza**
Reisebüro	**biuro podróży**

Im Hotel

Haben Sie ein Zimmer frei? (zu einem Mann)	**Czy pan ma wolne pokoje?**
Haben Sie ein Zimmer frei? (zu einer Frau)	**Czy pani ma wolne pokoje?**
Was kostet es pro Nacht?	**Ile kosztuje za dobę?**
Ich möchte ein Einzelzimmer.	**Poproszę pokój jednoosobowy.**
Ich möchte ein Doppelzimmer.	**Poproszę pokój dwuosobowy.**
Ich möchte ein Zimmer mit zwei Betten.	**Poproszę pokój z dwoma łóżkami.**
Ich möchte ein Zimmer mit Bad.	**Poproszę pokój z łazienką.**
Abendessen	**kolacja**
Bad	**łazienka**
Bett	**łóżko**
Doppelzimmer	**pokój dwuosobowy**
Dusche	**prysznic**
Einzelzimmer	**pokój jednoosobowy**
Frühstück	**śniadanie utrzymanie**
Pension	**pensjonat**
Halbpension	**ze śniadaniem i kalacją**
Rechnung	**rachunek**
Restaurant	**restauracja**
Schlüssel	**klucz**
Toilette	**toaleta**
Vollpension	**całodzienne utrzymanie**

Im Restaurant

Einen Tisch für eine Person, bitte.	**Stolik dla jednej osoby proszę.**
Einen Tisch für zwei Personen, bitte.	**Stolik dla dwóch osób proszę.**
Bitte die Speisekarte.	**Poproszę jadłospis**
Bitte die Weinkarte.	**Poproszę karte z winami**
Bitte die Rechnung.	**Proszę rachunek.**
Wo ist bitte die Toilette?	**Przepraszam, gdzie jest toaleta?**
Frühstück	**śniadanie**
Abendessen	**kolacja**
Mittagessen	**obiad**
Guten Appetit!	**Smacznego!**

Speisekarte

baranina	Hammelfleisch
barszcz czerwony	Rote-Beete-Suppe
bażant	Fasan
befsztyk	Beefsteak
bigos	Eintopf
bukiet z jarzyn	Rohes / eingemachtes Gemüse
ciasto	Kuchen, Gebäck
cielęcina	Kalb
cukier	Zucker
dania mięsne	Fleischgerichte
dania rybne	Fischgerichte
dania z drobiu	Geflügelgerichte
deser	Dessert
dodatki	Extras, Beilagen
dzik	Wildschwein
fasolka zielona	grüne Bohnen
frytki	Pommes frites
grzybki marynowane	marinierte Pilze
herbata	Tee

jarzyny	Gemüsebeilage
kaczka	Ente
kapusta	Kohl
kasza gryczana	Buchweizen
kaszanka	Grützwurst
kawa	Kaffee
kiełbasa	Wurst
klopsik	Fleischklößchen
kurczak	Hähnchen
lody	Eis
łosoś	Lachs
łosoś wędzony	geräucherter Lachs
makowiec	Mohnkuchen
mięso	Fleisch
naleśniki	Crêpes, Palatschinken
owocowe	Obst
pirogie	Pirrogen (gefüllte Teigtaschen)
pieprz	Pfeffer
piernik	Lebkuchen
piwo	Bier
prawdziwki	Steinpilze
przystawki	Vorspeisen
pstrąg	Forelle
rolmopsy	Rollmops
ryba	Fisch
ryż	Reis
sałatka	Salat
sałatka owocowa	Fruchtsalat
sarnina	Rotwild
sok	Saft
sok pomarańczowy	Orangensaft
sok jabłkowy	Apfelsaft
sok owocowy	Fruchtsaft
sól	Salz
śledź	Hering
tort	Torte
węgarz	Aal
wieprzowina	Schweinefleisch
wino	Wein
woda	Wasser
woda mineralna	Mineralwasser
wódka	Wodka
wołowina	Rindfleisch
ziemniaki	Kartoffeln
zupa	Suppe

Gesundheit

Arzt	**lekarza**
Zahnarzt	**dentysta**
Ich fühle mich nicht wohl.	**Czuję się źle**
Ich brauche etwas gegen …	**Potrzebuję coś na …**
Ich habe Hals-/Kopfschmerzen.	**Boli mnie głowa/gardło**
Ich habe hier Schmerzen.	**Tu mam bóle**
Erkältung	**przeziębienie.**
Grippe	**grypa**
Halsschmerzen	**ból gardła**
Heuschnupfen	**katar sienny**
Husten	**kaszel**
Krankenhaus	**szpital**
Verletzung	**skaleczenie**
Übelkeit	**mdłości**

Reise

Wann geht der...? nächste Zug nach	**Kiedy jest następny pociąg do...?**
Wieviel kostet die Fahrt nach …?	**Ile kosztuje bilet do …?**
Bitte einen Einzelfahrschein nach …	**Proszę bilet w jedną stronę do...**
Bitte eine Hin- und Rückfahrkarte nach …	**Proszę bilet w obie strony do …**
Wo ist der Busbahnhof?	**Gdzie jest dworzec autobusowy?**
Wo ist eine Bushaltestelle?	**Gdzie jest przystanek autobusowy**
Wo ist eine Straßenbahnhaltestelle?	**Gdzie jest przystanek tramwajowy?**
Erste Klasse	**pierwsza klasa**
Zweite Klasse	**druga klasa**
Einzelfahrschein	**bilet w jedną stronę**
Rückfahrkarte	**bilet powrotny**
Bahnsteig	**peron**
Fahrplan	**rozkład jazdy**
Fahrkartenschalter	**kasa biletowa**
Station	**stacja**
Gepäckaufbewahrung	**przechowalnia bagażu**
Flughafen	**lotnisko**
Fluggesellschaft	**linia lotnicza**
Flugnummer	**numer lotu**
Ankunft (Flugzeug)	**przylot**
Gate	**przejście**
Bus	**autobus**
Abfahrt	**odjazd**
Ankunft (Bus, Zug)	**przyjazd**
Auto	**auto**
Benzin	**benzyna**
geradeaus	**prosto**
nach links	**na lewo**
nach rechts	**na prawo**
Parkplatz	**parking**
Reparatur	**naprawa**
Straße	**ulica**
Tankstelle	**stacja benzynowa**
Taxi	**taksówka**
Umleitung	**objadz**

Zahlen

0	**zero**
1	**jeden**
2	**dwa**
3	**trzy**
4	**cztery**
5	**pięć**
6	**sześć**
7	**siedem**
8	**osiem**
9	**dziewięć**
10	**dziesięć**
11	**jedenaście**
12	**dwanaście**
13	**trzynaście**
14	**czternaście**
15	**piętnaście**
16	**szesnaście**
17	**siedemnaście**
18	**osiemnaście**
19	**dziewiętnaście**
20	**dwadzieścia**
21	**dwadzieścia jeden**
22	**dwadzieścia dwa**
30	**trzydzieści**
40	**czterdzieści**
50	**pięćdziesiąt**
100	**sto**
200	**dwieście**
500	**pięćset**
1 000	**tysiąc**
1 000 000	**milion**

Zeit

heute	**dzisiaj**
heute Nacht	**dzisiejszej nocy**
gestern	**wczoraj**
morgen	**jutro**
bald	**wkróce**
jetzt	**teraz**
nachmittags	**popołudniowy**
vormittags	**przedpołudniowy**
eine Minute	**jedna minuta**
eine halbe Stunde	**pół godziny**
Stunde	**godzina**
Tag	**dzień**

Wochentage

Sonntag	**niedziela**
Montag	**poniedziałek**
Dienstag	**wtorek**
Mittwoch	**środa**
Donnerstag	**czwartek**
Freitag	**piątek**
Samstag	**sobota**

Ausflüge und Besichtigungen

Kann man heute … besichtigen?	**Czy można dzisiaj zwiedzać ...?**
Ausstellung	**wystawa**
Burg, Schloss	**gród, zamek**
Eintritt	**wstęp**
Führung	**oprowadzanie**
geöffnet	**otwarty**
geschlossen	**zamkniety**
Kirche	**kościoł**

Nahverkehrsnetz Krakau